往き還り繋ぐ

障害者運動　於＆発　福島の50年

［著］
青木千帆子
瀬山紀子
立岩真也
田中恵美子
土屋葉

生活書院

はじめに・いきさつ

本書のもとになる調査がまず行なわれたのは二〇〇〇・二〇〇一年のことで、その事情は土屋と（一二三頁）田中が（六五頁）記している。『自立生活運動と障害文化』（全国自立生活センター協議会編［2001］、以下ではＪＩＬ編［2001］と略記）はたくさんの人たちや組織のその時までのことがわかるとても貴重で重要な本だが、そこに収録された白石清春（二九・六八頁、以下すべて敬称略）の「闘争の青春を謳歌しました」（白石［2001］）に二人が協力した。

そのずっと以前、一九八六年だったたか、私たちは安積遊歩（六九頁）に手引きされて、相模原を訪れ、白石そして栗城シゲ子（一一〇・一二一頁）に話を聞いた。「くえびこ」という――あまり作業はしないのだという――作業所のこと（一二三頁）、「シャローム」というケア付き住宅のこと――だがそれはあくまで次への「ステップ」という性格のものであること（一二五・一二七頁）――を聞いたはずだ。

しかしその録音記録も、文字化した記録も残っていない。その当時、私たちはインタビューの時には録音し、調査者自身が――当時は金もなかったので――文字化するようにしていたのだが、この時の記録、そしてその他もいくつかが残っていない。理由はわからないのだが、インタビューというかたちでなく、その場所を移動しつつ案内してもらったので、ということだったかもしれない。文字起こしした記録をファイルしたものに、私がメンバーに送ったメモが一枚綴じてあって、それによると八六年七月一五日に栗城に会ったとある。これだろうか。しかしこれは相模原に行った日ではないように思えてきた。その日私たちは東京（東京都立身体障害者職業訓練校）で別の聞き取りもしている。そこから相模原に行って帰ってくるのは無理のように思われる。そして、私には、その頃、脳性まひで、足指で器用に袋を縛ったりする女性に会った記憶があって、それが栗城であったように思えてきた。メモは八六年末で終わっているから、その後のことはわからない。記録が出てきたらどこかで補記する。このように、私ははなはだしくたくさんのことを忘れている。たいがい一・二枚のおぼろげな画像のようなものしか頭に残っていない――だから書いておこうとも思う。

この八六年あるいは八七年、白石が（全国）「青い芝の会」――本書ではとくに規則性なく「青い芝」と略すこともある――の再建委員会の委員長をやめた八一年（二二一・二六〇頁）からそう年月は経っていなかったのだが、（安積を除く）私（たち）はそのことを知らず、知らないからその時にはそのことについて聞かなかった。記憶では、白石自身もそのことにはまったくふれなかったように思う。私たちの調査はやがて、とくに私の場合には多く機関誌だとかマイナーな文献を集める方向に行って、それで私はいっとき障害者運動おたく・マニアになり、それで青い芝の会内部の混乱だとか、運動の分岐だとかににわかに妙に詳しくなったのだが、それは白石に会った後のことということになる。私たちは最初まったく無知だった。そしてだいぶ時間がかかり、八八年、八九年と過ぎて、九〇年に『生の技法』が刊行された。刊行前に、高橋修（二八三頁）――この人のことは別に書いて、二〇〇〇年に出た『弱くある自由へ』（立岩［2000］）の第二版に収録する予定――とともに、かつて白石たちが訪問したという、そして追い出されたという（安積［1990: 30→2012: 47］、三七七頁に引用）「太陽の国」（西白河郡西郷村）を見学して、そして福島に一泊したはずだ。この時のことについても、ほぼなにも、覚えていない。私の頭に残っている、ような気がするのは、施設の廊下かどこかにいるという画像、そして旅館の窓辺あたりのところで夜酒を飲んでいる画像、この二枚だけだ。

その『生の技法』の初版の第7章の扉にはトラメガ――トランジスタ・メガフォンの略であるということは後年、ウィキペディアかなにかで知った――で演説をしている格好いいそして若い橋本広芳（三〇・六八頁）の写真がある。また、第二版（増補改訂版、安積他［1995］）の第9章の扉にはＪＩＬ（全国自立生活センター協議会）の所長セミナーに出ている白石たちの写真がある。第三版（安積他［2012］）でもこれらの写真を使いたかったのだが、本を出してくれていた藤原書店が契約していた製版会社が倒産してしまって、もとの版がなくなって使えなくなくなったのだ。もとの写真の所在もわからなかった。こうして、画像や動画もやはり残せるものは残しておかねばと思う。

調査の初めのころは、なんだこの人（たち）はと不審に思われていたかもしれない――ということは実はほとんどなかった、安積の手引きがあったということは大きいだろう、たいがい温かく迎えていただいた――私は、だんだんとつきあいができ、運動関係の人たちに関わることになった。安積は東京の国立（くにたち）市に住んでいた。私は、九二年に『自立生活への鍵――ピア・カウンセリングの研究』（ヒューマンケア協会［1992］）を作る仕事を依頼されて、がらにもなく――どうもあれ＝ピア・カウンセリングは苦手だという人が、とくに男性にはときどきいるのだが――アンケートをまとめたり原稿を書いたりした。安積には「障害をもつ人とピア・カウンセリング」（安積［1992］）を書いてもらった。このときの著者名はまだ安積純子になっている。

その安積は『生の技法』の第1章で語っている（安積［1990］）。安積が語ったのを私が録音して整理して、本人にみてもらったものだ。安積の章だが、われながらよくできていると思っていて、学校の授業などでも一部を読んだりすることがあった。そこに福島の人たちが出てくるから、会わなくても知っているような気がしていた。

福島を訪れたのはずっと間があいて、九九年七月年三一日、鈴木絹江（六九頁）たちの「障がい者自立生活支援センター〈福祉のまちづくりの会〉」の福祉セミナーという催に呼んでいただいた時のことだ。船引町（現在は田村市船引）で、話をさせていただいた。いただいた題は「障がいを持つ人の介助保障と介護保険」。二〇〇〇年から介護保険が始まるということで、そういう関係の話をしたのだろう。終わった後、夕方まだ四時ころではなかったかと思うのだが、近くの飲み屋に行って皆でビールを飲んだ。鈴木さんとそのつれあいの匡さん（四九頁）がテーブルの前にいて、いろいろと話をうかがった。匡さんは専門学校の学生であったかの時、『さようならCP』の上映会（二七頁）に、まったくなんの知識も関心もなかったのに引き入れられて、それ以来のことなのだと聞いたように思う。それ以来の話を話された。絹江さんは小さい人で、匡さんは細長い人で、髪がもしゃもしゃしていて、当時人気があったサッカー選手のラモスに似ていると思った。実際そう呼ばれているのだった。とにかくみなさんの話がとてもおもしろくて、録音機をもっていかず、録音しなかったのをたいへん後悔した——なので今では、酒の席でもときに録音機をまわす（作動させる）ことがある。

そして、二〇〇〇年・二〇〇一年に瀬山・田中・土屋がインタビューをした。そして資料をいただいた。目的の白石の原稿はでき、さらにインタビューの記録と文献を使って、土屋は二つの論文を書いた（土屋［2007a］［2007b］）が、さらに書かれるべきことが残った。立岩はその調査があったこと、かなりの量の記録があること、資料をもらったことを知ってはいて、いつのことだったか――震災の前ではあっただろう――まとめられないかと提案したことがあった（二〇〇〇年の前に福島のことを土屋に話したらしいこと〔二二三頁〕は忘れていた）。だが、かなり長くそのままになっていた。

そして二〇一一年に東日本大震災があった。生存学研究センター（二〇一九年度から生存学研究所）――私の勤め先は立命館大学の大学院・先端総合学術研究科というところだが、大学は研究所もやっていて、私は今そこの所長というものもしている――がいくらかのことをした（第8章）。センターのサイトから情報を提供した。障害学会の大会企画（会場は土屋のいる愛知大学で、土屋は大会長だった）に白石を呼んだ（二六四頁）。第7章を書いた青木千帆子が長く関わった。その時がまとめる一つの機会であったかもしれない。ただ、地震・原発事故の後のことはきりのないように続き、どこかできりがつくようなできごともなかった。その時もそのままになった。

そんな具合に月日は、そして年月は過ぎたのだが、二〇一七年度から一九年度にかけて文部科学省の科学研究費（科研費、基盤B）を――なぜだか何度も何度も落ちて、私はずいぶんがっかりしていたのだが――たいへんようやく得た。様々の歴史を種々の形でまとめていこうと思っている。『病者障害者の戦後』（立岩［2018d］）は二年目のその成果ということになる。本書は三年目の成果の一つだ。私は、二〇一八年三月、郡山にシンポジウムに呼んでいただいたのだが、その前日、白石・橋本にインタビューすることができた（二五八頁）――私が動いたのは、呼んでいただいたついでにという、まったく失礼なその時だけだった。他のメンバーが一八年から一九年にかけてインタビューをした。

インタユビューは［i2000］というように記した。そして文献表には「白石 清春・橋本 広芳 i2001 インタビュー 2001/08/07 他に：吉田強・佐藤孝男 聞き手：瀬山紀子・土屋葉 於：郡山」というふうに記した。こんなふうには普通はしない。というか誰も、私もしなかった。今回初めてそのようにしてみた。未整理のもの、（まだ）公開されていないにしても、それも一つの話し手の著作物・作品と思うからでもある。文献の記号だとか文献表だとか、いかにも学者ふうだと思われるかもしれないが、けっこう合理的なものだし、慣れていただけると思う。なお（記録の残っている）インタビューの一覧は以下。

◇白石 清春・橋本 広芳 2000/06/13 聞き手：瀬山・土屋
◇鈴木 絹江・鈴木 匡 2000/06/14 聞き手：瀬山・土屋
◇白石 清春 2001/08/07 ＋：吉田強・佐藤孝男 聞き手：瀬山・土屋
◇岡部 聡 2001/08/08 聞き手：瀬山・田中・土屋
◇宇田 春美 2012/08/29 聞き手：土屋・井口高志・土屋
◇岡部 聡 2012/08/29 聞き手：井口高志
◇白石 清春・橋本 広芳 2018/03/16 聞き手：立岩
◇桑名 敦子 2018/10/09 聞き手：田中
◇安積 遊歩 2018/10/23 聞き手：田中
◇白石 清春・橋本 広芳 2018/11/29 ＋：岡部聡 聞き手：青木・田中・土屋

◇白石 栄子　2018/11/29　聞き手：土屋・青木
◇冨永 美保　2018/11/29　聞き手：田中
◇桑名 敦子　2018/12/02　聞き手：田中
◇渡部 貞美・遠藤 美貴子・高橋 玉枝　2018/12/15　聞き手：瀬山
◇殿村 久子　2019/01/14　聞き手：瀬山・田中
◇鈴木 絹江　2019/02/22　聞き手：田中・土屋

◇白石 清春・橋本 広芳　i2015　「当事者運動の広がり――福島県青い芝の会」，ＮＨＫ戦後史証言プロジェクト 日本人は何をめざしてきたのか ２０１５年度「未来への選択」第６回　障害者福祉――共に暮らせる社会を求めて　※
◇橋本 広芳　2016-2017　『広芳の小部屋』　2016/06/30-2017/11/05　文字化した頁：http://www.arsvi.com/2010/20160630hh.htm　※

ちなみに、加えて、音声・画像が見られるもので、ＮＨＫ（の記者）が聞いたものがある。また、ユーチューブで橋本のたいへん味わい深い『広芳の小部屋』を見ることができる。こちらで文字化させてもらった。これらは文献表では右の二つの◇のようになっている。

こういう仕事はいくらでも手間をかけられる。そして手間をかければたしかによくはなっていく。

しかし、そう思ってまとめる仕事を先延ばしすると、仕事は終わらず、結局何も残らないこともある。このごろ私は、「どんな手を使ったってかまわない」（二九四頁）、とともに、「ないよりよいものはよい」と言うことにしている。もちろん，うかがった話は、ないよりもよい、なんていうものではなかった。貴重なものだった。そして楽しかった。問題は、ひとえに私たちの腕の問題である。ときに、事前の準備が足りず、既にわかっているべきことをわざわざ（再度）話していただくことになったところもある。研究者として、人間として、だめである。おわびいたします。そして話をしてくださったみなさま、資料を提供してくださった方々、その人たちをこれまでそして今支え手伝っておられる方々、活動をともにされている方々にお礼申し上げます。

二〇一九年七月

調査をしなかったのに調査者を代表して

立岩真也

〔挨拶が終わった後の補足〕

八〇年代の調査は、さきに記したメモと文字起こししたものを綴じたファイルによると、八五年六月から八七年四月にかけて三四回は――「は」、と言うのは、相模原でのもののように記録が失われているものもあるから――行なわれた。『生の技法』の「はじめに」を見ると、一〇〇人余りの人に話をうかがったとある。また五三名の方々の名前が列記されている。こちらにある調査の経緯についての記録は本書出版前には公開する。文字起こしした記録も、手書きのものありワープロで入力して印字したものあり（もとのファイルはない）なのだが、可能でまたその気になったものについては、入力しなおすなどして公開できればと思う。ただ、あの時のものだって使えるかもと思ったのはほぼ今日なので、その過去の記録は本書にはほとんど生かすことができない。

それでも、こんなことを付記するのは、（「ぎりぎり」の後の）ほんとうの作業最終日の今日（七月二一日）は参議院議員の選挙の日で、れいわ新選組から木村英子が立候補しているのだが、私と石川准はその人に、一九八六年三月、東京都国立市の喫茶店スワンでインタビューしているのだ（赤窄［i1986］＝木村［i1986］）――今回は文献表に同じものを二つ載せてみた）。当時は赤窄（あかさこ）英子だった。Ｂ５の紙三四頁の記録がある。それ以来、彼女にはたぶん一度もお会いしていない――「たぶん」、と言うのは、「はじめまして」と挨拶すると、高い割合で相手からはじめてではないことを言われて恐縮するからだ。ただ、何度か彼女のことを聞くことはあった。近いところでは二〇一八年九月、宮崎市で山之内俊夫にインタビューした時（山之内［i2018］）だ。山之内は東京でずいぶん木村に鍛えられて宮崎に戻ったのだと話した。さらに加えれば、私は昨日（＝投票日の前日）、二〇一六年七月二六日に相模原の施設で起きた殺傷事件に関わる本の紹介を『朝日新聞』に書いたのだが（立岩［2019d］）、そこで紹介した本の一冊は「生きている！ 殺すな」編集委員会編［2017］で、そこには木村の「私が地域へ帰るとき」（木村［2017］）も収録されている。さらに、その事件の翌年の五月「津久井やまゆり園事件を考える集会」が開催され、「津久井やまゆり園の建替えに関する提言書」が出された時、そのよびかけ人のところに、「室津滋樹　グループホーム学会」（横塚［1975→2007:157］）とともに「栗城シゲ子 くえびこ代表」を見た時、ああとても長い時間の後で、と思い、あれからずっと活動されてきたのだなと思った。こんなふうに、途切れながら、いろいろがつながっていく。ここまで書いて、寝て、七月二二日夜明けのだいぶ前、最後の仕事をと起き出したら、木村英子当選確実～当選、との報あり。

往き還り繋ぐ——障害者運動於&発福島の50年

目次

第2章　福島コミュニティの形成
――コミュニティ・キャピタル論から福島の障害者運動形成期を読み解く

田中恵美子

第3章　運動が繋いだ生
――『かがやく女たち』に登場した女性たちの語りから

瀬山紀子

第4章　支援／介助はどのように問題化されてきたか
——福島県青い芝の会の呼びかけから

土屋　葉

第6章 分かれた道を引き返し進む

立岩真也

第7章　東日本大震災以後の福島の障害者運動
――JDF被災地障がい者支援センターふくしまの活動を中心に

青木千帆子

第1章 「福島県青い芝の会」の生成と展開

それは『さようならCP』からはじまった

土屋 葉

『さようならCP』を見てね、ショックを受けてね。どーんって来たよね。これはおもしろいなと思って、こんなおもしろいならやってみよう（と）。（白石［i2001］）

私が福島県の障害者運動に興味をもったきっかけは、何気ない雑談のなかで立岩真也が放った「福島の運動は、本当におもしろいよ」という一言だった。二一世紀を目前とした頃に、全国自立生活センター協議会が着手した、日本全国各地の障害者運動の歴史をまとめるプロジェクトのワーキンググループに大学院生として参加した際、この言葉が頭に残っていたため、地域担当を決定する際に「福島県」を希望したのだった。

二〇〇〇年八月、同じくワーキンググループに参加していた瀬山紀子と共に福島県郡山市に出向き、白石清春（第2章六八頁）や橋本広芳（第2章六八頁）らと出会うことになった。はじめて対面した白石と橋本は、さすがに別格の存在感であったが、かつて「赤鬼」、「青鬼」と呼ばれていたと聞いて想像していたよりも、二人とも格段に柔和である印象を受けた。そして私たちに当時の「闘争」の日々を、笑顔で「あれは青春だったな」と、まるで美しい思い出話のように語った。しかしそうした彼らの言葉の端々に、ふとみせる厳しい表情のなかに、「社会への怒り」が垣間みえたことが印象に残った。

本章では、このときに白石や橋本が語った福島県の障害者運動のはじまりともいえる「福島県青い芝の会」に注目し、その生成から終焉までをたどってみたい。

1　はじめに★01

日本における障害者自立生活運動のさきがけとしてしばしば挙げられ、一九七〇年代以降の日本の障害者運動の価値形成に大きな影響を与えたとされるのは、「日本脳性まひ者協会・青い芝の会」である（田中[2005:31]）。

一九七〇年代に入ると青い芝の会は全国組織として拡大していくが、そのなかでも急成長した地域が、大阪府を中心とした関西地域と、福島県を中心とした東北地域であるとされている（荒川・鈴木[1997:26]）。関西地域における運動については近年いくつかの研究の蓄積があるが（山下[2008]、立岩・定藤編[2005]、角岡[2010]、定藤[2011]）、東北地域におけるそれについてはまとまったかたちでの研究はみられない。地方における運動も含めて歴史的記述を蓄積していく必要があるだろう★02。

本章では、福島県青い芝の会にかかわった人物へのインタビューデータと文字資料（機関紙、街頭ビラ）等のデータから、会がどのように生成し、運動を展開してきたのかをみていく。

2 「青い芝の会」の成生と展開

青い芝の会は一九五七年に東京で発足し、一九七〇年代から全国的な展開をみせていく。福島県青い芝の会が結成されるまでの動きを、簡単に概観しておこう。

会は、一九五七年十一月、東京市光明学校（現東京都立光明養護学校）の卒業生である脳性まひ者三人（高山久子、金沢英児、山北厚）の発案で、職業安定所身障者係の原田豊治の支援を受けて結成された。戦前から日本ろうあ連盟・日本盲人会連合・全国鉄傷痍者連合会など戦前から障害別大規模団体は全国規模の運動を展開していたが、脳性まひ者の団体は存在しなかった。鈴木によると、青い芝の会の当初の目的は「脳性マヒ者福祉の増進と会員の交流・親睦」にあったという（鈴木［2003:3］）。

ただし、会の活動はたんに親睦をはかるところにとどまらなかった（立岩［1990b:172→2012:265］）。一九六二年には国立施設の設立や年金の増額など一二項目を掲げ、厚生省への陳情が行われている（荒川・鈴木［1997:14］）。一九六〇年代後半になると、地域で生きるための在宅対策へと、要求内容が変化している。この時期には、会員が結婚するなどし、生活保護の下に独立した世帯を築くことが珍しくなくなったこと、また施設を出て生活する動きも始まったことから、「年金」と「住宅」の要求が行われたようだ。たとえば一九六八年六月には都営住宅建設戸数の何パーセントかを身体障害者用住宅とする、「身体障害者用優先割り当て制度」等を求め、東京都議会に請願書が提出されている。請願書には次のように述べられている。

私たち身体の不自由な者にも、『人間らしく幸福に生きたい』という願いはからだの健全な人たちと同じようにあります。（『青い芝』68:2、鈴木［2003:15］に再録）

私たちは、人間らしく生きられる第一歩は、からだの健全な人たちと共に地域社会の中で生きることだと考えます。（『青い芝』68:2、鈴木［2003:15］に再録）

結成当時会員数四〇名から出発した会は、七〇年代初頭には会員は七〇〇名を超えていたという（荒川・鈴木［1997:15］）。運動の転換点となったのは、一九七〇年五月に横浜で起きた、母親による障害児の殺害事件だった（立岩［1990b:176→2012:269］）。二人の脳性まひ児をもち、施設への入所も断られた母親が、二歳の長女をエプロンの紐でしめ殺した事件である（荒川・鈴木［1997:18］）。

障害児が殺される事件は、当時はめずらしくなかった。そしてこうした事件が起こると、世論は親に同情し、福祉政策の貧困と施設の増設が叫ばれるのが常であった★03。神奈川青い芝の会は、これらの「安易な同情」やここから導かれる入所施設の増設案を否定し、「殺される立場から」障害者の生きる権利を主張して、減刑運動に真っ向から反対した（荒川・鈴木［1997:18-19］）。この「重度障害児殺し告発運動」における会員の運動はマスコミで取り上げられ、大きな反響を呼んだ。この経験を通して、「親も含めた健全者の差別意識を激しく告発すると同時に、脳性マヒ者自らの意識と生き方の変革を追及する」、青い芝の会の、健全者のみならず障害者自身をも対象とする「告発運動の原型ができあがった」とされる（荒川・鈴木［1997:20］）。

こうしたなかで、その後の青い芝の会の運動が広がっていくきっかけとなった重要な映画『さようならCP』の製作が進められていく。これは、障害者運動に関心を抱いていた映画監督原一男が、当時リーダー的存在だった横田弘に話をもちかけたことで実現したようだ。東京青い芝の会で活動していた若林克彦★04は次のように書く。

障害児殺し事件における母親の行為と、それに対する世間の同情の中に脳性マヒ者をはじめとする障害者の存在をまっ殺しようとするどす黒い力を確認した横塚・横田達は、いたたまれない気持をおさえることはできなかった。自らの全存在をかけてこのいたたまれない気持を具体的に表現する手段はないものかと考えていた折に映画製作の話がもちあがった。（若林［1986:97］）

のちに監督の原は、「主人公の横田弘さんに映画をやろうよ、と口説くのには半年かかったんですよ」と述べている（原［2002］）。また映画のなかでも、あわや撮影中止か？　といった場面もあり、製作は決して容易ではなかったことがうかがえる。青い芝の会神奈川県連合会の主要メンバーが出演したドキュメンタリー映画が完成したのは、一九七二年のことであった。この年の四月に「青い芝の会神奈川県連合会創一〇周年記念」として、川崎市労働会館にて上映されたのを皮切りに、全国各地で上映会が開かれていく（若林

[1986:97]）。

この映画が障害者たちに与えた衝撃は大きかったようだ。若林は「この映画の一つ一つの場面が私の心と体の中枢にまで重い楔を打ち込んだ」（若林［1986:97］）と書く。後で触れるように白石も、この映画は自身が障害者運動に入っていくきっかけとなったと語っている（白石［2001:162］）。横田や横塚晃一など、青い芝の会神奈川連合会の主要メンバーは、上映運動を行うとともに、各地の脳性まひ者たちを「覚醒」させ、地方組織を結成させて会の運動をひろげていくように働きかけた（荒川・鈴木［1997:20］）★05。一九七二年に福島県内の二箇所で行われた上映会も、この流れのなかにあった。

当時の青い芝の会のメンバーは、映像のもつ力の大きさを実感したのではないだろうか。内容についてここでは詳しく触れる余裕はないが、若林は次のように表現している。

それまで障害者映画の大半を占めていたお涙ちょうだいムードも、しあわせムードのかけらもなく、ただ脳性マヒ者の生身の体をうつし、行動をとらえ、生活場面を浮かびあがらせた映像による生きざま論、存在論そのものであった。主役の横田がはいずって電車に乗ったり、横塚がカメラを持って見られる立場から見る、あるいは見せる立場への逆転を試みたり、自らの性体験を率直に語る場面すらおりこんで、まさに体全体で生きることをぶちまけた。（若林［1986:97］）★06

このように一九七〇年代初頭までの会の運動は、批判運動、糾弾運動としての性格を強くもち、問題解決は会がとるべき道ではないと主張した。そして施設の否定、家族への依存の否定という方向から、自ら家族や施設から出た生活を実践し、さらにそれを促すような「在宅訪問」という活動が行われていく。在宅訪問は、在宅の障害者を名簿等を頼りに訪問し「街に出よう」とすすめる活動である（安積［1990:30］）。大阪などの関西の青い芝の会、その活動に影響された、以下でくわしくみる福島県青い芝の会が積極的に行っていたという（立岩［1990b:182-183 → 2012:340］）。

3 「福島県青い芝の会」の運動展開

1 『さようならＣＰ』の衝撃（一九七二）

福島県青い芝の会の運動を概観していこう。まず、中心的な存在であった白石の生活史を追うところから始める。

白石は一九五〇年、福島県郡山市に生まれる。一九六九年に郡山養護学校高等部を卒業した後、郡山市の自宅で「何もやることないから、だから遊んでてぶらぶらして」いた★07。一九七一年、二一才の時、福島市の福祉サークル「ひまわりの会」で活動をしていた同級生の今野利彦が、日本大学の学生だった菊池義昭★08（のちに福島県青い芝の会の準会員になる）と共に訪ねてきて、郡山市に菊池がつくった「サークル・なかま」に入るよう誘った。「そのサークルには女子高生とか女子大生も来るから」ということで、参加することにした（白石［1994:86］、白石［i2001］）★09。

こうして在宅障害者の訪問や勉強、様々な福祉サークルとの交流会などの活動をするようになった。翌一九七二年、菊池がどこからか映画『さようならＣＰ』にかんする情報を得、「地域福祉研究会（地福研）」

郡山と福島の合同主催で、映画上映会を開催することになった。上映会は福島市、郡山市において二回ずつ行われた★10。白石は当時を振り返り次のように言う。

はじめて『さようならＣＰ』を見たときはすごい衝撃だったなぁ。勉強してないから言葉もわかんないですよね。だから何回も見て。横田弘さんがはだかで道路にいたり、電車に這って乗ったり。また、横塚晃一さんがカメラ構えて、人物が正面から撮れない、それが「健全者幻想」だっていう……。ああそうかと思ってね。あの映画見て人生観が一八〇度変わったから。それはすごく大きかったね。（白石［2001:162］）

『さようならＣＰ』を見てね、ショックを受けてね、そんなこと全然、考えてなかったわけだから、どーんって来たよね。これはおもしろいなと思って、こんなおもしろいならやってみよう（と）。（白石［i2001］）

のちに白石の「女房役」（安積［1990:30→2012:48］）と呼ばれる橋本も、「言葉はあんまりわかんなかったけど」、「価値観も変わったよね」と言う。また橋本は会の行動綱領について、「「（われらはＣＰであることを強烈に）自覚する」っていうのはすごいなぁと思ったね。自己主張だから」と述べている（橋本、白石・橋本［i2000］）。

当日は東京青い芝の会の若林も参加した。会のメンバーである脳性まひ者に対し「福島県にも青い芝をつくるように」と働きかけたという。その日は白石宅に泊まり酒を飲んで話した。上映会後、若林が福島県に来るときには、若い女性を秘書として連れてきた。白石は、夜になると酒をあおって豪快に話をしていた若林を記憶している。「若い女性を引き連れて脳性まひを楽しんでいる」彼の姿をみて、「こんなふうに生きたいな」と思ったという（白石［1994:87］、白石［2019］）。

さらに、当時設立されたばかりだった「大阪青い芝の会」の中心メンバーだった鎌谷正代＝古井正代★11、三宅光男★12、松本孝信★13らが、福島県を複数回訪れ、「若い人たちで「青い芝」をやろう」と誘った（白石［2001:161］）。「彼らも関西の養護学校を卒業した若者で、私と同世代だったので、意気投合した（白石［2019］）。ただし「関西人特有」の押しの強さに「いつも一歩退いた付き合いしかできなかった」、「『脳性まひなのに、行動力があって、こんなに上手く話すことができるのだ』と感心してみていた」という（白石［2019］）。

すでに触れたように、映画上映会は青い芝の会の運動を全国に拡大していくためのものだった。彼らの行為は、青い芝の会の「オルグ」（組織への勧誘行為）の一環だったといってよい。

2　設立（一九七四）

そして、白石は「福島県青い芝の会」設立に取り組み始める。まず同級生の脳性まひ者二〇人ほどを集めている。

前後するが、橋本が運動に参加するようになった経緯を示しておこう。白石と橋本は同じ郡山養護学校で、橋本はその第一期生、白石は一学年下の後輩という関係だった（ただし白石は就学が一年遅れているため年は同じ（白石・橋本［i2000］））。当時の養護学校のなかでも、白石や橋本のような脳性まひ者で重度障害をもつ者は、差別されていたようだ★14。橋本の学年は一二人（男子八人、女子四人）で、そのなかに後に福島の運動を一緒に担っていく鈴木絹江（第2章六九頁）がいた。鈴木は養護学校時代について次のように書く。

橋本君、白石君は、やっぱり養護学校の中でもすごい障害が重度で特異な存在だった。私は、白石君に関しては、いっつも顔を真っ赤にして手すり磨きみたいにちょこちょこ歩いているイメージしかないもん。橋本君も、転がりまわりながら、みんなにくっついてくるというイメージしかない。いつも、みんなにいじめられていたしね。私自身、橋本君とは同級生だったけど一緒に勉強したという感覚がないもん。だから、「青い芝」で彼らと出会うまで、私と彼らの人生の接点なんて、ほとんどなかった。（鈴木［2001:170］）

こうしたなかで、白石と橋本は仲間意識を強めていったようだ。橋本は養護学校卒業後、いったん自宅に戻ったがそのときに突然母親を亡くし、親の会の関係で千葉県にある「ベテスダホーム」に入所した。二三才のときに橋本がこの施設を出たのは、入所後父親が亡くなり、姉が「できるだけ近くに」いることを希望したことと、ちょうど青い芝の会を立ち上げようとしていた頃の、白石からの熱心な誘いの手紙だったという。橋本は迷いながらも福島に戻ることにしたが、青い芝の会が立ち上がってからも、一年半ほどは福島市の「けやきの村」という施設に入所しながら運動にかかわっていた。

橋本　それで施設を、それもまた迷いに迷って。迷ってばっかりいるんだよね（笑）。
白石　でおれが強引にひっぱって。
橋本　で、一緒に福島の街でなんつうか、共同生活が…。

白石　自立生活がはじまるんです。（橋本、白石・橋本［i2000b］）

こうして、橋本と白石が福島市内で「共同生活」「自立生活」がスタートする。これが後で触れる福島県青い芝の会の事務所となった。

一九七三年八月二六日に福島県青い芝の会の最初の設立懇談会が開催された。その後も二回ほどの懇談会がもたれている。また一〇月一三、一四日には福島県青い芝の会準備会として、会のメンバーが四名、青い芝全国代表者会議に出席したり、一九七四年一月一七日には白石が東京青い芝の都庁座り込みに参加している（「福島県青い芝の会設立総会招待状」より）。一九七四年一月二〇日結成準備会を経て、ついに二月一七日「福島県青い芝の会」結成総会が開かれる。会長に大越哲哉（のちに辞職、後述）、副会長には橋本が就任した。当日は「結成総会というのに会員の出席が七名とさびしかった」がそのほかに前出の福祉サークルのメンバーなどが一三名、そして東京から若林、神奈川から横塚（本部会長）、大阪から鎌谷が出席、「とても心強かった。三氏が話すことばは一つ一つが迫力があり、会員一人一人の刺激になった」という（『福島県青い芝の会事務局通信』3、1974/02、以下『事務局通信』）。

共同生活を送っていた白石と橋本。
支援者は小磯京子（1975 年）。（白石提供）

白石は事務局長の役に就くが、実質的にはもっとも中心的に動き、『福島県青い芝の会事務局通信』も白石の手で発行されていた。

3　白石のいらだち

結成はされたものの、初期の頃の会は順調に運営されたとはいえなかった。そもそも白石は、結成総会において会員の参加が少なかったこと、また会の「性格と方向性が明らかにされなかったこと」を不満に思っていた。また、全国組織である青い芝の会の「支部」となったという気負いもあり、さまざまな活動を始めていたようだが、のちにこうした活動の内容を「形式的活動に終始し」たものだったと省みている。

全国青い芝につづけとばかり、なにもしらないのに形式的活動に終始し、県に対しての請願運動にまで手を広げてしまった。請願運動自体はいいのだが、その請願書の内容の貧弱さ、請願要求に対するウラづけもしないで運動を続けようとしていた。（『事務局通信』5、1974/06）

さらに、会員相互の意思疎通の難しさや、役員会員以外の「意識の低さ」なども白石のいらだちのもとになっていたようだ。事務局通信では「やはり会員自身が考えなければならない」と会員に意識の変革を求めている。そのために、「会員個々人の意見に応じて、会員個々人が会に自己の問題を提起し、自身が自己把握する」といった会員への要求とともに、「半意識の会員に事ム局はつねに連絡をする」といった事務局からの働きかけが必要であるとした（『事務局通信』5、1974/06）。

白石は前述したように『さようならＣＰ』に強い感銘を受け、その後具体的に会を立ち上げる動きのなかで中心的に動いていた。結成の前に東京での運動に参加するなど、東京や本部とのつながりも強く、当時の青い芝の会の理念や行動要綱をことのほか意識していたと思われる。

しかし、そもそも地方の一養護学校の同級生を中心としてはじまった会であり、すべての会員が白石のように、青い芝の会の理念に強い同調を示し、高い活動意識を有していたわけではない。そうした「仲間」に対して、白石は次第にいらだちを表すようになったようだ。

いつも集りで感じることだが同窓会をやっているようで非常になまぬるい。このままの状態で会の活動が続くかぎり、会の発展はのぞめないだろう。みんなで何回も話し合っていることであるが、「会員各自が確固たる自覚をし、行動のもとに会員各自の重みある歴史をつくらなければならない。」のである。会員同志でも妥協してはだめなのである。また、集会に出てくる会員がいつもきまっていて小数である。パチンコをやってもいいが、女のケツを追っかけまわしてもいいが、人間が生きているということは、それだけの行動をすることではない。人間は真に生きていくという目標があるのではないのか。それを探し求めるため青い芝があり、その活動がある。福島県青い芝の集会には全員が出てきて、自分自身の人生をつくり出そう！（『事務局通信』6、1974/08）

手動式三輪車に乗る白石（1975 ～ 1976 年ごろ）（白石提供）

またこの時期には会員が定着せず、退会を申し出るものも少なくなかったようだ。初代会長に就任した大越が、二か月後には自らの意向により辞任するという事態も起こった。青い芝の会の厳しい行動理念、常に意識し自ら動くことを期待される場所にコミットしていくことは、たいへんなエネルギーを必要としていたことが推しはかられる。しかし、白石はそうした会員に対しても厳しい言葉を向ける。

福島県青い芝の会をやめたいという会員が今、二～三名いる。会をやめるのは自由である。しかし、なぜ会をやめるのか、ハッキリと表明してからやめてもらいたい。会が会員一人でも把握できないということは、会の活動方針になんらかの欠陥を有するとも考えられる。会員が存在してこそ会が存在するのである。みんなの力で会をもりあげよう。集会にも満足に出てこないで会をやめるとは言えないと思う。また、自分自身の問題、対社会問題を真剣に考えた場合、福島県青い芝の会をあっさりやめることができるのであろうか？（『事務局通信』6、1974/08）

白石は青い芝の会における活動を、「真に生きていく」という目標を達成するためのものとしてとらえていたことがわかる。青い芝の会の思想の核となる、外に向けた社会変革の思想と、内に向けた自己変革の思想、すなわち「対社会の問題」と「自分自身の問題」と対峙する活動として位置づけていたのだろう。また、会員間の意識の齟齬も問題とされる。運動にかかわる活動には来ないが、遊びにかかわる活動には顔を出すという会員に対し、次のような呼びかけがなされる。

本会の会員の中にはレクリエーションの時はくるが、その他の集会やカンパ運動等には来ない者がいる。また全然でてこない者もいる。みんないつも来て欲しい。（『事務局通信』7、1974/10）

さらに、組織ではありがちなことだが、報告集の発行や書類の作成などの仕事が「一部の会員の負担になっていること」も同時に指摘される。白石など役員を中心とした少数のメンバーが先を急ぎ、会のなかで空回りや孤立している様子がうかがえる。

また他団体からのプレッシャー、会がうまくまわっていかない焦燥感や悔しさなどが以下の一文に表れている。

全障研（引用者注：全国障害者問題研究会）大会でのおのれらの力不足のための敗北感、大阪のなかまから「首くる気でやれ」とハッパかけられたこと。東京で堂々と生活している寺田夫婦のこと［…］（『事務局通信』6、1974/08）

4　事務所開設（一九七五）

一九七四年の夏、すでに事務所の開設は懸案事項となっていた。

福島県青い芝の会でも、事務所の必要性が感じられてきた。外的作業、内的作業のおくれのひどさ、健常者ペースで進んでしまう運動。会員の独立生活場の確保などから。事ム所の場所が福島か郡山かということになったが、今野会長が事ム所つくりにはあまりのり気でないらしいし、橋本君はけやきの村に入っているため、行動に制約がある。結局、一番時間的に自由である白石がアパートをさがし、郡山に事ム所をつくることになった。（『事務局通信』6、1974/08）

しかしその後、事務所探しが難航したのか、事務局通信は発行されないままに一九七五年を迎える。同年四月、前述したように福島市において白石と橋本の「自立生活」がスタートしたことにより、ようやく事務所の開設が果たされた。このことは会の活動が軌道にのる大きなきっかけとなった。

ただし一九七〇年代の半ばに、重度障害をもつ二人が賃貸住宅で生活を始めることには大きな困難を伴った。

この時のアパートは、私たちの名義で借りることはできませんでした。それでしかたなく健常者の名義を借りました。（橋本［1984:279］）★15

当時は、歩くこともままならない脳性マヒ者が、生活保護を受けて、一人で生活していくといった例がなかったので、私たちが生活保護の申請に事務所に行けば、そこで様ざまな問題に立ち向かわされることになりました。ケースワーカーが驚いて私の親元まで出向き、「息子さんはご家族の皆さんと一緒に暮らされるのがいちばん幸せです」とか、「息子さんがどうしてもご家族の皆さんと一緒に暮らすのがいやだったなら、施設に入って、障害者の皆さんと楽しく生活をされた方がよいと思います」というようなことを、平気で発言する有様でした。私に独立した生活を営ませないように、必死になって妨害しました。（白石［1984:36-37］）

福祉事務所にかけあった結果、一か月後には生活保護費が支給され、どうにか生活が送れるようになった。そうして「どこかから聞きつけ」た施設入所者や在宅の障害者たちが長屋の一角の住居を見学に訪れ、そのなかから一緒に生活をしたいという人が現れてくる。六月には居住者が二人から七人と大幅に増え、事務所は混沌とした状況に陥っていく。だがしかしそこには「楽しさ」も混在していたようだ。

(引用者注:開設)当時、事ム所に生活する会員は二名だったが、今では事ム所を中心として七名の会員が集まって来て生活しています。また、脳性マヒ者以外の障害者も多数集まって来ています。(『福島県青い芝の会ニュース』I 1975/06)

私と橋本君の共同自立生活の話を聞きつけて、在宅や施設の脳性マヒ者らが私たちの生活を見に来るようになる。安斉晃★16さん、吉田強★17君、佐藤泰樹★18君、佐藤清一★19君などが、私たちのアパートに長期滞在するようになる。そして何人かは生活保護を受けて、私達のアパートに住み込むようになる。多いときで六人もの脳性マヒ者が三畳と四・五畳の部屋に住んで、騒いで、飲んで、汚して、凄まじくも楽しい共同生活であった。(白石[1994:88])

白石がこの年について書いた「五〇年四月からのFA(引用者注:福島県青い芝の会)の反省」というタイトルの文章がある。これによると、一九七五(昭和五〇)年の事務所開設により会員相互の連絡体制が密になったこと、「半自立障害者」が集合し、「友人G」、すなわち友人グループの組織が強化されたことなどに一定の評価を与えつつも、「真の自立障害者を生み出すにはいたっていない」とされる。

「半自立」とは、先に述べたような狭いアパートに障害者が複数人集まり、介助者も障害者も雑多のなかで生活していることを、「自立」は地域で一人暮らしをしていることを指しているようだ。ただし「自立会員もまた、本当に自立していない」という白石の言葉もある。

事務所以外の場所において、「半自立障害者が集まらないこと」の理由として、「親兄弟、施設という二次的権力」の影響、青い芝の会のアピール力不足、友人グループの介護体制の不備などが挙げられている。さらに一貫性のない行動、最重度障害者に原点を置かない運動、友人グループとの融和主義、経済的な問題、「あさはかな」活動方針などに対する反省が語られ、今後は活動を「CP独自の思考・独自の空間でもって創出しなければならない」と結論づけられる（「五〇年四月からのFAの反省」文責白石［年月日不明］より）。

福島県青い芝の会事務所（白石提供）

こうした状況は角野正人★20の登場によって、少しずつ変化していく。角野正人は、茨城県出身で千葉県のベテスダホームに橋本とともに入所していたが、橋本が施設を出たことを聞いて、一九七五年に施設を退所し、橋本・白石が住む長屋の一角に「転がり込んできた」。これをきっかけとして、会は「介助者を集めるために、精力的に街頭カンパを募りチラシを配布する。当時の介助者には、福島大学の学生が主に関わった」〈障がい者自立生活支援センター〈福祉のまちづくりの会〉［1998:6］〉という。一九七六年前後に、郡山市出身で全介助が必要な島崎由美子も加わったこともあり、角野、島崎は福島市内で一人暮らし用のアパートに住むようになっていった（白石［2010:28］）。白石、橋本もそれぞれ借家を借りたことから、共同生活形態は終止符を打つ（白石［2019］）。

5　軌道に乗る（一九七六〜）

一九七六年に入ると、会の動きは急速に活発になっていった。二月には「これからの方向性」という課題で話し合いが行われている。このときには、角野・島崎をはじめとして、「自立生活」をしているメンバーも増えていたようである。この話し合いの結果、事務局および役員の役割、月間・年間スケジュール、対行政行動、友人グループとの関係、行事の企画、実行などに対する、明確な目標が設定され、「同窓会」的な集まりから一つの組織としての集団に変化していった様子が読み取れる（『事務局通信』9、1976/02）★21。

この時期の会は、季節ごとの「お花見会」や「交流キャンプ大会」、「いも煮会」などの行事を行い、地域住民の参加を呼びかけていた。ただし、当初からそうであったように、福島県において独自の運動を展開するというよりは、会本部や他地域における会の活動とのかかわりが強かったようだ。たとえば一か月に一度、当時事務所が置かれていた神奈川県川崎市で開かれる、青い芝の会全国常任委員会、役員会には必ず参加するほか、他地域の会が主催するキャンプに参加したり、交流会をもったり、映画の上映会と講演会をセットで行なったりしていた。

会の活動の一環としての街頭カンパや在宅訪問による、メンバー勧誘が功を奏してきたのもこの頃だった。福島県における運動を牽引してきた、既出の鈴木は、この街頭カンパにはじめて出会ったとき、同じ障害者が「乞食のまねをやっている」ことが「嫌だと思」い避けて通ったという。しかし、かれらを避ける自分を疑問に思い、戻ってカンパをしたところから、会とのつながりがはじまる。直接のきっかけとなったのは養護学校の同窓生である吉田が「映画上映会をするから来ないか」と自宅に訪ねてきたことだった。さらに会とかかわりをもつなかで白石から言われた一言が、鈴木を運動の道に引き込んだ。それは青い芝の運動理念を「理解した」瞬間でもあった。

白石君が何かのときに、「障害者は生きていることが労働だべ」って言ったんだよね。私、それを聞いてすごくほっとしたのよ。[…] その頃の私は、自分は生きていていいんだろうかとずっと思い悩んでいたし、自分の存在意義を見つけることがすごい大変なことだった。そんな私に、おまえは生きていることだけで価値があるんだって彼は言ってくれた。その言葉はでかかったね。まあ、もともとは彼の言葉じゃなかったかも知れないけど。

白石君は、がんばって稼ぐことができる私たちが、がんばっても稼げない重度の障害者を追いつめていると言ったのね。重度の障害者がいきいきと生きられる状態になかったら、私たちにとってもいい社会じゃない。それは、健康な人たちにとっても同じことなんだというのが、スコーンってわかっちゃったっていうかね。(鈴木 [2001:174-175])

また、縁がつながった例はこれだけではない。障害者自立生活運動のリーダー的存在である安積遊歩(第2章六九頁)が、福島県において会と出会うことになるのはその後、一九七六年四月の花見大会であった。安積は白石、橋本、鈴木と同じ郡山養護学校の出身であり、一足早く会と出会っていた鈴木が在宅訪問に訪れたことが、会を知るきっかけになったという。

その人（引用者注：鈴木）が私の家に在宅訪問に来たの。行ったらすごいことになる、おもしろいことがある、人生が変わるって。（安積［1990:29→2012:45］）

そこで安積は「迷惑をかけちゃいけない」「親以外の人にお世話になっちゃいけない」とたたきこまれていたそれまでの考えを覆されたという。車椅子にのって多くの人の手を借りながら外に出るのがよいとする青い芝の会の考え方は、彼女に大きなショックを与えたようだ。そして「目の前がぱあっと開けた」、そこに来ていた健常者との恋愛が始まったこともあり、「やみつきになって事務所に通うようになった」という（安積［1990:30→2012:47］）。

白石、橋本、鈴木、安積という、障害者運動の重要人物が福島という土地において不思議な縁でそれぞれ運動に衝撃を受け、ここに引き込まれていくのは興味深い。なお安積は、白石との出会いに大きな影響を受けたことは推測されるが、それは白石が秋田に行く直前であり、福島県での活動時期は白石とはずれていることになる。

6　他地域とのつながり

福島県青い芝の会の特徴は、地元に密着した活動のみならず、他地域の青い芝の会と密接な関係をつくっていたことにあるだろう。

とくに関西の青い芝の会のメンバーとは、年に五、六回の交流があり、「仲間意識も強かった」という。白石、橋本と、当時中心メンバーだった鎌谷、三宅、松本が同世代であり、当時の会長だった横塚よりも一世代若いメンバーで会を創設し、運営しているという共通項が、かれらに仲間的な意識を喚起させたのだろう。

この時期頻繁に行われた映画上映会についても、関西の青い芝の会からのゲストが出席したという記録が残っている。いずれも関西地域を中心につくられた三つの映画の上映会（一九七四年一二月、一九七五年六月に『カニは横に歩く』、一九七六年二月に『何色の世界』、一九七七年一一月に『ふたつの地平線』）が行われた。『何色の世界』の上映会には金満里★22が、『ふたつの地平線』の時には高杉晋吾★23が出席したという★24。また、一九七六年二月の「和歌山県身体障害者福祉センター闘争」の際には、「関西青い芝の会の連中が行なう闘争に、若い仲間として関わっていこう」と、橋本と相談して和歌山に行くことにした（白石［2019］）★25。

常任委員会や青い芝の会全国大会に参加することで、「各地でいろいろやってるから福島も、負けずにやるべぇ」（白石［i2001］）などのように刺激を受けることもあったようだ。このことは、「大阪のなかまから『首くくる気でやれ』とハッパかけられた」（『事務局通信』6、1974/08）という記述からも推し測られる。

さらに、一九七四年九月には茨城県青い芝の会と交流会を行なっている。

「茨城県（県北）青い芝は実践とも理論とも本会より上で、欠点も指摘され、また励まされた。［…］行動面では本会にもヒケをとらないと感じた。午後からは偕楽園へ連れて行ってもらった。みんな心が通い合い共にやっていこうという強い心で結ばれた。」（『事務局通信』7、1974/10）

以上、一九七四年の立ち上げから二年間の軌跡をみてきた。青い芝の会に出会った新鮮な感動、創設までのモチベーション、運動が軌道にのらないいらだち、逆に軌道にのっていく際のエネルギーや他地域から刺激を受けながら展開していったことなどがみてとれる。

4　停滞期（一九七七〜）

1　白石は秋田へ、橋本は郡山へ

一九七六年からは会は自主製作映画『しどろもどろ――反世界からのこだま』に取りくんだ★26ものの、白石が全国青い芝の会からの要請を受けて一九七六年五月に秋田県へ拠点を移したことなどから、一九七七年頃から会は停滞期に入っていく。

白石が秋田市に移住した経緯についてみていこう。当時すでに福島県・山形県・秋田県に青い芝の会が創設されており、これらが集まり「東北連合会」を名のっていたものの、山形県や秋田県では脳性まひ者の数が少なく、「運動とは程遠い、親睦程度しか活動はできていなかったようだ。特に秋田は、青い芝の会を結成したにもかかわらず、早くも存続の危機に立ち至っていた」という（白石［2010:29］）。そこで、全国青い芝の会常任委員会で議論した結果、福島県青い芝の会から秋田に会員を派遣し、会員の掘り起こしと運動の定着を図ることにした。最初は誰も名乗りを挙げなかったが、白石が「俺が秋田に行くことにしよう」とみんなの前で啖呵を切ったという（白石［2010:30］）。

秋田での白石の活動については第5章で詳しく述べるが、橋本の記憶によれば白石は、将来的には青森

青い芝東北連合会結成式（白石提供）

県や岩手県にも青い芝の会をつくり、東北連合をつくる、そのために秋田に行くと言ったという。それを聞いて橋本は「すごいなぁ」と思い、「俺はどうすっべか？」と悩んだ。当時、けやきの村からの退所者が橋本のほかに二名ほどおり、「一緒に生活していた仲間が増え」ていた。そうしたなかで、橋本は「おれは福島（に）いねくてもいいんじゃねぇか」と、山形県や宮城県に移ることも考えたが、自分の力量を考え郡山市に移ることにしたという（橋本、白石・橋本［i2018b］）。こうして一九七七年五月、橋本は福島市から郡山市に移住した（橋本［2010:98］）★27。この当時、福島県青い芝の会は福島市、いわき市、会津若松市などの地区ごとでも活動を行っていたようだ（『福島県青い芝の会ニュース』3、1976/07）。

白石が秋田市に移住した後も、福島県青い芝の会のメンバーの何人か、とりわけ橋本は白石と親しい関係を継続していたようだ。白石が常任委員会等で関東方面に行く際には、白石が秋田から「夜行急行」に乗り、郡山駅でやはり常任委員として名を連ねていた橋本と合流して行くことが常だった（白石［2010:32］）。

2　橋本——郡山市での活動（一九七七～一九八一）

一九七七年、橋本が二七歳のときに郡山市に移ったときの荷物は、手動の車いす一台と電動車いす一台、下着などの着替えが入った柳ごおり一つと、青い芝の会の資料が入った段ボール一つ、望遠鏡と望遠鏡の箱

（橋本は天文学が好きだった）、プラスチック尿瓶、喘息の薬、トイレットペーパー二つのみで、所持金は一万円だったという。

白石の紹介による日大工学部の学生と共に家を探したがみつからず、麓山どおりにある古い大きな一軒家を通りかかったとき、不動産屋の女性が掃除していたところに出くわして「貸してくんねぇか」と交渉、「この古いうちでよかったらいいよ」ということになった。そこには、道路拡張のための立ち退きにあうまで一年ほど住んだ。最初は一人でがらんとしていたが、そのうち青い芝の会のメンバーやボランティアが集まる場所になった（橋本［2010:99］）★28。

生活保護を申請するが、三か月ほどの間は支給されず、ようやくみつかった借家の家賃も支払いが滞っていた。布団もなく、借家に残っていたカーペットにくるまって寝ていたという。社会福祉協議会からお金を借りたり、カンパなどでしのいでいた（橋本［2010:99］）。

雨が降った日には、もともと福島市の出身で郡山市にやってきた佐藤孝男★29や既出の吉田、佐藤清一（本章注17、注19）らとともに図書館に行って、本を読んだり将棋をしたり食堂でコーヒーを飲んだりしていた。天気のよい日は在宅訪問活動をした。市役所の障害福祉課と何度も交渉し頼み込んだ結果、四〇〇名分の「重度の脳性まひ者の名簿」の書き写しが許可された。近くの太田総合病院の付属看護専門学校などの「ボランティアの学生さん等を市役所に連れて行き写し取ることにした」（橋本［2010:100］）。わら半紙に書き写したその名簿を頼りに、購入した郡山市の地図から、市を一〇の地区に分けて「かたっぱしから」在宅訪問をしていった。平日は訪問活動のほか役所まわりを行い、週末はうすい百貨店前でカンパ活動を行っていた（橋本、白石・橋本［i2018b］）。

最初の一、二年は佐藤孝男と常に一緒に行動し、いわき市や会津若松市、仙台市、田村町、福島市などあちらこちらを移動していた。在宅訪問ではつらいことも多かった。タイヤがパンクしたり雨に降られたり、といったことのみならず、尋ねた家では「なんでここに（障害者が）いんの、わかって来たんだ？」と怪しまれたり、「どっから聞いたかしんねぇけども、うちにそんなもんはいねぇよ」、「帰れ」と戸を閉められたり、「もう来んなよ」と水や塩をまかれるということがあった。重度の障害者が「座敷牢みたいなとこ」にいた例もあった（橋本、白石・橋本［i2018b］）。

仲間づくりも難航した。「うちから出るのはむつかしい」、「創価学会入るならば、つき合ってもいいよ」、「あんたとはやらねぇ」と言われたり、ときには近所の人に「お見合い」をすすめられるなど、頓珍漢な出来事もあった。一方で、行くとそれだけで喜んでもらえたり、お酒やお菓子がふるまわれることもあった。そうして出会うなかで、まちへ散歩に連れ出したり、ということもした。そうして次第に「仲間も増えてき」た。当初橋本の郡山での目標は、一年で仲間を一〇人作ることだったが、それはかなわなかった。「一年で一〇人はできねかったです。遅いんでね、仕事が」（橋本、白石・橋本［i2018b］）。

3　「うつみねの会」発足

橋本は、若い障害者とのつながりたいという思いもあり、郡山養護学校の同窓生らと共に、月二回ほど週末に学習会を開催し、昼食をとってから午後は各家庭を回って廃品回収をするようになっていた。ある日、この会に参加していた女性から「親元を離れて街で生活したい」という手紙が届いたことをきっかけとして、「自立と共生をめざすうつみねの会準備会」を発足させた（橋本［1984:280］）。

私たちには、自分たちの置かれている状況や、親や年金や住居の事、環境問題の事、街づくりや介助の事など、自分たちを巡る、とにかく問題があり過ぎるほどあったので、その中からある程度の活動資金と仲間をまず作っていこうということになり、地域での廃品回収や小さなバザー、勉強会などを開いていった。（橋本 [2010:101-102]）

活動が二年めに入ると、廃品回収の活動範囲を広げるためのリヤカーやバン（小型貨物自動車）も買いそろえた。メンバーも二〇名程度になってきたという（橋本 [2010:102]）。こうした活動は、すでに事実上解体していた青い芝の会のメンバーと共同して進められたようだ。しかし、反発もあった。いわき市で活動していた鈴木は、ちょうど新たな生活を始めるタイミングであったこともあり、こうした方向性に強く異を唱えて一九七八年頃から青い芝の会の活動から離れている。

結局はそのあと、福島県の青い芝は作業所活動になるのよ。ちり紙交換とかね。で、私、「違うよ、だって青い芝は、「われわれはＣＰとして……」。あれって、ああいうの妥協しないんじゃなかったの？［…］「やっぱ作業所で廃品回収で金集めるべ」ってなって、「あれ、違うべよ」みたいな。社会を変えるんじゃなかったの？って、私はそれにかかわらないで、百姓、匡と結婚になって、百姓生活。だから、作業所作りの頃は、あんまりかかわってはいない。（鈴木 [i2019]）

橋本と安積（橋本提供）

鈴木の離脱により、いわき市での青い芝の会は消滅した〔障害者自立生活支援センター〈福祉のまちづくりの会〉［1998:11］〕。

一九七八年には、会津の実家から出て郡山市で一人暮らしを始めた渡部貞美〔第3章〕も加わった。一九八〇年「学習会を重ねる中より、地域の方々と交流のできる作業所を市内に作ろう、という話が出て」、まずは「準備的に」駅の裏にある一軒家を借りてスタートした。これが「うつみね地域共同作業所」のはじまりであるという〔橋本［2010:103］、橋本［1984:281］〕。

一方で、安積純子〔遊歩〕は一九七八年七月より福島県内のアパートで一人暮らしを始めていたが、一九七九年一月には橋本から誘われて郡山市に移り住み、同棲を始める〔橋本、白石・橋本［i2018b］〕。このときはとくに行政との交渉に苦労していたようだ。

郡山でも生保は電話だけですんだけど。何が大変だったかっていうと、他の人達のことに関わっていたから。生活保護課とか障害福祉課の人達が脳性マヒの人達をいじめるんだ。生活保護とっている人にはホームヘルパー出さないとか言うわけ。そう言われるとそんなものかなってあきらめてしまうでしょ。でも私はあきらめたらまた介助者を探してやんなきゃなんないと思ったからあせりまくって、そんな話は聞いたことがない、私も厚生省に問い合わせるからあんたも問い合わせなさいって言ってうんと怒ったの。［…］そしたら一五分後に電話がかかってきて、すいませんでした、生活保護手帳に載ってませんでしたらから派遣しま

すって。(安積［1990:34→2012:52］)★30

安積もやはり、作業所への違和感を「障害者にとってはおしめをとりかえてもらうのにおしりを上げるのが労働だって言ってきたのに、作業所っていうのは気乗りはしなかった」と表現する。しかし「でもいざとなるとトップに立ってやっちゃう、がんばっちゃうからね」と回想している(安積［1990:36→1992:55］)。

5 「発展的解消」(一九八一)

廃品回収を始めたころ、橋本はそれを担う仲間に「青い芝みたいなのを［…］一緒にやんねえか」と声をかけている。しかし仲間たちにとって青い芝の会は「こわい」存在であったため、拒否的な反応が示された。話し合いは何度か行ったが、障害のある当事者のなかでも、また親の会のなかでも、青い芝の会に対する抵抗感は強かったようだ(橋本、白石・橋本［i2018b］)。

このころ福島県青い芝の会は、一九七八年全国青い芝の会会長であった横塚が亡くなったことに大きな影響を受けていた。全国青い芝の会は混乱期を経て一九七九年五月に、白石を再建委員会の委員長に選出した。さらに一九八〇年には、白石が全国青い芝の会の事務局の管理のため、新事務所が置かれた神奈川県相模原市に転居したものの、一九八一年一二月の全国青い芝の会の総会後、白石は役員を完全に降りて、青い芝の会とは距離を置くことになる。

一連の出来事は、白石と共に全国青い芝の会の常任委員の名を連ねていた橋本に、「俺ひとりじゃできねぇばい」という気もちを生じさせた。郡山の仲間たちと議論をつづけたが、「ハチの巣ぶっつぶれたような」「わんわわんわ」の話し合いとなった。橋本は「自分の力量も考えて」「発展的解消」を決めた。そして「みんながこわがんないようななにかを、郡山でつくろう」ということになったのだという（橋本、白石・橋本［i2018b］）。

白石さん青い芝（の会）にいれば、代表でずっといるんだったら、俺も応援していこうと思ってたんだけども、「代表でねえぞ」って言ったから、俺一人じゃ代表はできねえばい。できねえばい。そういう面の運動もちょっと、重かったから、俺にも。（橋本、白石・橋本［i2018b］）

しかし、福島県青い芝の会の解散にあたっては、山形県青い芝の会（当時）の金子和弘★31など、それを阻止しようと説得にくる人たちが後を絶たなかったという。

一方、白石はこの決定にまったくコミットしなかった。「いいかな」、「お任せ」、「勝手にしろ」と思っていたという（白石、白石・橋本［i2018b］）。橋本としては、「白石さんが秋田に行った時、将来は青森とか岩手とか宮城とか、束ねてくんだと思って。束ねて帰って来るんだと思って」いた当てが外れたということらしい。福島県青い芝の会は、一九八一年に自主製作映画『しどろもどろ――反世界からのこだま』を完成させ、五月に上映会を開催するものの、この年の終わりには臨時総会を開催し「発展的解消」に至る（白石［2010:38］）★32。解散後は「地域性をもった運動を行うこと」を目標のひとつにかかげ、「うつみねの会」と合流した。橋本およびこの時期中心にいた安積はのちに、次のように書いている。

青い芝の会が「うつみねの会」と合流しました。当時、青い芝の会は「それぞれの地域性をもった運動を行うこと」「自立生活者が一〇名を数えるにいたったこと」などから発展的に解消し、郡山では「うつみねの会」と合流することに決めたのです。

昭和五十五年六月に正式にスタートした「うつみねの会」は、青い芝の会のメンバーが合流することにより組織強化がはかられていきました。その後は、廃品回収に加え、市民集会やバザーなどを催しながら、共同作業所開所の準備をすすめてきました。（橋本［1984:281］）

なんで解散するのかってみんなに言われて自分自身よくわからなかった。今思うと、自立する人達が一〇人くらい出てきたんだけど、中には、私達と運動をしようとしてくれない人もいて、活動がうまくいかない面が出てきたんだ。うちにいてぼっとしてる人もいて、私が介助者を探してこなきゃならなくて。だからまあ、そういう人が集まれる作業所でも作ろうかということになったの。（安積［1990:36→2012:54］）

一方、白石は次のように振り返っている。

私は当事者ではなかったので、どのような経緯で青い芝の会が発展的解消に至ったのかいまだにその内容を把握していない。露骨に過激？　な告発型の青い芝の会の運動は保守性の強い福島県では馴染まないものであったのだろうと思う。福島の地に根付いた障がい者運動に取り組もうという観点から、運動の拠点とし

ての小規模作業所設立に動いていったものと私は解釈している。(白石[2010:38])

こうして一九八二年、福島県では初めての身体障害者の小規模作業所として(白石[2019])うつみね地域共同作業所が開設される。駅の裏で一軒家を借りてスタートしたが、大家からの苦情があり、駅の反対側西の内に移動。この移転の際に、茅野(本章注10)や菅野があちこちに声がけをしたことから、いわき市、須賀川市、国見町などから「脳性まひ者の仲間がいっぺんに五人も郡山の街に出てくる事になり、私たちの周りは急に賑やかになった」。職員探し、維持費・家賃などに苦労したが、作業内容についても課題であった。内職、農作業、箸入れ、箱入れ、会社の下請け、民芸品づくり、廃品回収などひととおりやったが、みんなで出来て協力しあっていける「和紙染め」と「廃品回収」がかろうじて残った。開所から二年目半ばを過ぎた頃、郡山市と福島県よりそれぞれ六〇万円ずつ助成金が受給するようになった。翌年は「二四時間テレビ」のリフトバスが寄贈され、市内の在宅障害者五~六人の通所が可能となった(橋本[2010:103])。

橋本は、「白石さんも神奈川で、二年前ぐらいに作業所作られてたから。そういうのも影響(していた)」と言う(橋本、白石・橋本[i2018b])。しかし、「働くことを目指さない」作業所づくりを志向していた白石とは異なり、橋本は「少しはめざしていた」とも言う。しかしそれはうまくいかず、断念することになった。

そしてある出来事をきっかけとして、メンバーから爆発した不満をおさめることができず、橋本は作業所のなかで「浮き上がって」いった。そのような時には、福島市の角野と話をしたり、神奈川の白石を訪問し、厚生省前でシュプレヒコールを叫ぶなどして気を紛らわせた(橋本[2010:104])。しかし、最終的に橋本はうつみねの会からフェイドアウトしていく。

6　まとめ

福島県青い芝の会は、全国青い芝の会が地方に活動を拡げていく動きのなかで立ち上げられた組織の一つではあったが、のちに中央で活躍する白石や安積などの人物を輩出し、全国的な運動展開に大きくかかわったという意味で特殊であるといえよう。しかしはじまりは、地方の養護学校の同窓生を中心としたものであったから、縁が結びついていく奇妙なおもしろさを垣間見ることができる★33。

福島県青い芝の会の成立は、白石清春というキーパーソン抜きにして語ることはできない。しかし、全国組織である全国青い芝の会の役職についた白石は、福島県青い芝の会がようやく軌道にのりはじめたころ、秋田県に赴くことになる。残された橋本は、郡山市に転居し孤軍奮闘していたが、全国青い芝の会の中枢にいた白石ともかかわりをつづけ、頻繁に東京方面に足を運んでもいた。だからこそ、横塚の死をきっかけとし、全国青い芝の会の体制がゆらいだ際に、同時に福島県青い芝の会の足場も崩れることになったことは想像に難くない。

白石が郡山市を離れて四年あまり、実質上「解体」していた福島県青い芝の会は「発展的解消」し、うつみねの会に合流する。こうした橋本の決断は（直接的な相談や助言などはなかったようだが）白石の動きと連動しており、白石の全国青い芝の会の役員辞職と、ほぼ時を同じくして会の解散を決定する臨時総会が開催されている。またその後の作業所づくりのとりくみも白石の動きを追随しているかのようだ。

一時期生活を共にした安積によると、橋本は「自分達の物をみんな人にあげちゃうんだよ。困ってる人がいると。自分の生活も考えずに。なんでもかんでも出しちゃう人」なのだという（安積［1990:36→1992:55］）。一方、鈴木は、橋本を評して「運動がんがんやる人じゃない。［…］制度を変えていくとか、制度を作っていくとか、新しいアイデアを出すとかそういうタイプではない」と言う（鈴木［i2019］）。これらを総合すれば、橋本は新たなことを先導して行うタイプではないが、自分のことよりも他人のことを優先する、たいへん情に厚い人物である。そうした橋本だったからこそ、地域にねざした「みんながこわがらない」地域作業所を開設するに至ったのだろう。

橋本は、一九八四年頃まではうつみね地域共同作業所の所長をつとめていたが、人間関係のごたごたからフェイドアウトし、三、四年ほど自宅にひきこもっていた。彼をひっぱりだしたのは、郡山にUターンしてきた白石であった。ブランクを経てふたたび白石と橋本の二人三脚がはじまる。

アイデアマンであり実行力がある（しかしすぐに飽きる）白石と、思い悩むことも多いが困っている人を放っておけない橋本は、個々の人間としての魅力もさることながら、漫才のような絶妙な掛け合いで人びとを魅了する。福島県青い芝の会が本格的に始動したきっかけが、この二人が暮らし始めた長屋の一角に何人もの人が参集したことであったのは、象徴的であるように思う。白石のみでも橋本のみでもない、この二人のコンビが、当事者のみならず行政関係者や福祉関係者をなど多くの人を巻き込み、福島県の文字どおり地域に根ざした草の根の運動をけん引してきた。そして今もなおけん引しつづけているといってよいだろう。その詳細については第5章に譲る。

★注

01　本章および第4章、第5章に関連する調査について簡単に示しておく。本文でも触れたように一九九九年、全国自立生活センター協議会（ＪＩＬ）は、障害をもつ当事者たちの運動の歴史を残しておくための「自立生活運動史編纂事業」に着手した（その成果が全国自立生活センター協議会＝ＪＩＬ編［2001］）。土屋は東京地域と東北地域における自立生活運動を担ったリーダーにインタビューし、その記録を作成する作業を行うことになった。二〇〇〇年八月の白石へのインタビューをもとに土屋がまとめた文章は、白石自身による丁寧な校正を経てＪＩＬ編［2001］に収められている（白石［2001］）。このとき、インタビューに同席した橋本から、当時の資料が自宅に手つかずで残っているという話を聞いた。貴重な資料を入手し整理したいと考えたが、このときには実現しなかった。翌二〇〇一年六月、福島県青い芝の会の運動に関する調査を行うという目的のもと、瀬山、やはりワーキンググループのメンバーであった田中恵美子とともに再び郡山市を訪れた。橋本の快諾を得て、自宅の押入れに眠っていた一九七〇年代を中心とする資料を閲覧した。またこのとき橋本、白石、吉田強、佐藤孝男、岡部聡および白石の配偶者である、白石栄子へのインタビューが実現した（この人選や時間調整はすべて白石のはからいだった。また白石宅に宿泊もさせていただいた）。インタビューは承諾を得て録音し、ほとんどの内容について遂次テープ起こしをした（八頁参照）。

資料については、ダンボール箱およそ三箱分に、一三のファイルに分類されたものが残されていた。オフィスＩＬについての資料、他の運動体が出している機関紙を除くほぼすべての資料をいったん拝借し、帰京後、資料のすべてをスキャナで読みとり電子化して保存、現物を橋本に返却した。電子化したデータは土屋、瀬山、田中がＣＤ‐ＲＯＭに保存してそれぞれ管理することとした。

ファイルの名称は以下であった。「福島県青い芝の会No.１」、「福島県青い芝の会No.２」、「福島県青い芝の会No.３」、「福島県青い芝の会No.４」、「福島駅関係」、「地下歩道闘争」、「全国優生攻撃」、「新聞記事スクラップ一九七五No.１」、「新聞記事スクラップ２」、「障害者問題関係」、「ビラ一九九七―」、「ビラ（カンパ、呼びかけ等一九八〇―）」、「ビラ（カンパ、呼びかけなど）一九七六―一九七九」。特定の出来事に関するフォルダ、新聞記事スクラップのフォルダは除き、「福島県青い芝の会No.1～4」から、「事務局ニュース」「青い芝ニュース」などの機関紙、および「ビラ」の三つのファイル内にある文書をテキスト化した。

この膨大な資料と格闘することがなかなかできず、まとめとして発表したのは土屋［2007a］、土屋［2007b］に留まっていた。立岩からは折に触れて「福島県の運動についてまとめたい」という話をもちかけられてはいたが、その間に東日本大震災が起きた。私は、二〇一一年五月と七月に郡山市を訪れ、ボランティアの一人として仮設住宅などを白石と共に回った。白石は外出時にはつねに帽子をかぶり、私たちにも長袖を着用することをうながしていた。この年の秋、精力的に講演活動を行っていた白石は、私が責任者をつとめた愛知での障害学会大会のシンポジウムにも登壇してくれたのだが、さすがに蓄積した疲れがみえた。二〇一二年から「震災等の被害にあった「社会的弱者」の生活再建のための公的支援の在り方の探究」のプロジェクトがスタートし、プロジェクトチームのメンバーの一人であった井口高志とともに郡山市を再訪、「JDF被災地障がい者支援センターふくしま」のスタッフとして、宇田春美と岡部聡にインタビューを行った（宇田［i2012］、岡部［i2012］）。この時のコーディネートも白石が担当し、浜通りから移転した作業所などに案内してくれた（これを含む調査研究をまとめたものとして土屋ほか［2018］）。二〇一四年にホノルルでの学会に出席した際には、偶然にも被災した障害児の保養を目的とした旅行に同行していた白石と、ハワイ島で（！）再開を果たしたこともあった。その後も障害者関連の集会などで顔を会わせるなど、私は福島との縁をほそぼそとつないできていた。

詳細は立岩による「はじめに・いきさつ」に譲るが、二〇一八年春、いよいよという話になり、一一月には田中、青木千帆子とともに郡山市を訪れ、白石、橋本、白石栄子、岡部聡へのインタビュー調査が実現した。そのインタビューデータを用いて執筆した草稿に対し、白石からの丁寧なコメントが寄せられた（白石［2019］）。

本章は土屋［2007b］に、二〇一八年のインタビュー調査から得られたデータおよび白石［2019］を加え、大幅に加筆・修正したものである。ただし、橋本宅から借り受けた資料の整理は変わらず課題として残されていることはここに記しておく。

★02　白石によれば、福島県青い芝の会は会員が多くそれなりに動いていたが、山形県と秋田県では「運動という運動は行なっていなかった」。（白石［2019］）。

★03　横浜の事件の際にも、地元町内会と親の会による減刑嘆願運動が起こり、「生存権を社会から否定されている障害児を殺すのは止むを得ざる成り行きである」という抗議文が横浜市長らに提出された（荒川・鈴木［1997:19］、『福祉タイムズ』221に掲載、横田［1974:24-31］に収録）。

★04　若林克彦（一九四三～二〇〇〇）は中国天津生まれ。日本社会事業大学在学中に磯部真教と知り合い、青い芝の会と出会う。晩年は東京都多摩療護園に入所していたが、肺炎により他界。

★05　一九七二年の二年半ぶりの総会では、結成以来会の主導権を握ってきた光明養護学校の卒業生たちが退き、役員構成は一新された。会長には神奈川県青い芝の会の横塚晃一が就任し、一九七三年の総会において、会の全国組織化が決定され、各都道府県ごとに地方組織をつくることが決まった（荒川・鈴木［1997:23］）。こうした本部の決定をうけ、上映会をきっかけとして青い芝の会を地方に広げていこうという動きが本格化したようだ。横塚や横田などの主要メンバーも上映会に参加していたという。

「その頃神奈川の横田さんとか横塚さんが、全国各地を廻っとってその「さようならＣＰ」（ママ）を持って上映会と一緒に青い芝を作る運動ということで全国を廻っとったんです。そこにたまたま出くわして話して「兵庫も青い芝作るんや。［…］ほんで今姫路でグループリボンがある、近々青い芝の会としてやりたいなぁ」という事が決まった。」（福永［1989:90］）

★06　映画上映は非障害者が運動に参加するきっかけにもなったようだ。上映運動を中心的に行い、関西での青い芝の会の設立にもかかわった河野秀忠はのちに次のように書いている。

「あの映画をはじめて見たときは本当に衝撃で、三日間くらい二日酔い状態（笑）。自分たちがやってきた全共闘運動なんかは全部、能力主義にもとづいているんだと思い知らされましたね。

あの映画は、健全者の価値観によってつくられてきた障がい者像とは違うものを打ち出すことで、紛れもなく当時われわれが信じて疑わなかった社会意識、社会のありようというものを切りつけ、少なくともそこに傷をつけた。そして関西では、上映運動をはじめて四年という短い間に障がい者自身の組織がつくられ運動が広がって

いった。それが、あの映画が障がい者の内と外に対してはたした役割だったと思います。」（河野［2002］）

★07 「養護学校卒業後はしばらく家の中で過ごした。当時、杖を突いて歩いていたが、車の走る道路は歩くことができなかった。歩くといっても、無理やり足を出して動く程度で、車が来ると緊張して、車の方向に倒れてしまうという危険性があった。郡山市役所に出向いて、車いすの申請を行い、手動式三輪車を手に入れてから、毎日のように郡山の街なかを走り回った。」（白石［2019］）

★08 菊池義昭は、当時日本大学工学部教授で郡山駅の車いすトイレ設置にとりくんでいた佐藤平（第5章注22）の教え子であり、大学院生として養護学校にボランティアに来ていた。地福研・福島のメンバーでもあり、菊池がつくった「サークル・なかま」は、のちに地福研・郡山に加盟した。

★09 同時期、養護学校同窓会の郡山支部「一房の会」が設立されていた。白石はこちらにも参加していたが、レクリエーション的な活動が主だった。

★10 上映会には、上京して日本女子大学のボイラーマンをしていた白石の同級生、茅野信路も参加した。茅野と同じ大学の図書館で司書をしていた山口武義は、東京青い芝の会の若林と知り合いだった。この関係で若林が福島県での上映会にやってきたようだ。

★11 鎌谷正代＝古井正代については第7章注03参照。

★12 三宅光男は大阪府出身。一九七四年姫路で行われた「カニは横に歩く」上映会をきっかけに、青い芝の会の活動と出会う。青い芝の会関西連合会から京都へ派遣された後、青い芝会関西連合会事務局長を務めた。青い芝会関西連合会解散後、京都に自立障害者グループ「ペンギンの会」設立。二〇一六年没。

★13 松本孝信は兵庫県出身。一九六〇年姫路市立書写養護学校で、鎌谷らと出会う。後に、青い芝の会の活動に参加し、青い芝の会関西連合会から広島へ派遣される。全国青い芝の会の事務局長、副会長を務めた。二〇一八年没。

★14 当時の養護学校には、顔をやけどした人や片足ポリオのような健常者に近い、ごく軽い障害者がおり、白石は一番重度の部類であった。白石の母親が「養護学校の寄宿舎にいれてほしい」と頼んだが、寮母の間で「重度の者が寄宿舎に入ると介助が大変になる」という話があり、寄宿舎に入ることを断られたという（白石［2019］）。

★15　実際には長屋の一角の住居であった。当時福島市で仕事をしてアパートを借りていた、既出の今野（本章二九頁）のアパートに転がり込んで一週間あまり過ごしたのち、そこを借りるに至った（白石［2019］）。

「長屋の持ち主の大家が私たちの生活を毎日のように見に来ていた。ある時、介助者が来られないことがあり、白石がフライパンで豚肉を焼いていたら、肉が焦げて煙が出ていたのを大家が見つけ、「火の始末もできない者が料理を作るのはもってのほかだ。即刻立ち退きをするように」と、言われてしまう。私たちを支援している健常者たちに相談して、健常者の知り合いの弁護士を訪ねる。弁護士は「大家が立ち退いてくれと家賃を受け取らない場合は、供託金という形で行政に一度支払って、行政から大家に家賃が支払われる仕組みがあるので、それを活用しよう」ということになり、長屋の一角を退去するまで供託金を払い続けた。」（白石［2019］）

★16　安斉晃は、橋本と同じ「けやきの村」に入所していた。共同自立生活を経て、安斉が一番はやくアパートを借りて一人暮らしを始めたという（白石［2010:21］）。

★17　吉田強は、郡山養護学校における白石・橋本の後輩である。吉田は当時歩くことが出来、掃除や洗濯などの家事を手伝った（白石［2010:21-22］）。また川崎バス闘争や養護学校義務化阻止闘争にも、白石、橋本らと共に参加した。彼は、橋本が郡山市に移った際に一緒に居住を移し、橋本らとともにうつみねの会の作業所つくりに取り組んだが、その後は白石や橋本と距離を置いてつき合うことになった（白石［2019］）。

★18　佐藤泰樹は、白石とは平整肢療護園からのつきあいであり、郡山養護学校の同窓生でもある。橋本も入所していたけやきの村を退所することはなかったが、時おり施設を抜け出してきていた（白石［2010:22］）。

★19　佐藤清一は、農家出身の脳性まひ者。何か月か一緒にアパートで生活していたが、父親がアパートに怒鳴り込んできて連れ戻された（白石［2010:22］）。

★20　角野正人は脳性まひ者であり、一九七五年に白石・橋本との共同生活を、その後福島市で自立生活をはじめ、福島県青い芝の会の活動に参画するに至る。角野は主に福島市にて活動を展開していたが、白石が相模原市に移住したあとも、橋本とともに相模原市での全国青い芝の会議に参加したりしていた。角野が発端となった有名なエピソードとして銭湯の利用を拒否されたことをめぐる「川崎風呂（銭湯）闘争」がある（白石［2019］）。「だいぶ日にちが経ってから、全国青い芝の会の事務局員であった福田稔氏がその銭湯に行ったところ、銭湯の入口に「障害者は銭湯に入るべからず」と書いてあったという。張り紙を無視して銭湯に入ったところ、上り場の所にいかにもチンピラ風の若造がいて、福田氏を追い返したという。福田氏は若造ともみ合ったが若造にねじ伏せられてしまったとのこと。次の常任委員会の時に、銭湯であったことを福田氏から聞いた常任委員の若者（松本孝信氏、福永年久氏、橋本氏、福田氏、私等）たちが常任委員会終了後、総出で銭湯に向かった。銭湯には福田氏が言っていたチンピラが待っていた。チンピラは私たちが銭湯に入るのを防いでいるので、私がチンピラの前に進み、「なぜ我々の入浴を妨げるのか！」と、チンピラの胸倉を掴んだ。そして、胸倉を掴んだまま私が倒れたもので、チンピラの着ていたシャツのボタンがいくつもはじけ飛んでしまった。」（白石［2019］）

★21　具体的には養護学校義務化反対運動、地下歩道建設反対運動、公営住宅入居にかんする運動などを行っていたようだ。これについては未だ資料が整理されていないため、別稿を期す必要がある。

★22　金満里は一九五三年大阪府生まれ。三歳の時ポリオにかかり、最重度の身体障害者になる。二一歳の時から自立生活を始め、身体障害者だけの劇団「態変」を主宰。著書に金［1996］がある。

★23　高杉晋吾は一九三三年秋田市生まれ。フリーのルポライター。著書に高杉［1973］［1977］など多数。

★24　関西と東北に共通する特徴は「運動の担い手が戦後生れの若い世代で、神奈川県青い芝の会の思想の影響を強く受け、結果として彼らの運動が激しい差別告発の性格を持ったこと」だとされる（荒川・鈴木［1997:26］）。関西での映画製作は、「仲間が作った映画を上映するだけではアカン。自分たちも仲間作りを始めたい」という発言からはじまった（河野［2000］）。

★25　「和歌山県身体障害者福祉センター闘争」の詳細については河野［2007:102-123］など参照。白石は次のように書く。「福島県青い芝の会のチラシやニュースを毎晩遅くまで書いていたので、右手を使いすぎて、右腕にすさまじい痛みが襲ってきた。その痛みをこらえて、茨木県の会員の八木下浩一宅に一泊して和歌山に向かった。茨木に泊まり、すさまじい痛みに七転八倒して、一睡もせずに和歌山に向かった」（白石［2019］）。

★26 映画は六〇分の「カラードキュメンタリー（8㎜）であり、「福島県青い芝の会の五年間の軌跡」を描いたものだった。
★27 『福島県青い芝の会ニュース』には、すでに九月の時点で郡山事務所が開設されていることをうかがわせる記述がある（『福島県青い芝の会ニュース』4、1976/09）
★28 サークル・なかまの活動がテレビに放映され、それを見ていた白石と同年代の大越啓一という健常者の男性が白石の家を訪ねてきた。その後、橋本が郡山市に越してきた時から橋本と大越の付き合いが始まる。大越は無類の酒好きで、橋本の借りた一軒家に毎晩のように一升瓶を下げて現れ、吉田らと飲んで騒いでいたようだ。大越は橋本の用心棒兼介助者（あまり介助はしなかったが）として、ボランティアとして関わっていた。現在も時おり、あいえるの会の事務所に顔を出しているという（白石［2019］）。
★29 佐藤孝男は、郡山養護学校における白石や橋本の後輩であり、橋本の二学年下にあたる。軽度の脳性まひで、若い時は工場で働いていたが、青い芝の会の運動には関わっていなかった。橋本と同時期に福島市から郡山市へ転居した。秋田市の白石も訪問しているが、おそらく吉田に誘われたためだろう（白石［2019］）。のちに「うつみねの会」会長を務める。
★30 安積は一九八三年一〇月から「財団法人広げよう愛の輪基金」と「日本リハビリテーション協会」の主催による研修制度により、バークレーに留学（安積［1990:37→2012:56］）。一九八四年四月に戻ってきてからは、「ギャップが大きくていらいらした」。そして「そのころやってきた人とつきあうようになって、結局、九月にその彼の住んでるところに移った。［…］みんな福島でのことを置き去りにしてっていうことになる。けれども、それはそれで仕方がないって思い切るしかないって思って。もちろん気になるんだけれども」（安積［1990:47-48→2012:70］）。
★31 金子和弘はのちに二〇〇六年から二〇一四年までの間全国青い芝の会会長を務めた。
★32 当時の会長は角野であった（『青い芝ニュース』3、1981/05）。福島市ではその後角野を中心とし、「障碍者が地域で生きる会」が発足した（第5章注37）。白石は、全国青い芝の会の衰退について、次のように書く。

「一九七〇年代後半に入り、全国青い芝の会は全盛期を迎えていたが、全国青い芝の会の会長であった横塚晃一氏が病で倒れる頃から、全国青い芝の会は時間と共に衰退の方向へと向かうようになった。その発端は、衝撃的な「関西青い芝の会解散劇」であった。全国青い芝の会が言い出しっぺになり全障碍者の解放運動をまとめようということで「全国障害者解放運動連絡会議」を作る。さらに、「青い芝の会と付き合う健全者友人組織」を全国的に作っていこうということになって、関西と東北中心に「健全者組織」が作られていった。しかし、関西青い芝の会の中で、会員に対して健全者組織のメンバーが「どこどこの地区で役員会が行われた時に、こんなことを発言すること」と、命令のようなことをするようになっていった。これに憂慮した古井氏と三宅氏（関西青い芝の会の役員であった）が、「健全者に引き回される青い芝の会であってはならない。即、健全者組織を解散すること」という決議を提案したが、関西青い芝の役員会で揉めに揉めたと聞いている。全国青い芝の会の常任委員会にも、古井氏、三宅氏が提案して「健全者組織を解散する」ということになった。遠い関西の出来事は風の便りに聞こえてくるだけで、事の真相が分からないうちに「東北の健全者組織」を解散していったが、秋田の健常者に、「関西での健全者の問題を東北に持ち込まなくても良いのに」と言われた」（白石［2019］）。

★33　本章では福島県青い芝の会の歴史について、前半は白石を中心とする福島市、後半は橋本を中心とする郡山市での活動に焦点を当ててきた。いわき市や会津若松市、とくに、角野を中心とする後半の福島市における運動の展開については十分に論じられていない。これについては今後の課題としたい。

第2章　福島コミュニティの形成

コミュニティ・キャピタル論から福島の障害者運動形成期を読み解く

田中恵美子

1　はじめに

1　本章に登場する人々との出会い

福島県に初めて伺ったのは、二〇〇一年であった。二〇〇一年に障害者の自立生活運動に関する『自立生活運動と障害文化』（全国自立生活センター協議会［2001］）が出版されたが、その取材を行ったのが、本書執筆者の土屋葉と瀬山紀子であった。その時橋本広芳が、自宅にこれまでの福島県の障害者運動に関する資料が手つかずで残っていると言い、土屋、瀬山がぜひ入手し整理したいと希望した。これをきっかけとして、二〇〇一年の再訪となり、私も便乗させてもらったのである。初めて訪れた郡山の町で、飲み会の時も宿泊の時も、惜しむ間もなくインタビューをして録音していたことを覚えている。迎えた側の福島の人々はずいぶんお疲れになったのではなかろうか。今になって申し訳なく思う。

白石、橋本との交流はその後も続いた。二〇一〇年九月に行われた白石と橋本の還暦祝いの会に呼んでいただき、瀬山と私は安積遊歩と一緒のテーブルに座った。会の席次表を見ると、殿村久子もこの会に出席していたが、その時には私はご挨拶していない。白石も橋本も「そろそろ引退だ、余生を楽しく暮らしたい」と発言し、私は「まだまだですよ」と言いながらも、これから二人が自分たちのために時間を使い、さらに人生を楽しんで過ごされることを願った。

しかし、二〇一一年三月一一日、東日本大震災が発生した。東北、しかも福島で彼らの生活は一変した。私は七月に訪問し、再会した。その後、東京で私の大学のゼミに二人に参加してもらい、ゼミ生に福島の現状を語っていただいた。以後、研究に、会合に、折に触れ連絡をいただけるような関係になった。

安積遊歩は、先に述べた白石氏・橋本氏還暦祝いの会で知り合う前から『生の技法』（安積純子他［1990］）を拝読して以来、私の中では障害者運動のリーダーとして既知の人であった。中野区の知人が催したピア・カウンセリングに関する会合でお会いしたこともあった。しばらく時間をおいてからSNSでつながり、今回の企画に際して直接連絡を取り、再会を果たした。現在は東京訪問時に様々に話を伺う機会が増えている。

殿村久子とは先に述べたように白石と橋本の還暦の会ですれ違っていた。その後も障害女性の会合などで出会っており、近々には二〇一六年に自立生活センター昭島が主催して行われた「障害者の結婚・子育て」に関するシンポジウムの第三回に殿村が登壇し、挨拶した。しかしその時には福島出身とは知らず、安積のインタビュー時に教えられ、殿村と福島県がつながった。

鈴木絹江は安積同様書籍等で障害者運動のリーダーとして既知の存在だったが、直接会う機会がなかった。今回の企画を機に瀬山に仲介を頼んで土屋とともに訪問し、インタビューが実現した。

桑名敦子については、一九九六年の東中野で開催された会合で故マイケル・ウィンターとともに登壇した際、こちらは観客の介助者として参加していた。この企画を機に岡部（あいえるの会職員）に仲介を頼み、インタビューの運びとなった。

このように私は登場人物とこの企画の前に（書籍も含め）出会い、この企画を通してさらに密に話を伺う機会を持てたことは大きな収穫であった。

2　本章の課題

さて「この企画」とは「福島の障害者運動に関して本を書く」という企画である。首謀者は立命館大学教授立岩真也である。私の興味関心は「なぜ福島で障害者運動が盛んであったのか」であった。文献をあたるうちに行きついたのが「コミュニティ・キャピタル論」であった。コミュニティ・キャピタル論は、後に述べるように、ある成員間に有効な関係資本を指す。この関係資本が豊かなコミュニティでは、仮に面識がなくても、積極的に協力し合い、問題解決にあたるという。以下では先に紹介した登場人物たちの語りから、福島の障害者運動を盛んにしていったコミュニティ・キャピタルがどのように形成され、活用されていったのかを明らかにし、福島コミュニティ形成の要因を分析する。

なお、本章で取り上げる時期は登場人物たちの養護学校時代を中心にし、その前後となる。現在福島県には一七校八分校の特別支援学校があるが、彼らが幼少期・青年期を過ごしたのは郡山養護学校（現・郡山支援学校）である。郡山養護学校は一九六二年に肢体不自由児を対象として設立された★01。郡山養護学校を中心とした彼らの出会いやそこでの関係構築を取り上げ、さらに自立生活運動にまで続く福島コミュニティの形成についてみていきたい。

3　登場人物

本章で主として取り上げる人物について、簡単に紹介しておく。

①白石清春

一九五〇年四月二四日生まれ。一九七〇年代から脳性まひ者の当事者団体である青い芝の会の福島県支部の設立に関わり、その後（一九七九年）全国組織（再建委員会）の代表となる。秋田、相模原などで障害者運動を展開したのち、一九八九年に故郷の郡山に帰り、福島県の自立生活運動の中心人物として活動する。二〇一一年東日本大震災の際には被災地障害者ネットワーク（ＪＤＦ被災地障がい者支援センターふくしま）の代表として福島県の被災者支援の中心を担う。

②橋本広芳

一九五〇年七月十五日生まれ。千葉（ベテスタホーム）、福島（けやきの村）での施設生活ののち、白石と共に福島及び全国の障害者運動に関わる。白石が全国組織のために福島を離れた際も福島を拠点に運動を続け、白石帰郷後、ともに福島の自立生活運動を担う。

③鈴木絹江

一九五一年二月二六日生まれ。早生まれのため、白石、橋本と同級である。小学校六年二学期まで自宅近隣の普通学校で学び、一九六二年三学期から新設の郡山養護学校に第一期生として就学した。高等部まで過ごし、卒業後千葉で就職したが過労で帰郷し、実家で編物などをしながら母子で暮らす。その後青い芝の会の運動と出会い、傾倒する。結婚と同時に運動から離れ、農業に従事。やがて自立生活運動に関わり、事業所を立ち上げ、理事長となる。現在は福島原発事故の影響で京都に移住。事業所運営を続けている。

④安積遊歩（戸籍名：純子）

一九五六年二月一六日生まれ。小学校を普通学校で四年まで過ごし、その後医師の勧めと自らの好奇心と意思で養護学校に転校。中学一年二学期の終わりまで過ごし、園長に直談判の末退園。再度普通学校を希望したが校長の反対にあって転入できず、しばらく家で過ごす。一九七〇年、中学二年から普通学校に戻った。中学卒業後数年在宅生活を送るが、一九七五年、一九歳で青い芝の会と出会い、一九七八年、二二歳で自宅を出て一人暮らしを始める。一九八三年、「ミスタードーナツ障害者リーダー米国派遣」（現　ダスキン愛の輪基金）の第三期生としてアメリカに留学。帰国後は「遊歩」と名乗り、東京に移り住み、ヒューマンケア協会の設立（一九八六年）に関わる。自立生活運動の普及、特にピア・カウンセリングの普及に携わる。旧優生保護法の撤廃についても、一九九四年カイロ国際人口開発会議においてロビー活動を展開して訴えるなど、女性障害者リーダーとして障害者運動に尽力。フィリピンの子どもの支援を行う（「バタバタの会」）など、その活動は日本にとどまらず、アジアにも及ぶ。東京・国立に長く住んでいたが、東日本大震災の後、同じ障害を持つ娘のために原発事故の影響を避け、二〇一一年から二〇一四年までニュージーランドに三年間移住する。現在は北海道に居住。著書に［1993］、［1999］、［2010］、［2019］、娘である安積宇宙と共著に安積・安積［2019］。

⑤殿村久子

一九五六年三月二十四日生まれ。小学校一年生（一九六二年）から施設で生活し、養護学校卒業（一九七四年）後は大人の入所施設（けやきの村）で生活した。その後一九八一年（二五歳）に自立生活を相模原で開始した。以後結婚、出産を経て自立生活運動、ピア・カウンセリングの普及に尽力する。離婚とともに町田で生活をはじめ、自立生活センターの設立や運営に携わる。現在は国立の自立生活センター（ＣＩＬくにたち援助為センター）の代表を務める。

⑥桑名敦子

一九五九年一〇月一四日生まれ。四歳（一九六三年）から福島県郡山療育園（現・福島県総合療育センター）に入所し、一九六六年、就学年齢からは隣接の郡山養護学校（現・郡山支援学校）に施設から通った。一〇歳（一九六九年）になると近隣に居を構えた自宅から郡山養護学校に通った。高等部卒業（一九七九年）後、短期大学に入学し、本格的に英語を勉強。一九八二年、「ミスタードーナツ障害者リーダー米国派遣」（現ダスキン愛の輪基金）第一期生としてアメリカに留学し、その地で出会ったアメリカの自立生活運動のリーダー、マイケル・ウィンター（1951-2013）★02と一九八四年に結婚。以後アメリカで生活している。

4 本章で使用する資料について

本章を執筆するにあたり、桑名敦子（二〇一八年一〇月九日、一二月二〇日）、安積遊歩（二〇一八年一〇月二三日）、白石清春・橋本広芳（二〇一八年一一月二九日）、殿村久子（二〇一九年一月一四日）、鈴木絹江（二〇一九年二月二二日）にインタビューを行った（桑名［i2018a］［i2018b］、安積［i2018］、白石・橋本［i2018］、殿村［i2019］、鈴木［i2019］）。また鈴木については、『自立生活運動と障害文化』（ＪＩＬ編［2001］）のために二〇〇〇年に実施されたインタビュー逐語録も分析の対象とした。なお二〇一八年以降のインタビューに関しては、東京家政大学倫理委員会の承認を得て実施した。インタビュー終了後情報が足りない場合は、メール等通信手段で連絡を取り、補った。そのほか、登場人物たちが書き溜めた資料等も使用した。

2 コミュニティ・キャピタル論とは

ネットワーク論、組織間関係論に関する論考を数多く行い★03、コミュニティ・キャピタル論の日本における先駆的研究者である西口敏宏と辻田素子★04による『コミュニティー・キャピタル論』（西口・辻本［2017b］）を引用して説明する。

1 コミュニティ・キャピタル論が取り上げるコミュニティ

コミュニティ・キャピタルとは、ある成員間に有効な関係資本を指す。これは、「端的にいうと、血縁・同郷縁にもとづく商業ネットワーク、あるいは、市場関係のサプライチェーンといった見かけ上の差異を超えて、よく機能するつながり構造をもあったコミュニティ」（西口・辻本［2017b:20］）を対象とする。「経済学でいうヒューマン・キャピタル、すなわち、教育や経験を通じて習得される知識、技能、学歴といった個々の人間に属する『個人的資本』」とも、「『社会全般』にいきわたる社会規範や国民文化に基づく広義の「社会関係的資本」として、伝統的に社会学や政治学で論じられてきたソーシャル・キャピタルとも異なる、「中間概念」であり、「特定コミュニティーという、メンバーシップが厳格なメンバー間で培われ交換される限定的で、ある意味、排外的な関係資本であり、彼らによってのみ有効理に利用されうる共通の資本」であるという（西口・辻本［2017b:77］）。例として、先にあげた血縁、同郷や市場関係のサプライチェーンのほか、大学の同窓会組織などが挙げられている（西口・辻本［2017b:80］）。

2　コミュニティの中で起こっていること

①刷り込み

「刷り込み」はコミュニティのメンバーシップの基準が明確であり、そのコミュニティの一員として一定のアイデンティティーを見出し、深化させている段階において、成功体験を蓄積する過程で生じるものであり、これが集団的繁栄への道程を加速するという。初期の段階で、そのメンバーシップを所与のものとする刷り込み現象がコミュニティ・キャピタル論理解の「重要な出発点」となる。人生のより早い時期に形成された対人関係において記憶として強く「刷り込まれた」関係が、仮に長い休眠期間があったとしても、ふとした契機でにわかに生産的な方向に向かうというケースや、互いに生活圏が異なる進路に転じた後、「遠い知人」となった学生時代の同級生との関係の中に生じるようなものが含まれる（西口・辻田［2017b:82-83］）。

②同一尺度の信頼

従来信頼は、「『特定化信頼』と『普遍化信頼』という二つの異なる対立概念」によって説明されてきたという。特定化信頼は、「情報や経験に基づいて信頼に足る人物と判断された特定の個人にのみ適用される個別的な信頼」（西口・辻田［2017b:83］）を意味する。したがって、適用範囲は個人に限られ、特定化される。一方、普遍化信頼は「信頼を道徳的価値と捉え、見知らぬ他者も同じ基本的価値を共有するとの前提で適用される一般的信頼」を意味するものとしてとらえる。すなわち、特定化信頼は個人、普遍化信頼は社会全体を単位とした。このような「両極端」な概念ではとらえられない、「〝中範囲の〟コミュニティーで醸成される信頼」を表す、「第三のタイプ」が「同一尺度の信頼」である（西口・辻田［2017b:84-85］）。

③準紐帯

「準紐帯」とは、ミシガン州立大学教授のフランクによって用いられた概念であり、コミュニティ内において形成されている「協力関係の基礎となるつながりのあり方」を示している。準紐帯が形成されている場合、「同一コミュニティーのメンバーに対して、直接の知り合いであるかどうかにかかわらず、協力と支援を惜しみなく分け与える〝心構え〟」ができる。これが準紐帯である。準紐帯は「よく機能する特定コミュニティーにおける、メンバー間の『刷り込み』体験と『同一尺度の信頼』がもたらす論理的帰結として、そこに付与される特徴的な属性である」という（西口・辻田［2017b:88-89］）。

3　ネットワーク戦略の四つのタイプ

コミュニティ・キャピタル論では、コミュニティに一般的にみられるメンバーの類型を四つ挙げている（西口・辻田［2017b:101-104］）。

①「現状利用型」

直近の人間関係を適宜利用し、しかも、ほぼそうした直接的な関係内に留まったまま活動する。直近の人間関係を適宜利用する。新たな知人や友人を開拓する頻度はあまり高くない。

②「動き回り型」

既存の人間関係をベースにするとはいえ、適度にランダムなつながりの形成（リワイヤリング）を積極的に行う。「『知人の知人』はもちろん、ときには『知人の知人の知人』とも、積極的につながろうとする。信頼できる既存の人間関係を最大限利用しながら、未知の世界を開拓し、また新規の人間関係を作ることで、直面する問題を克服し、新たなチャンスを見出そうとする」。

③「ジャンプ型」

既存の人間関係をベースにする一方で、全く新たに独力で、遠方に及ぶ脱コミュニティ的な人間関係を構築する。親戚や友人はおろか知人さえ一人もいない異境に移り住み、価値観や生活習慣の異なる人とも容易に友人関係を築くことができる能力を持っているという。

④「自立型」

できるだけ他者を頼らず、自力で新たな機会を開拓しようとし、自己の才覚や力量だけを頼りに、人生を切り開こうと努めるタイプで、人間関係の構築にも、その活用にもあまり関心がない。

これらは「理念型」であり、「現実には、ある個人が目的に応じて、同時並行的に各類型の営みを巧みに使い分け、あるいは継時的に自らの類型を変遷させることもあ」るという（西口・辻田［2017b:104］）。そして、これらの類型を用いて繁栄するコミュニティとそうでないものを比較すると、「ジャンプ型」のありかたに特徴があるという。すなわち、繁栄するコミュニティでは、そうでないコミュニティーと比して「ジャンプ型」が「コミュニティーに埋め込まれたまま広範に活躍するため」、他の類型においても「遠方からもたらす冗長性のない情報を共有し、利益を分かち合うことができ」る（西口・辻田［2017b:314］）。そして同一尺度の信頼によって、ある種排他的なコミュニティの中で重要な情報が蓄積され、コミュニティ内で惜しみなく共有されることで、ますます特定のコミュニティが繁栄することになる。

4　本章における取り上げ方

コミュニティ・キャピタル論では、中国温州人やトヨタのサプライチェーンなどを例に、「刷り込み→同一尺度の信頼→準紐帯」という社会関係の概念の発生と展開を説明しているが、本稿では障害者運動に向かう障害者間においてこれらがどのように形成されてきたのかを取り上げる。その際、障害者運動の特徴として特筆すべきなのは、内と外を分ける「刷り込み」が複数回行われ、したがって分断と排除が繰り返されながらやがて広がりを持つようになること、その中で「同一尺度の信頼」の範囲が徐々に広がり、「準紐帯」が年齢や障害種別、居住地域を超えて適用されることが示される。

以下、時代区分ごとに、養護学校設立前、養護学校在学中、養護学校卒業後の「青い芝」の会での運動、そして「自立生活運動」との出会いとその後の4つの期間に分けて取り上げる。

3　福島コミュニティの生成

1　養護学校設立前

①最初の「刷り込み」

福島県に初めての肢体不自由児を対象とした郡山養護学校ができるのは一九六二年のことである。その前に学齢期を迎えたのは、白石、橋本、鈴木である。彼らは一九五〇・五一年生まれで学年としては順当にいった場合六年生に当たる。安積と殿村はその年が小学校入学の年であった。

白石と橋本は重度の脳性まひとされ、ともに小学校の就学猶予の通知を受け取ったが、白石は母親の度重なる交渉が功を奏し、四月から地域の小学校（特殊学級）に通った。最初は母親が自転車の籠に乗せて送迎していたが、白石が緊張して危ないので、後に乳母車に乗っていくようになった。ただし母親は送迎のみで学内では教員が白石を介助し、移動はおぶってくれていた。体が大きく、障害が重度だった白石を友人が介助するということはなかった。

一方橋本は就学猶予を経験した。就学前は地域社会の中で他の子と変わらず存在していた。

地域の子どもと、すごく小さい時は仲良くて、あっちこっちに、俺もっと体が小っちゃかったんだ。だからおんぶに抱っことかで、よく近所の、どこの家（うち）にでも上がり込んで、お菓子もらったり、遊び回ってたんだよね。その頃は、まだテレビが出始まったばかりだったから、村の子どもは、お金持ちのとこに、みんな夕方になったらテレビ見たり行ったのね。だから俺も行って、一緒に見たような記憶があんだ。あと、ままごととか、かくれんぼとか、そうやって遊んだよ。（橋本、白石・橋本［i2018］）

だが小学校には入れなかった。橋本は母親とともに就学の交渉に行ったことをよく覚えていた。

小学校に入学する時になって、母ちゃんと俺とで、お願いに行ったんだ。『入れてくれよ』なんて、学校で。母ちゃんは、一年か二年は俺んことおんぶ、教室移動の時も世話すっから、って言ったんだけども、その地域の学校は『だめだ。』って縦に首振んなかったんだ、校長が。二回か、三回、行った記憶があんだけど。ついに振らねかったんだ、首ね。『そんな、前例ねえからだめだ。』って言って。（橋本、白石・橋本［i2018］）

橋本は一九五七年、いわきにある福島整肢療護園に入園した。親が所属していた「障害児を持つ親の会」の会長の子どもが療護園におり、「『うちにばっかりいては、機能訓練とか、あと勉強もできねえから、いわきにやったら』といったみたい」（橋本、白石・橋本［i2018b］）。親は小さな子どもを遠くにやることについて、抵抗があったようだが同意した。入園当初は知的障害があると思われ、特別クラスにいたが、テストで知的障害がないことがわかり、知的障害のないクラスに移動した。

白石は一九五九年小学校三年になると、福島整肢療護園に移ってきた（橋本とはすれ違い）。母親に機能訓練を受けさせたいという思いがあったようだ。「やっぱり、健常者に近づけていこうって」（白石、白石・橋本［i2018b］）。小学校三年、四年を療護園で過ごした。その後、母親は養護学校が建設されるまでは療護園にいさせてほしいと願ったが、療護園側から退園するように言われ、自宅に戻って在宅で一年間就学猶予を過ごした。

白石と橋本と同学年の鈴木は、就学猶予を経験せず、地域の小学校に入学した。就学前の五歳の時、ビタミンD抵抗性くる病という難病による足の湾曲を整形する手術を受け、療護園に入った。鈴木の母は一一人兄弟の四番目、鈴木と同じ障害を持っていた。母の長姉である伯母は当時結婚しておらず、子どももいなかったため、鈴木を養女にする話があり、そのため足の整形手術をすることになったのだという。しかし、足は手術してまっすぐにみえるようになったが、障害は残り、養女の話はなくなった。

六歳下の安積の場合、地域社会からの排除の経験は幼稚園入園時だった。

> 幼稚園には行かなかったのね。「障害があって危ないから」っつうことで。同じ年の近所の友だちが来て、幼稚園バッグだか何だかしんないけど、下げてさ、（その姿を）見上げてるのを覚えてんのね。そいで、「私たちこれから幼稚園だもんね。」みたいな。私は屈辱と、絶対「負けたくない。」「何で私は幼稚園に行けないんだ？」という気持ちを（もっていた）。（安積［i2018］）

このように、幼稚園を含む学校教育からの排除や、機能訓練や手術などの実施によって、彼らは自らが

「健常者とは違う」障害者であるという「刷り込み」が強化されていった。

②地域社会の中での「刷り込み」

鈴木は先に述べたように就学猶予を経験せず、普通学校に通ったが、術後は歩くことが不自由になり、小学校一、二年は母のきょうだいにおぶさって学校に通った。一クラス五〇人から五五人の生徒がおり、一学年に一〇クラスあるというマンモス校だった。

クラスの中にも、CPの人がいたりとか、あとは、どこかの学年に、ポリオがいたり、知的障害とか。学校の二階か何かの教室から落っこって頭、脳挫傷して脳障害になって知的障害を持ってしまった子なんかもいたりして、そういう子もみんな普通の一般教室にいましたね。ただ、学校の中には特殊学級っていうのはありました。一般的な教育についていけない子が通っていました。だから私はよく、あんたは特殊学級の子かって言われて、違いますとか（笑）、言ってたのを記憶してますね。（鈴木［i2019］）

学校では、様々な障害のある子どもたちが混ざって存在していたが、知力・学力での序列化が行われ、知的障害は特殊学級という特別な場に振り分けるという「刷り込み」があった。だが、知力・学力での序列化は身体障害者にとっては、その点に課題がなければ平等に評価されるということでもあった。

体育はいつも見学。まあペーパーテストですね。で、ペーパーテストでも点数よく取れば三ぐらい取れるので、二とか三ぐらいだった。うちのいとこは、健康で体育に出んのに、何でおめえは絹江が三なのに、一なんだよとかって、いつも怒られてて（笑）、笑ったことがあるんだけど（鈴木［i2019］）

さらに以下のような子ども同士の助け合いや協力の経験もあった。

避難訓練のときには、いつも一番最後になってました。でも、クラスの体格のいい子がおぶってくれたり避難したりしてたんです…クラスの中でいじめるっていうことはなかった。…女の子と仲いいっていうの、どちらかというと優しかったのは、あまり勉強できない子たちのほう。勉強できる子たちは近寄んなかったね。むしろそうじゃない人たちのほうが、絹江ちゃん、一緒に帰るかなんつって、おぶってくぞみたいな感じで、おぶってってくれたりとか、かばん持ってくれたりとか、そうやって帰ってきた感じかな。（鈴木［i2019］）

安積も同様におぶってもらったりした経験をしている。

三年生や四年生になると身体が大きくなるのでみんな私をおぶれるようになるのね。そうなると母の負担は軽くなった。みんな私をおぶりたいと言ってけんかになるぐらいで。そのころは好きにものを言ってたよ。迷惑になるとか人の世話になるんだなんて思わなかった。世話してくれるのが当たり前だと思っていた。ほんとに自分じゃできないんだからね。いじめられたのは、学校の中では一回ぐらいかな、せいぜい。それも先生が強い声でその子をしかったからこわくなかった。障害者だからいじめられたというのはそれくらいだね。（安積 1990 → 2012:34-35）

このように、知的障害をいったん分けたうえで教室の中での知力でも緩やかな序列化がなされていたが、それは体育の評価に見られるような「平等な評価」でもあったし、子どもたちの助け合いや協力関係が見られた。しかし、鈴木の以下の経験は、障害者は「世話される者」であるという「刷り込み」が学校側によって行われたことを示している。

小学校三年生ぐらいから、六年生までそれ（鈴木の学校の送迎）をずっとやってくれたので、全校生徒賞をもらったのよ、（同級生の）彼女は。何で彼女が全校生徒賞をもらう（の?）。私も、もらってもいいんだけどみたいな。何で私にはくれないの？　っていうのが、すごく私の中には（ありました）。私を面倒見たから彼女はもらえて、だって私だって彼女が最後に必ず豆テストとか…九九算をやんなきゃなんないと、彼女あんまり勉強できる人じゃなかったから、いつも待ってなきゃなんない。答えを教えたり、私も努力してたんですけど、みたいなね。持ちつ持たれつだったのに、何で私には全校生徒賞こないの?っていうのが、すごく自分の中の変な思い。障害者を面倒見ると、片方は立派な人になって、片方は面倒見られる人みたいな、そこに対してのもやもやした思いっていうのは、そのときに覚えてるね。（鈴木［i2019］）

また、小学校三年になると、自分で歩いて学校に通うようにもなったが、距離が遠く、荷物が重いうえにいじめられ大変だった。いじめられないように、大人の目がある大通りを通って通うようになったが、そうすると今度は大通りにいる大人たちが話しかけてくるようになり、すぐに知らない人がいなくなって人気者になったという（鈴木［2015:14-15］）。しかし、その人気の陰には「むき出しの好奇心」と差別があった。

親子で私を見て、子どもがこうやって目で私を追って、電信柱にがんってぶつけたりとか、そんな一回、二回じゃないですよ。で、ざまみろってすっごく思って、でも、そういう気持ちになるっていうのはよぐねえなというふうに、自己嫌悪に陥ったりする。で、がーんってぶつけると、親が、真っすぐ前向いて歩きなさいって言ったでしょ、悪いことすっと、ああいうふうになんだかんねって言ってた。いまだ六〇にもなってからも思い出すんだから、…すごく傷ついた記憶としてあるのかなっては思うね。交通事故だって何件もあるよ。だから私のことを車の人見てて、おーって、がんって（電柱等にぶつける）。二、三件はありますよ。危ないって本当に思って。だから、それだけ障害者が街の中歩くっていうのが珍しかったっつうのと、むき出しの好奇心っていうかね。（鈴木［i2019］）

このように彼らは就学（幼稚園含む）経験や、街なかや学校での「特別視」を経験して、自らが「障害者」であると自覚させられた。学校の中では子ども同士の助け合いや共存も経験していたが、それらは、受け入れる学校があり、いじめを許さない教員の態度があっての結果である。また、特殊学級という別の場を設けることで、子どもたちの間に、知的障害に対する序列意識が生まれていたことも「刷り込み」の一例といえよう。

2　養護学校在学中

①「刷り込み」の内なる細分化と深化

鈴木は一九六二年、小学校六年生の三学期に養護学校に第一期生として編入した。しかし、そのことに本人は納得していなかった。

小学校六年の三学期に、養護学校ができたから入らないかって。多分年内、その前の年の一二月ぐらいに役所の人が来て、うちのお母さんが生活保護をもらって暮らしてたので、子どもさんのためにみたいな。中学校に上がるので通えないべとか、中学校は大変だぞとかいろいろ脅されて、そいで、こういう子どものために施設ができたんだから、そこに入れるのがいいんじゃないかとかいうふうな。でも、私にしてみれば、小学校の裏側が中学校なんですよ。だから、通えないことはない。…養護学校にきてから、一人五〇〇万かかったって、この施設を作るためにね。五〇人ぐらいしか最初、自分で自分のことができる人だけしか入れなかった養護学校ですから、昔はね。で、五〇人ぐらいで五〇〇万ぐらいかかったっつう。その金私にくれれば、私、毎日タクシーで中学校に通えたのになと思って。［…］何も養護学校にこなくてもあれ（通えた）なのに。だから、面接のときに、自分でおしっこができますか、自分で食事ができますか、着替えができますかとか聞かれたのが、すっごく屈辱的だったのを覚えてるね。私の中で当たり前にできたことだったので、ましてや、「おしっこできますか」なんていうことを他人に聞かれるなんて思ってなかったから、すごい顔が真っ赤になったのを記憶してるかな。

［…］生活保護取ってるから、やっぱりチェックされてはいるでしょうね。あそこは親子で障害者だって

いうのはね。小名浜からもう一人、脱臼の子が入って、同じクラスに、小学校のときもおんなじだったし、養護学校にいってからも同じクラスになって、ちょっとびっこを引くだけぐらいの股関節脱臼、何でこの人が養護学校に入んねばなんねんだべなんて（笑）、養護学校に入るのは、本当に本人も大変で家族も大変でっていう、すごい重度の人が入るもんだって勝手に思ってたから、その人たちが入れないで、何で自分で自分のことできる人が入るのかなっていうのが、すごい疑問でしたね。（鈴木［i2019］）

生活保護世帯であることも一つの要因としながら、ここでは鈴木を含む軽度障害者が養護学校に集められたことが示されている。しかし、入所後の質問には、重度障害者を対象としているともとれる発言があり、外部からは「障害者」とひとくくりに見られているが、一方で障害者自身の中ではあちらとこちらを分け、「刷り込み」の細分化が行われていたといえよう。このことは重度障害者が入所してくるようになってより顕著にみられるようになる。

中学校の一、二年ぐらいになったときに、重度の人を入れていこうっていう体制に変わってきたので、そのときに白石くんとか橋本くんとかが来たわけですよね。自分で自分のことができないみたいな、お尻もふけないみたいな、そういう人たちが入ってきて、すごい重度の人が入ってきたんで、でも、その必要性があるっていうふうに養護学校に日が当たってきたというか、ぐっと入所も一〇〇人ぐらいに増えたし、先生も増えたという時期でしたね。

でも重度の人、えー？　みたいに。白石くんなんか手すり磨きだもんね。もう本当に歩くの大変で、手すりをいっつも磨いてつかまって歩いてたっていう感じだったね。橋本くんは車椅子だったか、最初からね。橋本くんは私らと同級だったからね。白石くんは一級下でっていうふうな感じで、ほんで橋本くんは科学クラブで、私も科学クラブでいたんだけど、二人で卒業するときに初めて、え？　あんたも科学クラブだったの？なんて、わかるぐらいにお話しもしなかったというか。やっぱり彼らは落ちこぼれだね、ある意味ね。養護学校の中でのCPっつうのは、本当に落ちこぼれだね。男は男たちの縄張りというか、いろいろあるんでしょうけど、それよりは、私たちは勉強で一般社会についていくとか、一般社会の中に就職していくとか、そっちを目指した、養護学校の中でのエリートまではいかないにしても、そっちの一般社会にぶら下がろうと頑張ってた人たちで、あの人たちは最初からぶら下がりもできないという、本当にレベルっつうか世界が違うくらいに（思っていた）。（鈴木［i2019］）

脳性まひとそれ以外の障害者の立ち位置の違いを、差別される側ももちろん、感じていた。

白石：絹江さんにいじめられた。

橋本：「汚ねえのはそっち行け。」とか言って。全然傷つかない。「俺は俺でいい。」と思って。慣れてたわ、それぐらい。いわき［の施設］でもそうだったから。結構あの、俺あの、体小っちゃかった。差別があんだよ、すごく。施設の中でね。うまく言えねえんだけども、差別があって。上下関係があった、そういうの、あった、あった。

白石：やっぱり、脳性まひがばかにされる。

橋本：それに俺、余計、やること、やることなすこと、うまくできねかって、余計ばかにされてたんじゃねえかな。（白石・橋本［i2018］）

一方で、脳性まひではなかったが鈴木自身も序列の中で必ずしも優位にいたわけではなかった。

軽度の障害者の女性と勉強なりリーダーシップなり、あと卒業のときの答辞とか送辞とか、そういうのを読んで、あと学級委員とか生徒会とか、そういうのに顔出していたから、何かグループがあれば、必ず長に選ばれるというか責任を持たされるというか、そういう立場にいたよね。でもそういう人たちって軽度の人たちがすごく多くて、私はそこの中では重度の障害者なんだなっていうのは思い知らされたことが多々あったんですけど、そこは負けないで口で頑張るみたいな、そういう（笑）、生意気なあれ（子）だったんだと思いますよね。…ポリオだったら、ほんのちょっと足首が内反足であるとか、そのぐらいの人だったら走れるし、運動会に出たって一等賞すぐ取るし、クラスだって学校だって、普通の勉強にずっとついてきてた人たちだから。…学校は広いだよ、私にしてみれば。…でも、まだ若いからもっと歩けてたし、必ずトイレ行くにも歩かなきゃなんないし、食堂もそうだし、私なりに、それなりにちょっと大変で、あと足が痛かったんですよ、いつもね。骨折変形を繰り返してたっていう。（鈴木［i2019］）

差別は日常的にあった。安積も差別された経験を述べていた。

年上が年下を、障害の軽い子が重い子を（差別する）。で、私なんてしょっちゅう手術だったり骨折だったりするから、やっぱりあの、ひどい目に遭わされることもけっこうあるわけね。「お前のウンチ、臭すぎるから持ってってあげない。」とかさ。…一番最初に衝撃的だったのは、職員による子どもへの差別だった。卵の中に血が入ってた時に、看護師さんに、「看護師さん、取ってください。」って言ったらさ、「何、生意気なこと言ってんの？」って言われて、すっごいびっくりしたのね。そこからもう、何か、ここにはほんっとに居たくないと思ったね。で、ホームシックに対して説教されたときに、反撃して『ここは地獄か。お前は地獄の番人か！』って叫んだら、レントゲン室に数時間閉じ込められるし。とにかく私は（こどもと）大人の関係が、奴隷と、ね、王様なんだっていうことは、あそこでやっと、さんざん学んだって。言論の自由なんて、子どもにはないんだよ。ほんっとにそうだよね。（安積［i2018］）

養護学校にて、真ん中に白石、右端に絹江さん（白石提供）

大人と子ども、世話する者とされる者、できる者とできない者といった基準で「刷り込み」が行われ、そしてそれは連鎖していった。

そのあとに今度、私たちよりずっと障害の重い、CPの子が入って来たわけ。その子に対して今度は私がいじめる。これが辛かった。今思い出すとね、あの頃はもう、かよちゃんて言うんだけど、かよちゃんのビックリ反射ってあるじゃん、うわーっと声出すと、脳性マヒの人って、ビクーッてするわけ。あれが面白くて、やめらんなくなっちゃって。わざと大きい声出して、すごい自分がいじめられたり退屈になると、かよちゃんをそういう目に遭わせるっていうのをね。で、すごい本気で怒られてるのに、その怒り方がかわいいから、また、やっちゃうわけね。かわいいっちゅうか、ね、面白くってさ。ほんとひどいよね。（安積［i2018］）

②同一尺度の信頼の形成

差別という「刷り込み」が蔓延しているかのようだったが、少なくとも子どもたちの間ではそれを飛び越えた関係も存在していたようだ。また「刷り込み」で分けられた内と外では、「同一尺度の信頼」が育まれていた。

「純子は生意気だ」とかいっぱい言われながらも、やっぱどうしても聞きたいことは聞いちゃう。生理なんて何だかわかんなかったから。生理の教育がやられる前に、小学校五年の始めから来てっからさ。みんながさ、みんなが、あの、パッドとか、今日はお座布団をね、買ってきてもらわなきゃとかって。看護助手みたいな人がさ、施設から配られる生理ナプキンより、すごいかわいいのを…、ちょっとエリーゼとか出てきた時代だからね、そういうのを買ってきてくれる人がいたんだよね。そして年上の人たちがその人と、こしょこしょ、こしょこしょって喋ってんのがさ、とてもこう、羨ましく思えて。何か、こうやってね、やりとりしてるの。そういうとこにも入ってってさ、「それ何?」とかさ、「お前なんかあとで、あとで…、まだまだ分かんなくていいんだ」とかね、言われながらも、時々はやっぱり誇らしいだろうから、私たちに教えるのも嬉しいじゃん。だから、「ここがいっぱい血吸うんだぞ。」とか、「おしめのちっちゃいやつだ。」とか、色々こう、やっぱり喋ってくれるわけじゃない？それにいっつもつまはじきされるわけじゃないからさ、やっぱり優しい時は優しいし。ね？　やっぱ私、かわいがられるの、年上の子に。何だか知んないけど、かわいがられるから。人懐っこいからね。で、ボスみたいなのには嫌われるんだけど、ちょっと外れ者みたいな子には、かわいいって思われてたみたい。（安積［i2018］）

橋本　面白い仲間だなと思ってた。あんまりいねかったから。お話しする人とか。
白石　天文学が好きだったね。橋本さんが。
橋本　あ、まあ（星座を）覚えてた（笑）。ああもう、今じゃだいぶ忘れたな。
白石　で、俺も理数科系の勉強が好きだったの。それで話が合って。
橋本　あんまそういう話できる人はいねかった。「あっち行け」って言われて。
白石　お前ね。
橋本　（笑）
田中　中学ぐらいからずーっと、高校も一緒で。
白石　そうですね、うん。
橋本　うん、おかげさまですよ、おかげさまです。ありがたや、ありがたや。
［…］
夕飯が早かったんだよ。五時頃。

白石　うん。で、腹減ったら、みんな残してあんの、パンを。そして、夜になって食堂に入って、

橋本　食堂、忍び込んでいただきに行った。食器棚とかひっくり返った。脳性まひだから、足とかで。

ガッチャーン。

白石　みんなやってた

橋本・白石　（笑）

橋本　俺は特に怒られたなあ。「何しに来てんだ？　学校に！」

［…］

橋本　俺、車いすを（運転するのが）下手くそで、白石さんがよく車いす押してくれたんだわ、汗かきながら。「押すから、押してやっからよ」とか言って。俺の記憶では、前の〔保母〕さんは、「そんなことしなくていい。」って、白石さんに言ったんだけど、「俺、押してやったー。」とか言って。仲間なんだと見てね。「すごいなあ」と思って。おかげさまで。白石さんばっかじゃなくて、色んな人に俺、押してもらった。

［…］

橋本　彼（大森幸守★05〔故〕、橋本の後輩）は、寝小便たれてた、よく。で、朝起きると、俺んとこに抱きついてくるんだよ。そしてもう、やってしまってちょっと、寮母さんは、俺のせいにして。九つ下なんだ。俺が、俺が怒られてばっかり。『色んな人が』って、まあ色々面白い話もその後いっぱいあったけどもね」（白石・橋本［i2018］）

私らがだんだん上になってきて下の子もいるわけだから、本当にちっちゃいやけどの子で、太ももから足のない子がいたりして、その子なんかは、母親がいなくて寂しくて布団に潜ってきたりとかして、あ、自分はお姉さんなのか。私一人っ子だから、きょうだいいないから、あんまり人、妹を面倒見るとかって感覚なかったんだけど、部屋の中ではお姉ちゃんになっていくから、早く起こして着るように。手伝うことまではできないでも、早くやるんだよとか、お姉ちゃんの役割を言われたみたいな時期がありましたよね。（鈴木［i2019］）

「こう、ここね、ここね、まぶたがこうなってっから、こうやって下ろしてもらって。」とか言うんだけど、そいで、「へえ！」なんて言いながら。またその、手術したあとに来たらさ、「てるこさん、どこ手術したかさっぱり分かんない！」って私、また正直に言っちゃって。「ひどい！　純子ちゃんて、何てひどいの。」とか言いながら、彼女も、そういう気持ちがあったのか大笑いしてさ、二人で。（笑）もう、無邪気だったよね。（安積［i2018］）

六人部屋で高校生から小学生までの様々な年齢の子どもたちが関係を作っていく様子が語られた。そこには純粋な友情や「無邪気」な子ども同士の関係があったが、次の言葉からは自分側に引き寄せたはずの「仲間」を、結局障害種別や重度・軽度といった障害の程度で分けていったことも語られた。それは身体的な特徴に基づく個人的な経験からのこともあったが、大人から価値を植え付けられる場合もあった。

知的障害者は怖いっていうのが、養護学校に入ってからもありましたね。もうかかわらないって。で、C

Pが怖いのもある。何つうの？　びくーん、びくーんって、諸刃のじゃないけど、緊張があると、とーんって突然手が飛んできたりするでしょ？　だから、ＣＰの人には三メール以内には近づかないとかね。怖いからね。もう白石くんなんか顔真っ赤にして追いかけてくると、全然進んではいないんだけど、でも、すっごく怖いっていうイメージが。声はおっきいし、橋本くんだって、おーっと追いかけて、で、全然進んではいないんだけど、だけど、やっぱり怖いっていう、もうＣＰには近寄らないみたいな思いがずっとあったね。こっちは転んだら骨折する、ぶつかったら骨折するっていう恐怖がすごくあったからね。（鈴木［i2019］）

養護学校時代の科学クラブ（白石提供）

よく寝てばっかりいるわけ。それでも私は好奇心があるから、かっちゃんにこう、つっついたりしてさ、「起きないの？」とか言ってんだけど、ある日その、先生がそれを見て、「安積、お前、こんな馬鹿としゃべんなくていい！」とか言ったの。まあ、「お前ら大学行けるかもしんない学力があるんだから、そういう奴としゃべんないで勉強さえしてればいいんだ。」みたいなこと言うわけ。すーごい差別じゃん。もう心がぎゅうっと冷えるよね。だけど私の中ではもう、何て言うの…、そういう加害者側に回るような意識も育てられるわけだよね。「お前はこういう子とは喋るな。」みたいに言われてさ。心がギューっと凍っていって。でもそれをやっぱどっかで信じて。ＣＰの友だちってほんっと、いなかった。みんな脱臼か、ポリオか、火傷か。（安積［i2018］）

4　福島コミュニティの発展

養護学校の中で学年を超えて仲間としての「刷り込み」がなされる一方、障害種別や障害の程度による排除の枠組みも残していたが、やがてそうしたものを超え「障害者」としての「刷り込み」がなされていく契機が青い芝の会との出会いにあった。

白石や橋本の青い芝の会との出会いやその後の展開の詳細については第1章に譲るが、ここでは二人の居住と人々との関わりという点を中心に簡単に触れておこう。さらに脳性まひ以外の障害者たちが青い芝の会に魅了され、包摂されていく過程と一方で「脳性まひではない」という新たな排除を経験する様子について記録していく。

1　「刷り込み」の拡張――青い芝の会

①重度脳性まひ者として――白石清春と橋本広芳の場合

白石は養護学校卒業後、同級生に日本大学の学生が代表をしていた福祉サークルに誘われた。熱心な勧誘と「女子高校生や女子大生がたくさんくる」という言葉にサークルに行くようになった。その活動の広がりの中で、映画の上映会の開催が決まり、『さようならＣＰ』という映画に出会った。『さようならＣＰ』は一九七二年に制作されたドキュメンタリー映画で、青い芝の会に所属する脳性まひ者の生活の場面や語りを収録したものであった。『さようならＣＰ』は白石に大きな衝撃を与えた。

〈これは何だ！　という衝撃〉

いよいよ上映会の当日。宣伝効果もあってまあまあの参加人数だったのではなかったか。さすが、前評判だけあって『さようならＣＰ』はすごかった。ド迫力で私に迫ってきた。横塚さん、横田さん、矢田さん、小山さんらＣＰの先輩たち（当時は名前すら知らなかった）が続々と画面に登場して、ＣＰ特有のおぞましい姿を「これでもか、これでもか」と、さらけ出していく。ＣＰから見た社会と、社会から見たＣＰの姿、そこに横たわる「断絶」をものの見事に映し出していく『さようならＣＰ』。私の社会観、社会の側から見ていた私の価値観が音を立てて崩れていくようで、怖い思いをして映画を見ていたというのが真実である。『さようならＣＰ』を見終わって、へとへとに疲れる。私たちＣＰ（脳性まひ者）が日常とっている姿は自分には見えないが、その姿が平然と画面に映し出されるものだから、自分の姿が映し出されて（さらけ出して）いるようでなんとなく気恥ずかしい思いもあった。そして、この映画は字幕スーパーが入っていない。生の脳性まひ者の言葉がそのまま脳裏に突き刺さってくる。こんなに脳性まひ者の言葉が聞き取りにくいものとは思わなかった。映画の音響効果も手伝って、よけいに聞きづらくなっているのかもしれないが、初めての『さようならＣＰ』は内容がさっぱりわからなかった。が、映画で伝えたいことは十分にとらえることができた。（白石［2010:16-17］）

映画の上映に際して東京青い芝や関西青い芝のメンバーが福島県に来て、「オルグ活動」を展開していった。内容がよくわからなかったとはいえ、映画に強い衝撃を受け、白石は重度脳性まひ者の立場で運動にのめり込んでいった。そのころ、橋本は千葉の施設から福島市内の施設に移動してきていた。白石は、橋本に施設を出るよう説得を開始した。

一九七四年、白石は激しい親との格闘の末、家を出た。橋本も悩んだ末施設を出て、福島市内で白石と橋本の共同生活が開始された。共同生活の場を拠点として福島青い芝の会を結成し、活動を広げていった。やがて白石は福島県内の活動だけでなく、東京や関西にまで出かけていくようになった。そこには橋本も同行する場合もあった。一九七六年になると、在宅や施設から出てきた障害者が増えたため、それぞれが一人暮らしを開始するようになり、この時、白石は運動の拡大を目指して秋田へ（秋田青い芝の会の立て直し）、橋本は郡山に居住を移した。その後白石は青い芝の会の全国組織立て直しのため、相模原に移住した（一九八〇年）。相模原で「脳性まひ者が地域で生きる会」を結成（一九八一年）し、作業所「くえびこ」（一九八二年）を開所し、一九八六年にはケア付き住宅シャローム★06を建設した。しかし、一九八九年に郡山に戻り、親と二世帯住宅での同居を開始した。

白石の不在の間に、福島県青い芝の会は発展的解消（一九八一年）し、橋本は郡山で作業所の設立に携わりながら暮らした。そして白石帰郷後、ともに福島県内に自立生活センターを設立する運動に関わっていくようになった。

②脳性まひではない同級生へ——鈴木絹江の場合

鈴木絹江は、養護学校高等部を卒業後、千葉の刺繍の会社に就職した。社長夫人である会社の専務が手先の器用な人を探しに養護学校に来て、鈴木の就職が決まった。養護学校から一般企業に就職したのは鈴木一人だったという。鈴木は語りにあったように生活保護世帯で育ったため、自分の稼ぎで生活していくことを切望していた。しかし就職した先では朝六時から夜一二時まで働き、日曜日は畑仕事や刺繍教室への参加を強要されるという過酷な労働条件の中で、少ない給与も管理された。社長はクリスチャンでキリスト教の教えを従業員に唱えていた。劣悪な環境を変えるよう社長に話すべきじゃないか、話したらわかってくれるのではと問題提起を試みようとしていた鈴木のことを、誰かが社長に告げ口した。

「おまえ何様のつもりだ」、「びっこに何ができる」って突然いわれたのよ。「おまえなんか、ここで雇われなかったら、どこにも行くとこないだろう、雇ってやっているのに」っていわれたときが、人生で一番ショックで、それまでは（社長の言葉は）神の言葉とイコールになっていた部分がすごくあったのよね。それが、がらがらってくずれて。ピア・カウンセリングの中で、ほんとに悲しいときに笑いがでるっていうけど、笑っちゃったのよ。涙が出なかったの。ふふって笑って。何を笑ったかっていうと、自分をね。結局、ここまで見抜くことができなかった、自分っていうのが、悲しさを越えて、あざわらっちゃったっていうかね。あのときのショックって言うのは、大きかったね。もう、むちゃくちゃに叩きつぶされた。もう、強いものには、弱いものは叩きつぶされるしかないというか、長いものには巻かれるしかないというか、力の圧力というか、もう、ほんとにぺしゃんこにされて、粉々にされて、人を信じることができないっていうか、結局自分もそういう風に言われて、そうじゃないといえない自分。結局戻れば、母親は生活保護で苦しい生活をしていたでしょ、で、やっと就職してカネ稼いで。（鈴木［i2000］）

それでも鈴木は働き続けるつもりでいた。しかし体重が減り、足に入れられていた針金が見えるようになって再手術を受けることになった。福島に戻ってきたとき、母親の思いを代弁した母親のきょうだいから説得を受け、そのまま千葉に戻ることはなかった。

その後は編み物で生計を立てた。

普通の人は四年くらいで一級の資格を取るんだけど、だいたい二年くらいで私は一級の資格をとった。他のお嬢様と一緒になってやれるほど、私の暮らしは楽じゃないわけだから、人より早いペースで覚えなくちゃって。だから、私は二枚目から人のものを編んだもの。…二年でだいたい専門級をとって一日一枚のペースで、セーターとかカーディガンとか、模様編みでも仕上げていたからね。一日一枚のペースというのはかなりきつい。朝八時から夜中の一二時まで手から編み針をはずさない。トイレと食事以外。お尻がしかくになっちゃうの。そういう生活を三、四年続けて、そのうち、専門級をとったら、看板をあげることができて、まあ、看板なんかあげてもちっちゃな路地だからだれも見ないんだけども、店の下請けをやって、あと、手編みで生徒をとって、でも一人、二人三人くらいの、そのくらいのペースで、生徒に教えていたりとか。（鈴木［i2000］）

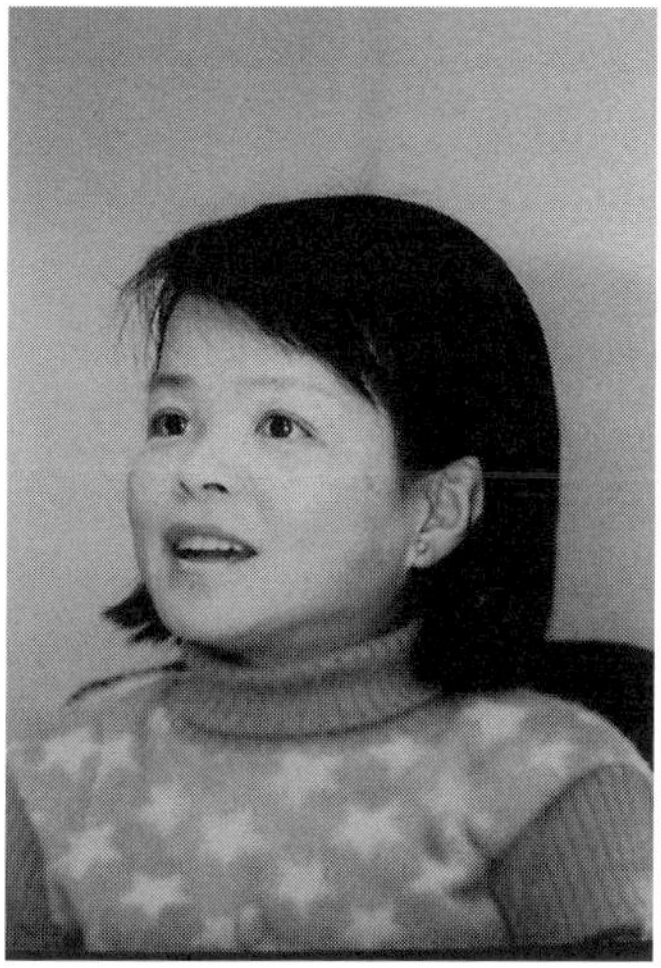
鈴木絹江（白石提供）

ある時、養護学校時代の友人の家に遊びに行くことがあり、「事件」は起きた。

その人は福島の人で、桃農家の娘だったのかな。…卒業したあとに一回訪ねて行ったときに、福島駅で白石くんとか橋本くんと、角野さんとかがみんな、カンパお願いしまーすって、こじきの格好をしていたわけですよ。汚い格好。ほんで白石くんなんか地べたに字書いてたりとか、橋本くんも車椅子から下りてバケツを前に置いて、もう本当に汚い、いつ洗ったっとよ、みたいなジャンバー着てね、カンパ活動やってたんです。やだなって、やだな、見たくないなって、汚い乞食ってすごく思って、嫌だなって思ったんだけど、何でやだなって思ったのかなっていうのが、その前を通りながら、知らんぷりしてちょっと端のほうから後ろから行って、あんまり顔合わせないようにしてちょっと避けて通っていって、でも、そこで立ち止まって、何で彼らを「やだな」って思ったのかなと、養護学校で一緒だったのにね。ほんで、社会から障害者、私たちだって私だって差別されて障害者っていうふうに思われてる、それを、私は彼らに向けたわけですよね。自分の差別性みたいなのすごく「何でなんだ」っていうふうに自問自答して、彼らを避けるっていうのは一般の人が私を避けるのと同じような構図なんじゃないかと。「それでいいのか」っていうふうにすごく自分の中で自問自答して、やっぱそれじゃない、彼らは彼らの何かがあってああやってやってるんだから、「こんにちは」ぐらいの挨拶はしようかなって思って、ヤクルトを買って、彼らんところに戻って、「こんちは」っつって。「いや、頑張ってるね」みたいな感じでさ（笑）、「久しぶり」って感じでねヤクルトを配って。そしたら白石くんが、「ありがとな、ありがとな、ありがとな」ってこうやったわけさ、「絹江ちゃんな、今度行こうな、な、な、な、なななな一」ってこういう感じで（笑）。「うん、いいよー」みたいな感じで、

ちょっといい大人ぶりをしながらヤクルト配って、「またなー」って言いながら別れたの。(鈴木［i2019］)

その後、郡山養護学校出身の吉田強★07(白石、橋本の養護学校の後輩)が家に訪ねてきて、鈴木は青い芝の会の運動に関わっていくようになった。しかし、最初のころは、健常者が白石や橋本のもとに集まってくることに違和感があった。働かずにカンパをもらって生活することも「自立」とは思えなかった。だがそれが夜な夜な同じ釜の「カレー」を食べ、酒を飲み、討論を繰り返していく中で「障害者として生きる」自分の生活を振り返り、重度の人たちと一緒に生きていくことのできる社会に変えていかなくてはという思いに突き動かされていった。

お家に訪ねてきたんでございますよ。吉田の強君が。そこから、泥沼にはいっていくんですね。それで、映画をやったのよ。『カニは横に歩く』かな。あちこちで(上映を)やろうというのを、白石たちが始めて、やっぱりね、自分もそうなんだけど、なんでこの魅力のないCPに健全者が集まるのかというのが、不思議だったわけ。だって、養護学校の中でおちこぼれだもん、あいつたち。そんな人間になぜこれだけ健全者が集まるのか、それがわかんなかった。まあ、あからさまだけどね。正直な自分のそのときの気持ちだわよね。やっぱり、自立とか解放とか言っていながらさ、自立の仕方にはさ、がんばる障害者だよね。つまり私なんかがやっていた。がんばって、ほんとに金がほしいんだったら、封筒の糊付けでもやって稼いで、言いたいことを言えと、そういうこともやらずに、人の銭をもらいながら、カンパ活動をして、人の銭をもらいながら、障害者も生きる権利があるんだみたいなね、そんなことというのは、どこか本末転倒じゃないのという引っかかりがなんどもなんどもあったよね。でも、そこで、たたかれながら白石たちが強くなっていくし、白石たちの理論がいろんな形で、もまれながら、まあ青い芝の理論がいろんな形で広まっていく。禅問答のようなものもあったりね。そういうことがお互いを成長させたんだろうね。[…]

一つの会議や何か、全部泊まり込みだったからね。ほんとに、今のように議題も何もあったもんじゃなくてさ。しゃべりたいところからしゃべりだしてさ。話しも、どんななっていくかわからなかったよな。そんな感じで……男も女も労働者も障害者も、関係なくもみ合いというか…同じ時代を生きたという感覚は、あの時代にすごくあるよね。[…]

私は、白石に言われたのかな、「障害者は、生きてることが労働だべ」っていわれたのよ。そのときに、二十四の時に青い芝に出会ったんだけども、[…]国から金もらったっていいんだっていったときに、私、すごくほっとしたのよ。だって、働けど働けど、わが暮らし楽にならざりなんだもの、じっと手を見ても、私の暮らし。私、自分のしっぽかじって生きてきたんだもん。おまえは、生きていることだけで価値があるんだって彼は言ってくれたわけよね。その言葉はでかかったね。まあ、彼の言葉じゃなかったのかも知れないけど、それはでかかったね。生きていることがね、それだけでおまえは十分なんだぞって、障害者だれにも言われてきていない。私は生きていていいんだろうかってずっとおもい悩んでたから、自分の存在意義をね、見つけると言うことが私にとってすごい大変なことだった。生きていることが労働なんだって言って、その言葉にくらっときたんだべね。……心の奥底からの叫びみたいな、障害者の本音って言うか。白石がいったんだ。「おまえみたいに働けるから、手先のところで働いて、働いているって言うことが重度の障害者を追いつめている」っていうことをいわれたんだよね。

私は、自分の人生を自分で精一杯暮らしているだけなのにってすごく思ったのね。でも重度の障害者が幸せでなかったら、ほんとの幸せなんかないんだって、いうふうに白石が言った。それはほんとにそうだなってすこーんって思っちゃったんだよね。ほんとに、重度の障害者が生き生きいられる状態になかったらね、ほんとに私たちにとってもいい社会じゃないんだ。健康な人にとってもそうじゃないんだっていったのが、すこーんってわかっちゃったっていうかね。酒ばっかり飲んで、このバカなやつらとおもったけども。はははは。

でも、大事なところで、すこーんと、自分の生きてきた苦しみとか、自分はがんばってがんばってがんばったんだけども、結局生活保護から脱すこともできなければ、親を救うこともできなければ、自分が自立を果たすこともできなかった。それって、自分が、自分の全体、障害を見ないで生きてきたのよね、手先の所と頭のところでがんばってやるという、それで、結局どこで崩れるかっていったら、障害のあるちっちゃな身体でそんなに動いたらね、持たないって言うことをわかってないんだよね。結局そこで挫折するんだよね。（鈴木［i2000］）

「障害者」と「健常者」の違いを、鈴木は日々目の当たりにしていた。そのことも怒りの原点になった。

私すごく腹が立つのは、だいたい編み物教室なんかに来るのは、お嬢様芸で、結婚する前の花嫁修業で「ならいまーす」みたいな感じで来るわけよ。すっごく腹が立つというか、それまでの職場とのギャップがひどくて。なんで、健康な人たちは本気で一生するわけでもなければ、セーターなんかもどうせ既製品買ってしまうくせに、何で花嫁修業するために、何万もお金を出して、こんなん（編み物を）ならっている。かたや、毎日毎日一二時まで働いたってね、一万円の給料手にするのも大変でしょ。かたや、自分で稼ぎ出しもしないで、親のすねかじって編み物ならって。帰りにね「チョコレートパフェでも食べていこうかしら」なんてさあ……「何いってんだ!! おまえら」ってギャップが大きくて、なんでこんなに、違うんだろうと言うのがすごくあったね。健康だって言うだけで憎んでいた。相手をね。……二十歳に絶対戻りたいと思わないもん。私にとって、人生一番苦しかったのは、二十歳の時だね。なんで、障害者に青春なんかあるんだ。早く年をとって、早く死にたい。何で、青春なんか、いらない。とかね。（鈴木［i2000］）

「青春なんていらない」という思いの中で、白石たちとの討論の日々は様々な気付きとともに、それ自体がまさに青春であり、「アイデンティティ」が形成された、自分がそのままでいていい「居場所」だった。

白石と、いくつかやりながらの、すこーん、すこーん言葉が入っちゃったっていうのと。なんかしらないけど、毎月毎月、全健集会というのが、毎月毎月一回か二回は、みんなで集まって街頭カンパがあってね。その後の、飲み会がおもしろくてね。私たちに青春なんかなかった。養護学校の時は、見たいテレビもみられなかったし、外出はおやつもたべられなかったでしょ。私すぐに会社でしょ。それで、それも、まるで修道院生活みたいな。一年間に、一回も、就職して出なかったもの。外にでる体力がなくて。日曜日にでたら、月曜日にもうおきられないもの。うちに帰ってきたら来たで、母親と二人で、その日から食って行かなくちゃならないわけでしょ。で、編み物やって。友達との交流とかさ、飲み会とかさ。まあ、なあんで、こい

つらと、と思うんだけんども。あははは。でもね、それがやっぱ、楽しみだったね。（鈴木［i2000］）

ほんとによくしゃべって、喧嘩して泣いて笑ってね。反吐はいてね。郡山が多いかな。でも、月に一回カンパ活動をやって郡山で集まって、みんなで打ち上げというかいろんな話をしたっていうのがすごくやっぱ、あそこが私のアイデンティティ、自分の居場所を見つけた場所だったのかなと。みんな本音でぶつかってたというか。着飾らなくてもいいというかね、本音で本当に社会を変えようってみんな思ってたからね。［…］二四くらいまでに何か大きな出会いがあって、その出会いに乗るかそるかが私にとって大きな運命の別れ道になるだろうなって思ってたのでね。で、そのときにきたのが白馬の王子様ではなくて車椅子に乗ってきた（笑）、障害者だったわけだね。（鈴木［i2019］）

③脳性まひではない下級生へ――安積遊歩の場合

青い芝の会の活動に魅了された鈴木は、福島市に訪ねた友人の勧めでその後同じ福島市に住んでいた安積を訪ねた。安積とは養護学校時代はそれほどかかわった記憶はなかった。しかし、ちょうど鈴木の高校入学後の手術と安積の養護学校への転入が重なっており、福島県郡山療育園★08（以下、療育園）で一緒の時期を過ごした。同じ部屋にはならなかったが、安積は「生意気な子」「頭のいい子」という噂は広まっており、鈴木もそうした認識を持っていた。

安積は養護学校に五年生から転入、中学一年二学期の終わりに退園し、その後普通学校に編入するつもりだったが、しょっちゅう骨折する子は危険すぎるといわれ、拒否された。校長が変わったタイミングで中学二年から就学を許可されたが、体調が悪くなり午後の授業はほとんど保健室で休んでいた。勉強についていくのも大変だった。中学は何とか卒業したが、その後は三年間自宅で本を読むばかりの生活をしていた。

しょっちゅう自殺未遂もさ、考えてさ。自殺……、未遂を考えてじゃなくて、自殺を考えて未遂に終わってたりとか。……もうほんっとにあの、二年半かな、もう、辛かったね。(安積［i2018］)

鈴木が訪ねたときも安積は自宅にこもっていた。

福島には(安積)遊歩がいて、遊びに行って。お嬢様よ、こちらは。もう家の中、本だらけみたいな。本とカナリアだらけ。カナリアを一〇〇羽以上飼ってるんじゃないの? お嬢様で、真冬なのにブラウス一枚で過ごしてて、で、足が痛い、暑いって、こうやってお母さんに足扇がせてるーみたいな、すごいびっくり★09。読んでる本なんかはすごいいいわけだよね［…］すごい本をいっぱい読んでんだけど、彼女はそのときに言ってたのは、やっぱ小学校んときに(養護学校に)出てきた、中学校になったらもちろん地元の中学校にいけると思ってたのに、校長先生がだめって言われていけなかったっていうことの悔しさの話をちょろっとしてた。……で、(安積)遊歩、お嬢様でね、冬にブラウス一枚で過ごすようなそんなことでなくて、もっと社会に出てこねとだめだべっていうふうなことで彼女の家に行って、そんな話をした。福島にも事務所ね、青い芝の事務所があんだからそこに行ってみたら? っていうふうに言った。(鈴木［i2000］)

安積は当時の衝撃について次のように語っていた。

「七六年、二〇歳になったときに障害者運動に出会った。四月一七日に『青い芝』の花見大会に誘われていったの。……行ったらすごいことになる、面白いことがある、人生が変わるって……。行ったらあれほど私が近寄らないようにしていたCPの人がたくさんいてびっくりした。大変だと思った。でも健常者と本気でけんかしているわけ。これが衝撃だった。すごいと思った。私は普通校にも行ったけど、療育園の経験が大きくて、対等にやっていくということができなくなっていた。宴会をやっているときに殴り合いのけんかが始まったんだ。健常者とCPの人が本気で殴り合っているんだ。どっちも遠慮していないの。

そこで、なんと車いすを使っていいんだということを教えられたわけ。なんと驚くべきことに、車いすを使っちゃいけないんだってそれまで言われていた。少しでも歩ける子は歩き、歩けない子は松葉杖を使い、車椅子っていうのは一番ひどい、かわいそうなことなんだっていうのがあったわけ。……『純子、車いすに乗ってどこへでも行ったらいいじゃないか』って言われた時は、もう目の前がぱあっと開けたよね。そして人に迷惑をかけちゃいけないって徹底的に叩き込まれているから、親以外の人にお世話になっちゃいけないんだって思ってたけど、そうじゃないと。障害者運動で出会った仲間たちがいってくれたことによれば、今は私自身の考えになってるけど、迷惑だとか迷惑じゃないとかいう問題じゃないんだよね。それでやみつきになって事務所に通うようになったの」(安積［1990:28-30 → 2012:45-47］)。

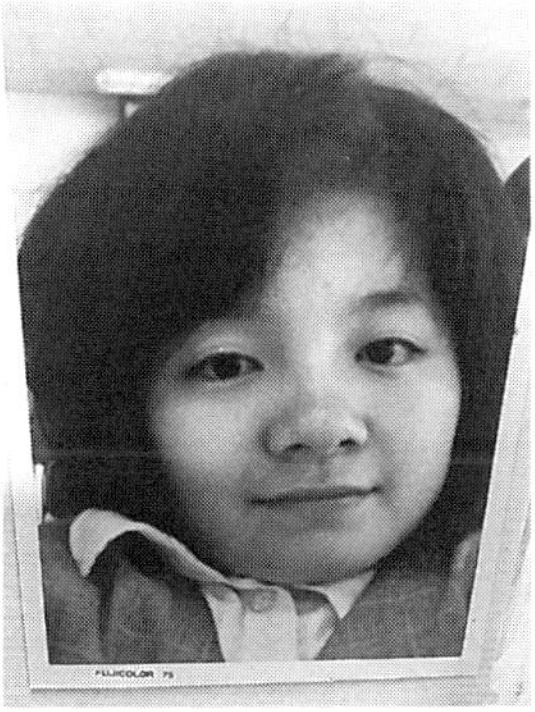

安積遊歩（白石提供）

障害者、しかも重度といわれたCPの人たちが健常者と対等に関わり合うこと、車椅子を使って自由に出かけられること、人の迷惑になるなんて考えなくていいこと、どれもが新しい価値との出会いであった。

2　同一尺度の信頼と準紐帯の確立

偶然の出会いと養護学校のつながりの中で鈴木は青い芝の運動に出会った。また安積も養護学校の先輩であった鈴木の訪問によって青い芝の運動に出会った。青い芝の運動に魅了された安積は自分の友人を訪ねて施設訪問を行った。その時殿村久子は安積と出会った。殿村と安積は同じ年だが、殿村は安積のことを直接は知らなかった。しかし、人づてに聞いていた。

私が、その養護学校高等部入った時には遊歩はもう外に出ていて、伝説の人になっていたので（笑）。学校、あの、施設の中でも、「そういう人がいたんだよ。」みたいな話で。「あ、そうなんです。」「そうなのか。」ぐらいの関わりしかなくって。けやきの村で、遊歩に会うんです。うん。……遊歩に声かけられて。家も近いし、「遊びに来ない？」とか言われて。たまに実家にも遊びに行ったりしてたんです。（殿村［i2019］）

安積によれば、

「施設へ行って、ベッドの周りに柵があって鉄格子みたいになっていると、白石さんが『おまえら、こんなところに入りたいと思うのか』ってすごい剣幕でどなったりしがみついたりして。二度とこないように出入り禁止になってりして……」（安積［1990：30→2012:47］★10）

かなり過激な運動が展開されていた場面もあったようだが、殿村の場合は違っていた。

運動の進め方として、とりあえず楽しいことをいっぱい経験させるんですよ。最初はお花見だったかも。私、実家が近かったので、「実家に帰る」って言うとそんなに（施設が）厳しくなかったんですよ。だから「実家に帰る」って言って、実家に帰らず（笑）、遊歩んちに行ったりとか、よくやってました。あとその、ボランティアで知り合った女の人のアパートにたまに泊まりに行ったりとか。（殿村［i2019］）

殿村は福島市の青い芝の会の事務所に行ったときの驚きを次のように語った。

驚きました。一番驚いたのは、私って障害者の人のお世話する人って、施設の職員とか家族だとばっかり思っていたので。福島の青い芝の会の事務所に遊びに行った時に、色んなボランティアさんが出入りしてて。ちょうど工事中だったってのもあるんだろうけど。改装中で。電気屋さんのボランティアさんがいたり、水道屋さんのボランティアさんがいたり。大工さんがいたり。色々やってたんですよ。それ見て、「え？」って思って。「何で他人なのに、こんなにお世話してくれるんだろう？」っていうのが、すごい驚きでした。（殿村［i2019］）

殿村は岩手県大槌町で生まれ、小学校一年二学期から施設に入所し肢体不自由児施設で生活していた。親が決めた施設入所は本人にとっては全く納得のいかないものだった。好きな人形を一つだけ持って行っていいといわれ、長かった髪を短く切られて施設に入所した。中学校卒業とともに健常の姉の就職に合わせて家族が福島に移り、殿村も福島県の養護施設高等部に移ってきた。卒業に際し、療護施設でリハビリに励んでほしいという母と対立し、自分の体はこれ以上良くならないのだから働きたいと授産施設を希望した。しかし、その選択に自分で選んだとはいえ、一週間で後悔した。

私、授産施設に入るとき夢があって、すごくいきたいな〜って、養護学校から大人の施設に入るって今までの生活と違うのかしら〜って希望があって、でもいざ入ってみると今まで養護学校で、勉強してたり、訓練してたりする時間が、仕事する時間に変わっただけで、あとはほとんど変わんない生活だったの。養護学校の時の、同じクラスの子が一人入ってて、最初の二ヶ月だけ一緒の部屋だったの。「入って失敗したよね〜」とか「なんかがっかり、施設の生活ってまあこんなもんなんだね」っていってたんだけど。（殿村[2011:3]）

何か将来が見えすぎて、夢が語れなくなったんですよね。やっぱり（養護学校のように）おんなじ年代の人たちだけだと、あの、イメージしかないから夢って語れるんですよね。でも、そこの施設って大人の施設なので、一五歳から六〇代ぐらいまでの人が一緒に生活してるわけですよ。そうすると一〇年後の私、二〇年後の私、三〇年後の私がいるわけですよ。それが一番嫌だった、っていうのはありますね。「ああ、一〇年後は私、こんなんなんだ。」とかね。「二〇年後はこっちの人ぐらいか。」とかって。現実を見せつけられる、っていうか。（殿村［i2019］）

しかし、「それを思わないようにすればなんとか生活していけてたし、たまに外出してうっぷん晴らして買い物したり、友達と遊んでストレス晴らして帰ってきたりしてたところでは満足してたと思うんだけど」（殿村［2011:4］）、障害者運動の中で「障害者は施設に入ってること自体が差別だっていわれて。なんでって、私は私の意思で施設に入るのを選んだし、普通に生活していけてるじゃない、施設で。それが何で差別なんだろうって思ったし、施設に入っていること自体が差別なんだよ〜っていわれたことに、「えっ」って思ってそれはすごく驚いたんだよね〜」（殿村［2011:5］）。

殿村久子

はじめはよくわからなかった「差別」の意味が活動の中で徐々にわかっていくようになった。

私が生まれ育った施設って、ずっと周りに障害者いっぱいいたじゃないですか。でもおんなじぐらいの年の、大学生のボランティアさんは、ボランティアするまで、障害者の人と出会ったことなかったって言われたのが、すごいショ……、驚きっていうか。え、何で？　って。私の周りには障害者しかいなかったのに。逆に障害のないおんなじような年頃の人たちとの出会いは、私にはなかったよね、っていう、逆にハッとも思ったし。あ、やっぱ違うんだなってそん時思った。初めて自分が置かれてる、社会的な立場、っていうものを、そん時に、ああ、そうなんだって初めて納得できた。そういえば、そうじゃんって。（殿村［i2019］）

殿村は、「施設を出たい」という思いを徐々に強くしていったが、その時相談したのが郡山養護学校の先輩で施設（けやきの村）で同屋であった栗城シゲ子であった。

私が遊歩さんと知り合って、青い芝の事務所に行ったりとか、カンパ活動ちょっと手伝ったりとかしてるのも、栗城さんも知ってたので。そいでだんだん、私が「施設出たいかも。」っていう話を栗城さんにしてたら、栗城さんが「じゃいい人紹介してやるよ。」って言ったのが、白石だったんですよ（笑）。「今度同級会があるから、じゃあ同級会に行った時に、白石に話（はなし）してみよっか。」って言われて。「絶対紹介して。」って言って。（殿村［i2019］）

栗城シゲ子は白石より年上だったが、養護学校の同窓だった★11。白石は当時相模原で活動を開始していたため、殿村は栗城と共に神奈川の白石を訪ねた。

で、栗城さんと二人で、東京にお花見見物に行く、って言って。あの時、二泊か、三泊だったのかな。栗城さんと二人で初めて、本当に誰の手も借りず、東京まで出てきて。東京通り越して、神奈川まで行って。

白石さんに会って、「施設出たいんだけど。」って言ったら、「ああ、いいよ、じゃあ一緒にやろうよ。」と簡単に言ってくれて。「で、いつ出てくる?」という（笑）。ちょうど白石さんも仲間を探してた時だったので。それで四月に出てきて、「夏にまでには出てきます。」って言っちゃったの（笑）。（殿村［i2019］）

当時の殿村は施設生活にも満足できなかったが、親との関係も窮屈に感じていた。

私ね、親と離れたかったの。その頃は、私一人っこ状態で。きょうだいも、独立していないし。だから親が私をすごく猫かわいがりしてたし。それはいいんだけど。年が離れてるし、親も高齢だし。すごくバリアフルな借家だったから、施設では自由に動けてできてたこと、できてることもお家に帰るとできないし。ましてやうちの母は私に刃物なんか持たせるのは禁句でしたから。私、本当に自分の箸以外、スプーンとかフォーク以外持ったことない人だったので、お家では。ちょっとそこまで、家の前の道路渡って斜め向かいにコンビニがあったんですよ。そこに買い物に行くことさえ、「一人で行っては、危ないからダメ」って言うような親だったんで。私、本当に箱入りの箱入り、超箱入りだった（笑）。今から想像すると「嘘でしょ」っていう感じだと思うけどね（笑）。本当に何にもさせてもらえなかったんでね。お家では。施設だと、リンゴの皮ぐらい自分でむいてリンゴ食べたりとかしてたんだけど、それもできないし、ハサミで何か袋切ろうと思っても「危ないからダメ」（笑）だったし。

で、まあね、親もだんだん高齢になってくるから、トイレはまだ大丈夫だったんだけど、お風呂とか行くのも、お家の中だと入れないので、あの、銭湯に行ってたんだけど、銭湯でお風呂に入ってたんだけど。

天気のいい日はいいけどねえ、雨とか雪だと行きたくないから行かないでしょう。で、そういうことして、ボランティアさんと関わるようになったから、お家に帰った時に、そのボランティアさんに来てもらって一緒に銭湯に行ったりとか、そういうこともちょっとずつするようにしてたんですよね、私。それも、親はあんまり気に入らなくって「私がいるのに、何で」。やっぱあの当時、ねえ、「子どもの面倒は親が見るもの」っていう、「ましてや障害があったら、自分が最後まで面倒見なきゃ」って思ってた時代なので。他人に……手を借りて生活するなんて、言語道断っていうか、「あり得ないでしょ、そんなこと！」みたいなね。

いくら説明しても、そこは分かってもらえなくて。「だったら、うんと遠くに、手が届かないところまで行っちゃった方がいいか」って、そういうのもあったんですよね。あの、福島市内とかだと、やっぱり、戻されちゃうかなっていう心配もあり、「どうせだったら全然手が届かないところ、生活の見えないところまで行っちゃった方がお互いに平和かなあ」（笑）、みたいな。たまたま白石さんが相模原だったので、「渡りに船」みたいな。（殿村［i2019］）

施設に戻ってから自立生活の希望を親にいったが簡単には聞き入れてもらえなかった。しかし施設を出ることは許され、実家にいったん帰り、二週間で出た。親を説得するため、あらかじめ白石に相模原のアパートを借りてもらい、そこに住む約束ができているから行くしかないんだと母親を説得した。半ば強引な引っ越しだった。

親もやっぱり心配だったから、引っ越す時は「あれも持ってけ。これも持ってけ」みたいな。で、トラックを手配してくれて。トラックに、運転席の所に、私とお母さんと乗って。（笑）一緒に出て来たんですよ。二週間で帰りました。転換したらすごく、親ってそうなのかな、って思って。今まで台所仕事なんか全然やらしてもらえなかったのに、「米研いでみろ」とかね、「簡単なもの作ってみろ」とかね。「こうやったらお前でも何か作れるかね」みたいなね。ごはん炊くのと、味噌汁ぐらいは作れるようになっていたので（笑）。親もまあ、「ごはん炊けて味噌汁作れれば、何とか食べていけんだろう」ぐらいは思ってくれたのかなあ、とか思って。色々教えてもらって。（殿村［i2019］）

殿村は、相模原で一人暮らしを開始し、白石が相模原で始めていた「くえびこ」に所属し、障害者運動に関わるようになった。そのころ殿村は、白石に「ボランティアを自分のところに引き留めておく秘訣」を教わった。

自立生活を始めたとき……白石さんが「ボランティアさんを自分のところに引き留めておく秘訣があるんだよ」って（笑）。「それはな〜に？」って聞いたら、「自分のことをいっぱい話しなさい」って。自分がどうしてこういう事をやっているとか、障害者運動の事とか、将来どうゆうふうに暮らしていきたいとか、今こういう事をしてるんだよっていっぱい伝えなさいっていわれて、それをしないとボランティアさんはどんどんいなくなっちゃうよって。だからそういう事は身につけてたと思うね。色んなことをいっぱい話しをして、ほんとに頑張ってたと思うよ。（殿村［2011:30］）

また地域で暮らし続けていくには、障害者運動は欠かせないということも白石から教わった。

（障害者運動について）そこまでたいした気持ちはなかったね（笑）。それをやんないと生活していけないよっていわれてたからやってたんだけど、最初のころはそう思ってなかったかもね〜。でも白石さんは地域で暮らしていくためには、障がい者運動をやり続けなければ地域で暮らしていけないといつも言ってたので、「あ〜そうなのか〜」って思っていたけど。二、三年経っていろんなところで自分たちの要求がちょっとずつ通っていくようになったとき、「あ〜これは必要なことなんだ、やることなんだ」って自分の中で思えたかな。（殿村［2011:16］）

3　価値の逆転——排除の残像

青い芝の会の運動は、鈴木や安積の経験に見られたように、養護学校の中で植え付けられた障害種別や程度の違いを超えて社会の中での「障害者」としての立ち位置を認識させ、そこでは仲間として「刷り込み」が行われた。しかし時に青い芝の会が脳性まひ者の当事者集団であるがゆえに、それ以外の障害者を排除する場面があった。

絹江：ＣＰじゃないっていうことが。すごかったよ。だから、ほんとに居心地の悪いところだったよね。なんで、居たんだべなって感じだよね。ＣＰじゃなく産まれた。まるで、ＣＰじゃなく産まれたら、ほんとに損って言う感じの、そこまでの感じの。

匡[★12]：そうだよな。差別と逆差別なんて言葉があった。うん。だから、脳性まひ者以外は、差別運動に関わらせないみたいな。つまり、まあ青い芝は、我々脳性まひ者が一番差別されてきた現状があるんだって。だからこそ、差別、反差別の先頭に立てるんだっていうね。

絹江：それ以外は、みんな差別者だって。

匡　：そういう、運動の展開はしてたね。

絹江：首から上は健全者ってよく言われていたよね。……よく純（遊歩の本名の略称）なんかと、ＣＰに産まれなくて、失敗したね、残念だったね、なんていってたことあったね。そうだね、なんていいながら、そうかな、なんてね。そういう言葉っていうのは、どっちもほんとで嘘みたいなもんでね。時代の勢いっていうか、つまりあのときは時代が加勢していたというのがあったよね[★13]。（鈴木［i2000］）

安積や殿村よりも三つ下の桑名敦子の場合は、養護学校の中では障害種別でのカテゴリー化は行われておらず、むしろ家族のような関係を築いていたという。

学校の中は、まあ、何だろう。私にとって、もうそれしか知らないんでね。まあ学校？　だから勉強する？　で、あとは同級生はみんな障害を持っている。そんなに、せいぜい多くても十人とか十数人とかいう。だから、もうまるで兄弟みたいな感じですよね、みんなね。だって小さい時からいるわけだから。特に、もう（小学）一年生から高校三年まで一緒だったっていう子が、何人、一、二……、四、五人はいたかな。で、あと途中から入ったり出たりっていうのはありましたけども。（桑名［i2018a］）[★14]

養護学校の中での出来事として桑名が覚えているのは、同年齢の健常者から下に見られるような経験をしながらも、彼らとの対等な関係を望み、彼らに強い興味関心を抱いたこと、教員たちに健常者と比較され無力感を味わいながらもどこかで自分の可能性を信じ、試してみたいと思っていたことだった。

で、今でも覚えてるのは、小さい時からそういう施設とか養護学校に、地域のいわゆる高校生が……、その当時はまだ「ボランティア」って言葉じゃなくて、「奉仕活動」みたいなことが入るじゃないですか。入るんですよね。でも……小さい時はいいですよ、「お姉さん」みたいな感じで。でもだいたい、こっちもだんだん高校生らと同じ同学年なわけです。同年代になるにも関わらず、向こうは……、何だろうな、別に私たちにこう、「友だちになろう」とか何かじゃなくて、「私たちはあなたたちにやってあげてるの。」っていう、そこにものすごい、こういう線引きがあって、目に見えないものがあって。すごくそれが、すっごく居心地が悪かったんですよ。それで、んん……、これ……、何かね、これじゃない。本当にもう、自分と同じような年齢で、しかももっとこう、ミーハー的な話ができる、ね。「どの歌手が好き？」とか、何か、男の子の話、とかって、そういうことを普通にできるような、障害がない女の子とか、まあ男の子とか、っていうのに、すっごく興味があったんですね。あの……、「どんなことみんな話してるんだ？」

あとはね、やっぱ養護学校の悪いところは、うーん……洗脳がものすごい。……「がんばれ」という意味で。高校生の頃、その、同学年のね、「ほら、甲子園見てみろ、お前らのあの同じ学年の子があんなに一所懸命がんばってる」とか、「どこどこの高校生がこうだ」とかっつって。そういうことを言って、叱咤激励……。叱咤激励のつもりで言ってるんだろうけども、言われる私は、「え、そんなに、私は、やっぱりレベル的には色んな意味で、低いんだ」っていうか。……自分が何かこう……、下だ、っていう……結局は、私の生活の主体は養護学校の中で、外部からのインフォメーションは養護学校の教師。それも正しいインフォメーションじゃなく、そういう偏ったインフォメーションで。すごく自分が……、「自分って本当に何もできない」、その、何て言うのかな、「意味のない存在なんだ」っていうふうに思わされつつあった。でも、「いや、そうじゃない」っていう、その、「私はそうじゃないんだ」っていうか、それは、完全にそれを信じてはいなかった。だからこそ、自分の目で見たか…、確かめたかった。本当にそうなのか、そうじゃないのか。うん。ていうのが、ありましたね。（桑名［i2018a］）

そして当時すでにラディカルな運動を展開し始めていた青い芝の会を、教員たちが敵視し、接触を禁止していた。

うん。で、養護学校って……洗脳がものすごいから。青い芝に対する洗脳がものすごく厳……。青い芝の「あ」の字も言っちゃったら、ものすご……、「あれは悪なんだから」。……ものすごかった。そりゃものすごかった。私、いまだに、「ない」っつったら嘘ですよ。もちろん、尊敬はしてますよ、今となってはね。だけどもその思いは……、もちろん同意はしないけども、あの時ああいうふうに（洗脳）されて、ＣＰで言語障害のある人は怖い人なんだっていう思いは、長年続いてました。

田中　ああ。植えつけられたというか。

桑名　だって、あの人たち悪者だから。養護学校の中では。あの人たちと付き合っちゃいけない。（桑名［i2018a］）

桑名は、当時青い芝の会の障害者運動に関わることはなかったが、社会運動との接点はあった。桑名は養護学校卒業後に大学進学を希望していた。教育者の父の影響を受け、高等教育を受けたいという意欲が強かった。また養護学校高等部を卒業してすぐに社会に出ていくことへの不安もあった。男女共学の四年制大学という「社会に一番近いところで勉強したい」という思いがあった。当時、養護学校の教員の中には学生運動に影響を受けた教員が数名おり、彼女の進学希望を応援した。その輪は母校である福島大学や福島県立医科大学の学生とつながって広がり、「桑名敦子を福島大学に入れる会」（一九七六年）が結成された。桑名は、養護学校の教員たちから聞いた、大学生の社会運動に関わる姿に憧れを抱いていた。今の社会に満足しない、社会を変えようという彼らの姿勢に共鳴した。

今で言ったらいわゆる学生運動とかをしてきた時代の教師がいたんですよね。で、彼らが結構新しい風を私なんかの周りで吹かせてくれて。すごいその……、何だろうな、日本の中の差別、それは障害者差別だけじゃなくて、部落問題だとかそういった問題なんかも、全然分からなかったけど、そういう先生たちから聞かされたりとか。あとはなぜか私、学生運動とは私は世代が違うんですけど、学生運動にすっごく興味があったんですね。すごく憧れ。高校生の時。その頃、赤軍派とかね、あったんですね。私、あの時代、すっごく好きなんですね。別に赤軍派の人たちを擁護するわけではないけども、彼らがどうしてそういう道に走ったのか、アカデミックなレベルが高いあの人たちがどうしてそういうことをしたのか、っていうことに、ちょっと共鳴する部分がありまして。殺人はないですよ。でもその、社会を変えるとかね、革命を起こすとか。まあ革命を起こすまではいかないけども、その辺が……、差別とかやっぱりね、私で言えば、障害者差別ですよね。そことリンクしてるのはありますね。で、そういうのをこう、高校生の時に、まだ大学出たばっかりの先生だとか、何年か前に大学紛争で実際やってた先生だとかが、「自分の学生時代はね、こうだった、ああだった」と話して、「おおー！　かっこいいー」とか。あとは当時に、私が「大学に行きたい」って言った時に、その人たちが支えてくれたんですよ。「行け行け」と。「何とかやろう」っていう感じで★15。（桑名［i2018a］）

当時の福島大学の入試要項に「『障害者は認められない。試験も受けられない』みたいな、きちきちと書いてあって」運動はその撤廃から始まった。しかし、高校二年生だった桑名の卒業までに運動の成果が見られる兆しはなかった。桑名は卒業と同時に入学できる学校、すなわち通学範囲で受験や学生生活について障害の有無を問わない学校を探し、しかも彼女が学びたいと思っていた英語が学べる学校として近隣の短大を選んだ。本来の希望通りではなかったが、妥協せざるを得なかった。

桑名の就学運動の支援者と、郡山で同棲生活を始めた橋本と安積（一九七九年）の介助に関わっていた支援者は重なっていたため、共通の知り合いを通じて桑名は短大に在籍していたころ、青い芝の会の運動にも重度脳性まひ者にも接点を持つようになった。しかし、そこではむしろ、先に鈴木が経験したような、いわゆる重度脳性まひ者至上主義の中で疎外感を経験した。

障害者であるには、やっぱり言語障害がある、ＣＰでなきゃいけない。なるべく、その中ではね、重度の障害者、社会から虐げられている障害者が偉いというか、力、パワーがあるんだと。「あんたみたいに親には恵まれてる、周りの人間にも恵まれてる、で、行きたいところに行ってる」、何か全然ね、何だ。やりたいことやってるような、そういう…彼らから見た私は、ＣＰで言語障害があってすっごいすごい二四時間介護人が必要な障害者から比べたら、私たちは健常者ですよ。ただ車いすに乗ってるっていうだけで、言語障害があるわけじゃないし。[…]

あの、いわゆる青い芝が、危険思想の持ち主で（笑）、みんなから嫌われてる障害者であるならば、私は「みんなから好かれる障害者」。見てくれもまあ悪くはないし、頭だって悪くはないし、言語障害もないし、障害のない、非障害者の社会に一番近い障害者。それも言われたしね、私ね。

その当時の日本の障害者運…、特に青い芝……、何かこう、うーん、「ＣＰじゃないとだめ」とかね。何か、その、その人たちそのものが何かこう、拒絶、排除したりとか。障害じゃない、障害者じゃない人間は人間じゃねえみたいなね。何、何？　だから「今までに差別されたら、逆差別」みたいなね。そういう、何かこう……、何て言うのかな、何でもっと友好的になれないのかな。何で「敵、味方」って必ずなるのかな、っていうか。（桑名［i2018a］）

5　福島コミュニティの確立

るが、青い芝の会の運動の中心だった白石が転居したことやその後の運動の混乱と方向性に疑問があったことも事実だった。

鈴木は一時期障害者運動から離れた。結婚を機に農業を始めるために転居したことが物理的な原因ではあ

1　さらなる「刷り込み」の拡張――自立生活運動との出会い

だから結局、最初、青い芝で、在宅訪問やったりなんかして、関西青い芝が解散になってきたりした。その風がやっぱり福島にもきて、健常者グループを解散みたいな。何でだよ、福島ではみんな仲よくやってたべよみたいな感じでなってたのに、解散みたいなことで、合同委員会だか、再生委員会だか、何だかって白石くんがなったりした。その頃の集まりにも私も行ったりしてたんだけど、結局は、そのあと、福島県の青い芝は作業所活動になるのよ。ちり紙交換とかね。で、私、違うよ、だって青い芝は、われわれはＣＰとして……、あれって、ああいうの妥協しないんじゃなかったの？　私は編み物やって、人に教えて、あと店の仕事もやってて、一生懸命働いて、生活保護は受けてたけど、それなりに稼いでたわけよ。でもそのときに白石くんは、おめえが稼げればいいってもんでねえべって、重度の障害者が生きられる社会になんなかったら、だめだべみたいな。まあ、そうだなと。でも、私は稼がないで、カンパ活動で、世の中変えるっちゅうのは何かちょっと違うんじゃねえかなとか思いながらも、そんなふうに。でも、社会を変えてくんだって言うと、社会を変えなければ、やっぱり障害者の状況は変わっていかないんだっていうのは、確かにそうだなって思ったから、そっちの障害者運動に、編み物もどんどん（辞めて）親子のけんかしながら、親子の縁を切りながらみたいな感じであれしたのに、やっぱ作業所で廃品回収で金集めるべってなって、あれ、違う

べよみたいな。社会を変えるんじゃなかったの？　って、私はそれにかかわらないで、百姓、匡と結婚になって、百姓生活。だから、作業所作りの頃は、あんまりかかわってはいない（鈴木［i2019］）★16

その後一九八九年に白石が相模原から郡山に帰郷し、シンポジウム（「誰にもやさしい街づくりを考える」一九九一年）開催に向けた勉強会を開始するようになると、鈴木も関わるようになった。その中で、鈴木は白石が八〇年代に経験してきた自立生活運動について知るようになった。鈴木は「自立生活運動を知ったとき、これこそが障がい者の運動としてやっていくものだと考えた」という（鈴木［2015:87］）。地域の障害者に声をかけ、お茶会を開催しながら仲間を作っていった。一九九四年四月に、「お茶会の愚痴話を解決するために〈福祉のまちづくりの会〉を結成し、制度の勉強会を始め」た（障がい者自立生活支援センター［1997:74］）。その年の一〇月には郡山養護学校の後輩である桑名を頼りにマイケル・ウィンターを呼び、桑名は通訳として同行した。桑名とは療育センターで顔見知りであり、学年が離れているため、養護学校時代は親しくすることはなかったが、卒業生名簿はあったし、当時桑名の父親と鈴木が養護学校の同窓会でかかわりがあったこともあり、コンタクトをとることができた。★17

私のやっぱ後輩で、桑名敦子って、マイケル・ウィンターの奥さんになった桑名敦子がアメリカで結婚して、毎年日本に夏休みに連れてきてたから、連れてきてたときにあちこちで講演してるから、ほんじゃ、うちにも来てくれたらいいばいってって……マイケルを呼んで、マイケルと敦ちゃんが通訳かなんかしたのかな。ほんで、その障害者自立生活運動をやって、あ、これだというふうに私は、すごく遠い星かもしれないけど、方向性、羅針盤が決まったっていう感じ、作業所ではないと、私の中ではね。だけど、やっぱり権利に基づいた障害者運動、社会を変えてくっていうふうなところで、あくまで自立生活運動だっていうふうに焦点が、遠い焦点が決まって、私は自立生活センターをやるというふうに言ったら、鈴木さん、アメリカの話はまだ早いぞい、日本の話だって船引はまだ早いのに、アメリカは遠すぎぎっぽいとか。私、誰にこの話をしたら、健常者なり議員なり、役所の人間なりね。誰に話したら、話は進むかということで。ったら、俺だばい、俺だばいっていう一人の議員がいて、ほんでしゃべったら、早いばいって、アメリカは遠いばいっていう人で……。（鈴木［i2019］）

桑名敦子

最初に理解者と思った議員は、まだ早い、と取り合ってもらえなかったが、その後理解者を増やし、鈴木は、地域の中で生きていく拠点として、一九九七年に自立生活センターを船引に作った。

鈴木は「権利に基づい」て「社会を変えていく」自立生活運動の到来によって、青い芝の会の時に感じたような排除を経験せず、目指すべき方向性を見つけ出すことができ、その目的に向かって仲間を増やしていった。

桑名は、鈴木との再会の時にはすでにアメリカの障害者運動家であったマイケル・ウィンターと結婚（一九八四年）していたが、鈴木同様障害者自立生活運動に傾倒した一人だった。桑名は短大のアメリカ短期留学プログラムに一ヶ月参加し、「障害者の前に桑名敦子である」体験や「個人としてリスペクトされる」環境に魅了された。どうにかしてアメリカに行きたいという思いで過ごしている中、ミスタードーナッツのアメリカでの研修制度を偶然、新聞で見つけ、応募し、第一期生としてカリフォルニア州バークレーの自立生活センターに派遣されたのだった。そして研修性として自立生活運動に出会ったのである。しかし、その当時（一九八二年）の桑名は、日本とアメリカの運動の違いをより強く意識した。そして、両者を分けたうえで自分が「（アメリカの運動の）こっち側」だと錯覚していたという。

なぜに、アメリカに行って、障害者自立生活運動にはまったかっていうと、私の周りの障害者はみんな知的レベルが高くて、みんな大学院とか行ってて、大学とかね。どんなに重度でもね。弁は立つ。ジュディ・ヒューマン★18とか会ったことありますか？　ジュディ・ヒューマン、マイケル・ウインター、エド・ロバーツ★19ってさ、もうこの三大……、何？　この自立生活を営むようになったね、神様みたいな……、自分の夫を神様っうのは何ですけども。でも本当に、その社会においてはもう、先駆者だし、リーダーだし。で、言葉は立つね。誰にも負けない、あの人たちの口には。そしてそれで、分かりやすい。すごく分かる。であとは、もちろんこの場合、言語障害は英語と日本語ですよね（笑）。英語と日本語ですよ、はっきり言って。でも英語さえ勉強すれば、言ってることは分かるわけだから。だから、私にとっては入りやすかった。彼らの社会に。こっち……、この日本の、この運動社会、だってみんないるのはさ、言語障害が重くて発言がよく理解できない、ほんでみんなからさ、社会から嫌われ者で排除されてさ、「あの人たちには近づくな」みたいなね。そういう何かこう、汚い目で……、汚い……、だからそういうグループで。それがこっち行ったら、何？　恋愛はするは、普通の生活して……そういうね、私の憧れていた社会がここにある、みたいな。

そう、運動以外に、人間としてね、自分のやりたいことをやる、できる、社会。それですね（笑）。［…］まあその当時はね、もうね。そんでもってこっちはこっちでキラキラ輝いてるわけですよ。アメリカの自立生活運動とか、自立生活運動のリーダーが。もう私の中でもアイドルですよね。もう大スター。うん。そういう人たちと……、だって私、結婚したわけだから。で、しかも普通にいるわけじゃない。だんだんだんだん、何かさ、私、本当にこれは私の中の錯覚で私もその一部みたいなね、じゃなかったですよ。じゃなかったですけどもね、結局は。でも何かそういうふうな、逆に本当に、あの……、何だろう、何だろう。もしかすると私の中で、うん、「私はこっち側の世界の人で、あんたたちは下じゃない？」って、たぶんあったかもしれない。うん。だから、「あんたたちに教えてあげるわよ」的な、というか、私はしなかったけども、少なくとも夫はマイケル・ウインターだったりとか、友だちがジュディ・ヒューマンだとかで、その通訳をしたり、一緒に同行してるうちに、つい何か、「え、私、こっち側の部分」みたいなね。「そっち側には私は行かないわよ」みたいな。うん。理解はしながらも、そこに確実に線は引いてあったし……、うん、引いてありました。うん。恥ずかしい話ですけども。（桑名［i2018a］）

2　強化された同一尺度の信頼と準紐帯

桑名の中にあった日本の障害者運動とアメリカの自立生活運動を分け、排除する考え方が両者の共通性を意識し、「同一尺度の信頼」へと変わり、「準紐帯」が形成されていく過程に二つの要素があった。一つは互いの交流を通して、「社会を変えていく」という社会変革の思想が両者に共通のものであることを認識したことであった。

もちろんもちろん。そうすると、そういう人たちが、その当時は、すごいラディカルで汚い存在で（笑）、……だった、社会のね、社会の何かもうクズみたいに言われてた人たちが、だんだんメインストリームに、っていうかね、地域で……。もう、世の中変わってきてるし。で、そういう人たちがマイケルとかジュディを招いて、レクチャーだとか、ワークショップだとか開（ひら）いたから、その、敷居がどんどん低くなってきたっつうのはありますよね。だから向こうも、すごいガチガチがちょっとずつ柔らかくな……、もう年もとってきただろうし、うん。で、だんだんだん、「あ、何だ。言ってること同じじゃん。」みたいな。うん。基本的には、やってる人はね、こっちは、かたや知的レベルがものすごい高くて、大学とか大学院とか行っちゃってる障害者で、しかも言語障害がない、いわゆる成功組？…と、こっち側（この場合は日本側）は、学校だってね、学歴だってそんなにはない、言語障害もあって重度で、もう、介護人がいないと生活ができないようなレベルの人たち。でも、でも、でも、その思いは、目指すものは同じだ、っていうものですよね。うん。そう。

田中　その辺はどうやって……、だんだん、気がついてくる？

桑名　そりゃそうですよね。だって、こうやって向こうから呼ばれるわけですよね、マイケルに。だから、向こうは間口があるわけですよ。「教えてください」というような。だから結局、私もつい「教えてあげようじゃないか」みたいな、そうなるんだけども。だけども、やっぱりそうしてるうちに、「あ。

差別だとか、偏見だとか、不平等っていうのは、これは世界共通なもんなんだ。全く同じじゃねえのか？」っていうか。（桑名［i2018a］）

いる、すなわち障害者という立ち位置は国が変わっても同じなのではないかという認識であった。

桑名がもう一つ気づいたことは、夫マイケルがアメリカ人であるにもかかわらず、自分と同じ経験をして

だってマイケルと私は、一世代違うんですよね。ほぼね。向こうは五一年生まれで、私は五九年なんです、一九〇〇（せんきゅうひゃく）ね。そうすると世代が違うんですけども。向こうはしかもね……、で、彼も養護学校で、小さい時から普通校には行ってなかった。で、病院とかには入ってた。私も養護学校で、まあ病院ていうか施設。そうすると、答え合わせっていうか自分のね、人生を解くと、こう、繋がるところがすっごくあって。「ちょっと待って!?　全然年齢も違うし、福島県郡山市とシカゴと、何で同じなの？」っつうのがすっごくあったんですよね。だからこれはやっぱり、「障害者っていうのは、あんまりこう、国とか、ジェネレーションとか、あんまり関係がないんだな。」っていうか。障害者の女性問題は、アメリカの障害者の女性問題、日本の女性も……、日本の障害者の女性問題はアメリカの障害者の女性問題でもあるし、っていうか、こう、ダブるところがいっぱい！　もう、ほぼダブる（笑）。ほぼダブる。うん。

田中　ふーん……。だんだんそういうのに、じゃあやっぱり、生活していく中で気がついていったっていう……、

桑名　うん、で、あとは、私はやっぱりあの……、やっぱりそれはたぶん昔…、何かこう、子どもの時から、確実じゃなかったけど、「この社会は何かおかしい」と思ってましたよ、もちろん。差別とかね。だから、アメリカ行った時に、差別っていうのは、これは障害者差別だけじゃない。女性差別。人種差別、アメリカの場合はね。あとは年齢だとか、まあそういった差別。「ありとあらゆる差別っていうのは共通のものだ」と私は捉えたわけですよ。要素は違ってもね。私の中では同じ。（桑名［i2018a］）

最後、範囲はかなり広がっていった★20が、「差別される者」として「社会を変えていく」必要性があるという点でのシンパシーによって、日本の障害者運動とアメリカの自立生活運動の共通課題が確認され、「こちら側」と「あちら側」ではなく、「仲間」として認識されるに至った。そして、そう考えると、青い芝の会の運動を桑名に伝えた安積に対し、戸惑いながらもその存在を評価したのだった。

だから、遊歩さんはその中に……、そっち側の世界とこっち側の世界の、間（あいだ）の人だったし。言語障害もないし、頭だっていいし、活発だしね。だから……、何だろう、私にとっては……、こういうふうに言うと本当すごい何か、「遊歩さんなしで私の生活は考えられなかったんだなあ」なんて、新たにこう、何か非常に複雑な気持ちですね。今となってはね。うん。（桑名［i2018a］）

一九九三年、福島から県知事であった佐藤栄佐久が福島県人会を通じて桑名を訪ねた。夫のマイケルが障害者の自立生活センターの視察と自立生活を送る障害者の訪問をコーディネートした（桑名［i2019b］）。佐藤は帰国後一九九五年に自治体で初めて障害者自立生活センターに三〇〇万円の助成金を支給する制度を作った。この助成金を活用して、福島県には郡山市、福島市、いわき市、会津若松市、田村郡船引町と五カ所に自立生活センターが設立されるに至った★21（障がい者自立生活支援センター〈福祉のまちづくりの会〉［1998］）。のちに桑名は県知事の指名を受けて福島県庁で臨時職員として二年働いた（一九九七年～一九九九年）（桑名［1996-1998］）。

6　福島コミュニティはどのように形成されたのか

1　刷り込み⇕同一尺度の信頼⇕準紐帯の形成

これまで状況をコミュニティ・キャピタル論の言葉でまとめておきたい。初めの「刷り込み」は学校制度との関係で語られた。安積は既に幼稚園の時に、橋本は小学校入学において、障害を理由に学校制度から排除され、それまで一緒に過ごしてきた友人たちと自分は違うのだということを「刷り込まれた」。鈴木は養護学校の設立に合わせて、いわゆる普通学校教育から特殊教育へ移行させせられた。このように障害ゆえに排除され、また集められることで、健常者とは違う障害者というカテゴリーに組み込まれていった。

では養護学校の中で「同一尺度の信頼」が形成されていたかというと、確かに後年の桑名のころは同年代の健常者との比較によって形成されていた場面もあったが、初期のころは養護学校の中でも歩くことができ、発言のできる、健常者に近い者と歩くことができず、言語障害のある、脳性まひ者は上下関係で分断され、異なるものとして「刷り込まれた」。そしてそれぞれの中で「同一尺度の信頼」が形成されていった。白石と橋本の深い結びつきはこの時の経験による。むろん、養護学校では多学年の様々な障害の子どもたちが集まって寄宿舎生活を送っていたため、障害種別や程度を超えた関係が構築される場面もあった。しかし、教育の中での能力主義に基づいた分断に、刃向うというよりは、その価値に順応させられていった。後の桑名の経験からは、養護学校の中で、健常の同年代の若者との能力主義に基づいた比較が行われることで、自分たちは彼らとは違う者として「刷り込まれ」ていったことが示された。それは同級の健常者の訪問によってももたらされる経験であった。養護学校の中の「家族のような」信頼関係の構築と、一方で、健常者と自分たちは違う者、自分たちは劣った者であるという自覚によって内と外が形成されていった。

桑名が経験した障害者と健常者を分ける「刷り込み」を、鈴木や安積は社会に出てから経験することとなった。鈴木は就労場面において、安積は再び就学を機に、自らの立ち位置を思い知らされた。その経験を経たのちに、青い芝の会との出会いを通して、今まで自分たちが排除してきた重度障害者たちが主張する、差別経験に裏打ちされた「障害者としての生き方」に触れたとき、それは彼らにとっても理解できるものとなり、鈴木や安積は障害者としての立ち位置に目覚めていった。自分たちは内＝障害者であり、外＝健常者とは違うという「排他的感情が集団的に確立されていったと推察される」（西口・辻田 2017:173）。青い芝の会の運動を通して、障害者としての「同一尺度の信頼」が確立され、その拡大のために、彼らは在宅や施設を訪問し、直接の知り合いでなくても、障害者を自分たちの仲間に引き入れていこうと協力を惜しまなかった。つまり「準紐帯」の姿勢がここにみられたのである。殿村はこの恩恵を受けて施設を出て遠方での一人暮らしを成功させることができた。

しかし一方で、青い芝の会の運動は、脳性まひ者であることを絶対視したため、障害者として「こちら側」に包摂したはずの脳性まひ者以外の障害者たちを排除する場面もあった。一方、自立生活運動は、障害間の分断を乗り越えて「権利に基づいて社会を変えていく運動」として展開していった。桑名は、脳性まひ者至上主義の青い芝の会の運動からは排除され、自ら加わることはなかったが、アメリカで障害者の自立生活運動に出会うことで、障害者が社会の中で排除されてきた経験をアメリカにも発見し、自分の経験と重ね合わせることで国境の違いに大きな意味はないことに気づいた。そして自立生活運動を通して、日本の障害者運動との接点を経験し、自らが持っていた差別意識に気づくと同時に、目指す方向性に違いがないこと、すなわち「社会を変えていく運動」であることを認識した。ここで「同一尺度の信頼」はさらに広がりを持ち、アメリカにまで広がった。桑名やその夫のマイケル・ウィンターはアメリカの自立生活運動の理念や情報を惜しみなく伝える「準紐帯」が形成されることとなった。

2　四つのタイプで読み解く

福島での障害者運動の展開を振り返りながら、登場人物のタイプについて考察していきたい。

白石は典型的な「ジャンプ型」といえよう。「ジャンプ型」は「既存の人間関係を維持する一方で、そこを大胆に飛び越え、全く新規に、しかも独力で、次々と生活圏の外延を広げて人間関係を開拓していく」（西口・辻田［2017:102-103］）。白石は青い芝の会の活動を開始した当初は、福島を拠点としたが、その後東京や関西でも運動に関わった。さらに秋田や相模原に移住して人間関係を広げ、障害者運動を広げていった。「親戚はおろか知人さえ一人もいない異境に移り住み、価値観や生活習慣の異なる現地人とも容易に友人関係を築くことができる能力を持つ」のが「ジャンプ型」である（西口・辻田［2017:103］）。

橋本は「直近の人間関係を適宜利用」し、「ほぼ『近所づきあい』を中心に生き」ていた「現状利用型」（西口・辻田［2017:102］）といえそうである。橋本は白石との活動を通して自らの生活圏域を広げ、人間関係を築いていったが、自分から広げていくようなタイプではなかった。

鈴木はおそらく「動き回り型」であろう。「既存の人間関係をベースに」しつつも、「身近な親戚や友人、知人だけでなく、彼らが持つ人脈やコネをあてにすることが多い。そのため、『知人の知人』はもちろん、ときには『知人の知人の知人』とも精力的につながろうとする。」（西口・辻田［2017:102］）。青い芝の会の活動を広げていくために、友人を通じて後輩の安積に接触したり、自立生活運動に際して桑名に連絡を取り、マイケル・ウィンターを招聘するなど、「信頼できる既存の人間関係を最大限利用しながら、未知の世界を開拓し、また、新規の人間関係を作ることで、直面する問題を克服し、新たなチャンスを見出そうとする（西口・辻田［2017:102］）」タイプといえよう。

殿村もまたこのタイプであると考えられる。彼女は施設を出るにあたって、知人の栗城の同級生であった白石にコンタクトを取り、生活拠点をダイナミックに変更した。そしてその殿村に、白石はボランティアとの付き合い方を伝授しており、ここに「ジャンプ型」の利他行動（西口・辻田［2017:179］）が示されていた。

桑名は、さしあたり「自立型」ではなかろうか。「自立型」は「自己の才覚や力量だけを頼りに、人生を切り開こうと努めるタイプ」で比較的「新しい類型」であるという。コミュニティ・キャピタル論では、中国欧州人起業家のケースを取り上げて「自立型」を説明し、それによれば既に中国で起業し成功した自らの事業と資本を有し、海外でそれを展開するので同郷人の支援を必要としないのだという。本章に照らし合わせてみると、桑名は英語で身を立てることを目指していたため、周囲との協力はむしろ必要としないというよりも周囲に協力を得られる場がほとんどなく、「自己の才覚と力量だけを頼りに、人生を切り開かざるを得なかった」ともいえる。むろん、その後は福島、そして日本の自立生活運動のために惜しみなく情報を提供した（「ジャンプ型の利他行為」）。

さて、これら四つのタイプは「あくまでも理念型であり」、「実際には、ある個人が目的に応じて、同時並行的に各類型の営みを巧みに使い分け、あるいは、継時的に自らの類型を変遷させることもあ」る（西口・辻田［2017:104］）。本章において、それが最も顕著にみられるのが安積ではないだろうか。安積は普通学校に通っていたが、医師の勧めと自分の好奇心で養護学校に移動した。新しい社会に飛び込んでいったところでは「ジャンプ型」といえよう。その後養護学校の中では、抑圧を感じつつも好奇心に基づいて次々と人間関係を構築していく「動き回り型」でもあった。しかし自宅に戻って就学拒否等の経験にあって「現状利用型」よりもっと人間関係を狭くし、ほぼ家族としか付き合っていない時期もあった。しかし、その後に青い芝の会の運動に出会うと、本来の好奇心と活力を取り戻して「動き回り型」となり、施設や在宅を訪問して様々な人を運動に巻き込んでいった。その後は、そうした人間関係からも「飛び出し」（「ジャンプ型」）、アメリカへ留学、帰国後は東京へと拠点を移していった。東京でヒューマンケア協会の設立に携わり、ピア・カウンセリングを中心とした障害のある人をエンパワーする活動を展開し、それぞれの場で人間関係を構築し（「動き回り型」）た。課題があると思えば、日本に限らず、エジプトやフィリピンなど海外にも出かけ（「ジャンプ型」）、国際会議にも参加しロビー活動を通してその惨状を訴えたり、現地と日本の橋渡しをしつつ人間関係を構築して活動を展開した（「動き回り型」）。現在は北海道を拠点としつつも、国内外で活動し、

「自己の才覚と力量を頼りに、人生を切り開いている」(「自立型」)。

さて、コミュニティ・キャピタル論の解釈では、コミュニティが繁栄する決定要因は「ジャンプ型」のあり方であるという。中国・温州人の成功とそのほかの地域との比較を行う中で、「この種の優れた人材が、他地域の出身の中国人では、同郷人コミュニティから離脱する傾向にあったが、温州人では、同郷人コミュニティに埋め込まれたまま広範に活動するため、成員の圧倒的多数を占める『動き回り型』や『現状利用型』も、『ジャンプ型』が遠方からもたらす冗長性のない情報を共有し、利益を分かち合うことができた」という(西口・辻田[2017:314])。ではなぜ温州人コミュニティでは「ジャンプ型」が離脱しないのか。それは「起業家精神や相互扶助を貴ぶコミュニティーに生まれ、そうした価値観や行動様式を幼少期から刷り込まれ、同郷コミュニティーへの帰属意識が強化されてきたからだろう。この種の帰属意識が共有されることで、同郷者間の同一尺度の信頼と準紐帯はゆるぎないものになっていく」(西口・辻田[2017:183])のだという。

これを福島コミュニティの場合に置き換えて考えてみるとどうだろうか。直接的には「ジャンプ型」としての白石の役割が大きかったといえる。彼の行動力と遠方からもたらす情報が福島の障害者運動を大きく変える契機となったことは間違えない。そしてそれらを巧みに活用して動き回り型である鈴木や現状利用型の橋本が福島の地で、あるいは動き回り型の殿村が相模原の地で障害者の生活の場を切り開いていった。福島コミュニティの繁栄はおそらくこれで説明がつく。さらに安積の存在は日本の障害者運動に影響を与えた。

では後者の同郷コミュニティへの帰属意識というのはどうだろうか。おそらく福島県に対する帰属意識はあったかもしれない★22。だが少なくともここまで論じてきた中ではそれを明確に説明するだけの十分な材料を持ち合わせていない。むしろ、ここでの帰属意識は、初期の「刷り込み」にあるという点で、同郷コミュニティと同様に理解できるのではないだろうか。そしてそれは養護学校の中で培われた「同一尺度の信頼」に見られるのではないだろうか。そう考えると、「現状利用型」の位置づけも変わってくると考えられる。コミュニティ・キャピタル論では、「現状利用型」は「個人的に成功したジャンプ型がもたらす、いわばおこぼれを享受できるため、人生の落伍者とならずに生きていける」とかなり偏った解釈もみられる（西口・辻田［2017:182］）。しかし本章のように成育歴に沿って確認してくると、ジャンプ型である白石の、養護学校での最初の孤独を救い、「同一尺度の信頼」を育んだのは「現状利用型」の橋本であった。橋本の存在が、白石の才能を開花させることに大きな役割があったと考えられる。コミュニティ・キャピタル論の中でも、それぞれのタイプが「仲間に対する何らかの自分の役割を、暗黙裡に担い、演じているかのよう」（西口・辻田［2017:106］）な調和された状況、「違いを普段あまり意識しないで、自由闊達に交流している」ことがもたらす効果があることを認識しつつ、実際の役割の分析に落とし込めていないところがあった。本章の研究では、まさに「ジャンプ型」の重要性を認識しつつ、「現状利用型」についてもそれを支える重要な位置を確認することができた。

3　残された課題

コミュニティ・キャピタル論を用いて福島コミュニティの形成について論じてきた。養護学校時代を基盤として、社会の中での障害者に対する排除の経験を通し、様々な登場人物たちが各々の特徴を生かしてその役割を演じ、準紐帯を強めながらコミュニティが形成された経過を大筋で描き出すことはできたように思う。コミュニティ形成後の展開については、他の章にゆだねる。

本章での残された課題として、第一にここに取り上げた人物は福島コミュニティの、一部の人物たちであることが挙げられる。橋本と千葉の施設で一緒の時を過ごし、後に福島に移住してきた角野正人や白石らの同級生で殿村に白石を紹介した栗城シゲ子を筆頭に、まだ数多くの福島出身の人たちが障害者運動に携わっている。すでに亡くなった人たちを含め、彼らの語りや記録を含めることでより幅の広い分析ができたかもしれないが、筆者の力量の限界でもあり、時間的制約もあって本章はこの範囲にとどまった。今後、もし機会があれば、さらに対象者を増やして議論を進めることができるのではないかと思う。

さらにもっと詳細にすでに出版されている資料に当たることもできただろう。これも筆者の能力の限界であった。したがって、それらを含めてもう少し深い解釈ができるのかもしれない。しかしひとまずは粗い解釈としてはそれなりの像が描けたのではないかと思う。ご協力くださったインタビュー対象者の方々には深謝したい。また資料を提供してくださった福島県特別支援教育センター企画事業部長熊谷賀久氏にも感謝申し上げる。

最後に、なぜ「福島県で」多くの障害者リーダーが輩出されたのか。ここに取り上げた人々、そしてそれ以上の人々が福島出身であり、障害者運動に関わってきたことの理由については、残念ながら本章では答えを見出すまでに至らなかった。インタビューを通しての各々の個人史を聞く中でおぼろげに見えたのは、個々人の人格形成の基盤となる幼少期における家族や信頼できる大人との関係や彼らの価値観の影響、鈴木が述べていたような障害に対する「むき出しの差別」の存在、男女の役割分業の固定、女性蔑視の環境などである。これらが個人の成長に関わって人格形成に影響を与えていたと思われるが、これらが時代によるものか、地域によるものか、はっきりしない。改めて別稿を起こす必要があるだろう。

★注

★01　肢体不自由児を対象とした特別支援学校は、平支援学校（いわき市）と郡山支援学校（郡山市）の二か所となっている。平支援学校は一九六〇年に社会福祉法人福島整肢療護園に併設されている（太田［2001:86］）。したがって、郡山支援学校よりも二年早く建設されているが、当時の障害者たちの語りによれば、郡山支援学校が「はじめての肢体不自由児対象の養護学校」として建てられ、福島県内から肢体不自由児が集められたという。

★02　Michael Winter：一九五一～二〇一三。シカゴ出身。障害者の市民権獲得、移動の権利獲得のために闘った活動家。ハワイ自立生活センターの立ち上げに関わり、バークレー自立生活センターの所長を務めたほか、National Council on Independent Living の代表となった。ＡＤＡの成立にも貢献し、クリントン政権では運輸省バリアフリー担当官を務めた。

★03　西口の研究業績については https://nrid.nii.ac.jp/ja/nrid/1000020270928/ 参照。

★04　西口・辻本による著書としては西口・辻本［2016］［2017］がある。

★05　大森は後に白石が東京青い芝と活動を共にする際、東京青い芝に所属し白石との橋渡し役を担っていたという（白石［2019］）。

★06　第５章参照。

★07　白石と橋本が福島市で共同生活をしたときにあとから加わった。川崎や東京での障害者運動にも白石や橋本と共に参加した（白石［2019］）。

★08　一九六三（昭和三八）年一月開園。二〇〇四（平成一六）年四月福島県総合療育センターに改称。https://www.pref.fukushima.lg.jp（二〇一九・八・一四）

★09　現実にはカナリアではなくセキセイインコが三〇羽、また当時は扇風機がすでに自宅にあり、母親に扇がせるようなことはなかった。なお、ここでは鈴木の発言の正確さを問いたいのではない。当時そのようにイメージしたことに意味がある。

★10　現在の福島病院の重度障害者棟のことを指す（白石［2019］）。

★11　白石［2019］及び殿村のインタビューによれば、栗城はその後福島の施設を出て相模原で一人暮らしをはじめ、白石たちと相模原で障害者運動に加わった。現在は白石がつくった「くえびこ」の代表として地域活動、作業所及び介助派遣事業を実施している。

★12　鈴木の夫。青い芝の運動を通して知り合い結婚した。

★13　青い芝の会に「脳性まひ者以外は会員になることができない」という戒律があるのは、脳性まひ者を他の障害者がこれまで徹底的に差別してきたにも拘らず、青い芝の会という魅力的な団体ができた途端、「会に入りたい」というのは自己中心的であるという判断によるものであるという。言語障害のない会員に発言権を奪われること、脳性まひ者としての独自性を担保できなくなるという危機感などもあって戒律は厳しいものになっていたという。一方で、青い芝の会でも他の障害者と共闘することは考えられていた。そのため、関西では他の障害者による「障害者グループ」が存在し、福島では鈴木や安積などオブザーバーとして扱っていた（白石［2019］）。

★14　桑名からのコメントでは、確かに同級生は皆仲良しで家族的な雰囲気ではあったが、障害間の差別が全くなかったかといえばそうではない、やはり障害による差別は残っていたとのことではあった。ただ、鈴木や安積のころのようなあからさまな言葉で表現したり、行動で示したりするようなことはなかったとのことであった。

★15　白石からすると、青い芝の会と学生運動は異なっており、彼らが白石と橋本の共同自立の居場所にボランティアとして関わってきていたが、徹夜で討論していたという（白石［2019］）。

★16　白石は、福島青い芝の会解散時に相模原にいたため、福島での運動の転換に関して詳細はわからないとしながらも、作業所作りに関しては、相模原でも展開したため、その意味についてあくまでも青い芝の会の理念を残す、地域の障害者運動の拠点としての居場所であった（白石［2019］）。

★17　桑名との連絡について、メールでの問い合わせに答えて鈴木が情報提供した（20190420）。

★18　Judy Human（一九四七〜）国際的に認められた障害者コミュニティにおけるリーダーであり、不利な立場にある人々の権利擁護活動家である。世界銀行で障害担当官を務めた経験もある。

★19　Ed Roberts（一九三九〜一九九五）自立生活運動の父と呼ばれる。一四歳でポリオ発症後学業を続け、カリフォルニア大学バークレー校に入学し、自立生活運動を展開した。その後、カリフォルニア州リハビリテーション局長になり、国際障害者年を契機として自立生活運動の世界的普及活動を行う。

★20 桑名は結婚後三〇歳（一九八九年）でカリフォルニア大学バークレー校に進学し、アジア・アメリカン・スタディーズ（Asian American Studies）やエスニック・スタディーズ（Ethnic Studies）などを学び、卒業した。

★21 現在は福島県内に四か所の自立生活センターが存在する。東北地方で一県に複数の自立生活センターが存在する県は青森（二か所）と福島である（全国自立生活センター協議会ＨＰの加盟団体一覧より）。

★22 例えば元県知事佐藤栄佐久が桑名を訪ねたのは福島県人会の紹介によるものであった。したがって可能性としては、佐藤の方に福島県人という帰属意識があったといえよう。同時に県人会とコンタクトが取れていた点で、桑名にも福島県に対する帰属意識があったといえるだろう。現在でも桑名はハワイで福島県人会に属している。なお、日本人会や県人会などに対する帰属意識については別に論じる必要がある。

第3章 運動が繋いだ生

『かがやく女たち』に登場した女性たちの語りから

瀬山紀子

ドキュメンタリー『かがやく女たち』

二〇〇〇年に、福島県の船引町（現在の田村市船引）にある福祉のまちづくりの会の制作で、『かがやく女たち』というドキュメンタリーが作られた★01。この作品は、当時、この会の代表をしていた鈴木絹江さんが中心となって、民間の助成金を受けてつくったもので、そこに三人の女性たちが登場する。

一人は、秋田県出身の阿部美貴子さん。当時、出身地の秋田から福島に来て、自立生活をはじめた女性として映像に登場している。映像では、それまでは車いすに乗る事にも抵抗があった阿部さんが、ＣＩＬが主催するピアカウンセリングの講座を受けるなかで、そうした自分の気持ち自体が、自分と同じ障害をもつ人への偏見であると考えるようになり、自分も車いすを使って地域で生活をはじめていくというプロセスが語られる。

九〇年代、各地で開かれていたピアカウンセリングの講座は、福島でも、郡山や船引の自立生活センターを会場にして開かれるようになっていた。映像では、こうした講座を受け、地域での自立生活を目指す人が増えてはいるものの、介助保障制度が十分ではなく、それが自立の妨げになっているという問題提起が鈴木絹江さんによってなされている。

二人目として登場するのが、脳性まひで、当時、三人目の子どもを出産したばかりの高橋玉江さん。映像は、夫と二人の子どもに見守られながら出産する場面ではじまる。

高橋さんは、映像のなかで、病院で羊水検査を受けるように言われたこと、また、産まれてくる子どもに障害があれば、おろしたほうがよいと言われ、「障害をもって生まれるということは、産まれる前から差別されるんだなと感じた」と話している。高橋さんは、そうしたなかで、夫から「自分も手伝うから産んでほしい」という声掛けがあり、産む決断をしたと話す。

映像では、障害のあるピアカウンセラーとして町田ヒューマンネットワークの堤愛子さんが登場し、「親が決定できるのは、子どもをもつ人生を選ぶか、そうではないか。子どものなかには、障害のある子どもも生まれる可能性がある。だから、障害があろうとなかろうと安心して生きていける社会をつくっていきたい」と語っている。

三人目にでてくるのが、仮名で登場する脳性まひの今日子さん。映像では、夫からのＤＶを受けて、顔面に青あざができた今日子さんの写真が映し出され、身体的な暴力や暴言、介護拒否などの壮絶なＤＶ体験が語られる。そして、「殺すから出ていけ」と言われ、いったんこういう状態で家を出るということは、戻らないということだと決意した後、実際に家をでて、新しい生活をはじめていく姿が映される。

映像の最後で今日子さんは、「自分の友達、本当の心を話せる人を見つける。親でも、きょうだいでも、誰でもいい。本当に話せる人をみつけておく。本当にそういうことがすごく大事だと思いました」と語っている。

このドキュメンタリーは、制作された後に、VHSのビデオ作品として、当時、筆者がアルバイトとして働いていたDPI障害者権利擁護センターが協力するかたちで、全国各地の社会教育施設や映像資料をもつ図書館、女性センターなどの公共施設に頒布されていった。また、いくつかの場所では、この作品の上映会などの企画ももたれた。

障害女性が経験する複合差別

『かがやく女たち』は、障害をもつ女性の直面する困難やそうした状況のなかで生き抜く女性たちの姿に焦点を当てて作られた貴重な映像資料だ。

障害のある女性は、障害があり女性であることで複合的な困難を経験する。二〇〇六年に採択された国連の障害者権利条約は、こうした経験を「複合差別（= multiple discrimination）」という言葉で表現する。そして、条約の締約国は、こうした複合差別について認識し、障害のある女性及び少女が、すべての人権及び基本的自由を完全かつ平等に享有するために必要な措置をとること、またそのためにも、彼女たちのエンパワーメントが必要であることを示している★02。

『かがやく女たち』は、こうした「複合差別」の具体的様相を、三人の女性たちの語りを通して明らかにしている作品だ。

例えば、自立生活についても、一般に、障害のある女性は、男性以上に、家族をはじめとした周囲から、より強く心配をされ、自立生活をはじめることに抵抗を示されると言われている。また、自尊感情を持つことや、ロールモデルを見つけることのむずかしさも言われる。映像では、ピアカウンセリングが、こうした感情を乗り越えて自立生活に踏み出すことを後押ししたという経験が語られていた。

また、出産や子育てにまつわる経験も、障害がある女性たちに、特有の困難をもたらす経験だと言える。社会には、女性は結婚して子どもを産み育てるべきだ、またはそうすることが幸せだとする価値観が根強く存在している。また、子育ては女性の責任だとする価値規範もある。そうしたなかで、障害のある女性は、障害がある子どもを産むかも知れないこと、また子どもを産んでも育てられないかも知れないことなどを理由に、結婚や出産、子育てから遠ざけられてきた。また一九九六年の法改正まで存在した旧優生保護法では、障害を理由に、強制不妊手術や人工妊娠中絶が行われてきたという歴史的な事実もある。

障害のある女性たちが、子どもを持つか、持たないか、持つとしたら何人持つかと言ったことを自らの意思で決定していくことができること、つまり、リプロダクティブ・ヘルス・ライツを持つことは今もって重要なテーマだと言える。

そして、障害がある女性に対するＤＶという主題。これも深刻な問題でありながら、当事者による証言は極めて少ない。

映像が作られた翌年、議員立法で、ＤＶ防止と被害者の保護について定めた法律（配偶者からの暴力の防止及び被害者の保護等に関する法律）が制定された。ただ、制定当時の法律には、障害のある女性など、マイノリティの女性たちへの言及がなく、その後、運動側からの働きかけもあり、二〇〇四年の法律改正の際に、職務関係者が配慮すべき事項として「被害者の国籍、障害の有無等を問わずその人権を尊重するとともに、その安全の確保及び秘密の保持に十分な配慮をしなければならない」という条文（二三条）が加わった。しかし、現在でも、障害のある女性のＤＶ被害の実像はみえているとは言い難く、そもそも公的な相談機関などにつながり何らかの支援を受けるところに至っていないケースも多いと考えられる。

この章では、この後、ドキュメンタリー『かがやく女たち』にでてきた三人の女性への聞き取りをもとに、あらためて、彼女たちの半生を紹介したい。

彼女たちは、それぞれの時期にそれぞれの場所で、福島の障害者運動に触れ、そこからのつながりで、現在に至るまで、福島で生活を重ねてきている。福島には、この三人のように、一九七〇年代の障害者運動や、その運動に影響を受けて活動をはじめた人たちに出会って、その後の生活を築くことになった人がたくさんいる。そして、そこには、少なくない女性たちの存在がある。

ここからは、三人の障害女性たちに登場してもらい、運動との出会いや、自立に至る過程、そして現在の思いなどを語ってもらう。

遠藤（阿部）美貴子さん

一九六一年。秋田市生まれ。脳性まひ。

プロローグ

私は、一九六一年に秋田のお寺の長女で生まれました。出産のときに難産で、そのときに私は障害を負いました。

小さい頃は、母親と一緒に、秋田県肢体不自由児施設・太平療育園という施設に五か月ほど、母子入院をしていました。施設では、まずお母さんが子どもさんの障害を理解しましょう、ということで、母親が訓練の仕方を覚えました。

右より遠藤さん、筆者、渡部さん、高橋さん

母親は、それまでは、自分だけ障害を持った子どもを抱えてしまって、どうしようかと思っていたのだけれど、施設に入って、色んな障害を持った子どものお母さんと出会って、仲間を得たような感じで安心したと言っていました。それで、この子とやっていこうと、ようやく思えたと母が話してくれました。それまでも、方々の病院に行っていたのですが、障害のある子どもを抱えて、母もとても孤独だったということを話していました。

きょうだいは、私と二つ違いの妹がいて、その下にもう一人六つ違いの妹がいます。母は私が出産の時に障害を負ったので、自然分娩が怖かったようで、下の二人は、帝王切開で産んでいます。周囲からは、私のためにも、お母さんのためにも、きょうだいが多いほうがいいと言われていたということでした。

養護学校時代

私は、小学校一年から中学校三年まで、家族とはなれて、一人で、太平療育園（秋田市）に暮らしながら、隣接していた秋田養護学校に通いました。といっても、実際には、私たち療育園に暮らしていた何人かは、太平療育園の施設の部屋をかりて勉強をしていたという感じで、私たちの学級は、秋田養護学校の分校といわれていました。

それが、高等部に入る時、同級生の中で、障害があったのだけれど、普通校に行ったという人が三人もいたのです。それで、私も、この人たちに負けてはいられないという感じで、本来行くはずだった学校よりは一つ軽い、障害が軽い人が行く秋田養護学校の本校の高等部に行きました。

ポリオとか、軽い障害の人たちが多くいる学校で、私はそのなかでは、一番重度で、何をやるにしても遅いと怒られているような状態でした。

そういうなかで、高校生活が終わりました。

高等部卒業後の進路を決める時期になり、進路指導の先生から、「美貴子の場合は、障害が重いから進路は家に戻るか施設に入るかだなぁ」と言われました。うちの親は、とにかくあんたは、これから行く場所は、家か施設なんだから、一二年間離れていたので、一度は家に帰ってこいと言ってきて、それで、高校卒業をすると同時に、秋田市にある実家のお寺に帰りました。

その頃は、妹はまだ学校に通っていたので、私が、家で洗濯をしたり、家のことをするということで過ごしました。その頃は、なんとか、家のことができるくらいの身体の状態ではあったのです。

青い芝運動との出会い

家に帰ってから、一ヶ月後、秋田市内に住んでいた養護学校のときの寮母さんの先生が、養護学校の生徒がほかにも来るので、来ないかと言って声をかけてくれました。それで、その寮母さんの家に訪ねて行った時、私がその先生と喋っていたら、五月頃だったから、窓を開けていたのか、外から、「脳性まひの人の声がする」というので、その頃、秋田で活動をしていた白石栄子さんが声をかけてきたということがありました。白石さんはその時に子どもをおぶっていたのを覚えています。

最初は、私たちの声がうるさいと、外の人から注意されるのかと思ったのです。そうしたら白石栄子さんでした。あのときは驚きました。それで、少し自分のことを話したのです。白石さんたちは、その頃（一九七九年頃）、秋田で青い芝運動を広げようと、脳性まひ者を探して歩いていたということでした。本当に、驚く出会いでした。

それから、二週間か三週間くらいたった頃、白石清春さんと、当時秋田にいた福田稔さん、それともう一人、秋田で運動していた人が、自宅のお寺にドヤドヤーッと訪ねてきたということがあって。白石栄子さんと話した時に、住所を伝えたというのがあったのでしょうね。それにしても今考えてもすごいなと思います。うちの親は、なんだあいつらは、と、怒りまくって。私は、まだ一八だったから、一八歳の女の子のもとに、ドヤドヤーッと障害者がやってきたというので、何をしに来たんだと思ったのだと思います。

それが、自分と青い芝の人達との出会いです。

その頃、白石さんは、秋田での活動をやめる頃で、私の歓迎会と白石さんの送別会を、秋田で一緒にやったのを覚えています。結局、青い芝の運動は、秋田ではあまり広がらずに、白石さんも秋田からは離れてしまったという状況でした。

白石さんが秋田から離れた後も、二年くらいは、秋田でも青い芝運動の流れを組んだ活動が続いたのですが、福田さんが神奈川に帰ることになったりして、その活動は続かなくなりました。自立生活をしようという方のなかには、仙台に出て行った人もいました。

ただ、私は、その後も秋田にいました。そして、障害者の親の会が作った作業所「希望の家」に通ったり、それでは物足りなくてワークセンター（秋田市内ではじめてできた授産施設一九九一年設立。入所施設でもあった）という授産施設にも行っていました。

そういう生活をするなかで、私は、やっぱり、当たり前の暮らしがしたいという思いが強くありました。当たり前の暮らし、といっても、なにより、結婚がしたかったんですよ。ただそれだけ。みんな笑うでしょうけれどね。

自立への思い

私は、三〇歳の頃、ワークセンターの入所施設に入って生活していました。その頃、付き合うような相手も、いることにはいたのです。ただ、施設のなかで障害者がお付き合いをすると白い目で見られるような感じがあったのです。そんなこともあり、施設に入所しながら、障害者活動にも加わっていたのですが、何か私の中で、物足りなさを感じる日々でした。

私には妹が二人いるのですが。妹たちは世間の人に、お姉さんの面倒をみるのはあたり前、と言われて育ってきていました。私にも、周囲の人は、妹がいるから安心だね、妹にみてもらえるからいいね、と言ってくることがありました。私は、その言葉に、本当に傷つけられました。

二〇歳の頃から、私は、妹に面倒をみてもらう人生で、私には自分の人生はないのかと、ずっとそんな風に思って過ごしてきていたのです。

私は、自分は、重度の障害者なので、アパートを借りたい、彼氏が欲しい、結婚がしたいといっても、できないんだろうなと、あきらめる気持ちが強かったです。

そうしたら、一九九五年頃、秋田で、自立生活センターを作ろうという話がでてきたんです。ちょうど、阪神淡路大震災があった年でした。その春、私は、施設内で転んで、顎がさけてしまう大けがをしてしまうということもあって、施設をでて、一度家にもどることになっていました。施設での生活にかなり疲れてしまって、げっそり痩せていた時期です。

その年の秋に、以前、白石さんと青い芝運動をやっていた頚損の大山博さんが中心になって、秋田でもセンターを、と動き出して、私にも一緒にやってもらえないかと声がかかりました。その方は、その後、少しして、合併症でなくなってしまい、秋田での活動は長くは続かなかったのですが。

出会い

それから少しして、（鈴木）絹江さんとの出会いがありました。

絹江さんが、小さい子どもをつれて、ひげをはやした匡さんと一緒に、東北地方のＩＬセンターの活動状況をまとめるというので、秋田にきたのがきっかけです。一九九七年の一二月のことでした。

私たちは、自立生活センターの仮事務所をつくっていたのですが。そこに絹江さんたちが訪ねてきて、話を聞いていきました。私はセンターの準備会の代表をしていたので、秋田駅まで迎えに行って、そこではじめて絹江さんに会いました。

それから、絹江さんと連絡を取る中で、福島で、ピアカンのセミナーをやるっていうことで、そこに誘われて、はじめて行くことになりました。

それと、絹江さんに紹介されたのが、高橋玉江ちゃんでした。玉江ちゃんに会ったのは、一九九八年の秋でした。絹江さんが、福島に脳性まひの女性がいるので、その人に連絡してみるといいと言ってくれたのです。玉江さんと一緒に、あなたもピアカンのセミナーに出ればいいよ、と。それで、玉江さんに電話をしたら、彼女は、子どもが二人いて、夫がいて、家族で生活をしていると聞いて。それで、私は玉江さんに会いに行くことにしたのです。

私にとって、玉江さんとの出会いは、本当に衝撃的でした。自分と同じ脳性まひで、同じ年齢で、子どもがいて、生活している人がいるんだと。それで、玉江さんの家に泊めてもらって、いろいろ話を聞かせてもらいました。

あれは、玉江さんの上の子どもが、まだ一〇歳くらいの頃で。もう一人、妊娠しているという時でした。私は、今より、もうちょっと動けていたので、秋田から、福島まで、一人で行って、玉江さんのお宅にお世話なりました。日曜日の夜だったかな。玉江さんの旦那さんが子どもたちを怒っていて。そしたら、子どもさんが、「お母さーん」って、玉江さんのところに来て、玉江さんが抱っこしたんですよね。そのシーンが、当たり前のシーンなんだけれども、秋田では、まだ、脳性まひは自立できないって思っていた頃のことだったので、本当に衝撃的でした。子どもが泣き出したりして、玉江さんが言語障害でも、子どもたちに本を読んでやっていて、寝るんだよといいながら話していた。そういう場面が、とても印象に残りました。

その後、福島で、ピアカンのセミナーに行って、その後も、なんとか続けてセミナーが開催されたので、それにも出て、それで、自立の意思を固めました。

家出から自立へ

秋田のＣＩＬは、その後、作られはしたのですが、中心になっていた大山さんが病気で九七年頃に亡くなったこともあって、立ち行かなくなっていました。もし、その彼が今も生きていれば、私は、たぶん、秋田で自立生活して、自立生活センターにも関わっていたんじゃないかと思います。

秋田での自立は難しいように思えたのですが、それでも、私は、本当に自立したかったので、絹江さんに相談しました。そしたら、自立するなら、自分の責任で自立しなさいよということを、きつーく、きつーく言われました。それで逆に気持ちが固まってきたということがあったと思います。

私は、その頃、自分自身が、実家で生活をしていたので、自立生活ができていないのに、自立生活センターの代表という立場に立っていたこともあって、居心地が悪い気持ちでいました。それで、いっそ、秋田から離れてしまいたいという思いもあったのです。

それで、本当に家出をするかたちで、一九九九年三月、自立しました。

父親は、去年（二〇一七年）亡くなったのですが、当時、おめえは何夢のようなこと言っているんだって、言われました。

自分でも、すごく迷いました。

その頃、妹夫婦が、青森から秋田に来て、お寺をやってくれることになって。私は、姪っ子たちと、このままここで暮らそうかな、それとも、自分一人で船引に行こうかなと、考えました。でも、たぶん家にいたら、色んなことで、他の人に焼きもちを妬いて、とんでもないことをしでかしてしまうんじゃないかと考えました。

家を出る前は、電話をかけまくって。「また阿部（旧姓）ちゃんだよ。また阿部ちゃんだよ」と言われるほど、絹江さんにはお世話になりました。そうして心の準備もして、家を飛び出しました。

その頃、母親が、定期預金がはいった通帳を一冊渡してくれていて。それがあったから自立できたと思います。ただ、母にも、行き先は伝えていなかったので、その後、あちこち探して、自立生活センターにも電話をかけまくっていたみたいでした。

船引にきて少しした頃、絹江さんから、「秋田のお母さんから電話入っています」っていわれて。朝の八時頃のことでした。

絹江さんからは、「私はあなたの自立生活は支援するけれども、あなたのお母さんに嘘はつけない」と言われて。「落ち着いたら電話しよう」って。それで、（鈴木）匡さんがコーヒーを出してくれて、「まず心を落ち着かそう」って言ってくれて。コーヒー飲んで、母親と話すためのロールプレイもしてくれて。それから、家に電話をかけました。

そうしたら、うちのお母さんが、涙ながらに、「美貴子さん、あなたはどこにいらっしゃるのですか？」って。あのお母さんは怖かったです。自分の子どもに敬語で喋ってきたので。

それで、淡々と、あなたは、親に言わずに家をでていくような子どもではなかったはずなのにと、感情は出さずに怒りを向けてきました。母は、私が諦めて帰ってくると思っていたのだと思います。それから、三か月たって、いよいよ私が帰らないと母も思ったようで。私の荷物を送ってくれました。下着まできちんとたたんで入っていました。

それで、徐々に、家族には、わかってもらったと思います。

その後、二〇〇一年に、知り合いから紹介されて、福島の作業所に通っていた男性と付き合って、後に結婚しました。ただ、その彼が、二〇〇七年に亡くなってしまう悲しいことがありました。また、その後、二〇一一年には震災があり、それもたいへんな出来事でした。

そうしたいろいろなことがありましたが、私は、今も、船引で、自立生活を続けています。

高橋玉江さん

一九六一年、会津田島生まれ。脳性まひ。

プロローグ

私は、会津の田島で生まれて、四歳の時に、いわきの平（たいら）にある福島整肢療護園という施設に入りました。ここは、（渡部）貞美さんが入っていたというカナン村と同じ、社会福祉法人いわき福音協会が運営している施設です。

うちの父方の祖父は、もともと、いわきの近くの好間にあった好間炭鉱の炭鉱夫をやっていました。それなので、父親はいわきの方の出身で、母親が会津の人でした。両親は、母親は農業をやっていて、父親は板前をして、忙しく働いていました。

きょうだいは、上に歳の離れた兄がいて、すぐ下に弟がいました。

母親は、私が生まれてから、こんな障害持った子、どうやって育てていいか分からないみたいなことを言っていたらしく、両親ともに困っていたところに、整枝療護園の園長先生（大河内一郎）が、会津の方まで見回りにきていたのに出会ったそうです。それで、育てるのに困っているなら私の施設に入れなさい、と言われて、そこに入れることにしたということでした。

施設での生活

整枝療護園は、学校が併設されていました。私は、四歳から療護園に入り、小学校は県立平養護学校に行きました。平養護学校には、小学校の二年までは療護園から通い、三年からは養護学校の寄宿舎に入って、中学まで通いました。

療護園での生活は、毎日、訓練が中心で、すごく大変でした。学校でも毎日、リハビリがありました。

小学校に入る前は、水着をきた寮母さんが、男の子も女の子も一緒にお風呂に入れるというような施設でした。規則も厳しく、外出も制限されていて、よい思い出はありません。ただ、園長先生には、かわいがってもらったという記憶が残っています。

中学三年生の頃（一九七六年頃）、福島青い芝の人達が、街頭で、駅や電車を障害者が自由に使えないのはおかしいということで、いろいろな闘争をしていました。平駅（現在のいわき駅）でも、障害者差別のない利用しやすい駅にしようと、駅に障害者が泊まり込んで駅長に話合いを申し入れる活動などをやっていました。当時、それがテレビでも放送されたりもしたのです。当時、そのニュースをみて、私は、何てすごい人たちなのだろうと思っていました。

でも、その時、施設の寮母さんたちは、「こんなことする障害者はわがままだ」って言っていました。私も、それを聞いて、確かにそうだなと思ったというのが当時の感覚でした。その頃は、まだ障害者運動のこともわかっておらず、それが青い芝の会の活動だということも知らず、自分がそこに後に関わるとも思いませんでした。

郡山養護学校に入学

その後、平養護学校は中学までしかなかったので、高校からは、県立郡山養護学校に行くことになりました。

ただ、郡山養護学校に入る前に、私は、中学を出たら、喜多方にある喜多方女子高等学校に入りたいという話を中学の先生にしていたのです。その当時は、家族も喜多方に住んでいました。そしたら、その中学の先生が、会津の出身の先生だったので、自分も喜多方の高校の先生を知っているので一緒に行って相談をしよう、ということになって、高校に連れて行ってくれたのです。私の親も一緒に行きました。

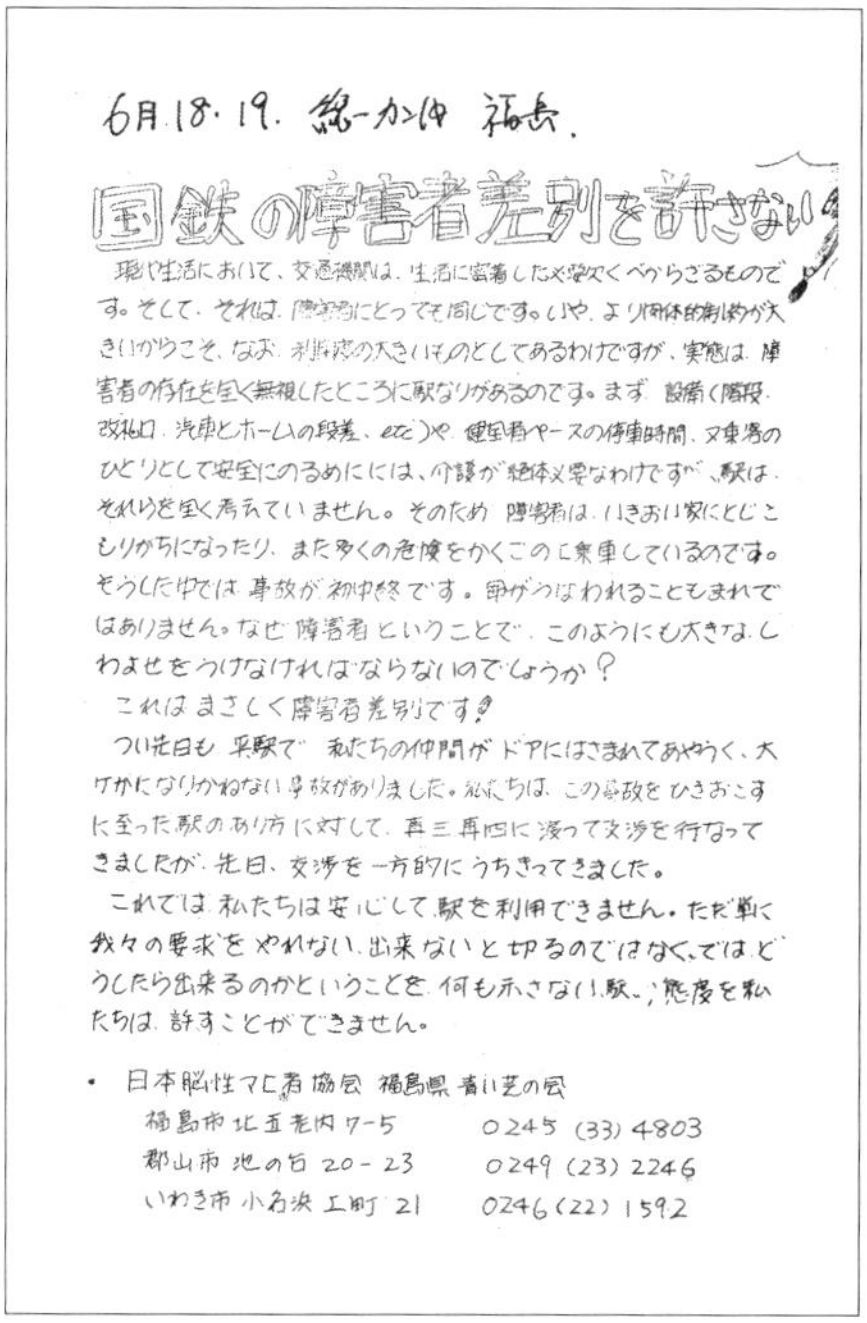
6月18・19. 総一かつ中 福島.

国鉄の障害者差別を許さない

現代生活において、交通機関は、生活に密着した必要欠くべからざるものです。そして、それは、障害者にとっても同じです。いや、より肉体的制約が大きいからこそ、なお、利用度の大きいものとしてあるわけですが、実態は、障害者の存在を全く無視したところに駅なりがあるのです。まず、設備（階段・改札口、汽車とホームの段差、etc）や、健全者ペースの停車時間、又乗客のひとりとして安全にのるめにには、介護が絶体必要なわけですが、駅は、それらを全く考えていません。そのため、障害者は、いきおい家にとじこもりがちになったり、また多くの危険をかくごの乗車しているのです。そうした中では、事故が初中終です。命がうばわれることもまれではありません。なぜ障害者ということで、このようにも大きなしわよせをうけなければならないのでしょうか？

これはまさしく障害者差別です！

つい先日も、平駅で、私たちの仲間がドアにはさまれてあやうく、大ケガになりかねない事故がありました。私たちは、この事故をひきおこすに至った駅のあり方に対して、再三再四に渡って交渉を行なってきましたが、先日、交渉を一方的にうちきってきました。

これでは、私たちは安心して駅を利用できません。ただ単に我々の要求をやれない、出来ないと切るのではなく、ではどうしたら出来るのかということを、何も示さない駅の態度を私たちは、許すことができません。

・日本脳性マヒ者協会 福島県 青い芝の会
福島市 北五老内 7-5　0245 (33) 4803
郡山市 池の台 20-23　0249 (23) 2246
いわき市 小名浜 工町 21　0246 (22) 1592

平駅での闘争のビラ

でも、その時、その喜多方の女子高の先生から、他の子の立場もあるし、建物には階段もあるし、あなたが大変だろう、だから、やっぱり障害者の受け入れを専門とした学校に入ったほうが幸せじゃないか、と言われたのです。それで、結局、試験も何も受けさせてもらえないまま、入学を断られることになりました。その日の帰り道、自分の夢が叶わないことがわかって、えーんえーんと、大泣きに泣いて帰ったのを覚えています。

それで、結局、養護学校に入るほかなくて、寄宿舎に住んで、県立郡山養護学校に通うことになったんです。そういう経緯で行くことになった郡山養護学校でしたが、私はそこで、障害者運動に触れることになりました。

郡山養護の寄宿舎には、日曜日に、卒業生として、(鈴木)絹江さんとか、(安積)遊歩さんがたまに遊びに来ては、いろいろな話をしてくれていたのです。その頃、絹江さんや遊歩さんは、福島で活発に活動をしていた青い芝の会の活動に関わっていた時で、学校に来ては、「障害者はもっと自己主張するべきだ」とか、「外に出ていくべきだ」とか、話してくれていました。それで、私たち在校生を近くの喫茶店に連れて行ってくれたりもしていました。

この時期、障害者運動に関わっていた絹江さんたちから、すごく刺激を受けました。

そこで初めて目覚めたのです。ああ、障害者運動って、こういうものなのかと。

高校時代は、寄宿舎に居て、夜に抜け出したりとか、悪さをしましたが、色々遊んだりして、仲間にも出会って、とても楽しかった思い出があります。

家族のこと

私は、小さい頃に家を出て施設に入っていたので、たまにしか家に帰ることがなくて、兄弟も男ばかりだったので、関係が薄かったのですが。親が、自分の息子たち、特に私と歳が近い弟に、「ちゃんと勉強して、いい学校にいって、ちゃんとした仕事に就いて、偉くなって、お金をいっぱいとって、ねえちゃんの面倒見てやってちょうだい」というマインドコントロールをしていて。弟は、なんで、自分があんたの面倒をみなきゃならないのだと、私に言ってきて。そんな状況だったので、家は、私にとって、とてもしんどい場でした。

春休みや夏休みなどの学校が長期で休みの時、私が家に帰っている時、弟の友だちが来ると、弟から、姉は別の部屋にいってくれ、出てこないでくれと言われたりもしました。それもしんどかったです。

兄は、だいぶ歳が離れていて、そもそもあまり話をすることもなかったのですが、弟と私は年齢も近かったので、本当によくケンカをしました。

父は、私が高二の時に亡くなり、それからは、母が子ども三人を育てるようになったのですが。それで、弟は、親の期待に答えるかたちで、いい高校に行って、いい大学にも行って、それからがらっと変わりました。

でも、私は、絶対に兄弟には面倒は見てもらわないで生きていこうと思ってきました。

卒業後の進路

郡山養護学校を出る時、私は、本当は就職したいと考えていました。でも、先生に「あなたが就職できるところはないよ」って言われたんです。それで、施設に行くか、家に戻るかだと言われたのです。でも、私は、家に戻るんだったら施設に入ったほうがいいかなと思って、高校卒業後、福島の飯坂にある「けやきの村」の「青松苑」という施設に入りました。

でも、私は、高校時代に、絹江さんや遊歩さんにいろいろ教えてもらって、なんとか、自分も施設を出たいとはじめから思っていました。その頃（一九七〇年代後半）、郡山に暮らしていた（渡部）貞美さんのことも、紹介してもらって会っていました。それで、貞美さんのところに泊まらせてもらったりしながら、少しずつ、施設を出る準備をしていました。とにかく、自分も自立をしたいと動きだしていたのです。

郡山で暮らしていた遊歩さんからは、「自分の家を貸してあげるから、何でも自由にやっていいよ」と言われて、家を使わせてもらったことがありました。それまで、私は、自分で料理もしたことなかったのですが、遊歩さんの家で、なんとか、自分で作ってみようと思って、大失敗をしたことがありました。

遊歩さんの家は、台所に洗濯機も置いてあって。その近くに紙袋に入った洗剤が置いてあったのです。それを、私は塩だと勘違いして、卵を茹でている時に、その洗剤バーッて入れて、泡がぶわーってなって、舐めてみたら、変な味がした。これは、やばいとなって。

その時、他には人がいなくて、私一人だったので、泡の入ったゆで卵を前に、どうしていいか分からなくて、オロオロするばかりだったのを今でも覚えています。

自立生活へ

その後、一九八〇年頃、私が、一八歳か一九歳の頃、福島市でも、作業所を作ろうという話があって、その準備委員会が立ち上がりました。その時、私はまだ二〇歳前だったのですが、そこに参加させてもらいました。その準備委員会は、お金集めをしたり、廃品回収をしたりしていました。それと、福島県青い芝の会のドキュメンタリー『しどろもどろ』を上映して、資金を集める活動もしました。それで、自分たちの活動の拠点になる「地域で生きる会共同作業所」ができたんです。この会は、その後、リサイクルショップが中心の二つ目の作業所、「地域生活センター」を作り、後々、「クリエイティブファクトリー・ぽけっと」という事業所にも枝分かれしていきました。今は、その共同作業所が、「生きる」という名前になって、福島市の三本木で活動しています。

私は、その頃には、もう、施設を出たくて出たくて仕方がなかったので、最初に施設を出て地域で生活をはじめた人に、なんとか引っ張ってもらって、作業所づくりをしていた人にも、家を探すのを手伝ってもらったりして、二二歳の時に施設を出ました。はじめは、福島市の渡利に、アパートを借りて自立しました。当初は、介護も入れないで、なんとか自力で暮らしていて、その後、ボランティアが来るようになっていきました。

パートナーとの出会い

その頃、作業所づくりを一緒にやっていた角野（正人）さんのところには、学生がいっぱいボランティアで来ていたんです。それで角野さんのほうから、「実は、うち、介護者がいっぱいになってしまったので、一人、玉江さんのほうで見てもらえないか」と言われて、それで来た、当時、学生ボランティアだった人が、今のうちのダンナです。

うちのダンナは、仙台出身で、当時、福島大学に通っていた時に、障害者の人が、それが角野さんだったのですが、足でビラを配っていたのをもらったのがきっかけで、その後、何人かの学生と連れ立って、一緒に、角野さんのところに行ったという人でした。

そしたら、狭いところにいっぱいになるほど人が来ていて、そこはもう人が足りているということで。角野さんから、私を紹介されて、私のところに来るようになったという人でした。

彼は私より年下だったのですが、たまたま話が合いまして。私は、その頃、お酒をいっぱい飲むほうだったのですが、彼は全然飲めない人で、彼から、「そんなに飲んだら体に悪いよ」と言われたりして。「優しいなあ」とか思って。いつの間にか一緒に暮らすことになりました。結婚してからは、福島市の東浜というところに住むようになりました。

結婚することについては、うちの親からは、将来のある有望な男性と結婚するなんてと反対されました。それでも一緒になりました。

趣味とか、好きな物とかが合って、昔は、仲が良かったんです。それで、今も、まだ、一緒に暮らしています。

子どものこと

私は、子どもが三人いまして、一番上の子が、今年三〇になります。福島の医療生協わたり病院で、三人とも、自然分娩で出産をしました。

次に、真ん中に男の子がいまして。そこからずっと間が空いて、一番下にまた女の子がいます。上の子と下の子が一〇歳離れているんです。

一番下の子どもを産んだ時（一九九九年）は、自分が高齢だったこともあって、産むか、産まないか、だいぶ迷いました。でも、夫やまわりの身内に、子どもをほしいと思っても、産めない人もいるんだから、自分が手伝うから産みなさいって言われて、産むことにしました。

病院では、高齢だったこともあったのか、上の子の時には言われなかったのですが、出生前診断をした方がいい、羊水検査をしなさいと言われました。でも、その時は、子どもが障害者でもいいといって、検査はしないで、それで産んだ思い出があります。

真ん中の男の子は、小学校に入った時に多動症と言われました。どうも、じっとしていられなくて、結果的には、今で言うＡＤＨＤだったのですが。

それで、周囲から、「病院で診てもらったほうがいい」と言われて、医者に診てもらって、薬も飲んだりしていました。それで、学校も、特別支援クラスに行かせたほうがいいんじゃないかと言われたのですが、それは断って、ずっと普通のクラスに置いてもらってきました。彼は、勉強はそんなにできなかったけれども、友達はいっぱいできて、それなりにやってきています。

それと、一番下の娘が、やっぱり発達障害だったんです。広汎性発達障害っていう病名を、つけられています。

一番最初に、保育所の先生に、ちょっと、他の子どもさんと違う、と言われて。例えば、泣いたら泣き止まないし、怒ったらもうずっと怒ってるし、何か違うということで。でも、まだ小さいから、病気なんだか、性格なんだか分からないと言われて。その後、小学校に上がってからも診てもらって、それで、発達障害だという診断を受けました。

娘は、自分の感情をうまくコントロールできないというのが特徴で。例えば、お友だちと遊ぶ約束をしていて、友だちの都合が悪くなったりすると、「何でダメなの、何でダメなの！」と怒りだして、「いや、そういう時は、『また今度遊ぼうね。』って言うんだよ。」と教えても、もうずっと怒っていて。そのうちお友だちがだんだんいなくなってしまって。「ああ、これは困ったなあ。」と思っていたんです。

それで、小学校では、やっぱり何か、ちょっと普通じゃないみたいだから、普通のクラスじゃないほうがいいんじゃないのかと言われたのですが、一応、三年生までは普通のクラスに置いてもらったんです。ただ、いろいろみんなに迷惑がかかってしまうというのもあって、四年生からは、特別クラスに通いました。

それが、特別クラスに変わった途端に、全然勉強をしなくなってしまって。「何でしないの？」と言ったら、「だってしなくていいんだもん」って言うので。実際に、学校でも、特別クラスの子どもは、勉強をしないでよいということになっていたようでした。

それで、私は、「それは絶対ダメ」って言って、無理無理、勉強をやらせるような状況でした。それで、他の親御さんとも話して、校長先生に、こんな状況だと不安なので、と掛け合って、ちゃんと勉強をみられる先生を入れてもらって、その後は、ちゃんと勉強もできるようになりました。

その後、中学でも少人数の教室で学んで、おかげさまで普通の高校に入りました。

母のこと

うちの母は、九年ぐらい前に認知症を発症して、今はもうだいぶ、重度の認知症になって、もう私のことも分からないぐらいになっています。弟夫婦に面倒を見てもらっていて、施設が家の近くなので、毎日、行ってくれているようです。

私も、一年に何度かは行って、顔を見てくるんです。何か本当に、今は、穏やかな顔になってしまって。仏様みたいな顔になっています。悩みが何にもないような感じで。

もともとは、すごい心配性な母親だったので。私のことをすごく心配していたんですけど。私が、乳がんになった時も、母が、とても心配しました。

最後に、まだらボケの状態の時に、私に、あまり気を揉むなよ、心配すんなよとか言ってきて。それが、私と母との最後のやりとりでした。

今はもう、私が誰だか分からなくなってしまいました。

いま、母は九一歳です。父が四七歳で亡くなったので、その分、長生きしているような感じです。

（追記）

親の愛情を沢山受け育ってきましたが、幼い時に家を離れ、淋しい思いもしました。障害があることで、色々な場面でいじめにも遭いました。それが逆に原動力になって生きて来たのかもしれません。

両親から一生懸命頑張って訓練（リハビリ）すれば、体が良くなり早く家に戻れると言い聞かされて、いつかはきっと施設を出ると胸に秘めて、苦しいリハビリにも耐えてきましたが、年を重ねるにつれ、「自分の障害は治らないもの」ということに気づき、障害を受け入れざるを得ませんでした。「障害の受容」ということですね。

時が流れ、世の中が様々に変化しても、変わらないもの、変わってはいけない物もあると思います。障害者の先輩たちが、障害があっても暮らせる世の中にしようと体を張って闘い、勝ち取って来た様々な生活保障を若い世代の障害者、又、その関係者に伝えながらも、今、現在、おきている様々な問題も、皆で力を合わせ、取り組んでいきたいと思います。若い障害者、又はそのご家族に望む事は、まず、自分の障害を知ること、沢山の経験を重ねること、失敗や挫折さえも自分の心の一部としてもらいたいこと、仲間（友達）を増やし、自分の事の様に、仲間を想う事です。私も加齢と二次障害で心身共にきついと感じる毎日ですが、体がボロボロになって、命尽きる迄、がんばって行きたいと思っています。

渡部貞美さん

一九五三年、会津若松市生まれ。脳性まひ。

プロローグ

私は、一九五三年に会津若松市で生まれて、学校時代は、養護学校ではなく、小学校、中学、高校とも、普通学校に通いました。まだ私の頃は、近くに養護学校がなかったということもあって。あと、本当は、小学校を終えた時に、中学は郡山養護学校に通おうと手続きまでして、寮にはいるのに布団まで揃えたのですが、小学校時代の担任が、お前は養護学校に通うことはないだろうと、地元の中学校に行けばいいといってきたこともあって。結局、中学校も地元の学校にいくことになったんです。でも、小学校、中学校でも、学校のトイレは使えず、手伝いもたのみにくかったので、小学校、中学校時代には学校でトイレをつかった記憶がありません。いつも家に帰ってきてからトイレに入っていました。高校のときも、普段はあまり学校のトイレは使いませんでした。

私は、高校の時は、昼間の定時制で、農業科に在籍していました。それで、高校を卒業して就職の段になって、手が悪いということで、就職するところがないという状況になりました。それで、自分で探して入ったのが、いわきにある障害者授産施設「カナン村」でした。その当時、まだカナン村ができたばかりで、テレビで紹介をしていて。私はそれで、そこを知りました。私は、高校の時、農業科に在籍していたので、施設で、園芸や養鶏、養豚をやっているというので、そこに入りました。そのときは、まだ歩けていました。

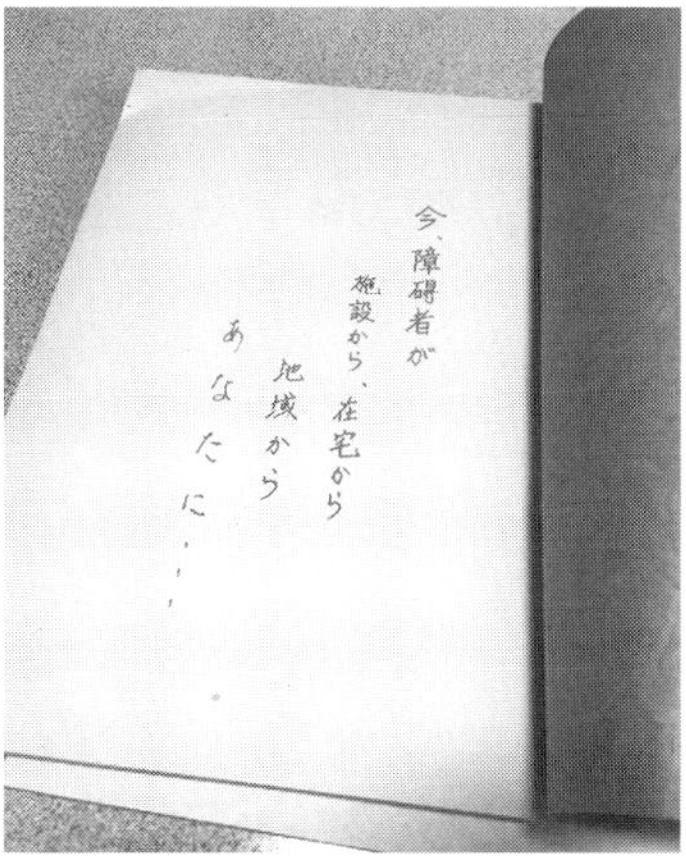

季刊『声』の表紙と誌面

私は、会津出身で、実家も農家でした。それで、農家の娘だったので、働くことは苦にならず、このとき、働きすぎちゃったんですね。施設では、とにかく、頑張って働かないとだめだという価値観が強くあって。自分もそれを信じてしまっていたのですが、結局、働きすぎて体を壊してしまいました。

それで、もともと、自分は、高校

を卒業したら、大学に行きたかったので、体を壊したことをきっかけに、施設を辞めて大学に行けないかと思い、高校に問合せをしました。そうしたら、一応、推薦状は書くよって言われたのですが。でも、自分のなかで、大学に行けたとしても、どうやって生活をしていけばいいのかというイメージがつかめず、結局、あきらめました。

その頃は、まだ、ボランティアに頼んで、学生生活をしていくということは考えられなかったのです。農村で、あまり情報もなかったので。親元か、そこを離れるなら、施設かという、限られた選択肢しか見えていませんでした。

それで、施設を辞めて、大学にも行くこともあきらめて、会津の実家に戻り、二年くらい閉じこもっていました。その間は、自分で詩を書いて、自作の詩集を出したりしていました。『声』という同人誌もこの頃はじめました。詩は施設にいたときに、詩集をみて、自分も何か書かないかと言われて書いたのがきっかけで出会いました。

障害者運動との出会い

その頃、一九七〇年代後半、「カナン村」にいた時の友だちが、福島市内で、一人暮らしを始めたという話を聞いたんです。彼女は、重度の障害がありました。そういう彼女が一人暮らしを始めたということなので、すぐ連絡を取って訪ねて行ったんです。そこには、ボランティアの介助者が来てくれていて、何とかかんとか生活している状況でした。本当に、何とかかんとかです。そして、その彼女の一人暮らしを後押ししたのが、福島青い芝の会の人達でした。それが、私の「青い芝」との出会いでした。

養護学校も知らず、授産施設での一年三か月しか知らない私にとって、このときに出会った障害者運動は新鮮そのものでした。この頃、福島青い芝の活動をしていた白石さんにも出会ったのです。それで、その後、私も、ちょくちょく運動に関わったりするようになりました。映画を見に行ったり、キャンプにいったり、お花見にも行きました。障害者運動にであったとき、私は、なんだか、ほっとしたのを覚えています。こういう世界があったのかと。それまで、障害者との出会いもあまりなく、健常者中心の世界にいた自分にとっては、本当に、ほっとしたというのが実感でした。

白石さんは、その頃、秋田でも、障害者の運動を広げようと秋田と福島を行ったり来たりしている時でした。そんな時、たまたま、白石さんが秋田に帰るっていう時に駅まで送りに行ったら、私はサンダル履きで、財布も、カバンも、何も持っていなかったのに、白石さんから、「おめえ、秋田に来ねえかー」とか言われて。「えーっ!」ってびっくりしたんですが、お金はなんとかなると言われて、若気の至りでついて行ったこともありました。

それで、秋田についたら、白石さんの家には人が集まって、学生さんが飲んだり、食べたりで、大騒ぎをしていた。私は、ここには泊まれないと思って、介助者の女性がいたので、その人について秋田大学の女子寮に泊めていただいたりして。何とか、二泊くらい過ごして、色んな人たちに巡りあって。その後、郡山に寄って、橋本さんが当時拠点にしていたあの「幽霊屋敷」にも一泊しました。

私は、そのとき、介助をいれて自立生活していくってどういうものなのかな、どんな生活をしているのだろうと興味があったのです。ただ、まだ、自分が自立をしようということまでは思っていなかったのですが。秋田で、実際に介助者を使って生活してみて、ああ、こんな風に生活しているのかとわかって。それで一旦、会津の家に戻りました。

郡山での自立生活

私は、何か行動をおこすとしても、割と時間かかる人なのです。自分で、よく考えて、自分なりの結論が出ないと動けない人で。それから家でよく考えて、やっぱり、このまま家にいることは難しいと思ったので、自立しようと思って、一九七五年頃、ようやく、家を出ました。その間、三か月間くらいかかりました。はじめは、実家のある会津若松からも遠くはない郡山で自立をしようと思って、青い芝の会をたよりに、自立生活をはじめました。役所に行って、生活保護をとったり、介助者をみつけたり、いろいろありましたが。うまい具合に、定時制高校の学生さんで、介助をしながら、一緒に暮らしてくれるという人が見つかって。その人の名義でアパートを借りて、そこで暮らしていくことになりました。

その頃、私は、福島県内の障害者の人たちにお願いして、詩を書いたり、短歌を書いたりしてもらって、年に四回、春夏秋冬の季刊で発行する同人誌『声』を続けていました。もともとは、個人の詩集として出していたのですが、同人誌というかたちで発行することになっていったのです。それを県内の障害者関係の場所や色んな所に回って、置いてもらって、売ってもらっていました。それが好評で、話題になりました。書き手のなかには、結構、女の人が多かったのです。福島県内、白河とか、会津の人たちとか、いわきの人たちとか、いろいろな人たちが寄稿してくれていました。その後、福島に留まらず、全国にもひろがっていきました。全然知らない人からの投稿も寄せられました。

私は、養護学校を出てないから、障害者のつながりがなくて、当初は、障害者運動というのもわからなくて。自立生活も、なかなか安定はしなくて、半年くらい郡山で暮らした後、また、会津に帰ったりもしたのですが。それからまた、郡山で、今度は、本格的に、同人誌づくりに関わるようになって。みんなボランティアでしたが、編集は私がやって、活字とか、印刷、製本もボランティアでやってくれる人があって。同人誌をつくりながら、障害者運動のことにも関わるようになって、自分の障害のこととも照らし合わせて。より深く障害者運動に関わるようになっていきました。

同人誌『声』は、いろいろな人がいることを知ってほしい。障害をもっていても生きているんだよと。それを伝えたいという思いでやっていました。例えば、施設でいやなことがあったとしても、それをいい方に考えるしかないという声に対して、みなさんはどう思いますか、と問いたいと思い作っていました。

それと、一九八二年、郡山で、作業所をつくるという動きがあって、「自立と共生をめざすうつみねの会」準備会ができていくのですが、その後、そこの運営にも関わっていくようになりました。なので、そのころは、同人誌づくりと、作業所の運営と、両方やっていました。

作業所は、楽しかったですよ。車を購入して、廃品回収をするので、色んなお店屋さんのダンボールとかを、一週間分ためてもらって、それを集めて回ったり、本とか、不用品を集めたり。あと、もっと重度な人は、編み物やる人もいたし。あと和紙の染めものを作って売ったりもしました。障害者が集まって、そんな感じのことをやっていたのです。

その頃から、作業所には、行政の補助金が出ていて。そのお金で職員を雇って、みんなでいろいろな作業を、結構楽しくやっていました。

同人誌づくりのほうも、順調で、色んな人が投稿してくれたので、それぞれの人の文章をまとめて、単行本にもしたりして。八人分、八冊くらいは出したと思います。

結婚、出産、そして離婚

そして、それから、そこの作業所の職員と結婚したのです。その後、少したって、夫も自分も、作業所は辞めることになって、子どもができたので、同人誌も続けられなくてやめました。

夫は百姓の跡取りでした。私は、小さい頃から、百姓になることに憧れがありました。母からは、あなたは詩を書くなどやることがあるだろうと、百姓の嫁になることはねえべと言われたのですが。私は、小学校のときに「夢」を書けといわれて、はじめは、夢はありません、と書いたのですが、よく考えたら、百姓になって、子どもをつくって、自然のなかで暮らしていきたいという思いが浮かびました。姉は、百姓がいやで都会にいったのですが。自分は、都会より田舎が好きでした。自然のなかで生きていきたいという思いがあったのです。夫との結婚も、そういう思いが背景にありました。

夫との三春での結婚生活は、一〇年くらいは続きました。子どもも、一人産みました。

手をつなぐ

母さーんと娘が呼んでいる。
階段の下で、
一緒に登ろうと云うのだ。

私が近づくと慣れたものである。
私のズボンのワキの縫い目に手をかけつかむ。
手がつなげない母親との散歩はいつもこのスタイル。
階段も同じ。
一段、二段そのスタイルで上がって行く。
手のつなげない母親から学んだ知恵なのだろう。
歩ける様になった時から母親とは、こうして
歩くものだと、自然に身に付けたらしい。
それが、何と五、六歳まで続く。
母親と歩く時は、階段を上るときは、
何と云ってもこのスタイルを崩さなかった。
母親を支えるのは自分の役目との想いか……。

『生きた・生かされた　残したい一コマ　地域に生きた証として…』（S・わたなべ［2014］）より

夫と別れた時、子どもが一〇歳でした。
家を出る決意をしたのは、娘の一〇歳の誕生日の夜でした。それまでも夫からの暴力などがあり、それが重なっての結果でした。夫が、ケンカの末に、私の腰を蹴ったんです。私は、腰が悪くて、手術をしていたのですが。それでも腰を蹴ってきた。顔も青あざができるほどに机にぶつけられて。それで、ここにいたら、

いつか殺されるんじゃないかと思って。夜、一一時頃でしたが、こっそり家を出ました。外は真っ暗闇でした。

家を出ていく一週間くらい前に、娘には、「もしかしたらお母さんはこの家から出て行くかもしれない。どうしたらいいか考えといてね。いつになるか分かんないけどとにかく考えといて」と伝えていました。私たちは、娘の前でケンカをしたことはなかったのですが。娘に、この家に自分がいると、お父さんが介助しなくちゃならないし、ご飯を作るのとかも大変で、私が邪魔みたいなのと。

そしたら、一週間後ぐらいに本当にそういうことになったわけです。そんなわけで、本当は、娘も連れて出ていきたかったのですが。その晩、私が出て行くときは、娘はもう寝ていたので、それを起こして連れて行くのも難しいし、後で迎えにくれば何とかなるだろうと思って、私一人で飛び出したんです。飛び出さないと、たぶん私は殺されると、それくらいの思いでした。

家は、ちょっと大きい道路まで出るのに、二〇分ぐらいかかるので。何とかして歩いて、コンビニまで辿り着いて、（鈴木）絹江さんにSOSの電話をしようと思ったのですが。手が震えて、公衆電話にお金が入らなくて本当に困りました。汗だくになって、一〇回くらいやって、ようやく、何とかかんとか電話がつながって。それで、絹江さんに、夫に蹴られて家をでてきたので、迎えに来てもらえないか、といったら、それは大変だと、それで迎えに来てくれることになって。夜一時頃だったと思いますが、（鈴木）匡さんが車で迎えに来てくれました。

後から娘に聞いたところによると、夫は、朝になって、あちこち探していたということでした。小屋とか、畑とか、田んぼとか。それを聞いて、私は、一応は探したんだと思いました。

夜中、絹江さんの家に着いて、なんで家を出ることになったのか、いろいろ話をして、私は、戻る気はないから、ということを言いました。絹江さんからは、「娘はどうすんの？」って言われて、「娘は絶対に渡さない」ってことで、「じゃあ明日、迎えに行こうよ」ということになって。絹江さんの家で少し横になって休んでから、離婚届を持って、家に行きました。

相手は、そのときは、なんと、すんなり、離婚したいって言うなら致し方がないでしょう、親権が欲しいというのであれば仕方ないでしょうと受け入れて。思ったよりも簡単に事がすすみました。

それから、娘と一緒に学校に荷物を引き取りにいきました。その時、顔に青あざができたすごい顔をして行ったのに、校長先生が私に、「いつ帰ってきてもいいからね、いつ帰ってきてもいいからね」と言ってきたのには驚きましたし、腹がたちました。でも、そんな人を相手にやりあっても仕方がないので、じゃあ、荷物もらっていきますと出てきました。

その後も、家を探して決めるまで、娘は小学校を二度転校することになったり、いろいろたいへんでした。その間、絹江さんのところにも、一ヶ月くらい厄介になりました。それと、夫が娘のことを取り戻しにくるのではないかと心配で、学校まで送り迎えもしました。学校の校長先生や先生方には、全部、話をしてわかってもらって。なんとか、乗り切りました。

出発

何回目の挫折だろうか！

いや

あえて挫折とは云うまい
そう、出発だ!!
後悔などみじんも無いのだから
歩き出して半年
娘に右往左往させながら
半年の日々が過ぎた
友に支えられた日々だ
何も聞かずに、何も言わずに一言
「お目出度う」と。
胸にしみた、暖かかった、嬉しかった、
一生心に残るだろう。
娘は娘らしくを見つめて
私は私らしくを追いかけて、
の出発だ。
一歩一歩踏みしめて、深い霧の朝に

『生きた・生かされた　残したい一コマ　地域に生きた証として…』(S・わたなべ［2014］)より

その後、元夫は、一、二度、子どもを返せと言って、家にやってきました。当初は、養育費の代わりに、一か月に一度、米や野菜を届けに来ていて。それが、三か月に一度とか、半年に一度、一年に一度と減っていったのですが。そうやってきたときにも大ゲンカをすることがあって。最後にきたときに、「尻も拭けねえ女に、子どもなんか育てられるわけねえべ。」と言ってきた。だから子どもを返せと。それなので、私が、「何バカ言ってんだい。隣にね、娘いんだからね。そういうこと言っていいのかい。帰んな！　二度と米とか野菜とかいらないから！」と追い返しました。

娘は、その後、奨学金をもらったりして、大学にいって、いまは、東京でウェディング・プランナーの仕事をしているようです。

私、今、一番幸せです。

船引に来て二〇年近くになりますが、「福祉のまちづくりの会」の仕事もできて、人との接点も多くて。支援もできて、支援もされて。私は幸せだったなと、思っています。今は、代表は退きましたが、今も関わりをもっているので。

ただ、東日本大震災と原発事故があったので。それは、まだ終わっていなくて、まだまだその最中だと感じています。地元の人は、言葉には出しませんが、精神的に、うつ状態みたいな人たちが多いです。それに、身の回りでは、がんは増えているし、お葬式が増えています。お年寄りが多いということもありますが。

ただ、私は、いまのところ、自分たちがやってきた生活介護や就労支援B型施設に通ってくる人たちがいる限り、職員さんたちがいる限り、何とかやっていきたいとは思っています。同時に、ここを離れるという決断をする人もいていいと思っています。

運動の中で

愛と正義を否定する
愛の名のもとで過剰保護され
正義の名のもとで施設が増え続ける
その行きつく所は
隔離そのものであった
何もできない。おまえのために
あなた方のために
大きな立派な所を作りました

愛と正義を否定する
大上段から切り放った
CP者（脳性マヒ者）にとって
本当の愛とは
私たち（障がい者）にとって
本当の正義とは！

愛と正義を否定する
愛と憎しみ
正義と悪
それは紙一重

厳しい人がいた
優しい人達だった
安らげる人達だ
その人達に
自分自身を救われた

何をなすべきかの問いに
答えがでた
生きる価値も開けた

自分自身を愛しく思えるようになった
あれから四十年
本づくりをし

作業所作りにも携わり……
結婚し、子どもも産み、離婚して
四十年、私の生きる源は

そう、あの運動の中に
生きづいている
今でも……

『失われし、いのちと心、そして自然!!』（S・わたなべ［2017］）より

注

★01　『かがやく女たち』（二〇〇〇年／二八分／VHS）は、障がい者自立生活支援センター福祉のまちづくりの会が制作した映像作品。

★02　国連の障害者権利条約に関連して、国連は、「障害のある女子に関する一般的意見第3号」をだし、障害のある女性の複合差別の課題について言及している。一般的意見第3号については、DPI女性障害者ネットワークが、日本語訳のリーフレットを作成しており、団体のHP（http://dwnj.chobi.net/blog/）からもダウンロードが可能。また、関連する論文に瀬山紀子「障害女性」（瀬山［2018］）、障害のある女性も含むマイノリティ女性に対するDVの課題については、『笑顔を取り戻した女たち――マイノリティー女性たちのDV被害』（東京自治研究センター・DV研究会編［2007］）などがある。

第4章　支援／介助はどのように問題化されてきたか

福島県青い芝の会の呼びかけから

土屋　葉

私達は市民のみなさんに呼びかけをします。
私達の食事介護、トイレ、風呂介護などを通して、一見かんたんに見えて難解なことをやりぬき、我々と共に意識交換をとげてゆくということです。
（「われわれの運動に支援を」　1977/05/08）

日本の障害者施策においてサービス利用者である障害者の「自立」を重視する言説が多くみられる（岡部［2006:30］）。同時に、施策のなかに「支援」の必要性と、自立を実現するための具体的なサービスが盛り込まれるようになった★01。

ただし障害をもつ人の自立と支援については、既にさまざまな議論がなされている、古くて新しい課題であるといえるだろう。本章では、一九七〇年代後半の「福島県青い芝の会」における運動のなかで、支援／介助がどのように定義づけられていったのか、その生成の様をみていくことを目的とする。障害者運動において支援とは、具体的行為である「介助」を指すことが多い。つねに支援／介助を意識せざるを得ない場所にいる障害をもつ人たちの運動において、これがどのように問題化され他者に提示されてきたかをみていく試みは、このことがさかんに論じられる現在にとっても意味があるだろう。

まず先行研究の知見から、障害者運動において支援／介助および非障害者と障害者の関係がどのように捉えられてきたのかを概観する。そして四〇年ほど前のガリ版刷りの、何か熱いものを発している呼びかけのビラを主なデータとして、会においていかにして支援／介助が問題化されたのかを読み解いていく★02。

1 障害者自立生活運動における介助の位置づけ

日常的に支援／介助を必要とする障害者の場合、そしてかれらが家族ではなく他者からの支援／介助を受けて地域で生きていくことをめざすとき、これはつねに大きなテーマのひとつであった。一九七〇年代初頭からはじまる全身性障害者を中心とした障害者自立生活運動において、くりかえしなされてきた議論についてみていこう。

1 介助★03をめぐる理念的対立

日本における運動が、介助をどのように位置づけてきたのかを語ることは困難をともなう。一九七〇年代後半から八〇年代の運動の動きを追った立岩真也は、「介助という一点に関しては、運動は分散し、部分的には立ち止まっているように見える」と書く（立岩［1990b:223→2012:326-327］）。ただし介助と自らの生活をどのように考えるかについて、三つの代表的な立場があるという。以下、立岩［1990b］を参照し概観する。

ひとつは、すべての人びとの直接的な介助を受けて生活しようとする立場である。「日本脳性マヒ者協会・青い芝の会」のなかでも神奈川県や関西におけるグループがこの中心を担った。障害者が社会全体に直接的に支えられるのが当然という考え方を基礎においているため、介助という行為に対価を支払う、介助者を雇用するといった発想はここにはない。公的に支払われる対価であったとしても、それはかえって「問題」を曖昧にするとして批判される。障害をもたないすべての人びとに期待されるのは、差別者としての存在を自覚し、障害をもつ人の「手足として」、同時に「友人として」介助することであった。

この関心を共有する二つめの立場として、自らの生活は公的に保障されつつ、介助を受けながらもそれを自律的に統制できる方向をさぐる立場がある。ここでも介助者は障害者に対する差別を自覚し、問題を共有したうえでともに闘うことが期待されるが、一方で介助者は労働者として位置づけられ、かれらが生活できるだけの報酬が、介助料として公的に支払われるかたちが模索される。たとえば府中療育センター闘争にかかわった人たちのなかから、行政側に介助料を要求していくという動きが出てきた。もっともこの立場の内部においても、金銭が介在する介助は、たんなる「報酬のための介助」という意識を生むのではないかといった議論が、何度もくりかえされてきた★04。

三つめの立場は、他者に依存することによる自律性の喪失を重視し、可能な限りケアを少なくするかたちでの自立を主張するものである。青い芝の会のなかでも独自の運動を展開した「東京青い芝の会」が中心となった。この立場は、生計の基本的な部分の公的保障を求めるという意味では第二のものと矛盾はしないが、介助の問題を除外した住居や所得など生活の保障を優先課題としたこと、また介助の極小化により自立を得ようとする志向において、現実的には第二の立場と対立することになった。

とくに前二者の立場に注目すると、介助という行為というよりは、介助を通して達成されることを問題にしていた点で共通している。介助者に対しては、ともに「社会変革」をしていく主体となること、また、社会に存在する障害者への差別を糾弾する運動に参与することが期待された。介助者＝非障害者は、つねに差別者としての自覚をもち、障害者の生活にまるごとかかわり、介助を行うなかで「意識変革」をしていくことも求められた。非障害者にとっては、常に自らの立場性を糾弾されることになるため、継続して障害者の生活にかかわっていくことは容易なことではなかっただろう。

したがって、地域に住む人全体から介助を受けようという志向をもつ、とくにひとつめの立場は、必然的に介助者をみつけることの困難さを伴うものとなった。「自分を犠牲にして」「ひたすら介護奉仕をする」生活（しかも、「お金の報酬なんかもちろんない」）では、介助者が「どんどん辞めて」いくのも無理からぬ話ではあっただろう（山下［2005:223-224］）。また、こうした介助者との不安定な関係は、障害者にとっても消耗感をもたらしたと思われる。

2　介助概念の転換

一方で、国際障害者年（一九八一年）前後には、海外における障害者の状況に関する情報が入ってきており、「自立生活」という言葉や「自立生活センター」の存在などは、日本の障害をもつ人たちにも知られていたようだ（田中［2005:44］）。一九七九年には、アメリカIL運動のリーダーであったバークレーの自立生活センター（Center for independent living＝CIL）所長のエド・ロバーツ氏（第2章注18）来日講演を行い、さらに一九八一年にも東京で開催された国際リハビリテーション交流セミナーに招かれている★05。一九八〇年代前半には、何人かの障害者がバークレーの自立生活センターにおいて研修を受け、その理念やセンター運営のノウハウを持ち帰ってきた。一九八六年に日本における自覚的な自立生活センターのさきがけとなる「八王子ヒューマンケア協会」が東京都八王子市に設立された際、スタッフのほとんどは、研修を終えて帰国した人たちだったという（樋口［2001:15］）。

こうした動きから、日本における自立生活運動にある種の断絶が生じたとみることもできるだろう。たとえば青い芝の会の運動が、障害者運動の「第一期」における〈抵抗〉や〈告発〉として位置づけられ、自立生活センターの創出に象徴されるようなIL運動は、第二期における〈創出〉や〈実現〉の運動として位置づけられている（田中［2005:43］）★06。実際に、一九八〇年代後半に入ると、青い芝の会が全国的に活動を停滞させていく（横田［2000:277］）一方で、自立生活センターが各地で立ち上げられ、その数を増やしていく。

だがむしろ注目したいのは、介助の捉え方に関する重要な転換がみられたことである。自立生活センターでは、介助者と障害者の関係を雇用—被雇用関係とみなし、コーディネーターを介して有料介助者を派遣するというシステムをとる。これは先にみた、介助関係を雇用関係とみなす発想がなかった第一の立場とはまったく矛盾し、また有償であることを否定しないものの、報酬を介した関係のみに収束されることを躊躇していた第二の立場とも異なっていた。さらに重要なのは以下の点である。すなわち、「自立生活」という概念がアメリカから輸入される前の障害者運動では、「介助を得ること」そのものよりも、「介助を通して何かを達成する」、「介助者とともに何かを達成する」ことが、その大きな目的とされていた。ここでの「何か」とは介助者の意識変革であったり、もっと大きく社会変革であったりした。しかし自立生活センターが掲げる理念のなかでは、「介助を得ること」自体が目的であり、それにより「生きることを達成する」ことが目ざすべきものとされたのである。

こうした差異がありながらも、しかし、日本におけるＩＬ運動が、それまでの日本における運動とまったく断絶されたものではなかったことにも注意を喚起しておきたい。地方組織において、青い芝の会の中核的存在であった何人かは、活動を離れたのちにＣＩＬの中心で活動をしている。組織結成に関しても、青い芝の会と自立生活センターの繋がりはあったようだ。東京青い芝の会のメンバーを含む「脳性マヒ者等全身性障害者問題研究会」は、「自立生活問題研究集会」開催のきっかけとなり、のちに自立生活センターを取りまとめる「全国自立生活センター協議会（ＪＩＬ）」の結成に結びついた★07（田中［2005:45］）。

福島県においても運動を引き継いでいく動きがみられた。一九八〇年代初頭に福島県青い芝の会は解散したが、一〇年を経て、会の中心人物であった白石清春を核として、自立生活センター「オフィスＩＬ」が創設されている。このように、かつて青い芝の会の運動が存在し、時代を経てこの会にかかわった人たちの手によってＣＩＬが設立された場所のひとつであるという点に、福島県という地域に焦点化する理由を見出すことができるだろう。本稿では前者が支援／介助をどのように位置づけてきたかを詳細にみていくが、介助に関してはまったく異なる理念を有する青い芝の会とＩＬ運動との接点についても注意を払っていきたい。

2　福島県青い芝の会の運動と「健全者」との関係

日本脳性マヒ者協会・青い芝の会は一九五七年東京で発足し、一九七〇年代から全国的な展開をみせていく★08。福島県においても、『さようならＣＰ』の上映会をきっかけとし、白石を中心として一九七四年に福島県青い芝の会が設立された（詳細については第1章参照）。

会における障害者と非障害者との関係に触れておこう。支援／介助はおもに非障害者によって担われるため、これは分かち難い主題となる。荒川・鈴木によると、一九七〇年代から行き場を失った学生運動の一部が障害者運動に流れ込んできたという。こうした学生たちの参加により、青い芝の会の支援者が急激に拡大すると同時に、新しい運動形態が生まれた。その特徴は「食事、排泄、移動などの全面介助が必要な最重度の脳性マヒ者が、健全者たちの手を借りて運動の最前線を担うようになったこと、一人または数名の障害者が多数の健全者の支援を受け、具体的かつ個人的な要求を掲げて行う個別運動が族生したこと」であった（荒川・鈴木［1997:15］）。

福島県青い芝の会においては、一九七五年のはじめごろから障害をもたない学生を主な構成メンバーとする「友人グループ」が誕生した。重度障害者の生活を支えるための集団として、自分の都合を優先するボランティアとは一線を引いていた。また、「障害者に対する同情ではなく、同居を求めた友人関係を互いに意識した」という（障がい者自立生活支援センター〈福祉のまちづくりの会〉［1998:9］）。

一九七五年六月、いわき市に「福島、郡山につぐ三つめの健全者グループの誕生」との記録がある。また同じ頃「郡山障害者友人グループ通信2」が発行されていることから、遅くとも一九七五年前半までには「郡山障害者友人グループ　ゴキブリ」、「障害者解放を目指すグループ　かいな」、「いわき市障害者友人グループ」が存在していたと思われる★09。こうしたグループのなかで、障害者の専従の介助者として活動する者もいたようだ（障がい者自立生活支援センター〈福祉のまちづくりの会〉［1998:9］）。一九七六年から七七年は友人グループがもっとも活発に動いた時期であった。自主的に勉強会を開いたり、映画上映会やお花見やいも煮会等のイベントの後援として名を連ねたりしている★10。

会では障害をもつ人ともたない人はどのような関係をつくっていたのだろうか。当時、会のメンバーだった安積純子（遊歩）が書く、彼女自身の経験をたどってみよう。安積が会に初めて出会ったのは一九七六年四月の花見大会であった。

> 行ったらあれほど私が近寄らないようにしていたＣＰ（引用者注：Cerebral Palsy 脳性まひ）の人がたくさんいてびっくりした。大変だと思った。でも健常者と本気でけんかしているわけ。これが衝撃だった。すごいと思った。私は普通校にも行ったけど、療育園の経験が大きくて、対等にやっていくということができなくなっていた。宴会やっているときになぐりあいの喧嘩が始まったんだ。健常者とＣＰの人が本気でなぐりあっているんだ。どっちも全く遠慮していない。（安積［1990:29 → 2012:46］）

「対等」は、当時の「健全者」との関係をあらわすキーワードのひとつだった。白石によれば対等の前提に「健全者が自ら差別者であることを認める」ことがあり、その認識があってこそ「本来の対等な関係が生まれるのだ」という。

友人G（引用者注：グループ）との関係は、S（引用者注：障害）者とKe（引用者注：健全）者、そのちがいをはっきりさせ、相手の立場性をふまえた上で、S者解放をたたかう。友人Gにははげしいふれあいをもとめ、在宅重度CP・S者訪問を貫徹させる。重度S者とのふれあいの中で、S解放をなぜKe者もやらなければいけないのか、実践論的にハダでわからせる。（「五〇年四月からのFA（引用者注：福島県青い芝の会）の反省」文責：白石、年月日不明）

福島市街頭でカンパ活動する白石（1975～1976年ごろ）
（白石提供）

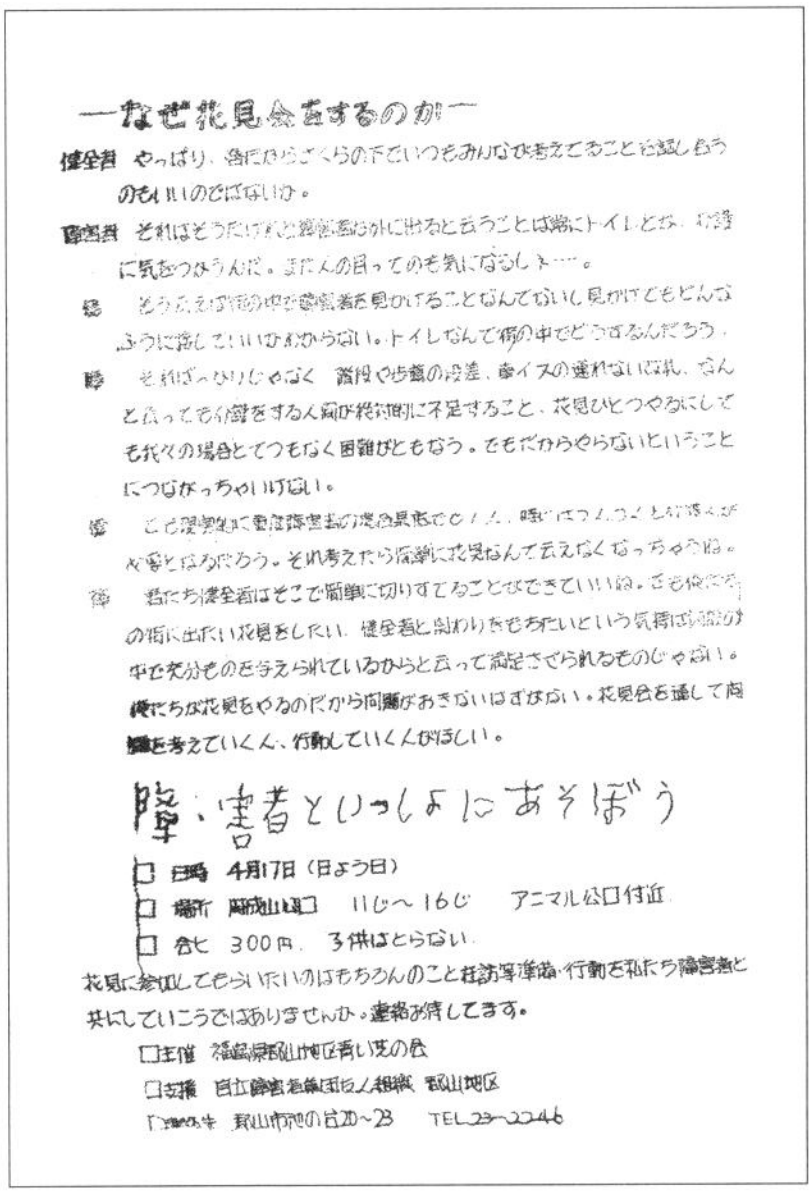

—なぜ花見会をするのか—

健全者　やっぱり、春だからさくらの下でいつもみんなが考えてることを話し合うのもいいのではないか。

障害者　それはそうだけれど障害者が外に出ると云うことは常にトイレとか、[illegible]に気をつかうんだ。またんの目ってのも気になるしネ……。

健　そういえば街の中で障害者を見かけることなんてないし見かけてもどんなふうに接していいかわからない。トイレなんて街の中でどうするんだろう。

障　そればっかりじゃなく　階段や歩道の段差、車イスの通れない道路、なんと云っても介護をする人間が絶対的に不足すること、花見ひとつやるにしても我々の場合とてつもなく困難がともなう。でもだからやらないということにつながっちゃいけない。

健　[illegible]必要となるだろう。それ考えたら簡単に花見なんて云えなくなっちゃうね。

障　君たち健全者はそこで簡単に切りすてることができていいね。でも俺たちも街に出たい花見をしたい。健全者と関わりをもちたいという気持は[illegible]中で充分ものを与えられているからと云って満足させられるものじゃない。俺たちが花見をやるのだから問題がおきないはずがない。花見会を通して問題を考えていく人、行動していく人がほしい。

障害者といっしょにあそぼう

□日時　4月17日（日よう日）
□場所　開成山公園　11じ～16じ　アニマル公園付近
□会費　300円　子供はとらない

花見に参加してもらいたいのはもちろんのこと在訪等準備・行動を私たち障害者と共にしていこうではありませんか。連絡お待ちしてます。

□主催　福島県郡山地区青い芝の会
□支援　自立障害者集団友人組織　郡山地区
□連絡先　郡山市池の台20～23　TEL23-2246

「なぜ花見会をするのか」（1977年）

また、街頭活動やカンパ活動等を終えて、障害者や支援者が集まった夜は必ず大宴会になだれ込み、「黒の舟歌」の歌詞を替え「健常者と障害者の間には、暗くて深い川がある」と歌っていたという（障がい者自立生活支援センター〈福祉のまちづくりの会〉［1998:9］）。「対等な人間関係」を目的とし、「徹夜の討論会」も行われていたが、安積の回想によれば、こうした討論に耐えられる非障害者は多くはなかったようだ。

毎日徹夜の討論会でお互いの差別性を本気で問題にしあってね。近くにいる健常者が一番批判されるわけ、手のとどく範囲にいるから。それで運動からドロップアウトしてしまう人もいれば、最後まで残る人もいれば、じつにおもしろかったわ、あのころは。入ってくる人は学生が主ね。働いている人もいるけど。でも、ほとんどやめていく。残るのは二、三人。（安積［1990:31→2012:48］）

介助を担う非障害者を徹底的に「糾弾」するというスタイルは、しかし、個人の関係に戻ると多少異なった様相を見せる。先の文につづけて安積は次のように書く。

私の場合には自分が探してきた介助者は大事にしてたね。今思うと使い分けてた。親元では誰かれかまわずって感じでやっていたけど、出るとそうはいかない。自分の介助者に対してはやさしくつきあうようにしたね。計算というよりは直感的にそうしていた。（安積［1990:31→2012:48-49］）

ここでは会の「糾弾」スタイルが、個人レベルでは矛盾をきたしていたことに注意しておきたい。安積は

「自分の介助者」に対してのみ「やさしくつきあうように」していた。おそらく介助者確保のためのスキルを、意識しないうちに身につけていたのではないか。

福島県青い芝の会は一九八一年に「発展的解消」するが、おそらくここに至るまでのあいだに、会内部においてと、非障害者との関係においても綻びが出ていたことがうかがわれる。

3　支援／介助の「定義化」

この節では福島県青い芝の会が、かれらの世界の外側である、健常者社会に向けて呼びかけるために作成したビラを資料としつつ、かれらのリアリティをさぐってみたい。

ビラは街頭活動のために作成され、そのつど一般市民に向けて配布されてきた。街頭活動は、運動に共感・共鳴する人やカンパを得、さらに具体的に運動にかかわっていく人を増やしていくことを目的としていた。そのため、ビラにおいてかれらの行っている運動を紹介したり、季節ごとのイベントへの参加をよびかけたり、さらに運動の理念やかれらの主張を、市民に向けてわかりやすく説得的に示していくことは、重要かつ必要な課題だった★11。

また、ビラには、地域での生活に必要な支援／介助を、かれらがどのように言葉にし、正当なものとして社会に訴えていったのかが顕著にあらわれる。したがってビラに着目することにより、支援／介助の「自己定義」の軌跡を示すことが可能になる★12。

以下、資料となるビラの詳細についてもふれておこう。一九七五年から八一年のビラのうち、ある特定の事件に言及したもの（養護学校義務化など）と、行事のみにかかわるもの、東北・福島県以外の連絡先が記されたものを除いたビラは六一枚あった★[13]。ビラは手書きスタイルのB５かA４判の一枚で構成され、ほぼ同じ形式をとっている。まずタイトルが大きめの文字で書かれ、「‼」などのマークや文字の装飾で注目を集めるよう工夫されている。その後に会についての紹介があり、さらに障害者をとりまく現状が述べられる。そして、「我々の運動に支援とカンパをお願いします」と締めくくられ、連絡先である事務所の住所や電話番号が記されている。手書きのメモや行事日程などを手がかりに、ビラが作成された年月日の推測を行い整理に用いたが、年月日が不明なものも含まれている。また一部、汚れや欠損などで読みとりが困難な箇所もあった★[14]。

1　支援／介助を呼びかける形式

タイトルのみをざっと眺めると、一九七七年には「我々の運動に支援を！」というものが複数ある。また一〇月以降、映画上映会が近くなると「障害者解放運動」に対する支援を呼びかけるものが増える。一九七八年に「地域」という言葉が初めて出現したのは注目すべき点である。その後、さかんに「地域で生きるための運動に支援とカンパを！」、「地域社会で生きる為の運動に支援を‼」と呼びかけられるようになる。

「地域」という言葉は使用しないものの、一九七五年時点で白石は、「街の中」で暮らす「自立障害者」を増やすことを明確な会の目標として掲げている（「一九七五年四月からのFAの反省」より）。また、それを促すような在宅訪問も行われていく★[15]。したがって、そのための支援／介助の獲得はおのずと課題となっていた。

表４―１　福島県青い芝の会　支援／介助関係ビラ一覧

	年	月日	発行元	タイトル
Ⅰ1	1977	?	福島県青い芝の会（福島、郡山）	'77新たなる障害者解放の幕開けを!!
Ⅰ2		417	福島県青い芝の会（郡山）主宰＋自立障害者集団友人組織　郡山地区	なぜ花見会をするのか
Ⅰ3		710	福島県青い芝の会	重度の障害者とつき合い共に生きられる社会を創り出そう！
Ⅰ4	1978	?	いわき地区青い芝の会	障害者解放運動への参加を！
Ⅰ5	1980	?	福島県青い芝の会（会津、平、郡山、福島）	障害者運動の根を深く確かなものにするために!!
Ⅰ6	不明		福島県青い芝の会（福島、郡山、いわき）	ナメクジからクジラをつくり出す我々の運動にあなたの参加を!!
Ⅰ7	不明		福島県青い芝の会　会長橋本広芳	在宅重度障害者訪問をみんなの手で
Ⅰ8	不明		青い芝の会東北連合会	仙台市民のみなさんへ
Ⅰ9	不明		福島県青い芝の会（福島地区）	地域の中で生きていく運動に支援を!!
Ⅱ1	1977	911	福島県青い芝の会（福島地区）	我々の運動に支援を！
Ⅱ2		1105	福島県青い芝の会（福島地区）	我々の運動に支援を！
Ⅱ3	1978	1015	福島県青い芝の会（福島地区）	私と友達になって下さい！
Ⅱ4	1980	?	福島県青い芝の会（福島、郡山、いわき、会津）	CPが地域の中で生きるために！
Ⅱ5	1980	?	福島青い芝の会、秋田青い芝の会、山形青い芝の会、大友重光	地域社会に生きる運動に支援とカンパを！
Ⅱ6	不明		福島県青い芝の会（福島、郡山、いわき）	すべてのみなさんへ！
Ⅲ1	1977	1105	福島県青い芝の会（福島地区）	我々の運動に支援を！
Ⅲ2	1981	?	?	「参加と平等について」(1)

現在では障害者福祉において広く使用されている「介助」という言葉は、少なくともこれらの資料からみるかぎり一九八〇年初頭までは出現しない。代わりに「支援」、「手伝い」、「手助け」という言葉が使われるか、具体的に「車イスを押してくれる人［…］を数多く必要としています」と述べられ、そうした言葉に混じって「介護」という言葉の使用もみられる。具体的行為としての支援や介助に一部でも言及しているビラを抽出してカウントしたところ、一七枚（約二八％）あった（表４―１「福島県青い芝の会支援／介助関連ビラ一覧」参照）。以下ではこれらを主な分析の対象とする。

結論を先どりすれば、これらの文書で使用されていた表現形式は二種類あった。一つは、非障害者の有する差別性を糾弾し、非障害者が障害者と「つながり」

や「つきあい」をもち、「意識変革」するための行為として支援／介助を位置づけるものであり、九枚が該当した（Ⅰ　1〜9）。いま一つは、地域で生きることへの共感的理解から、支援／介助の必要性を訴えるものであり、六枚あった（Ⅱ　1〜6）。ほかに、この二つが混在しているものが二枚あった（Ⅲ　1〜2）。順にみていこう。

2　「糾弾型」——介助を通した「意識変革」を求める

一つめの表現形式を暫定的に「糾弾型」と呼ぶことにする。これは、「告発型」と称された会がとる典型

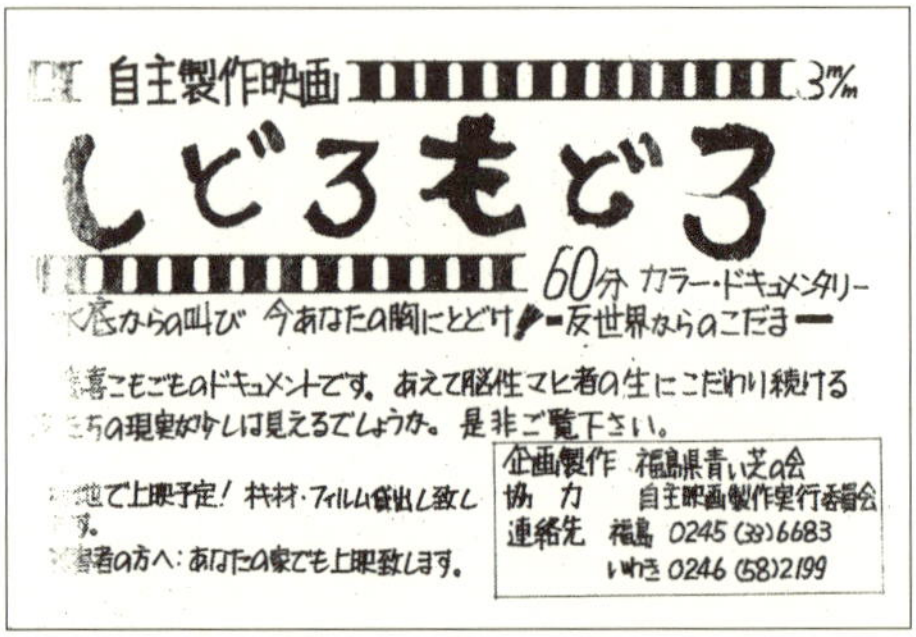

自主製作映画『しどろもどろ』のビラ

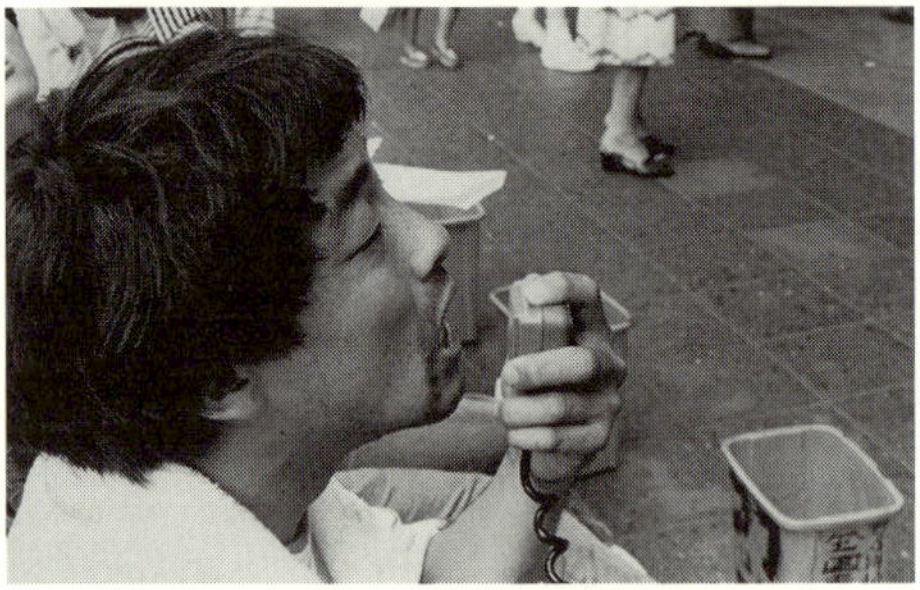

カンパを呼びかける橋本（橋本提供）

的な形式であるといってよいだろう。根底には自らの存在が当然とされない社会に対する批判や非障害者への糾弾が存在している。青い芝の会の主張における、社会変革の思想を色濃く反映したものであり、非障害者はまず自らが有する差別意識を認め、差別者としての存在を自覚すること、そのうえで、障害者とかかわりあう（すなわち介助を行う）こと、さらに介助を通して意識変革をしていくことが求められるのである。

もちろん、まずは一般の人を運動に巻き込むことがめざされているため、ビラは全体としてかなりソフトな言い回しになっている。たとえば具体的な介助行為を指す言葉は避けられ、「ふれあう」、「つきあいを始める」といった言葉に代えられている。また「意識変革」ではなく、「それぞれの立場から考えていってください」「あなた自身の立場から、この運動に参加してください」とやわらかく呼びかけられる。

もっともわかりやすいものから一部を引用しよう。「健全者は障害者の手足となる」という直接的な言葉が使われているのはこのビラのみである（タイトルのあとにビラの整理番号を示す。表4―1参照）。

［…］障害者は身体がみにくい、自分の事が出来ない、働けないと言う事で差別と偏見の目で見られています。この優生思想のもとに、健全者の世界と障害者の世界の違いは筆舌しがたい程違う世界を生かされています。人間同志、お互い引きさかれている事は、悲しい事です。健全者は障害者の手足となり、出来ない事を助け合い、障害者は、虚飾に充ちた健全者に、真に生きると言う事を教える。この人間同志のつながりを求めて、私達は、日々運動をくり広げています。

私達のこの運動にあなたも混ざられん事と、運動資金へのカンパをお願いするものです。

（「障害者解放運動への参加を！」Ｉ４・1978/月日不明）

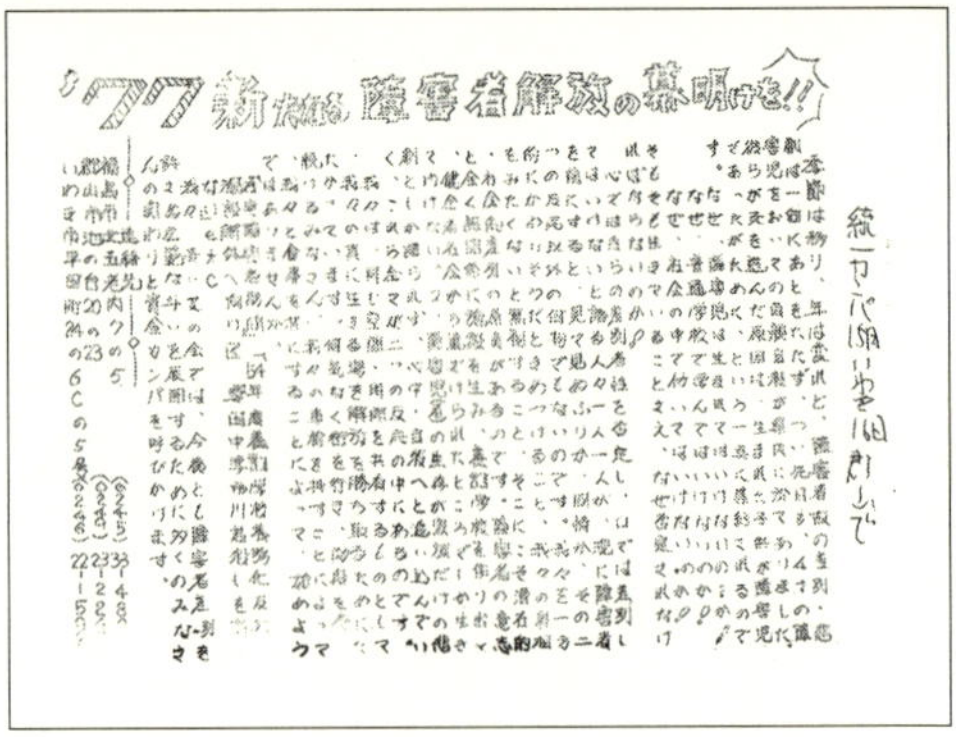
'77 新たなる障害者解放の幕開けを!!

「'77　新たなる障害者解放の幕開けを!!」（1977年）

まず、障害者が「差別と偏見の目で見られてい」ること、「この優生思想のもと」、障害者が「健全者」社会から排除されていることが指摘される。そして「あなた」に対して――はっきりと述べられていないものの――この社会の差別性に気づくこと、そのために障害者とかかわりをもつことが必要であり、具体的には介助を行うなかで障害者から学び、自らの意識変革を行っていかなければならないとい呼びかけられている。

同様の形式による例をもうひとつ挙げる。

心では自らの差別者性を否定し、口では差別してはならないと語る人々一人一人が現に障害者を前にすると見て見ぬふりか、同情か、その二つの反応以外の何物でもないのです。我々を一方的にかわいそうだときめつけること、我々の異相をみたくないと無視すること、そこにこそ、潜在的・社会的差別の原点があるのです。障害者の意志と全く無関係に施設を生み、養護学校を作り出し、健全者社会から遠ざけられたところでしか、生きてゆけない。又、障害児（者）の生存が、家族だけの悲劇としか語られず、心中・自殺へと追い込んでいく、これら全てが二つの反応の中にあるのです。

我々は、同じ空間・時間を共有するものとして、我々の真に生きる場を解放を勝ち取るために闘っています。何気なく街を行き、階段を登り続けるみなさん、我々の車椅（ママ）を押すことによって、我々と食事を共にすることによって、はじめようではありませんか。

（「'77　新たなる障害者解放の幕開けを!!」Ｉ１・1977／月日不明）

やはり、まず、障害者が社会から排除されている現実が指摘される。「我々を一方的にかわいそうだときめつけること、我々の異相をみたくないと無視すること」という態度こそが差別的であるとの批判を含みつつ、そうした街のなかで「無視」の態度をとりつづけるのではなく、障害者とかかわり介助をするところから、差別意識を問うことを「はじめよう」と呼びかけられる。

数は多くはないが、より強い調子で「つきつけ」を行うものもある。

我々は市民の皆さんに提起を致します。

障害者とつき合いぬくと言う一見かんたんに見えて難解なことをやりぬき、我々と共に意識変かく（ママ）をとげてゆくと言うそのことです。

我々は、そのことを市民の一人であるあなたにつきつけます。

（「ナメクジからクジラをつくり出す我々の運動にあなたの参加を!!」Ｉ６・年月日不明）

こうした非障害者への文字どおりの「つきつけ」は、直接的な支援／介助を要請するのではない他のビラには顕著にみられる。参考までに挙げてみたい。

［…］私たちは今、在宅訪問（障害者がいる家を訪問すること）など、日々、障害者が街に出る運動をしています。障害者は差別されて、街の中には住めないような社会なのです。それは、あなたが、今、障害者を仲間はずれにしているからなのです。

家庭にいる障害者は、病気だといっても、医者にもかかれない状態です。あなたがいっているデパートや、喫茶店などすら知らない障害者が大勢いるのです。

重度になればなるほど、屋根裏部屋や蔵に閉じ込められているような状態です。さもなくば、隔離施設に入れられているような状態です。

施設と聞けば、みんな障害者の天国みたいに思えるけれども、内実は、仲の良い友人がたずねていっても、いろいろな理由をつけては会わせなかったり、外出するにしても、自由には出られないのです。そのような非人間的な事を平気でやっているような、現代社会に大きないきどおりを感じ、私たちは障害者解放運動を推し進めているのです。

私たちの運動に支援のカンパを！

（「われわれに生きる場を」1977/08/13-14）

このビラは「あなたが、今、障害者を仲間はずれにしている」と、ビラを読む人物を直接的に批判する様式を取っている。こうした「差別者としての健全者」に対するまなざしが、支援／介助を要請する際の根底におかれていることを忘れてはならない。

3 「共感要請型」——共感的理解の延長上に介助を求める

二つめのものをやはり暫定的に「共感要請型」と呼んでおきたい。これは前者とはまったく異なり、比較的わかりやすく、過去も現在もよく見かける形式の呼びかけである。この出発点はひとつめのものと同じであり、まず、障害者が社会から排除されていること、すなわち施設や家のなかでの生活を余儀なくされていることが指摘される。大きく異なるのはこの後に、非障害者に対して差別者であることを突きつけるのではなく、共感を求めていく点である。具体的には「私達障害者も、あなたたち健全者と同じく町の中で生活したいのです」、「町に出て、生活して行きたいと思う気持ちは、市民のみなさんと同じ気持ちです」などと呼びかけられる。そして、しかしながら地域で生活をするにはさまざまなバリアがある。したがって「健全者のあなたの手が必要です」という結論に至るのである。

たとえば以下のようなものがある。

> 私達の周りには数多くのＣＰ（脳性マヒ者）がいる。それらの仲間達のほとんどが施設あるいは家の中での生活を余儀なくされています。障害者解放運動とは、そう言った仲間の一人一人が何のためらいもなく地域の中で健全者と差別なく共に生きてゆける社会環境づくりを目指して行こうという運動です。
> そのために地域住民の皆さんに理解ある協力をよびかけています。
> 人はけっして一人では生きて行けるものではありません。まして、私達重度ＣＰ者はなおさら日常生活において健全者の手助けを必要としています。ひと口にＣＰの生活を理解しろと言っても無理かも知れませんが、ことわざにも、袖すりあうも多小の縁とか、馬には乗ってみろ人には添ってみろ等々言われています。

初めから仲の良い友人はありません。出会い、ふれあいがあって初めて相互理解が生まれて来るのではないでしょうか？　いま私達は一人でも多くの日常生活を介護してくれる健全者を必要としています。

（「ＣＰが地域の中で生きるために！」Ⅱ４・1980/月日不明）

このビラは、「人はけっして一人では生きて行けるものではありません」と、受け入れ可能な言葉により共感的な理解を求めたうえで、「まして私達重度ＣＰ者はなおさら日常生活において健全者の手助けを必要としています」とつなぎ、最後に「日常生活を介護してくれる健全者」の支援を求めている。共感を求める形式にはいくつかのバリエーションがある。めずらしいかたちではあるが、当事者による呼びかけがそのままビラに使われているものもある。

わたしは、うちにいますが、うちの中では、じゃまあつかいされています。おぼん休みやお正月には、いとこのうちにつれていかれるけれども、どこかにドライブに行くとなると、私だけ一人ぼっちにされ、つれてってもらえません。
みなさん、障害者と友達になって、風呂介護をやって下さい。みんなが、めいわくだとか、やっちゃくないとかいう風呂介護を、なぜやってほしいのかというと、私だって人間です。みんなと同じように生きて行きたい。私も普通の女の子のように生きていきたいからです。

（「私と友達になって下さい！」Ⅱ３・1978/10/15）

ここではよりわかりやすい排除の様相が描きだされている。「みんなと同じように生きて行きたい」、「普通の女の子のように生きていきたい」から「風呂介護」の要請に至るまでには、飛躍があるようにも思われるが、想像で補える程度のものであり、共感的理解の延長にある介助を求めるための説得力を有しているといえるだろう。

ビラのなかには二つの型の呼びかけが混在しているものもある。

「私達車イスの障害者でも町に出て、生活して行きたいと思う気持ちは、市民のみなさんと同じ気持ちです。でも、私達だけでは、どうしても生活してはいけません。そこで、私達は市民のみなさんに呼びかけをします。

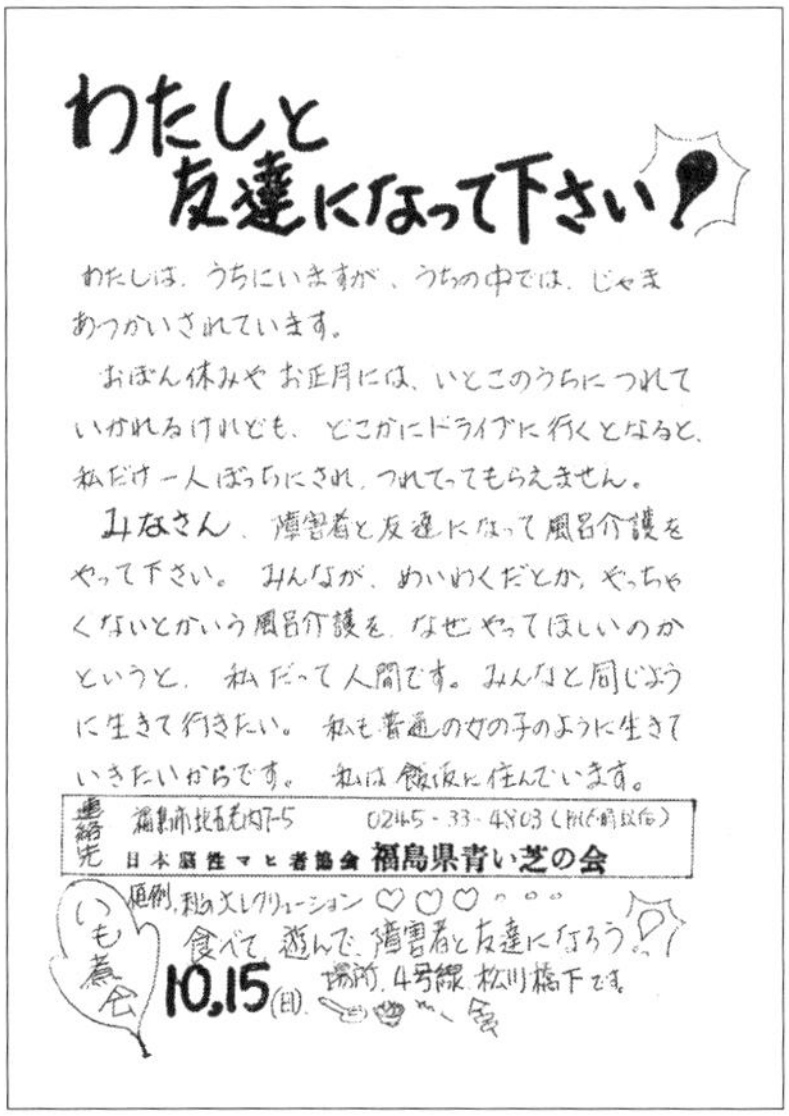

「私と友達になって下さい！」（1978年）

私達の食事介護、トイレ、風呂介護などを通して、一見かんたんに見えて難解なことをやりぬき、我々と共に意識交換をとげてゆくということです。

（「われわれの運動に支援を」Ⅲ1・1977/05/08）

非障害者を差別者であるとし、非障害者にその認識を共有させることは、障害をもつ自らを非障害者とは別の位置に立てることを意味する。ところが逆に、非障害者に対して共感を求めるときには、自らを非障害者と同じ位置に立てている。すなわち、厳密な意味では「健全者」の意識変革をすすめる立場と、共感を求める立場は矛盾している。上記の「ともに意識交換をとげてゆく」という記述は、同じ立場にある非障害者に「意識変革」を呼びかけられないという矛盾が、象徴的に表れているのではないか。

4 「糾弾型」と「共感要請型」の並存

かれらが他者に向けて発信した媒体において、支援／介助がどのように位置づけられてきたかをみてきた。ビラの文書のなかには、矛盾した言い回しや、結論までの論法が整っていない箇所もみうけられるが★16、介助は差別者である非障害者の意識変革を行う手段として語られる一方で、非障害者の共感的な理解を求める延長線上に語られることもあった。ある時には非障害者を別の立場から糾弾し、またある時は自らを非障害者と同じ立場に置く、といった矛盾が存在したことが確認できたと思う。

「共感要請型」がこの時代、この組織に限らず認められる形式であるのに対し、「糾弾型」は青い芝の会のみにみられる。「告発型」とされる会にとっては、「糾弾型」の形式を選びとるのは不思議なことではないかもしれない。しかしここではあらためて、なぜ会が、日常生活に不可欠な支援／介助を求める際にも「糾弾型」を採用したのか、そしてなぜ、同時に「共感要請型」の形式がとられたのか、その理由を考えてみたい。

まず、「糾弾型」について考えてみよう。この背景には、青い芝の会の運動全般に通じることとして、障害をもつ当事者の、障害者ひいては障害者の存在を認めない社会に対する強い怒りがある。

一番強烈だった言葉は「親は敵だ」「健全者は敵だ」。それはもうずっと思ってるよ。今は健常者とある程

度の関係はできるけど、その後はぜったい許せないっていうのはもってるよ。（白石［2001:167］）

橋本　私自身も弱気なんだけど、（運動を）やってるうちに出て来るんだね、やっぱり自分の怒りとか思いとかね。だからだと思うんだよね。

白石　理不尽な差別する社会に対しての、やっぱり怒り。

橋本　やっぱり気持ちの中にあるんだべな、俺もやっぱりな。（白石・橋本［i2000］）

このように表現される怒りが、ビラにおいては「障害者は身体がみにくい、自分の事が出来ない。働けないと言うことで差別と偏見の目で見られています」、「我々を一方的にかわいそうだときめつけること、我々の異相をみたくないと無視すること、そこにこそ、潜在的・社会的差別の原因があるのです」という言葉につながる。正確には青い芝の会という、怒りの言葉を発することを許容された場において、これらの言葉が紡ぎ出されたというべきだろう。「だからこそ」と、「無視」ではなく介助を通して障害者と触れ合うことにより、自らの差別意識を問い、意識変革を始めよう、と呼びかけられるのである。

しかし、こうした「糾弾型」の呼びかけは、その性格からして一般市民に受け入れられるものではなかったことは想像に難くない。この呼びかけのみでは介助者確保が困難であったことは、次のようなビラの言葉からもうかがえる。

［…］介護のローテーションを組むためにも、我々は多くの健全者の皆さん方の〝ちから〟を必要として

いるのであります。（「参加と平等を問う！」1981／月日不明）

「障害者も同じ人間として」という共感を求める「共感請求型」の方が、一般市民にはおそらく格段に説得的に響いたことだろう。こうした呼びかけが介助者確保にどの程度寄与したか、実際のところはわからない。しかしこの目的のもと、後者の形式が取り入れられたとみるのは、おそらく大きくはずれてはいないだろう。

さらに、会が介助者確保に苦しみながらも、前者の形式もとりつづけていたことに注意を払うべきだろう。後者における「同じ人間である」という呼びかけは、もちろん「当然」の事実であるからこそ、理解されやすいうえに否定もされにくい。しかしながら、この言葉は「差異」をどのように考えるのかを曖昧にしてしまう。かれらの抱いていた危惧は、非障害者と障害者の対話式のビラ「同じ人間というけれど…」の一部に、現れている。

「健康な人」「あなたも私も同じ人間なんだから、障害に負けずにがんばって下さいね」
「障害者」「同じ人間って一体どういうこと。」
健　「やればできるし同じく生きてるでしょ。」
障　「やればできるっていっても車イスで、歩道橋や地下歩道は渡れないよ。車イスはぼくの足なんだけどさ、だからぼくあまり街に出れないんだ。それに同じく生きるっていってもあなたの行ってる学校や会社には行かせられないでしょう。いや全く学校に行ってない仲間だって多くいるんだ!!」

健「それは仕方がないわよ。やっぱり障害者には障害者の生活や道があるでしょ。」
障「じゃ同じく生きるってどういうこと？　ちっとも同じく生きていないじゃないか！」「障害者の道や生活を決めるのはいつだって健全者で、私達自身じゃない。そうして世界を区切っておいて、やればできるとか、同じ人間とか私達の気持ちをどれだけ知っているの？」
健「それはね、でもね…」
この話に、意見、言いたい人、何か思った人、又、思わない人も、私達と話しあってみませんか。連絡下さい。

（「同じ人間というけれど…」1977/03/13）

かれらが非障害者を糾弾するという形式をとるのは、何よりも「同じ人間」として括られることが、差別的な社会の存在や障害者の置かれている位置の差異を不可視化する危うさを身にしみて知っていたことによる。さらに重要なことは、かれらが「障害者／脳性まひ者で何が悪い」と居直ることにより、「身体が異なり、それとともに時間と空間が異なる。その空間の広がり方と時間の流れ方を含めたその存在をそのまま承認する」ことをめざしていたということである（立岩［1990a:197 → 2012:295］）。
これに対して「共感要請型」は、介助者確保という実際的な目的に基づくものであった。これと、怒りを基礎とし社会に対して訴えかける、いわば青い芝の会としての正当な「糾弾型」は、せめぎあいつつ並存せざるを得なかったのではないか★17。

4　「息の長い闘い」のなかで

一九七〇年代の福島県青い芝の会においては、（自覚的であるか否かにかかわらず）支援／介助は二つの点から定義され、問題化されていた。すなわち第一に、支援／介助は差別者としての非障害者を糾弾し、そのうえで非障害者の差別意識を変革していくための手段として、第二に、非障害者の共感を基礎とした「地域で暮らす」ための必要不可欠な手段としてとらえられていた。共通するのは、意識変革であれ共感であれ、非障害者への期待が非常に高いことであった。

これに対して、一九九〇年代に入ってから白石が創設した自立生活センターの理念においては、介助や介助者の捉え方が大きく異なっている。たとえば介助者に対する意識変革や共感などの期待は少なくとも理念上は存在せず、介助を介した非障害者との関係は雇用関係として捉えられることになる★18。

白石も創設にあたり、地域社会での自立生活をかなえるひとつの手段として自立生活センターを位置づけていた（白石［1994:108］）。しかしこの背景にはいくつかの切実な事情があったようだ。第一に、障害が重くなった養護学校の同級生が家にひきこもってしまったこと。第二に、「ぐるーぷ・らせん」（第5章参照）のメンバーが結婚し、介助態勢を整える必要があったこと。第三に、仲間たちが年をとっても街のなかで自立生活をするためには自立生活センターが必要であると考えたこと。これらはいずれも介助者確保という実際的な課題に基づいている。重い障害をもつ友人が街のなかで暮らせていないという現実は、障害が重くなったときの自分の将来像を予測させただろう。青い芝の会の時代からの課題であった介助者確保が、その後一〇余年を経ていよいよ切実なものとなり、ここに自立生活センターの理念が適合したといえるだろう。

しかし、白石のなかで、それまでの運動の理念との接合はうまくなされたわけではなかったようだ。白石は両者の方向性の違いに気づきながらも、「そこまで考えて踏み込むとできなくなっちゃうので、あんまり考えなかったと思う。そこはちょっと自分のなかで曖昧にしておこうかなっていう気もちでCILをめざしていった」（白石［2001:167］）と書く。ここにおいて、白石のなかで「介助を通して何かを達成する」ことはいったん脇におき、「介助を得る」ことを目的とするという意味での転換があったと思われる。もちろん「雇用として割り切る」という考え方は、介助者との不安定な関係や人間関係に消耗していた、白石を含めたかつての運動に参加していた人たちの発想の転換を促した面があっただろう（立岩［1990a:221→2012:324］）。

ただし、白石はかつての「告発型」のなかにあった非障害者への期待――非障害者が意識変革をし、共に闘ってほしいという思い――をあきらめていないように思われる。たとえば一九九二年には、障害者・学生・教員・市民が集う「郡山ノーマライゼーション・ネットワーク」をつくり、月に一度の「のーむ塾」という勉強会を開催している★19（第5章参照）。白石は「こちら側がもっと勉強していき、障碍者以外の関係者をたくさん巻き込んでいって、『対話、提案』」を行いたいという（白石［1994:100］）。

再び、白石のかつての言葉を引用しよう。

地域住民に向かってただ生の怒りをぶつけるのではなく、障害者の存在すら知らなかった彼らにわれわれの生きざまを見てもらい、交流を進めて行く中で、共に生きるということの意味を、差別の意味を知らせていかなければならない。それは妥協ではなく、ただのつきつけよりももっと息の長い闘いなのだ。（白石［1981:23］）

福島県にみられる運動の新しい方向性は、非障害者を糾弾するのでも共感や同情を求めるのでもない。地域という場所において「共に生きるということの意味」や「差別の意味」について、障害をもつ人ともたない人が共に考えていく方向へとシフトしたといえるのではないか。

もちろん、それは白石のいうように文字どおり「息の長い闘い」となるに違いない。この地における支援／介助の位置づけ、および支援／介助を介した障害者―非障害者の関係は、試行錯誤しながら模索、せめぎあいがつづけられている段階であるといえよう。今回はその一端を描き出したにすぎない。こうした記述の積み重ねが、社会における支援／介助のあり方や、障害のある人／ない人をめぐる関係について考察するための一助となることを期待している★20。

★注

★01　二〇〇四年に改正された障害者基本法第一条（目的）においても、この法は「自立及び社会参加の支援のための施策」であると述べられる。つづいて第八条では、「障害者の福祉に関する施策を講ずるにあたっては、地域において自立した日常生活を営むことができるよう配慮されなければならない」とうたわれている。

★02　本章は土屋［2007a］に白石［2019］を加え、大幅に加筆・修正したものである。

★03　「介助」とは「当事者の主体性を尊重して行われる」ものであり「高齢者や障害者を客体として保護や世話の対象とする介護」と区別される（中西・上野［2003:29］）。

★04　かれらが東京都と交渉した結果、一九七三年には「重度脳性マヒ者等介護人派遣事業」が創設され、一九七四年度から実施されている。これは利用者が選んだ介助者に対して、自治体から介助料が支払われるという仕組みだった。こうした取り組みが全国的な広がりをもつ契機として一九七六年の「全国障害者解放連絡協議会（全障連）」の結成があった（立岩［1990b:186→2012:280］）。

★05 樋口恵子は彼の講演を聞き「当時の私は、人生の損なくじを引いてしまった、と思い込んでいました。講演で、人生が変わりました」と書く（樋口［2001:29］）。

★06 ただし田中耕一郎は、アメリカIL運動との出会いが、日本の運動展開における価値の転換やその後の運動の方向転換をもたらしたというわけではない、とする（田中［2005:45］）。

★07 たとえば、八王子ヒューマンケア協会の設立当初のスタッフの一人である安積遊歩は、かつての福島県青い芝の会の中心メンバーの一人であり、バークレーでの研修を終えて、いくつかの事情から上京していたところを代表の中西正司に声をかけられている（安積［1990:50→2012:73］）。また広島の田部正行は、一九八六年に「広島青い芝の会」の会長に就任したが、一九九八年には自立生活センター「障害者生活支援センター てごーす」の代表に就任している。また、関西においても同様の例がみられる。兵庫青い芝の会で活動していた福永年久は、全国青い芝の会を脱会した後、地域における共同作業所を作り、その後「自立生活センター神戸・Beすけっと」を立ち上げている（福永・澤田［2001:353］）。ただし、青い芝の会からCILへ何が継承されたのかについては、ひきつづき検討が必要である。

★08 詳細については荒川・鈴木［1997］参照。

★09 「郡山障害者友人グループの名称が〝ごきぶり〟！と決まりましたが、ごきぶりのナマエの由来は、今この世間においてきらわれる存在にあるが、どんな弾圧に対しても力強く生きて行く、そんなごきぶりにたくましい生命力を見て、我々の今後の活動がそこから始まると思う。」（『ごきぶり』2、編集後記より、年月日不明）「かいな」についても記述がある。「正式名称「障害者解放をめざすグループかいな」。「腕」という意味です。名前を聞くと、とっても、お固くてむずかしくて、とっつきにくくて、おっかなそうで、自分とは全くかけ離れたことをやっているような気をもたせるけど、やっていることといったら、大部分が障害者の介護なのです。」（『福島大学祭障害者問題講演討議集』1976/11/06より）

白石［2019］によると、友人グループ・ごきぶりは、橋本が郡山市に住居を移してから誕生した健全者グループである。福島市にはそれ以前に健常者たちの集まりである、地福研に所属していた「ひまわりの会」があった。ひまわりの会の会員と白石らが集めたボランティアによって、白石らの介助体制を整えていた。その健常者の集まりが後のグループ「腕（かいな）」となる。福島市の健常者の中には気骨のある者が多くいたという。ひまわりの会で中心的に活動していた安藤時子は、介助者が集まるまでの間、白石らの日常生活の介助に当たり、白石が東京などに行くときには介助者として関わっていた。神野行夫は毎日のように事務所に来て、事務局員のような立場で関わっていた。会で中古のバンを手に入れたが、その運転を神野が行ないさまざまな場所に出かけた。神野は全国青い芝の会で組織した自立障害者集団友人組織・全健協（全国健全者連絡協議会）の代表を務めたこともある。また、大学を中退してぶらぶらしていた小沢良子は、青い芝の会のチラシを見てきたようだが、事務所に入り「びたり」とはまった一人であった。のちに神野と小沢は結婚する。さらに小磯京子という学生が白石、橋本の介助をしていた。橋本は「小磯にはいつもはっぱをかけられた」と言っている。現在いわき市のＣＩＬえんじょいで理事長を務めている長谷川秀雄も、学生時代に顔を出していた。その他、平井美代子というユニークな学生もいたという（白石［2019］）。

★10　一九七六年四月、青い芝の会の主導のもとで、健全者の全国組織「全国健全者協会（全健協）」が発足している。障害者が独自の集団を作るとともに、健常者も集団、運動集団として位置づけ、それを障害者の主導の下におこうとする意図によるものであった（立岩［1990b:184 → 2012:278］）。関西でも「友人グループ・ゴリラ」が支援集団として発足している。しかし、一九七八年、関西連合会と友人グループ・ゴリラとの間に確執が生じ、「青い芝の会関西連合会」はこの集団の解散を指示した。全国常任委員会はこの決定を承認、同時に全国組織である全健協を解散させた。これ以降、青い芝の会は「運動の主導権は必ず障害者が握る」ということを鉄則とするようになったという（荒川・鈴木［1997:16］）。これらの動きと福島県における動きの関係を探ることは今後の課題の一つである。

★11　一九六〇年代の青い芝の会においても、「共感要請型」の言説が存在した（「私たちは、人間らしく生きられる第一歩は、からだの健全な人たちと共に地域社会の中で生きることだと考えます。」（『青い芝』68:2→鈴木[2003:15]に再録、一九六八年六月東京都議会に提出された請願書より）。

★12　ただし資料的な制約もある。福島県青い芝の会は一九七四年に結成され、一九七五年から活発な活動を始めているが、保存されていたビラは一九七七年からのものが大半であり、二年ほどの空白がある。これは、橋本が郡山に移り住んだのが一九七六年五月頃であり、翌年から本格的に運動の中心を担い、ビラ作成に携わったことによるのではないか。また、それ以降も確実にすべてのビラが保存されているわけではないだろう。

★13　ビラを作成した主体（「連絡先」に明記されている組織）は福島県青い芝の会であったり青い芝の会東北連合会であったりとさまざまである。ビラはいったんつくられると、異なる地区（たとえば福島市と郡山市）で複数回、配布されることも多かったことが推測されるため、厳密に区別しないこととした。また、イベントへの参加を同時に呼びかけているビラも含めた。

★14　関西など他地域において作成したビラを参照した形跡もあり、同じフレーズが用いられているものもある。たとえば「関西青い芝の会・兵庫青い芝の会」が作成したあるビラは、「道ゆく全ての皆さん！／私たちは全国各地で障害者自立運動を続けているCP者の団体です。／私たちの仲間の多くは施設の中でひっそりとくらさされる（ママ）ことをよぎなくされています。と始まる（立岩・定藤編[2005:87]）が、これは「仙台市民のみなさんへ」（Ｉ８）の冒頭と非常に似ている。後者は次のように始まる。「道行くすべてのみなさん！／われわれは、日本脳性マヒ者協会青い芝東北連合会の者です。われわれの仲間の多くは施設・コロニー、または在宅しております。少しも街の中に、出てきたものがない（ママ）者が大部分です。」

★15　在宅訪問については第1章二九頁参照。

★16　たとえば次の文章は明らかに言葉が不足しているように思われる。「〝働かないもの食うべからず〟と言われます。この手、この足、この顔が全てを物語るものであります。学生のみなさん！我々とつき合い、運動をすすめて行きましょう。新たな価値観をつくりだそう！」（「重度の障害者とつき合い共に生きられる社会を創り出そう！」（1977/07/10））

★17　先に述べた、非障害者に対する会としての糾弾スタイルと個人の態度の矛盾とも無関係ではないだろう。

★18　ただし、全国各地のＣＩＬにおける介助の位置づけは、決して一枚岩的ではない。

★19　ネットワークは、橋本が所属していた「うつみねの会」や、白石や橋本の出身である福島県立郡山養護学校同窓会関係者のみならず、福島県や郡山市の福祉関係担当者、社会福祉協議会関係者、国会議員、県会議員、市議会議員、大学関係者、親の会関係者、病院関係者などからなる幅広いものであった（『はなまるＮＥＷＳ』4:99-103）。

★20　もちろん「障害」と「非障害」の境界は限りなく曖昧であり「障害者」と「非障害者」は二項対立的なものとしてとらえるべきではないことにも注意を喚起しておきたい。

あいえるの会における介助関係の模索

白石清春

※この文章は第４章草稿に対する白石のコメントとして寄せられたものである。青い芝の会時代からつづく、介助および健常者との関係を模索する白石の思いが描かれていたため、ここに収録する。（土屋）

あいえるの会は、自立生活センターとしてスタートして二五周年を迎えた。予算規模は当時と比べれば一〇〇倍に、職員の数は四〇名を超えた。その他に登録ヘルパーが六〇名、利用者は一〇〇名くらいになっている。

私は、青い芝の会時代に身体で覚えこんだ障碍者運動の理念を保ちつつ、あいえるの会の事業展開を図っていこうと、悪戦苦闘しているが、職員にもヘルパーにも、私の思いを伝えられていないのが現状である。

青い芝の会当時、健全者の学生と夜明かししてまで「介助を通して障碍者と健全者とが共に歩むには」という命題に対して討論をしていたことを懐かしく思い出す。

福島県青い芝の会や秋田県青い芝の会での運動では、月に一度以上は遠出をしていた。私は介助が必要であったので、いつも介助者を連れて遠出をしていた。しかし、青い芝の会の運動資金はカンパ活動のみの収入源であり、財政難であったため、交通費などに支払うゆとりはあまりなかった。私個人も自腹のお金を出して、介助者に対しても「自らかかる交通費等は自分で出してほしい」と伝えて、関東や関西に行っていた。介助者には「障碍者の運動は社会変革につながり、ひいては健全者にも、その恩恵がもたらされるので、今は双方障碍者の運動に賭けていこう」と介助者を説得していった。

しかし、今や時代が変わってしまい、無償でそれも身銭を切って障碍者と関わって、ともに運動していこうというような奇特な健常者の存在は皆無に等しいだろう。あいえるの会の職員は、あいえるの会で企画した催し物を開催するとき（土曜・日曜が多いが）には、「残業扱いにしてほしい」という言葉が出てくる。介助の必要な障碍者が旅行に行く場合は、ヘルパーの交通費や宿泊費はすべて障碍者の負担となっているのが現状である。然るに、お金のない障碍者は旅行には到底行けない。運動での遠出には、あいえるの会から交通費や宿泊費が出るので、自分の持ち出しは今は無いが。オフィスＩＬが出来上がったばかりの頃は予算規模が小さく、交通費の半額は自己負担の時期があった。

二年前に、「あいえるの会でヘルパーとして働きたい」という一人の健常者の男性から連絡があった。彼と私がやり取りして、面接した結果、半年後に彼は大阪から郡山へ越してきた。彼は奥平淳一という。奥平は若い時分に青い芝の会との関りがあった。奥平が青い芝の会と関わり始めた時代は、関西青い芝の会のごたごたが終わりを告げてからであった。それでも、青い芝の会と関わっている健常者から「青い芝の会の哲学的障碍者との関わり合い」を学んだという。また、奥平は金満里主宰の劇団「態変」に関わり、京都の「ペンギンの会」にも在籍したことがある。奥平は、今も青い芝の会で学んだ「障碍者との関わり」を模索している「貴重な存在」である。奥平の介助のスタンスは「介助を通して、共に障碍者の生活を作っていくこと」に尽きる。例えば障碍者に靴下を履かせる行為は「自分が靴下を履くことを想像しながら一緒に靴下を履く」ということであるという。また、料理を作る行為は、「障碍者が見ている所で、障碍者の指示を仰ぎながら一緒に料理を作る」ことになる。一年前になるか、私の家の物置はゴミの集積所になっていたので、奥平に「物置のゴミを片付けて物を整理したい」と言うと、「じゃあ、白石さんが電動車いすで物置の前まで来て、監督してください」という。夏の暑い盛りで、蚊取り線香を私の周りにいくつも置いて、物置の整理に取り掛かっていった。

私が忘れかけていた若い日の介助者とのやり取りを、奥平の介助の行為から呼び覚ますことができた。奥平はまた、障碍者と旅行に行くときは自分の交通費や宿泊費を自分が持つことも時々だがやっているらしい。

奥平は、あいえるの会の職員やヘルパーを見ていて、「みんなが障碍者との付き合いをどのように考えているのか疑問に思う」と言っている。現在の自立生活センター的な障碍者と健常者の関わり方は、奥平には馴染まないものに映っている。「介助を通じての社会変革」ということに近い奥平の考えは、「現実の中で介助者を集めることだけ」に目がいっていた私の心に、「新たな火」を灯し始めた。

あいえるの会では「GA（グループ・アシスタンス）会議」というものを毎月開催している。わが国では札幌市でＰＡ（パーソナル・アシスタンス）制度が施行されている。パーソナル・アシスタンスでは、障碍者一人で介助者を集め管理して、煩雑な行政関係の書類製作等をこなさなくてはならない。重度の脳性まひ者などは、一人の力ではなかなか難しいだろう。しかし、重度の者でも仲間同志が集まって介助者集めや管理、ヘルパーに手伝ってもらって書類作成などを行なっていけば、まちなかでの自立生活が可能になるだろうという考えのもとにＧＡ会議を開催しているのである。ＧＡ会議の開催する日には、奥平は奥村裕二という脳性まひ者のヘルパーとして参加しているが、奥平流の考えで文章を提出したり、会議録の作成を手伝ったり、ＧＡ会議での存在感を出してきている。

圧倒的多数のあいえるの会の職員の意識を変えることは非常に難しい問題である。あいえるの会の組織は「社会の縮図」である。どうやったら健常者の意識変革が可能なのか、暗中模索が続いている。

青い芝の会の横塚氏や横田氏が常に発言していた言葉の中に「ＣＰ独自の文化を創る」というものがあった。「介助を通して社会変革」をというのは脳性まひ者の会である青い芝の会が編み出した「革命的言葉」である。あの有名な行動綱領も横田弘という脳性まひ者が作り出したもの。私も脳性まひ者として「ＣＰ独自の文化の創造」に関わっていきたいと思っている。

第5章　獲るために動き、対話する

白石清春の戦略

土屋　葉

こっちにいっぱい仲間がいますので、そういう人たちと一緒に、そういう人たちのために動くのだなってい うことは、わかってました。（白石栄子［i2018］）

本章は、第1章の続編として位置づけられる。ここではインタビュー調査により得られたデータおよび文献から、キーパーソンである白石清春が、秋田市での四年間の生活を経て、神奈川県相模原市に移住、さらに故郷の福島県郡山市へとUターンした一九八九年以降の動きを中心的にみていき、「福島県青い芝の会」が終焉をむかえた後の障害者運動の展開について述べる。それに先立ち、白石がUターンに至る経緯についても言及する。

1　秋田での日々、そして相模原へ

1　秋田での「パッとしない日々」

白石は秋田市に移った当初は、秋田大学の寮や支援者の自宅などを泊まり歩いていた。福祉事務所を訪ねると、職員がよく話を聞いてくれたが、ある日「実は福島市から白石さんに対する情報を送ってもらったんですよ」と言われる。それは厚さ三センチもあるファイルにまとめられていた。「福祉事務所間では、私はブラックリストの一人としてカウントされていたのだと思う」（白石［2010:44］）。

家探しは福島県内でのそれ以上に難航した。「秋田市内の不動産やを一〇〇軒ぐらい」まわり、三か月かかってようやく一軒家を借りることができた。そこを自宅兼事務所とし、青い芝の会の活動をスタートした。しかし、秋田青い芝の会のメンバーとして登録していた障害者たちは事務所を訪れず、それどころかみな「辞めたい」と言い、退会してしまった。そこで親の会に依頼し、会員名簿を入手、福島県内でも行っていたのと同様、在宅の脳性まひ者への訪問活動を展開していくことにした（白石［2010:44］）。それでも訪問を拒否されるなどで本人と会えたのは一割程度（白石［1982:157］）、さらに苦労しながらようやくかれらとの関係が生まれても、肝心の「青い芝の運動の参加となると二の足を踏むことが多く、たいていは私一人で行動していた」（白石［2010:45］）、「東北という異なった文化を持つ地に西日本流の運動形態をそのまま持ち込んだためにことごとく拒絶されてしまったのでしょう」（白石［1984b:157］）と書く。

秋田での活動において、さらに白石を困惑させたのは冬の厳しさだった。白石はそのころのことを次のように振り返っている。

「冬の募金活動は特に厳しかった。午後の四時ころになるとどっぷり日が暮れてしまう。厚い上着を二枚重ねて着ても、寒気が身体全体に忍び寄ってくる。手や足が寒さで硬直してしまった。午後から夕方まで募金活動を続けて、家に帰って熱い風呂に浸かって、酒を飲んで、ようやくくつろぐことができた。」（白石［2019］）。

「雪が積もり、積もった雪がカチンカチンに固まった道を車が走って、車のタイヤで掘られた溝が「轍」になって、手押しの車いすがそこにハマってしまい、車いすを押す人が大変であった。その当時、私は手動式三輪車という超特大な車いすに乗っていたが、ある雪の日、手動式三輪車で出かけた際、車いすの前輪を支えていたスポークが折れてしまった。轍のある道路を走っている時に、ものすごい力がスポークにかかったのだろう。」（白石［2019］）。

秋田にて福田、晃寿、白石（1977～79年ごろ）（白石提供）

しかし、秋田にも「健常者グループ」は存在し、そのなかには秋田大学の学生、女子学生も多くいたという★01。また女子高校生もよく事務所を訪れていたこと、それを目当てに福島県から吉田強や佐藤孝男★02、福岡出身で「全国青い芝の会」にかかわっていた古賀稔章★03、会の事務局員だった福田稔が秋田まで来ていたこと、さらに白石が青い芝の会関連で大阪や東京に赴く際には、健常者の交通費の半額は自己負担であったが、「文句など一言も言わずに、よく私たちと付き合ってくれた」ことを回想している（白石［2010:45］、白石［2019］）。

「つらくはないけれどパッとしない」（白石、白石・橋本［i2018b］）日々だった秋田市での生活は、後述するように横塚晃一の死をきっかけとした青い芝の会の動きと連動し、終焉を迎える。

2　横塚晃一の死、そして栄子との結婚

一九七八年七月に全国青い芝の会会長であった横塚が死去し、横塚の追悼集会の準備で、川崎市にあった全国事務所に一か月泊まり込むことになる。そこにボランティアに来ていた看護学部の学生、竹山栄子と親しくなる。

> 横塚さんの追悼集会の準備を通じて、栄子との距離が急速に縮まっていった。横塚晃一さんの死が私と栄子の縁を結んでくれたのである。（白石［2010:48］）

追悼集会を終えて秋田に戻るときに白石は栄子に「一緒に住まないか」と誘う。一九七八年秋に栄子は大学を中退し、秋田市に転居してきた。一九七九年四月には郡山市で結婚式を挙げ、同年七月に息子が誕生する★04。

> 私は結婚というような既成の概念に縛られた形の生活を望んではいませんでした。（……）二人の父親の

姿を見ていたら、籍を入れない・結婚式を挙げないなどと言う私の要求を引っこめざるを得なくなりました。結局、結婚式を四月に行うことに話が決まりました。〔白石 [1982:166]〕

秋田では、栄子とともに雪の中の訪問活動を行った。

青い芝の会の日常活動の際に私の介添えをする者がいない場合には栄子が車いすを押して出かけていくことになります。晃寿を家においで行くわけにはいきませんから彼女がおんぶして車いすを押して出かけます。冬の雪がちらつく日でも三人して出かけることがよくありました。（……）彼女の背中の晃寿が心配だった

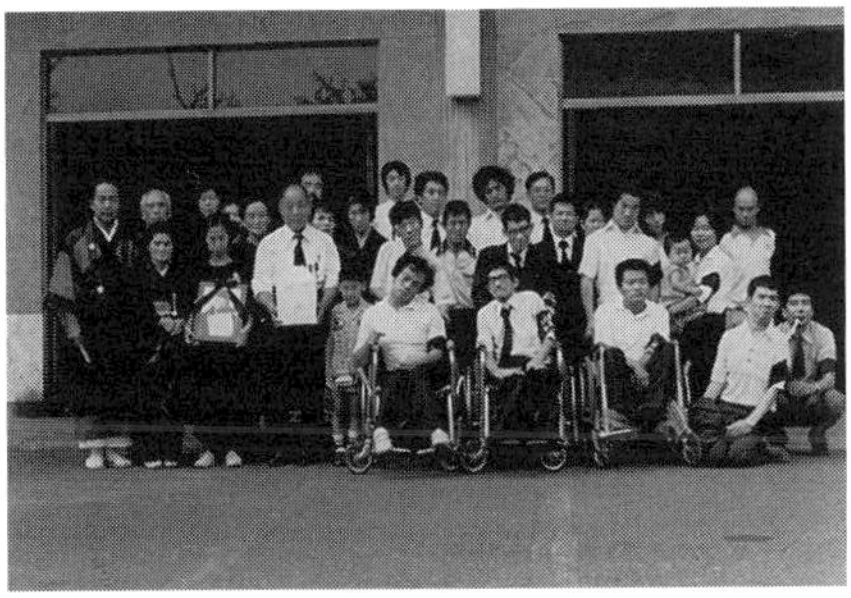

横塚晃一密葬（1978 年 7 月 21 日）（白石提供）

横塚晃一追悼集会（1978 年 8 月）（白石提供）

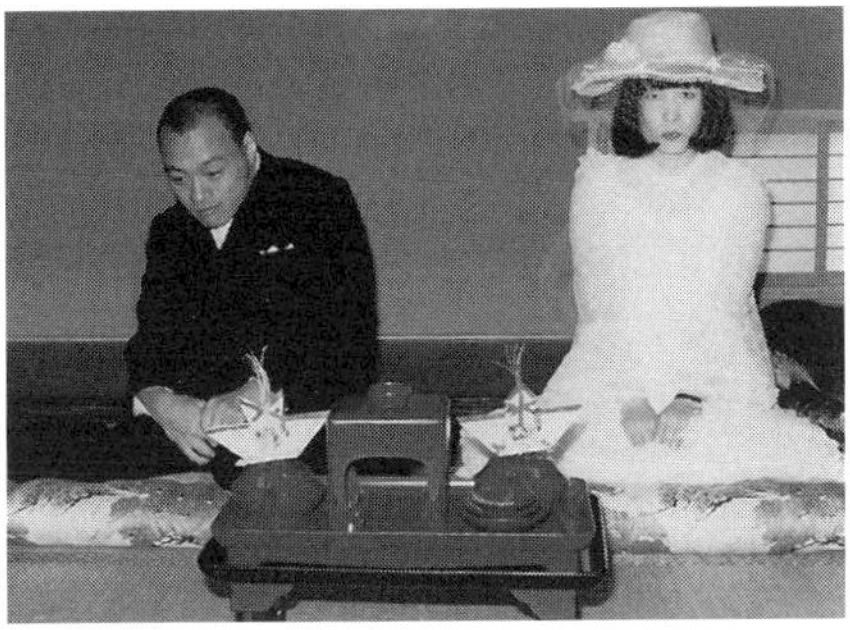

白石と栄子の結婚式（1979 年 4 月）（白石提供）

が、カゼもひかずに目をキョロキョロさせて笑っていました。ときどき訪ねていく障害者のかあさんが私たちを見ておどろいていました。（白石［1982:168-169］）

秋田で白石が出会った人物の一人に遠藤美貴子がいる。「私が遠藤さんの家に訪問に行くと断られるので、栄子に行ってもらった」（白石［2019］）という。遠藤と白石との出会いの詳細については、第3章一四七頁に詳しい。また白石は入所施設にいた永井康博にも会っている。永井はその後施設を出て、仙台市にて自立。杉山裕信とともに「CILたすけっと」を立ち上げた（白石［2019］）。

全国青い芝の会は混乱期を経て一九七九年五月に、白石を「青い芝の会再建委員会」の委員長に選出した。さらに一九八〇年には、全国青い芝の会の事務局の管理のため、秋田市から新事務所が置かれた神奈川県相模原市に移ることを打診された。かねてから「秋田でやるには、秋田に骨を埋める覚悟でやらなければならない」と豪語していた白石は、秋田を離れることに大きな葛藤を抱えることになった。また自分が離れることにより、秋田青い芝の会が消滅してしまうのではないかという危機感もあった（白石［2019］）。

白石を決断させたのは、「東京青い芝の会」の役員であった寺田純一と磯部真教による説得であった。かれらは秋田市までやってきて、横塚亡きあと全国青い芝の会が大変な時期を迎えており、事務所を守る役員もいないことから、白石に「ぜひとも相模原に来てもらいたい」と強く働きかけたという（白石［2010:50］、白石［2019］）★05。さらに白石の相模原への転居の決断を後押ししたのは「相模原でもっとのびのびと運動を行っていったほうが全国の障がい者のためにもなるのではないか」という栄子の言葉であった（白石［2010:50］）。その後白石は、既出の青い芝の会事務局員であった福田に「秋田青い芝の会を引き継いでほしい」と依頼し承諾を得た。福田はしばらく秋田市で生活していたが、秋田の風土が彼に合わなかったのか神奈川に戻ってしまったという（白石［2019］）。

転居後は、青い芝の会の活動と並行して、「相模原市内に住む脳性まひ者たちを掘り起こして、地域に根付いたもう少し緩やかな障がい者運動を目指していく」という目的のもとに一九八一年、「脳性まひ者が地域で生きる会」を結成する。これは青い芝の会が「あまりにも先鋭すぎ」たために「ついていく脳性まひ者の数が限られていた」という背景があった（白石［2010:54］）。

さらに、矢田龍司★06が横浜市に「ふれあいの会」を作り、小規模作業所「ふれあいの家」を開所していたこと、また東京青い芝の会の「系列」でも「どろんこの会」が存在していたことから、相模原市に小規模作業所をつくることを考え始める（白石［2010:54］）。

同時期、全国青い芝の会に対しては少し距離を置くようになった。横塚が亡くなる前、突然、事務局長であった鎌谷正代＝古井正代や関西代表の三宅光男★07が、全国青い芝の会の常任委員を辞めたという話を聞き、白石は「愕然とした」。また、「今後の全国青い芝の会はどうなるのだろうか」と、不安な気持ちにさいなまれた（白石［2019］）★08。そして彼らが全国の活動を離れたことにより、白石の気もちも「あれからちょっと、だんだん」離れていったのだという（白石、白石・橋本［i2018b］）。そして、決定的な亀裂をもたらしたのは、広島青い芝の会で電動車いすを海に捨てるという事件であった。電動車いす利用肯定派であった白石と「西日本の役員たちとの間に確執が生まれて行った」という（白石［2010:55］）。

また一方で、東京青い芝の会と共に行っていた、所得保障としての年金制度創設についての主張も、「生活保護でいいだろう」とする他の役員たちと「意見が対立」した。さらに、「働くことを目的としない」、地域の活動拠点となる小規模作業所に関心をもっていた白石は、「小規模作業所は脳性まひ者等に労働を強制する場である。脳性まひ者は生きていることが労働なのである」という見解をもつ者が多い青い芝のメンバーとの考え方の乖離を感じていた。

白石は、青い芝の会の運動方針との距離を感じ始めてもいた。青い芝の会の運動が「告発型」の形態をとっていたことは第4章で触れたとおりであるが、彼は、社会に対する告発のみで健全者の支持を得ることができた社会状況はすでにないと書く。さらにその目を地域へと向け、「地域住民に向かってただ生の怒りをぶつける」のではなく、障害者の存在すら知らなかった彼らにわれわれの生きざまを見てもらい、交流を進めて行く中で」、運動がすすめられるべきだと説く（白石［1981:28］）。

一九八一年一二月、白石は全国青い芝の会全国大会において役員を完全に退き「青い芝の会とは別路線の運動を歩むようになる」（白石、白石・橋本［i2018b］、白石［2010:55］）。そして、地域にこだわった彼は「脳性まひ者地域作業所くえびこ」を設立し、ここを機軸として「全国障碍者自立生活確立連絡会」での活動やケア付き住宅の建設運動などを行っていくことになる。

3 「くえびこ」設立

白石が全国青い芝の会を離れることに伴い相模原市にあった事務所を引き払うことになったが、白石は借り手の名義を「脳性まひ者が地域で生きる会」に変え、引きつづき物件を借りることにした（白石［2010:55］）。

そんなおり、栗城シゲ子★09と菊池久子＝殿村久子★10が、重度身体障害者授産施設「けやきの村」を離れ、相模原市で自立生活を始めることになった。また相模原市内での在宅障害者・施設入所者への訪問活動を行うなかで、何人かと関わりができた。甲斐邦博★11はその一人で、白石との交流をきっかけとし、入所施設を出て地域生活をはじめたという（白石［2010:56］）。

一九八二年、白石は就労の場ではない小規模作業所として、また「地域に根付いた障がい者運動を展開していく」拠点として、くえびこを開所した★12。くえびこは、利用者を徐々に増やし、狭いスペースは大勢の人でにぎわっていたという（白石［2010:55-57］）。同時期、白石は「脳性マヒ者等全身性障害者問題研究会（CP研）」（一九八〇年三月～一九八二年三月）や「全国所得保障確立連絡会（所保連）」（一九八〇年一一月～）★13の活動で忙しく、月の半分は都内や横浜市内での会議に出かけており、夕方からの会議を終えて自宅に戻るのは二三時を過ぎることもたびたびだったという★14。

くびえこにて（白石提供）

くびえこの集合写真（白石提供）

（引用者注：くびえこは）［…］狭いスペースに大勢の利用者で、いつもワイワイガヤガヤ楽しくやっていた。［…］この時期が私にとっては一番充実していて、一番忙しかったのではないだろうか。一か月のうち半分は会議などで東京や横浜に出かけていた。所保連などの会議は夕方、新宿の戸山町で行われていて、相模原の我が家に帰るのは夜の一〇時か一一時ごろになっていた。（白石［2010:57-58］）

この頃までは東京青い芝の会の磯部などとは密な関係を作っていたようだったが、後述するように、同会がより大規模な施設建設を計画するという話がもちあがり、疑問の念を抱いたようだ。

4　米国ＣＩＬとの出会い

一九八三年には「日米障害者自立生活セミナー」が各地で開催された。白石は神奈川での開催を担当、一九八八年まで毎年「神奈川障害者自立生活セミナー」の開催準備に携わることになる。このときにアメリカの自立生活センターの実態を目の当たりにし、「障碍者自らが、障碍者の自立生活を支援し、諸々のサービスを提供していくＣＩＬ（自立生活センター）が全米各地に幾つもつくられているという話しを聞いて、ただ驚くばかりであった。［…］政府から補助金を出させ、障碍者を数多く雇って、ピア・カウンセリングや自立生活プログラム、有料による介助サービスを組織的に行っているＣＩＬの存在は衝撃的なものであった」（白石［1994:108］）と書く。

八三年に、日米自立生活セミナーの実行委員になってやってた。そういうことで、興味はあったね。CILは障害者自身が自分（たちが）運営するっちゅうことでね。自分で選んで、自分で決定してやっていくっていうことが、やっぱり魅力。八王子ヒューマンケア（協会）とか見ていたね。東京青い芝のほうは、自立生活センターに関してはあんまり乗り気じゃなかったね。乗り気だったのは中途障害（者）ね。アメリカだってそうでしょ、シビアでしょ。青い芝は脳性まひ（者の集まり）だ。

（安積遊歩とも）時々会って（アメリカの話を聞いたりもしてい）たよ。で、俺はあんまり、ピアカン好きじゃないから、みんなにまかせて。酒飲んだらダメ（と言われるし）。それだけじゃない。形式ばってやるの（も）、嫌だったんだけども。（白石、白石・橋本［i2018b］）★15

白石自身は「形式ばってやる」ピアカウンセリングに対しては消極的であったものの、CILには大きな関心を有していた。一九八六年には日本初のCILといわれる「八王子ヒューマンケア協会」が作られたこともあり、相模原市もこれにならおうと、専門家を招き設立委員会を立ち上げ話し合いをつづけていった（白石［2010:63］）。

5 「シャローム」建設

一九八一年には東京青い芝の会が「八王子自立ホーム」を開設しており、白石がのちにケア付き住宅「シャローム」をつくるきっかけとなった。八王子自立ホームは定員二〇名で全員が個室対応、隣に通所授産施設が併設されるなど、「入所者にとっては至れり尽くせりのケア付き住宅であった」。磯部から「神奈川にこのようなケア付き住宅を建設してみないか。八王子自立ホームがもう建設しているので、神奈川では東京の半分の期間で建設することができるだろう」と言われ、白石はその気になったという。そして実際にそれから五年後の一九八六年に、八王子自立ホームの建設に要した一〇年の半分の期間で、相模原市にケア付き住宅シャロームが建設された（白石［2010:57］、白石［2019］）。

一方で、先に言及した日米障害者自立生活セミナーをきっかけとし、神奈川県内の脳性まひ者や頸椎損傷者たち（厚木市の玉井明、横須賀市たけのこの会の川島美行、藤沢市の安楽光生（本章注27）、鈴木治郎、内海光雄ら）との交流が始まっており、白石およびこのメンバーが中心となり、一九八七年まで神奈川県の援助を受け、「神奈川県障害者自立生活セミナー」を開催した（白石［2010:59］）。

このとき白石は、神奈川県や相模原市、社会福祉協議会、リハビリテーションセンターの職員と関係を深めていたようだ。相模原市の当該部局の課長や部長とも飲みに行ったことを記している。こうしたなかで、神奈川県との話し合いをつづけ、ケア付き住宅についても神奈川県に提起していった。白石は「社協の職員たちは私たちの行事や合宿研修などに積極的に参加していた。福島県内ではとても考えられない市民や県民との関わりを大事にしていく社協マンの姿があった。このような関係があったから、ケア付き住宅も実現できたのかも知れない」（白石［2010:59］）と書き、さらにその関係には「それなりの下地があった」という。すなわち、神奈川県青い芝の会の横田弘らが職員に対して青い芝の会の思想を説き、脳性まひ者などの障害者との付き合い方を教育したことが影響していたと回想している（白石［2019］）★16。

ケア付き住宅シャロームは、神奈川県ケア付き住宅試行事業としてスタートした。一階がケア付き住宅、二階が一般の住宅（定員四名）で、そこに入居者とホームヘルパーをコーディネートする職員が常駐するという体制をとった。さがみ緑風園という施設を退所してここでしばらく過ごし、地域生活に移行するという設計であり、あくまでも「自立生活を体験する通過形の住居形態」を想定していた。この際、三か月は施設に籍を置き難しい場合には戻ることができるように、神奈川県との間で約束した（白石［2019］）★17。

6 東京青い芝の会から離れる

そのころ、白石が「至れり尽くせり」と表現した八王子自立ホームについて、運営上の問題（定員二〇名規模の施設で、職員の配置、部屋の配置等で合理的な運営ができないなど（白石［2019］））があったため、東京の八丈島により規模の大きな施設建設を計画するという話が耳に入った。CILの考え方に出会い、地域生活での自立生活という考え方に惹かれていた白石にとっては、なぜ「いまさら施設づくりを推し進めなければならないのだ」という思いがあり、東京青い芝の会や磯部の考えが「わからなくなって」きた。一方で郡山市出身で東京青い芝の会の事務局員であった大森幸守★18も「使いっ走り」として、「うまく使われ」、「疲れちゃって」、「東京、もう嫌になったんですよ」ということがあり、共に「二人とも帰っちゃおう」と自立連をやめることにした（白石、白石・橋本［i2018b］）。

ただし白石は全国障碍者自立生活確立連絡会（自立連・本章注13参照）の役員会の折に、磯部や寺田に「関東から離れて福島に戻り、福島の仲間と共に活動を行なっていきたい」と伝え、「円満に話し合って」了解を得たという。「東京青い芝の会との決定的決裂ではなかった」ことを強調している（白石［2019］）。

白石は、相模原市で活動していたときにも「いつかは郡山に戻ってくるだろう」という思いを抱いていたようだ。

その時は、また運動やるとは思ってなかったけど、郡山に帰って来て考えようという（ように思っていた）。なにか、（そのときは）みんなの考えがよくわからなくなっ（てい）た。（白石、白石・橋本［i2018b］）

ちょうど「郡山の実家を大幅に改造すると両親が言うので、この際だから、郡山に戻って両親と暮らすのも一つの選択肢だなと思うようになる」（白石［2010:64］）。こうした思いの裏には、先に述べた東京青い芝の会の方向性への不信感があっただろう。この時期の白石は運動の方向性を見失っていたようにもみえる。相模原市では、自立生活センターを設立するための設立委員会を立ち上げて話し合いをつづけていたが、この委員会はたたみ、センター設立の話も白紙に戻すことになった（白石［2010:64］）。

そのようななかでも、首都圏と福島県や郡山市との制度等の格差については気になっており、いずれはその格差を埋めなければという思いも抱いてはいた。ただし当初、この地で再び障害者運動を展開していくことは考えていなかったようだ。

本当は相模原で（ＣＩＬを）つくろうと思ったんだけど、こっち（へ）帰って来る（という気もち）の（方）が強かったから。（Ｕターンしようという気もちは）昔からあったよ。おれは、橋本さんが言うように全国の障害者をまとめるような力もないしね。力がないもん。おれはつくるまでは楽しいんですよ。つくっちゃうと興味がなくなっちゃって、あとは誰かに任せるというのがおれの生き方かな。（白石、白石・橋本［i2018b］）

そのような白石の決定に栄子は、「反対する気もちはなく［…］帰ってもいいかな、と思った」。しかも白石は「運動に嫌気がさして」新たに車いすなどの福祉機器販売業を始めるという。栄子は、基本的に白石の生き方を尊重し「生きたいように、やりたいようにやればいい」と思っていた。また、自身は相模原市で看護師として働いていたが、地方都市で看護職に従事することへの不安を抱いていたこともあり、白石と共に商売を始めることにした。それに向けて、オーダーメイドの車いすの販売や修理の仕事について、相模原市の知人のもとで三か月間、教えを受けたという。

2 Uターン後――再び運動を

1 有限会社の設立

一九八九年七月に郡山市に栄子・息子と共にUターンした白石は、まずは有限会社「ａｍｉ」を設立した。そして栄子が運転、白石は助手席に乗り福島県内の行政、病院関係、リハビリ施設へと、毎日営業に出かけていた。しかしゼロから始める商売は厳しく、三年ほどは「もち出し」がつづいたという。

しかし、営業といっても白石に出来ることは多くはなかった。だんだんと車いすの注文も入るようになり、白石は「家に残って電話番やニュース作りをすることになる」（白石［2010:66］）。そして、ついには電話番もやめ、「運動始めるんですよ。私に全部まかせて」（白石栄子［i2018］）ということになった。それは栄子によれば、商売を始めて一年未満であったという★19。

栄子はここでも「車いすの営業所のほうは全部、私がやって。「まあ、自分のことやればいいわ」と思って」と、寛容な態度をみせる。栄子は当初から、福島県や郡山市には白石の仲間が多くおり、その人たちと運動をいずれ始めることを予想していたかのようにみえる。ただ「その時になったら考えればいい」、「こちらの動きに合わせて何とかすればいい」と思っていた（白石栄子［i2018］）。それは彼女が、大学を辞めて下宿を引き払い、白石のいる秋田市に行くと決めたときから、変わらないスタンスなのだという。

ああでも、こっちに、基本的に、養護学校のつながりで、橋本さんもいれば、ほかにもいっぱい仲間がいますので、そういう人たちと一緒に、そういう人たちのためにというか、動くのだなっていうことはわかってましたから。別に、それはそれでいいと思いました。（白石栄子［i2018］）

橋本にとって、白石の帰郷は「寝耳に水」だったという。

そんな中、まったくの寝耳に水の話しであるが、白石さんが郡山に帰って来るという話を聞き、私は口から心臓が出てくるほどビックリしたのである。
これは私の勝手な思いであるが、白石さんは四〇代になったら東京に住まいを移して障がい者活動の全国的な流れを東京に居座ってやるものと勝手に思っていたので、尚一層ビックリしたのかもしれない。（橋本［2010:104］）

一方、白石がUターン後、橋本の家を訪ねると、橋本が「活気のない顔をして私を出迎えた」ため、非常に驚いた。橋本に「うつみね地域共同作業所」を辞めた理由を尋ねたが、はっきりとは答えなかった。白石は、同所の所長を辞して以降とくに活動を行っていなかった橋本が「このままではダメになってしまう」と思い、立ち上げた有限会社ａｍｉの電話番を依頼するなど、「何とか前向きになってもらうように努力した」のだという（白石［2019］）。

郡山市に戻った直後、白石は平日は営業活動を行っていたが、週末には橋本宅を訪れ、吉田強、佐藤孝男、岡部和之★20などと飲むという生活を送っていた。二〇〇一年、二〇一八年のインタビューおよび二〇一〇年の記念誌でも、白石は郡山にＵターンを考えた時には「障がい者運動をしていく気は全くな」かったと明言している（白石［2010:64］）。しかし一九九四年には、福島県青い芝の会が消滅してから「鳴かず飛ばずで活動を続けていた」と指摘したうえで、全身性障害者による運動が存在しなかったことが「福島県の障碍者福祉の進展を阻害していた」という見解を示し（白石［1994:103-104］）、そのうえで、東京都や神奈川県と比較して福島県の福祉は「二〇年ぐらいの差」があり、「いずれは戻ろうと思った福島の状況がこのようなものでは、とても安心して福島へは戻れないという思いもあり、今まで培ってきた二〇年の運動の実績をもって、福島で新たな運動を切り開こうと考えた」としている（白石［1994:97］）。おそらくどちらもその時々の「本音」なのだろう。あるいは後でみるように、白石のなかでの「運動」の意味づけが、Ｕターン前後で異なっているのかもしれない。

２　「運動」への移行――「グループ・らせん」結成

ａｍｉが軌道に乗っていくと白石は「暇」になり、岡部和之、そして白石のＵターン後、一年ほどでうつみねの会を脱会した橋本らとともに「福祉と文化をつなぐ」ことを目的とする「グループ・らせん」を結成した（白石［2010:66］）。ここからふたたび、白石と橋本はコンビを組んで活動し始めることになる。

グループ・らせんでは情報誌を作成し、駅でこの情報誌や作業所から仕入れたもの（手作りジャムなど）を売ったりしていた。しかしこれは「運動」ではなかったと白石は言い切る。情報誌は三号ほど作成し、それを持って月に一度は市や県の障害福祉課や社会福祉協議会に顔を出すようにしていた。そのなかで話を聞いてくれる職員との関係が出来たこともあり、まちづくりのシンポジウムを開催した（白石、白石・橋本［i2018b］）。

シンポジウムは一年に一度、一九九一年から四年ほどつづいたという。なぜ、このようなシンポジウムを開催するに至ったのか。白石は相模原市での経験により行政とのコネクションづくりを学んだからであるという。

相模原市や神奈川県でやっていたことが郡山市や福島県できないかと、やみくもに行動していた。『障碍者問題を理解することができる職員を作り出していこう』という気概があった。（白石［2019］）

情報誌を持って、（アポイントメントをとることなく）県庁や市役所や社会福祉協議会を訪問する。最初は職員たちは「なんで来たのかな」という反応であったが、情報誌をみながら自治体の取り組みや考え方を聞くところから話を広げ、徐々に「今度飲みに行こう」という関係を築いていった（白石、白石・橋本［i2018b］）。白石は「誰であってもできるんじゃないのか？」というが、もちろんそうではない。そこには、青い芝の会での苦い経験、および相模原市での行政関係者との「交流」から良好な関係を築き、ケア付き住宅まで立ち上げた経験がある。そのうえで白石の、「障害者が生きて行くための条件」をつくりだすための活動への熱意が、多くの人を惹きつけ、また実際にかれらを動かしたのだろう。

また、まちづくりシンポジウムの開催を通じて、郡山女子大学教員の小坂和夫と知り合い、小坂の提案により、グループ・らせん、小坂、郡山市社会福祉協議会の添田祐司、東北福祉大学教員の原鉄哉、郡山女子大生や日本大学生らが集い、月に一度、勉強会を開催した。その会合の名を「の−む塾」といったが、これは「ノーマライゼーション」と、勉強会の後に居酒屋で酒を「のむ」をかけたのだという（白石［2019］）★21。多い時には三〇名ほどが集まっていたが、小坂の辞職により消滅した★22。

そこにかつて福島県青い芝の会に参加していた、鈴木絹江も加わった。

　白石くんが神奈川から帰ってきたっていうので、「俺はもう障害者運動やめんだ」みたいなこと言ってたけど、帰ってきてみたら郡山が何にも自分が出てったときと大して変わりないっていうことがわかって、ぼちぼち動き始まったときに勉強会やってっていうことで。ほんで私も、その頃娘が生まれて、まだ娘がおむつやってるぐらいのときから、一か月に一回ぐらいの集まりに参加したっていう。（鈴木［i2019］）

ここから、鈴木が住む船引町（現在は田村市船引）での女性たちの勉強会開催につながり、その後船引でのＣＩＬ設立へといたる（第2章一一三頁）。

3　ＣＩＬ設立とその後の展開

1　「運動」としてのCIL設立

郡山市でのＣＩＬ設立の直接的なきっかけは、「パーフェクトパスを走らせる会」シンポジウムへの参加であった。

（一九九〇年に、京都の日本自立生活センター（ＪＣＩＬ）主催の「パーフェクトバスを走らせる会」のシンポジウムが山形で開催されると聞いた）「どんなバスが……、どんなことやるのかな?」、「できれば郡山にも（パーフェクトバスが）ほしいな」って（いう気もちで参加することにした）。そこで、矢吹文敏★23さんと数年前に亡くなった長橋（榮一）★24さんに（会った）。パーフェクトバスは今のノンステップバス。（集会は）大きかったね。そこに（通訳で来ていた）斎藤明子★25さん（に会った）。で、（斎藤さんに）「東北で最初のＣＩＬを福島につくれ」って言われて。（白石、白石・橋本［i2018b］）

すでに触れたように、白石は一九八三年日米障害者自立生活セミナーの神奈川開催を担当していた関係で、ＣＩＬに関する知識や関心を有していた。相模原市でもすでにＣＩＬ設立委員会を立ち上げていたが、それを白紙に戻して郡山市にＵターンしてきていた。

こうした経緯があり、斎藤らに出会わなくともＣＩＬ設立に向けて動き出していたかもしれない、と白石は言う。しかしそれは直接のきっかけとなり、その年の一二月にＪＩＬ（全国自立生活センター協議会）の結成総会に橋本、岡部和之と共に参加し、動きは加速する。最初は未来会員として登録するところからはじめた。

で、自立生活センターを福島にもつくらないかって言われて未来会員に登録したんだ。ちょっとやってみっかなってくらいの軽い気持ちで。（白石［2001:166］）

白石は、どうしたら郡山市にＣＩＬを設立できるのかを考えた末、ＪＩＬ事務局員であった斎藤からの助言もあり、福島県にある既存の小規模作業所の補助制度を使って、「自立生活センターの活動拠点」となる小規模作業所を立ち上げることにした。ただし、補助制度を活用するには、物件を借り職員を配置するなど作業所としての体制を整え、一年間の事業実績を作らなければならないという厳しい規定があった。白石、橋本、岡部和之、秋元典夫★26が三〇万円ずつ拠出し開所準備資金としたが、それでは不足していたため、町田ヒューマンネットワークと安楽光生★27に依頼し、町田駅と藤沢駅前で、一二月のクリスマス前の一週間にわたって「出稼ぎ募金活動」を二年間行なった。三〇〇万円ほどの募金が集まり、一九九二年には小規模作業所Ｗｏｒｋ・ＩＬ設立準備室を立ち上げた（白石［2019］）。

こうした動きについて、白石はここではじめて「（障害者）運動だな」と認め、「首都圏との格差をなんとか縮めよう」とするものだったと述べている（白石、白石・橋本［i2018b］）。しかし、相模原時代の経験から「行政職員との関係を密にして」いくことが運動の鍵であると確信していた白石は、グループ・らせんを立ち上げた頃から、行政関係者との接触をつづけていたようだ。発行していた文化・福祉情報誌に掲載すべく当時の郡山市長であった青木久へのインタビューを行ったこともあった（資金難からその情報誌は発行できなかった（白石［2010:66］））。また、まちづくりに関するシンポジウムも、行政や社会福祉協議会を巻き込んだかたちで開催した（白石［2010:67］）。

一九九三年に正式に小規模作業所Ｗｏｒｋ・ＩＬの開所が認可され、Ｗｏｒｋ・ＩＬ内にオフィスＩＬ設立準備室を設置。翌一九九四年、自立生活センターとしてオフィスＩＬが正式にスタートする。開所式ではＪＩＬ事務局員として斎藤が記念講演を行った。当初は月五〇時間の介助サービスと土日にＷｏｒｋ・ＩＬの送迎車両を利用した移送サービスを行っていた（白石［2010:68-69］）。

一方で、一九九一年のシンポジウムを機に県内の障害者団体の関わりが強くなった。これをきっかけとし、一九九三年には白石らのグループ、「うつみねの会」、福島市の「障碍者が地域で生きる会」（本章注37参照）、会津若松市の「ピーターパン作業所」、いわき市のグループによる、県内の障害者施策の向上を目的とした、「福島県全身性障碍者等連絡会（旧福障連）」が結成される（白石［2010:73］）。代表には角野正人、事務局長には白石が就任した。福障連では、毎年合宿を行い仲間意識を培った。当時は、各センター・各団体ともエネルギッシュで勢いがあったという。合宿には多い時には五〇名程度が参加し、夜遅くまで飲んで「喧々諤々議論を交わした」（白石［2019］）。その後、自立生活センターが多く設立され、福島県自立生活センター協議会（ＦＩＬ）が結成された★28。

2　行政との連携

オフィスＩＬが活動を始めたころ、白石は郡山市職員であった角田ミキ子との関係を密にしていたようだ。

角田氏は一九九二年から障害福祉課に籍をおき、一九九七年には課長補佐、二〇〇一年四月から二〇〇三年三月まで課長を務めている（角田・渡辺・村上［2007］、福島県社会福祉協議会［2016:11］）。角田が障害福祉課にかかわったのは一〇年ほどであり、とくに一九九〇年代に入ってからの白石の動きとリンクしていた。

角田「私が、障害福祉課に関わったのは、一〇年位。箱型施設は、市にも限界があるということだったので、一つの中学の学区に、二、三ヶ所の作業所を作って、そこに補助金を出せるようにと悪戦苦闘しました。課に入った時は二ヶ所しかなかったけれど、辞めたときには三〇ヶ所以上ありました。作業所の家賃補助、社会保険料の補助は、財政との交渉が大変でした。一人の人が施設に入れば、小規模に入るより何倍ものお金がかかると市長とも掛け合ったんです。」（角田・渡辺・村上［2007:4-5］）

角田は、自立生活センターの活動を開始した白石らの動きを身近でみており、「行政で福祉という仕事をする」心構えに影響を受けたようである★29。

「彼等がこんなに真摯に歩んでいるのに、私達がここで諦めてはいけない。」という想いが、私が行政で福祉という仕事をする中で、真の福祉のあり方を教えてくれました。

今だからお話出来ますけど、自立生活センターオフィスＩＬが活動を開始し、少ない補助金で運営を余儀なくされていた時、白石さんはさりげなく「じゃ〜出稼ぎに行って来るか〜。」と言って、暮れの寒い中、神奈川方面に街頭カンパに出かけて行ったのです。その募金が百万円を越していて、私は、声も出ませんでした。ただただ頭の下がる思いで一杯でした。あれから二〇年近くになります。

あの時の彼等の行動が、私自身現在もこうして熱い想いで仕事が出来ていると思っております。(角田[2010:3])

当時JILは、CILが「市町村障害者生活支援事業」を受託するべきであると主張していた。白石も中西正司★30から「それをオフィスILでとればいいよ。郡山市によく話してみれば」と言われたという。そこで白石は早速障害福祉課に出向き、角田にこの事業をオフィスILで受託することを持ちかけ、それは実現された。ただ、「単なる障害者の任意団体」に受託されるまでには大きなハードルがあった。白石は、町田市の職員であり、国際障害者年日本推進協議会結成に参加した近藤秀夫を招いた講演会を開催、行政関係者にも参加を呼びかけて、この事業への理解を求めた。こうした白石の努力はもちろんであるが、ちょうどこの時期に開催された、「全国車いす市民集会」と「全国自立生活問題研究集会」合同の「全国障害者市民フォーラム」開催(一九九七年)の動きを、角田が福祉課次長という立場からみていたことは大きかったと岡部聡はいう(岡部[i2018])★31。

これにより、角田の白石への信頼が強まり、角田は「オフィスILに委託するために」動いたのだという。さらに岡部は角田の「積極的な」性格も影響したとし、実際にこの事業を受託している東京都内のCILを視察にも行ったという。当時の角田の言葉について、岡部が言及している。

「これは障害者の当事者がやる事業だよねっていう思いはあった」っていうのは、(角田さんから)聞いた

ことがあります。（岡部［i2018］）

白石は角田との関係を次のように書いている。

オフィスＩＬの活動が軌道に乗っていくにつれて、ごくせまい福祉の分野でだが、認知度が上がっていった。私たちは郡山市役所の障がい福祉課にもなるべく多く顔を出すようにしていた。以前は、機関紙はなまる★32を毎月発行していて、各方面へ手渡しでもっていくようにしていた。そのようなこともあって、当時障がい福祉課の角田ミキ子さん（現在あいえるの会理事）とも関係ができて、私たちの話を良く聞いていただいた。（白石［2010:73］）★33

それ（引用者注：市町村障害者生活支援事業の利用）を聞いた角田さんは、俄然やる気になったのか、予算の査定の時には市長室に行って、市長に直談判をしてまで頑張りぬいて市町村障害者生活支援事業をオフィスＩＬに受けさせるまでこぎつけたというエピソードを後になって本人から聞く。（白石［2010:73-74］）

こうしてオフィスＩＬは市町村障害者生活支援事業を受けることになった。障害者団体が受けたのは、東北ではオフィスＩＬのみであった。岡部がいうように、角田の熱意は、それまで白石が積み重ねた実績、白石への信頼に動かされた面もあると思われるが、彼女自身がこの事業について理解するなかで、当事者が中心となって行う事業であるとの認識を深めていき、障害のある当事者が代表を務めるオフィスＩＬへの委託にこだわるようになったのではないか。白石は「角田さんと野口さんという二人の行政ウーマンがいなければ、あいえるの会はこんなにも大きくはなれなかっただろう。二人には大いに感謝している」（白石［2010:73-74］）と書く★34。

3　補助金制度設立をめぐって

一九九五年には、「全国で初めて」の、自治体が自立生活センターへ直接補助金を支給する「福島県自立生活センター支援事業制度」が創設された。これは、当時の小規模作業所への年間三〇〇万円の補助金と同額であり、白石たちにとっては「寝耳に水」の話であった。どうやら、当時の県知事佐藤栄佐久が、バークレーにあるＣＩＬの代表であったマイケル・ウィンターと、彼の配偶者である郡山出身の桑名敦子（第２章七〇頁）を訪問したことがきっかけだったようだ。

桑名は白石や橋本と同じ養護学校出身の後輩にあたるが、白石は桑名とはほとんど交流がなかった。ただ、桑名の大学進学を橋本らが応援していたという経緯があった（白石はその時福島には住んでおらず、詳しいことは知らないという）。また、桑名の父が養護学校の教員であり退任後は親の会の会長も務めていたため、後年、父と会食をしたこともあった。白石によれば、一九九一年の日米障害者自立生活セミナーが各地で開催された際に、そのすべてのセミナーに桑名が参加し、それをきっかけとして、マイケル・ウィンターと結婚、渡米してバークレーに住んでいたところに、福島県知事が訪問をしたようだ（白石、白石・橋本［i2018b］、白石［2019］）。

「福島県でも（ＣＩＬを）やってるから応援してください」なんて、（桑名が知事に）言ったんじゃないかな。（白石、白石・橋本［i2018b］）

白石は知事とは面識があった★35が、その知事からは直接何も言われることなく、補助金にかんする通達があったという。それ以降、福島県内のＣＩＬは「雨後の筍のように」あちらこちらに創設された。橋本と同級生の鈴木が船引町（現在は田村市船引）の「福祉のまちづくりの会」を、福島市では角野が中心になって「ＩＬセンター福島」を、福島県青い芝の会に関わっていた当時学生だった長谷川秀雄がいわき市に「いわき自立生活センターえんじょい」を、うつみねの会との接点があった中島浩一郎が会津若松市に「会津自立生活センタースマイル」を、それぞれ立ち上げた★36★37。

その際、行政から自立生活センターであるオフィスＩＬとＷｏｒｋ・ＩＬは、別の場所に事務所を置いてほしいという要請があり、オフィスＩＬが移転したという経緯がある。Ｗｏｒｋ・ＩＬの代表には橋本が就任、職員には飯田（旧姓安藤）しのぶらがいた。またオフィスＩＬ所長には白石が就任、職員には湊（旧姓鈴木）久美子がいた。

4　活動停滞

白石は一九九五年頃から首筋や肩の凝りを自覚していたが、この年の一二月に柱につかまって立ち上がろうとしたところ、失敗して尻もちをついた際に「頭の先から足の先までビビーンと電気が走った」。二次障害で寝たきりになることを恐れた白石は、年が明けて一九九六年一月に知人から紹介された横浜南共済病院を受診、二月に入院し手術を受ける。三度の手術により入院は半年におよび、八月にようやく退院した（白石［2010:75］）★38。

一九九七年には「障害者市民フォーラムin福島」を開催する予定であったが、白石は一九九六年二月から八月まで手術のため入院し、オフィスＩＬの事務所を吉田公男にまかせることにした。ようやく退院して戻ってみると「どうにも居心地の悪いオフィスＩＬに様変わりしていた。というか、オフィスＩＬは障がい者（脳性まひ者）のペースを離れてしまっているような感じを受けた」という（白石［2010:76］）。

ともかくも、オフィスＩＬの仕事には復帰し、フォーラムに向けて再び動き始めた。この際、子育てで大変な時期を迎えていた宮下三起子と、オフィスＩＬが立ち上がったころからボランティアに来ていた岡部聡、糖尿病で苦しんでいる小室英彦を準備担当の臨時スタッフとして「薄給で」雇う（白石［2019］）。約一年後に迎えたフォーラムは実行委員長を橋本、事務局長を白石が務め、車いす利用者二〇〇名を含む六〇〇名が参加、ボランティアとしてのべ一〇〇〇人が参加した。すでに東京のピアカウンセラーとして名が知られていた安積が講演を行い、小規模作業所・就労問題、まちづくり、結婚、子育て、性を考える、自立生活センターの役割と今後など、一三の分科会が開かれた★39。

フォーラムは盛会のうちに終了したものの、翌一九九八年、白石はオフィスＩＬの所長を橋本に引き継ぐことにする。このときのことを白石は次のように語っている。

おれは怒ったんだよね。（オフィスＩＬの）みんなが、どんどん健常者の言いなりになっていったからね。おれは「こんなんは嫌だ」、「だめだ」って怒って、ボイコットしたの。事務所に行かないで。（……）そこ

からちょっと距離を置いた時期があるね。二年間だ、二年間。（白石、白石・橋本［i2018b］）

組織が大きくなると、合理的に事業を進めなければならなくなり、健常者がいないとまわらなくなる。「ちょっと待てよ」と白石は思った。「そうなったら障害者の声が反映しにくく」なってしまう。「当事者主体でやりたい」という思いを抱きつつ、「結局は、健常者主体になっていく」。白石は、自立生活センターはこうした矛盾からは逃れられない気がした。健常者の力を頼まないとできない自立生活センターの活動に対し、徐々に興味を失っていく。

そして、白石はオフィスＩＬの運営委員のみに名を連ね、実質的な活動には参加しない方針を貫くことにした（白石［2010:79］）★40。

全国障碍者市民フォーラムの開催後、障がい者同志の連帯感や泥臭さがだんだんと失われてきて、発展の段階に入ったオフィスＩＬにはあまり興味がもてなくなっていき、橋本君と話し合ってオフィスＩＬの所長を橋本君に引き継いでいただいて、私は運営委員だけに名を連ね、実質的な活動には参加しない方針を貫く。（白石［2010:79］）

5　「あいえるの会」設立

白石がふたたび中心的な活動に復帰するのは、二〇〇三年になってからである。その背景には、支援費制度による居宅介護事業がスタートし、二〇〇一年に設立されたＮＰＯ法人「あいえるの会」の組織的な

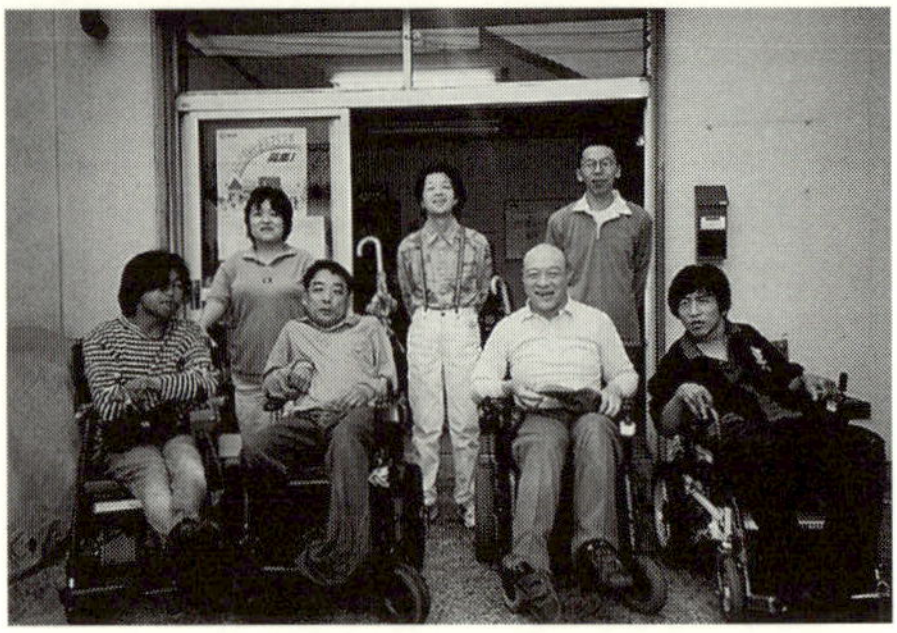

あいえるの会　初期の頃
岡部、宮下、橋本、白石他（白石提供）

強化が必要ということで、宮下と岡部に懇願されたことがあった。白石は二〇〇三年あいえるの会の理事長に、事務局長には永田壮三が就任した。このときには「障がい者のペースを堅持していく従来型の動きに縛られることなく、もっと柔軟的に障がい者運動の方向性を見つけ出していこうという気もちで」（白石［2010:81］）理事長の職に就いたと書いている。

ここでは柔軟に運動の方向性を見出すという白石の心もちの変化について考えてみたい。まず、「障がい者のペースを堅持していく従来型の動き」とは、いわゆる「当事者主体」の運動形態のことだと思われる。白石はこの形態へのこだわりをなくすという。この背景には「いわゆる障害者の仲間」が少なくなってきていたことがあった。白石のいう「障害者の仲間」とは、障害者全般を指すのではなく、脳性まひ者のみである。つまり白石はこの時期までは「脳性まひ者の仲間」を中心として、脳性まひ者の「ペース」により、運動を行うことにこだわっていた（白石、白石・橋本［2018b］）。それは、やはり青い芝の会が「脳性まひ者の会」であり、障害が一番重度である人の立場から、「社会変革」をめざすという方針に由来していたと思われる。しかし郡山市では、青い芝の会の時代とは異なり、運動に参加する脳性まひ者は少なくなった。他方で既出の宮下など、脳性まひ者ではない、郡山養護学校の同窓生たちが徐々に白石の周囲に集まってもいた。そこで白石は「当事者（仲間）＝脳性まひ」をベースとして運動をすすめていくという、一つの大きなこだわりを捨てたのである★41。

4　福島県の運動はなぜ発展を遂げたのか

二〇〇四年から二〇〇五年にかけて、ＩＬＰ（自立生活プログラム）の拡大版のような、「自立大学」を開催した。さらに、二〇〇八年四月に「Ｗｏｒｋ・ＩＬ」は地域活動支援センター「ワークＩＬ」としてスタート。二〇一〇年には生活介護事業所として「わーくＩＬ」と「たいむＩＬ」がスタートし、さらに震災後の二〇一六年には同じく生活介護事業所「るーとＩＬ」を立ち上げるなど、精力的に事業の展開を続けている★42。

一方で、相模原市ではいまでも栗城が、かたちを変えながらくえびこを守っている（本章注09）し、後輩である菊池＝殿村はＣＩＬくにたち援助為センターの代表として活躍している（第2章）。また秋田市で白石に出会った遠藤は、田村市船引で活動をつづけている（第3章）。さらに東日本大震災後には、一時避難の場所としてかつてのケア付き住宅が活用された（第7章注07）。青い芝の会時代の白石は確実に、秋田市にも相模原市にも遺跡を残してきたといえるだろう。さらにいえば関西の仲間であった鎌谷＝古井、福永年久らとは、震災時にもつながりをもった。（第7章、第8章）。

福島県においては白石が秋田市から相模原市に移動し不在の間、橋本・角野らによる作業所活動などが地元に根づいたと思われる。そこに、Ｕターンした白石が地域での自立生活、そしてそのための介助者の確保という課題を、いくばくかの迷いをもちつつも、ＣＩＬの事業と結合させたのではないか。

これが現実化した背景には、一九七〇年代の福島県青い芝の会からつづく、郡山養護学校の同窓生ネットワークがある。本文でみたように、同窓生桑名の影響により県独自の補助金が創設されたり、やはり同窓生である鈴木などが中心となって福島県の各地にＣＩＬが創設され、県内での協力関係を有していることなどは、その象徴的なものであろう。そしてもちろん、白石の「女房役」と呼ばれる橋本の存在は欠かせない。Ｕターン後の白石の働きかけにより、橋本はうつみねの会を脱退して活動を再開し、その後は常に運動の中心部分にいる。とりわけ白石が一時、運動を離れた際には、橋本はオフィスＩＬの所長を白石から託されている。そして現在もあいえるの会のなかでは独特の存在感を示しているようだ（たとえば『広芳の小部屋』九頁参照）。

特筆すべきは、白石の柔軟性である。青い芝の会の理念にひどく影響をうけながらも、この形態では社会に訴えることができないとみるとあっさりと決別し、都市部ではない地域にふさわしい活動を絶えず模索してきた。とくに一九九〇年代は、行政との関係は「闘う」ものではなく、「うまくやっていく」ものになった。白石は最終的にめざすべき場所、獲得したいものを見据え、「協調路線」を選ぶようになったのである。その結果、福島という地にもたらされたものの大きさはいくら強調しても足りない。

「あきっぽい」白石が、一貫してこだわってきたのは、地域において障害者が生きていくという一点のみであった。あいえるの会理事長に就任以降は、脳性まひ者のペースにこだわらず、また特別支援学校を卒業する「重度の障がい者」のための受け皿となるべく、生活介護事業を展開するなど、幅広く活動してきた。これはおそらく、橋本が創設した地域共同作業所からの流れも深く関連しているだろう。こうしたさまざまな障害者／健常者と連携してきたことは、のちの震災後の活動にも影響を与えている（第7章参照）。これらは福島県における障害者運動の特徴であり、運動の発展をもたらした要因の一つであるといえるのではないか。このことについてはひきつづき考えていきたい。

★注

★01 健常者グループは「グループとまと」という名称であった（白石［2010:48］）。白石の記憶によれば、その代表であった佐々木千鶴子が、当時福島県青い芝の会で活動していた白石を訪ねてきたことがあった。彼女は「秋田青い芝の会の人たちは、私たちが『運動をしよう』と言っても一向に動いてくれない」とこぼしていたという。それから四〇年余後の二〇一八年秋、白石は障害のある当事者を中心とした秋田市の団体である「暮らしるべの会」に招かれて講演を行ったが、その際、当時高校生でグループとまとに参加しており、現在は同会の相談役となっているという女性たちと再会したという（白石［2019］）。白石が「私との付き合いがあったから、いろいろと助言ができたのであろう」（白石［2019］）と述べるように、白石らとのかかわりが彼女たちに与えた影響は大きかったのだろう。秋田に残した白石の功績がみてとれる。

★02 吉田強と佐藤孝男についてはそれぞれ第1章注17、注29を参照。

★03 古賀稔章は一九五六年福岡県生まれ。白石が秋田市在住であった頃に、川崎市にあった全国青い芝の会の事務所の近くに越してきて、運動に関わりはじめた。白石を訪問したのは、白石が事務所で「秋田には可愛い女子高生が毎日来ている」と自慢話をしたためである。古賀はのちに再建委員会に関わり、白石とともに「青い芝の仲間たちの状況視察を含めて、仲間たちの話を聞くために」各地に赴いた。再建委員会が総辞職することになり辞めて、一九八一年に地元に戻った（白石［2019］、古賀［2001:382］）。

★04 結婚式直前の一九七九年三月末に、全国青い芝の会は「五四年度養護学校義務化阻止闘争」を三日間にわたって行った。白石を含め若い役員らが「決死の態度を示すために」坊主頭にしたため、不本意ながら白石は結婚式にも坊主頭で臨んだ（白石［2019］）。子どもが生まれたのは、横塚が亡くなったちょうど一年後であった。縁を感じた白石は横塚の名前から一文字とって、子どもを名づけた（白石［2019］）。

★05 白石は、横塚亡きあとの全国青い芝の会について「今まで横塚晃一氏と横田弘氏による「障碍者差別（優生思想）と闘う」方向性で進めてきた運動性から、制度改革の方向性を持つ東京青い芝の会の主張を全国青い芝の会の運動に反映させていこうという目論見があったのかなと今になって思う」と述べている（白石［2019］）。

★06　矢田龍司は、神奈川青い芝の会の創始者のひとり。当時は同会の役員を務めていた。白石がふれあいの家を訪ねていくと、そこでは陶芸の器作りを行なっていた。それのみならず、青い芝の会の理念にもとづき「どんな重度の障碍者でも地域で生きる権利がある」と、障害者運動を加味した作業所活動を行なっていた。白石はこうした矢田の活動に共鳴したという（白石［2019］）

★07　鎌谷正代＝古井正代については、第7章注03、三宅光男については第1章注12を参照。その後、古井と再会したときのことを白石は次のように書いている。「私が郡山にUターンしてから、古井氏との再会があった。私が『こどものとも』から『おとうさんといっしょに』という絵本を発行したのを、古井氏のお子さんが保育園から持ってきたことから、古井氏との再付き合いが始まる。当時広島のほうにいた古井氏の自宅にお邪魔したり、古井夫妻で脳性まひによる二次障碍の調査研究を行なっており、郡山に訪ねてきて、郡山市内に住む多くの脳性まひ者に対するアンケート調査をしていく」（白石［2019］）。

★08　古井と三宅は、関西青い芝の会の健全者組織を解散させた後、全国青い芝の会・常任委員会には顔を出さなくなった。しかし横塚晃一を見舞ったり、郡山市の橋本らを訪ねてきたりしていたようだ。白石は常任委員会に彼らからの報告がなかったことに対し、「ちょっと解せない思いはあった」という（白石［2019］）。

★09　栗城シゲ子は、郡山養護学校における白石の同級生。白石が相模原市を去る際に白石に懇願されてくえびこの所長をひきつぎ、現在は「地域活動支援センターくえびこ」として、作業所兼介助派遣事業を行なっている（白石［2019］）。

★10　菊池久子＝殿村久子は郡山養護学校における白石・橋本の後輩である。第2章七〇頁参照。

★11　白石は、知人の紹介を通じて甲斐と出会った。甲斐はさがみ緑風園に入所しており、ジャズを聴くことを趣味とする青年だったという。

★12　「くえびこ」とは案山子の古い呼び名である。案山子は脳性まひ者やその他の障害者の姿を現しており、かつてムラの中では障害者の役割があったのではないかと白石は言う。同様に、現代においても障害者としての役割が存在していることを証明したかったため、作業所をこの名称としたのだという（白石［2010:57］）。

★13　全国所得保障確立連絡会の活動の詳細、その成果については第6章、および高阪悌雄「障害基礎年金制度の成立プロセスを探る――当事者運動と年金改革の接点」（高阪［2018］）を参照。

★14　これがひと段落する一九八四年に、白石は東京青い芝の会、脳性まひ者が地域で生きる会、福島の橋本や角野と共に「全国障碍者自立生活確立連絡会」（自立連）を立ち上げる（白石［2010:61］）。会は、一九八六年に厚生省が導入した施設費用徴収制度（扶養義務者からも徴収する案）に反対し、一年で施設費用の親や子からの徴収を撤回させることに成功する（白石［2010:62］）。さらに「障害」の「害」の字を「碍」に変えることも要求した。

★15　白石はアメリカ流のCILから刺激を受けたというが、のちに疑問を抱くようになった。「いろいろ入ってくる情報などを聞くにつれ、「CILもアメリカの能力主義の流れに沿ったもの」なのかなと思うようになる。アメリカのCILのスタッフは高等教育を受けた中途障碍の者が多いということが目に付いた。脳性まひ者たちはどこにいるのかと問うたら、「アメリカにも巨大な施設があり、そこに大勢の脳性まひ者たちが隔離されている」というような情報が入る。アメリカやヨーロッパの障碍者運動には「優生思想」に対する意識的な形態は無いのではないか？　そのような面では、アメリカのCILには疑問点がある」（白石［2019］）。

★16　白石は当時、神奈川県社会福祉協議会の職員であった菅井、武居光、小野敏明（神奈川県社会福祉協議会から相模原市社会福祉協議会、日本地域福祉研究所へ）などと付き合いがあった（白石［2019］）。

★17　さがみ緑風園から又村、国吉、原田という三名の脳性まひの男性がシャロームに入居した。三名とも日中はくえびこに通うという生活を送った。期間の違いはあったが、いずれもシャロームから一般のアパートに生活の拠点を移していった。この三名と同じようにシャロームから出て、神奈川県や東京都に移り住んだ脳性まひ者は二〇名近いという（白石［2019］）。

★18　大森幸守は、脳性まひ者で郡山養護学校における白石・橋本の後輩である。橋本の九つ下であり、養護学校時代は同室で過ごした。当時は、所保連（全国所得保障確立連絡会）の運動の進め方等について、東京青い芝の会の事務所からの伝達事項を伝えに、しばしば相模原市のくえびこまで自らの車を飛ばして来ていた。用事が終わった後に大森との宴会が始まり、そのままくえびこに泊まっていった。大森の存在により白石と東京青い芝の会の関係が円滑に進んだという状況があったという（白石［2019］）。大森は東京青い芝の会を辞めた後も八王子で生活していたが、一九九二年、くも膜下出血によって他界。東京青い芝の会には大森と共に活動していた、やはり郡山養護学校の後輩である小松忠夫もいた。

★19 そのころのことを、白石は次のように振り返る。「栄子と一緒に車に乗って福島県内の行政、病院関係、リハビリ関係施設を地区別に分けて毎日営業に回った。最初は、障碍者の販売員が行けば、一定程度のインパクトがあるだろうと思っていた。しかし、私は車いすに乗って、栄子に押されて行くが、営業で話すのは主に栄子で、私は最初と最後に頭を下げて挨拶するだけの存在（言語障碍があり、私が何を話しているのか相手は分からない）であり、営業で無駄な時間を割いているより、それ以外の活動があるのではと考えるようになる」（白石［2019］）。

★20 岡部和之は、郡山養護学校における白石・橋本の同窓生。白石の養護学校高等部の同級生である茅野信路の説得があり、実家のある須賀川市から転居し、うつみね地域共同作業所のメンバーに加わった（白石［2019］）。

★21 白石によると、小坂と知り合ったきっかけは覚えていないが、すぐに打ち解けて話し合える仲となったという。小坂の教え子である女子大生たちも来るようになり、グループ・らせんの活動のボランティアをしてもらっていた（白石［2019］）。

★22 ほかにキーパーソンとして、福祉工学を専門とする日本大学の教員だった佐藤平（ひとし）がいる。佐藤と橋本は、青い芝の会の時代からまちづくりの運動において長い関わりがあり、郡山駅の改修計画の時に、佐藤から意見を求められたこともある。また、建築を専門とする日本大学教員の松井壽則（手話のボランティアをしていた）とは、白石が若いころサークル活動をしていた時に知り合った。佐藤および松井との関係から、グループ・らせんとしてかれらの調査研究に協力するなど、日本大学の学生との関りもできたという。また、佐藤平の息子の佐藤篤史とも、のーむ塾から現在までのかかわりがある（白石［2019］）。

★23 矢吹文敏は、一九四四年山形県天童市生まれ。福島県青い芝の結成と同時期の一九七二年に、山形市で社会保障研究会「サークル・きどう」を結成しまちづくりの活動を行っており（矢吹［2014］、矢吹［2018］）、白石とはその頃から面識があった（白石［2019］）。一九八七年、矢吹は車いす市民全国集会で出会った長橋が立ち上げた日本自立生活センター（ＪＣＩＬ）に参加するため京都へ移住。

★24　長橋榮一（一九三〇〜二〇一二）は、当時バークレーＣＩＬ所長であったエド・ロバーツが、一九八一年の第五回車いす全国市民集会（大阪）での講演のために初めて日本を訪問した際、京都での世話役を引き受けた。これをきっかけとし、事務局長であったマイケル・ウィンターから一九八四年に「ジャパンＣＩＬ」という名称使用を許可する契約書を渡され、ＪＣＩＬを設立したという（矢吹［2009］）。その長橋は、親戚が郡山市に住んでいた関係で、毎年のように白石のもとを訪れていた。その時から白石とＪＣＩＬとの関係ができていたという（白石［2019］）。

★25　斎藤明子は、のちに一九九一年に設立された全国自立生活センター協議会（ＪＩＬ）の事務局員を務めた。『アメリカ障害者法』（斉藤訳［1991］、現代書館）の翻訳者。

★26　秋元典夫は川内村の出身である。白石の文章が掲載された書籍を見て、郡山市まで白石と橋本に会いに来た。そして数か月のうちに郡山市で自立生活を始め、その後、会津若松市に住んでいた織間恵子と結婚する（白石［2019］）。

★27　安楽光生（一九五四〜二〇一八）と白石とは、相模原市時代に自立生活セミナーの関係か、あるいは矢田龍司との関係で知り合った（白石［2019］）。

★28　福島県全身性障碍者等連絡会（旧福障連）と福島県自立生活センター協議会（ＦＩＬ）は、もともと参加メンバーがほぼ同じであったが、震災後、活動が低迷した。このままでは両方とも活動が成り立たないということで、双方の団体を合わせて二〇一三年に「福島県障がい者自立生活推進連絡会」（新・福障連）とし、新たに活動を始めることにした（白石、白石・橋本［i2018b］）。

★29　角田ミキ子は、二〇一〇年に開催された「白石清春氏・橋本広芳氏還暦祝い実行委員会」の実行委員長を務め、現在もあいえるの会の理事である。また、二〇一〇年より社会福祉法人ほっと福祉記念会理事長を務めており、二〇一六年には、福島県社会福祉協議会より社会福祉に優れた功績のあった人を表彰する、第二四回「瓜生岩子賞」に選ばれた（福島県社会福祉協議会［2016:11］）。

★30 中西正司は、学生時代に事故で頚髄損傷となり、車いす生活に。一九八六年、全国で初めての自立生活センター「ヒューマンケア協会」を設立した。著書に中西［2014］、共著に中西・上野［2003］がある。

★31 白石は市民フォーラムの開催について、一九九五年「全国市民フォーラムin熊本」に参加した際に、実行委員会のメンバーから次回の福島での開催を強く依頼されたことがきっかけだったという。その時のことを次のように振り返る。「気楽に私は「オーケー」して郡山に帰ってきたが、オフィスＩＬのメンバーたちに「そのような大きなイベントを勝手に引き受けて！」と、大目玉を食らってしまった。楽天的な私は、「まあ、何とかなるから」とみんなを説き伏せてフォーラムの準備に取り掛かっていった。今思えば、全国市民フォーラムを郡山で開催して本当に良かったなと感じている。フォーラムを開催していなかったら、今のあいえるの会は無かったであろう」（白石［2019］）。

★32 『はなまるＮＥＷＳ』のこと。

★33 「郡山市役所で働いている知り合いの職員たちを回り、カンパのお願いをしていた時のこと、角田さんから「市役所内でカンパのお願いに回るのはやめてほしい」と注意されたこともあった。」（白石［2019］）

★34 当時、実家が郡山市内にあり両親が健在でもあった七海稔が、白河市の太陽の国という施設に入所していた。それを知った、当時角田のもとにいた、本文中に登場する野口雅世子が疑問に思い、太陽の国に七海に面会に行くときに白石も同行した。（経緯の詳細はわからないが）その後、七海は施設を出て郡山市の実家に戻り、オフィスＩＬに通って仕事をするようになり、同時にオフィスＩＬで始めた有料介助サービスを利用し始めたという（白石［2010:74］、白石［2019］）。

★35 佐藤栄佐久と橋本は、橋本が作業所活動をしていた頃から面識があり、グループ・らせんで毎年開催していたまちづくりシンポジウムに、県知事としての出席を依頼していたという。「いつもアドリブで挨拶していたことを思い出す。本当に気さくな知事であった。」（白石［2019］）

★36 会津若松市には、この地で生まれた脳性まひの中島が中心となってＣＩＬが立ち上がったが、中島が他界した後はＣＩＬの自立生活部門は衰退していく。中島は普通校を卒業して企業で働いていたが、何かの機会を得てうつみねの会との接点を持ち、その後ＣＩＬを創設した（白石［2019］）。会津若松市のみはＣＩＬを対象とする独自の補助金制度を設けていた。その額は福島県よりもやや多かったという（白石、白石・橋本［i2018b］）。

★37　当時、東北地方において七つのＣＩＬが立ち上がっていた。ＣＩＬ秋田準備会（秋田市）、ＣＩＬたすけっと（仙台市）、ＩＬセンター福島（福島市）、オフィスＩＬ（郡山市）、会津自立生活センタースマイル（会津若松市）、いわき自立生活センターえんじょい（いわき市）、福祉のまちづくりの会（船引町）である。これらについては、障がい者自立生活支援センター〈福祉のまちづくりの会〉［1996］参照。

　本章では深く触れることができなかったが、福島市のＣＩＬ設立に関与した角野正人も福島県障害者運動の重要人物である。一九八〇年、当時福島県青い芝の会長であった角野は「脳性マヒ者等全身性障害者問題研究会（ＣＰ研）」の研究員として選ばれる。さらに福島県青い芝の会が解散したあとも、橋本と共に「自立連（全国障碍者自立生活確立連絡会）」にも参加し、中央との関係を保っていた。また一九八二年、福島市に「障碍者が地域で生きる会」を発足させ、さらに廃品回収により資金を集めて開設した作業所を母体とし、「地域生活センター」をつくった。

　一九九六年に設立されたＩＬセンター福島は、上記の作業所活動や、地域生活センターで有料介助や相談活動を二年にわたり行っていた実績があった。設立時のスタッフの一人に佐藤春夫がいる。佐藤は橋本が入所していた重度障害者授産施設「けやきの村」におり、福島県青い芝の会、障碍者が地域で生きる会などとの接点を持って、施設を出て福島市で自立生活をはじめた。また同じくスタッフの一人であった中手聖一は、障碍者が地域で生きる会発足後、角野らとかかわりがあり、脳性まひの配偶者を得て、角野らの活動や運動を支えていた人物である（白石［2019］）。センター事務所は地域生活センターに併設された。一九九六～七年には「全身性障碍者公的介助制度研究会（角研）」という、やはり角野を中心とした研究会が発足した。この研究成果を基に福島市と話し合い、ガイドヘルプ事業や自薦ヘルパー制度が創設されたという。

★38　「脳性まひの特徴である緊張が強く、頸椎を固定しているボルトやワイヤーが緩んで、三度ほど手術を受けて、

最後には首の動きを防ぐハローベストを装着し、ようやく地獄の入院生活から脱出することができた。」（白石［2019］）

★39 分科会は以下のとおり。①小規模作業所・就労問題、②まちづくり、③結婚、子育て、性を考える、④人権問題、⑤知的障害者、⑥障害児教育、⑦介助制度とケアプラン、⑧ピアカウンセリング、⑨自立生活センターの役割と今後、⑩ハーレー・ダビッドソンに乗ろう、⑪障害者版ねるとん、⑫モータースポーツ体験、⑬熱気球に乗ろう。

★40 この頃白石は自宅にこもり、パソコンを活用したアート作品の製作に没頭していたという。また二〇〇三年にオープンした「アートステーション・美しい村」に頻繁に通うようになった（白石［2010:80］、白石［2019］）。

★41 ただし、福島県青い芝の会にも「チビタ連合」と橋本が呼称した、骨形成不全の障害をもつ安積や鈴木の参加もあった。が、あくまで主体は脳性まひ者であり、彼女らは「オブザーバー」として扱われていた。白石は以下のように書く。「青い芝の会では、「脳性まひ以外は会員になることができない」という厳しい戒律があるのは、養護学校でも施設でも、脳性まひ者は他の障碍者から差別扱いされていた。にも拘わらず、青い芝の会という運動団体ができて、その団体が魅力的だったので、手のひらを返したように「青い芝の会に入ります」というのは、あまりにも自己中心的な障碍者ではないかと、私の眼には映った。でも、青い芝の会では、他の障碍者との関係を真剣に考えていた。青い芝の会には入ることは出来ないが、青い芝の会の運動に共鳴する障碍者同志が集まってグループを作って運動を始めれば良いと伝えていた。福島県ではそこまでいかなかったが、関西では青い芝の会と共闘する「障碍者グループ」が出来ていた」（白石［2019］）。

★42 一九九三年小規模作業所として設立された「Ｗｏｒｋ・ＩＬ」は、二〇〇八年地域活動支援センター「ワークＩＬ」として再スタート、二〇〇九年度の就労継続支援Ｂ型事業所「ワークＩＬ」を経て、二〇一〇年度からは生活介護事業所「わーくＩＬ」へ、という変化を辿っている。

第6章　分かれた道を引き返し進む

立岩真也

1　そして引き返した

1　要約

ここで書くのは、福島のことというより、とくに一九八〇年代以降の、この社会とそこでの障害者運動とをどう見るかである。七〇年代の運動は、以前には文字になったものは少なかったから、私自身いくつか書いてきたのだが、その主張は強く、はっきりしたものだった。それに比べて、八〇年代以降をどう捉えるかは難しいところがあるように思われる。

そのことを気にはしていて、きちんと言わねばと思ってきた。『生の技法』を読み返してみた。全体の流れとしては、基本的には私がここに書こうと考えているような筋で書かれており、順番に読んでいけば、わかってもらえるようになっているとは思った★01。ただ、もっとはっきり言ってよいと考えた。一つ、障害者の運動は、社会、とりわけ近代の社会を基本的なところから批判するものである。一つ、そうでありながら、その社会からとるものをとらないとやっていけない★02。

そこでその運動は、二つの契機を同時にもつことになり、二つの間を揺れることになる。これが基本的な構図だ。そしてこのことは十年や二十年の間に変わるわけではない。私は社会が十年ごとに大きく変わるといった見方はしない。この社会は、ゆえに運動も、基本的にはずっとそうであってきたし、これからも変わらないだろうと考える。

ただ、α：七〇年代の運動、運動のすくなくともある部分は、「造反」の運動が他にも様々なされ、そうした気分がすくなくともいっときあったこともあり、異議申し立て、告発の運動としてあった。また、跳ね上がったがうまくいなかった人たちの受け入れ先となった部分もあった★03。あてがないのであれば、どうせなら、はっきり主張し抗議した方がましだということもある。主張するだけでずいぶん気のもちようが違ってくるということもたしかにある。ただ、いるものはやはりいる。それをどのように得るかという課題も、むろんその時にもある。

β：八〇年代、将来は（誰でも）年をとるのだから、そのときに備えて社会福祉・社会保障の仕組みを整備しましょう進めましょうという話が現われる。その流れと、その流れに親和的な障害者の動きのある部分とが出会い、現実の一部を作ることになった。年金改革に伴って障害基礎年金が始まった。ケア付住宅建設の運動があって、幾つかはできた。

しかしその方向は、まずはもっともなものではあるのだが、基本的には、とらない方がよいと私は考える。

八〇年代前半から半ばの白石は、αとβの間にいて、いっときそこそこの力をもったβの流れに関わった。かつぎあげられたというところがある。しかしそこから、理詰めで考えた結果というわけではないと思うが、外れた。その後の運動も、おおむね、別の道を行った。それは正しかったと思う。

そこから得られる教訓・基本は、基本をはっきりさせながら、使える手段をいろいろと使って、しかしなかにはあまり使わないほうがよいものもあるので、優先順位をときに考えながら、複数のものも併行させ、言っていくこと行動していくことだ。福島の運動はそうした運動をやっていくのに適した陣形を有している。以上を述べる。

2　ここでも青い芝

青い芝の会のことをここでも――いったいどれだけ、と思い思われながら――すこしとりあげる。東京青い芝の会については、青い芝の会の五〇年代、六〇年代のことを追ってきた廣野俊輔がそのうち書くことになっている。本格的な研究は、それを待つことになる。私はほんの少しだ。それでもとりあげるのは、全国組織の方にしても、東京青い芝の会にしても、そこに争いがあり、そしてそれが記録されているからというところがある。読んでいくといろいろな人たちが出てくる。『とうきょう青い芝』については、廣野が作った各号の目次・要約等のファイル（廣野［2019-］）があってこちらのサイトに載っている。その機関誌のすべてがPDFファイルになっており、このたび髙阪悌雄を介して、寺田純一からいただくことができた。それも当方のサイトに収録し公開している。画像ファイルではあるが、その全文を読むことができる。それらがあるので、本章も時間をかけずに書くことができたというところがある。

それにしても、神奈川青い芝の機関誌など見ると、この文字量はなんだ、と、どれだけ記録をとる健常者あるいは手が動く障害者がこき使われていたのだろうと思うことがある。東京青い芝の機関誌もなかなかのものである。様子がまずまずわかる★04。ただそれでもわからないところは残る。当然のことだ。機関誌は、自らを主張し、他に対して要求し、また自分たちを鼓舞するためにある。力を弱めるかもしれないこと、敵を利すること、その部分は、基本的には機関誌等には書かれない。しかし、時間が経って、書かれなかったことが書かれることがあり、聞かれれば答えるといったこともある。私は二〇一八年三月一七日、あいえるの会（二四二頁）主催の「平成二九年度自立生活支援セミナー」で講演させてもらうことがあったその前日、白石・橋本に話をうかがった（白石・橋本［i2018a］）。そうだったのかと思うところがあった。以下ではそれも加える。

3　青い芝における騒動／その周辺

一九七八年七月二〇日に横塚晃一が死去する★05。同じ神奈川の横田弘が会長代行になるが、東京青い芝の会の磯部真教らは横田を強く批判してきた。七九年五月の第四回全国大会は成立せず、常任委員会に代わって再建委員会が設置され、委員長として白石が選出された。その具体的な経緯はわからない★06。ただ白石は運動拡大のために秋田に移り住んで活動するような行動力のある人であるとともに（二一五頁）、東京青い芝の会から福島を訪れた人もいて（三〇頁）つながりもあった。他方で関西の人たちとも関わりがあった（三一頁）。東京青い芝の人たちが、バランスを考慮しつつ、白石を推した、他も白石なら反対はしなかったというところだろうと思う。全国青い芝の会の事務局があった相模原に白石を呼んだのも東京青い芝の人たちだったという(白石・橋本［i2018a］)★07。

　この時に顕在化はしたが、組織内での違い・対立自体はもっと以前からあったものだ。七〇年代、養護学校義務化、障害者実態調査反対運動★08、等々があって、それを担った人・組織がある。神奈川・関西……が主だった時の全国青い芝の会、全国障害者解放運動連絡会議(全障連)はその運動の側にいた。批判と要求の対象であった厚生省や文部省は門を閉ざし、運動側は建物に入ることもできず、交渉自体成立しなかった。

　他方で、そうした流れと異なる部分もまた以前からあった。一つには養護学校義務化に賛成した共産党系の団体だが、ここで述べるのはそちらではない★09。青い芝の会の全国組織化は七三年でそのときに東京支部ができるが、翌年には改称して「東京青い芝の会」になる。東京から始まった青い芝の運動を継いでいるのは自分たちだと考えていたはずだ。機関誌『とうきょう青い芝』も「とうきょう」の字は小さく記されている。その組織には制度改革・改善の志向が一貫してあったが、それは「過激」な傾向に対して常に批判的なものでもあった。

　例えば、白石が「川崎駅前でのバスジャック闘争に中心的立場で参加」と還暦祝いの記念誌(あいえるの会［2010:106］)にあり、その冊子に自身が武勇伝を記す(白石［2010:32-34］)「川崎バスジャック闘争」(七七年四月)についても、それを批判する会員の文章がいくつも載っているし、役員会の「見解」も、否定はしない(できない)がしかし……、というものだ。「…」の部分は、おもしろいといえばおもしろく、全国組織にも属しているがしかし本当は文句を言いたいという組織のものの言い方はこういうものになるのだろうなと思いつつ、私にはなにか「心が狭くなる」感じのするものなので——ここに私の個人的な嗜好・性癖が関わっていることを否定はしない（が、だからこそ「公平」であるよう努めている）――ここには書かない。バスジャックについては方法について苦言を呈するといった感じだが、施設や教育といった問題については、「行き過ぎた」主張そのものに反対している。さきの廣野製作のＨＰの頁他を増補するかたちで、ＨＰへの方でいくつか紹介しようと思う★10。

横塚の死をきっかけに、いっときその路線が強くなり、そうした路線であってきた人たちが推しただろう白石が委員長になった。だが白石がその役に就いていたのは約二年だけのことだった。土屋が記しているように（二二一頁）、また私も以前書いたように（立岩［1990b→2012:314］）、八一年三月、広島の会員が、電動車椅子でふみきりを横断中動けなくなり、電車にひかれ、死亡する事故があった。同年一二月四〜六日の第五回全国大会（兵庫県明石市）では電動車椅子を肯定する派と否定する派に分かれた。肯定派だった白石は辞職、会の活動から離脱した。

電動車椅子の否定という主張にはいくらなんでもついていけないと、私は（私も）、今なら、いやその時であっても、思う。このことを巡る喧々諤々の議論といったものには、まったく加わりたくない。ただそれは、種々の争いがあって、種々にぶつかっていたその一部ではあった。一方は、電動車椅子は健常者たちが楽するためのものだと言った――それはその通りだが、白石は自分も電動車椅子は使っているし、私は、楽なら楽でそれでよいではないかと思う。ただ肯定派のある部分は、そういう単純な肯定ではなく、電動車椅子を操れるなら介助者としての健常者が不要になり、その健常者たちの力を弱められる、だからよいというように考える。そうした文脈のもとではこの対立も、わからなくはない。

委員長をやめ、青い芝から抜けた後、白石は相模原で地域の活動を行なう。六月には相模原市で「脳性マヒ者が地域で生きる会」を結成。八二年四月、地域作業所「くえびこ」を開所（二二二頁）。ケア付住宅の建設に取り組み、八六年、ケア付住宅「シャローム」開所。ただ、こうした活動をしながらも、東京青い芝の人たちとの関わりは続く★11。そしてその人たちが中心をになった運動に関わる。一九八〇年一月に「全国所得保障確立連絡会（所保連）」が結成されている。その最初の代表が宮尾修★12で、二代目の代表が白石だった。

この時期、体制に批判的ではあって、かつ共産党系でない部分について、おおまかには、二手に分かれていたと述べた★13。ただこれもそう単純でもない。

まず一つ、東京青い芝の「中」にも別の考えの人たちがいて、その考えを主張するが、退けられ、それによって東京青い芝の縁取りもはっきりしていくということがある。すこし知った人なら、東京青い芝を連想しにくい人たち、その後、またその時も別に活動していく人たちもまた、七〇年代には東京青い芝の会の中で主張している。荒木義昭・猪野千代子・大蔵勲・岩楯恵美子・名古屋足躬・新田勲・三井絹子・村田実が七七年六月一九日「東京青い芝総会に向けての統一要求書」（荒木他［1977］）を提出している★14。「私たち重度者を、これまでの役員が、あまりにも無視しつづけてきた」とし、一、介護保障要求運動をすること、二、養護学校義務化に反対し就学運動を支援すること、三、車イス乗車拒否闘争に取り組むこと、四、日野療護園建設に反対すること、以上四点を要求した。これが七八年度の総会に提出され、主張がなされる。『とうきょう青い芝』（32、1978/07/01）に「一九七八年度総会、熱烈な討論がかわされる」という記事がある。荒木や新田が地域で生活するための介助制度要求に力を入れるように要求する。さきの要求書に名前はないがその人たちに同調する遠藤滋★15は、ケア付き住宅と療護施設の両方を要求することを問題にし、ケア付き住宅一本でいけないのかと言う。そしてこれらは退けられている。このようにして、一方の境界が設定される。

他方で、所得保障という目標においては、ということになるが、この時期、東京青い芝〜所保連につながる流れは広がっていると見える。養護学校義務化は実施され、実態調査はいったんはおおむね阻止されて、七〇年代が終わる。とくに義務化については、個別の困難な闘争は続くが、義務化自体については、いったんのきりかついた、終わったということとなる。そこを離れて、たしかにたいへん大切な課題である所得保障へ、という流れもできる。所得保障を掲げる所保連や東京青い芝に、政党としては当時の社会党支持ということになる「障害者の生活保障を要求する連絡会議（障害連）」の関係者が関わっている。所保連の最初の代表は宮尾修（障害連）。後に障害連の事務局長等を務める太田修平が東京青い芝の事務局員、機関誌にしばしば文章も寄せている。「脳性マヒをはじめとする幼い時からの障害者の所得保障制度新設に関する統一要求」（全国所得保障確立連絡会議［1981］、『とうきょう青い芝』61、1981/4/1）に名を連ねているのは、寺田純一（東京青い芝）、古賀稔章（全国青い芝）、今岡秀蔵（障害連）、三沢了（三澤了、頸損連絡会）、渡辺啓二（若駒の家）、秋山和明（電使連＝電動車イス使用者連盟）。（　）内の名称は様々だが、寺田、古賀、秋山が東京（そして当時の全国）青い芝、今岡、三沢が障害連。一つ、後にＤＰＩ日本会議などで大きな役割を果たすようになる人たちがこの時期にはこの辺りにいるということだ★16。

もう一つ、後でみるケア付き住宅にも関わって、もっと気付かれないだろうことは、鈴木俊一都知事宛て「東京都八王子インディペンデントアパート（仮称）開所及び運営予算に関する要望書」に名が出ているのが、ケア付き住宅建設推進会議・大須賀郁夫と東京青い芝の会・増山潤（『とうきょう青い芝』59、1981/2/1）であり、さきの統一要求には渡辺啓二がいることだ。渡辺はヒューマンケア協会の最初の会長。私は八〇年代の後半から九〇年代の前半、ヒューマンケア協会の関係の仕事で渡辺・大須賀たちとも話をすることがあった。その前、八六・七年頃半、私たちは東京青い芝の秋山、磯部といった人たちにインタビューしているのだが、その数年後のその時には、東京青い芝のこと、ケア付き住宅のことはほぼ出てこなかったように記憶している。ケア付き住宅については明確に否定的であった(になった)中西正司他、八王子の人たちに起こったことがあっただろうが、それは今のところは聞いていない★17。

4 脳性マヒ者等全身性障害者問題研究会・『自立生活への道』

こうしてある部分とは距離を置きつつ、やがては分かれていく人たちも含め、おおまかには左派、社会改革を志向する人たちが集まる、そこに東京青い芝がいるという体制がこの時期にある。そしてその部分と、厚生省社会局の板山賢治★18がつながる。廣野作成のファイルを見ると、板山が東京青い芝の会の機関誌に登場するのは七八年(『とうきょう青い芝』36、1978/11/1)。板山は、国際障害者年を迎え、運動側の反対で実態調査が行なえず、基本的なデータがないという状態は避けたかったと記している(板山[1984b])。それは実際にあった動機だったのだろう。そしてそれに反応した部分があったということだ。

八一年三月、板山の発案で、厚生大臣の私的諮問機関としての「脳性マヒ者等全身性障害者問題研究会」が始まる。メンバーは、阿部敏治(東京都小平市福祉事務所)、磯部真教(脳性マヒ者共同作業所)、今岡秀蔵(障害者の生活保障を要求する連絡会議)、大澤隆(神奈川県民生部)、角野正人(全国青い芝の会連合会)、小沼正(駒澤大学)、五味重春(埼玉県生活福祉部)、仲村優一(日本社会事業大学)、永井昌夫(国立身体障害者リハビリテーションセンター)、野村歓(日本大学)、福永年久(全国青い芝の会連合会)、三和治(明治学院大学)、宮尾修

（障害者の生活保障を要求する連絡会議）、三ツ木任一（東京都心身障害者福祉センター）、森野亮一（東京都民生局心身障害者福祉部）、吉本哲夫（障害者の生活権を守る全国協議会）。

この種の集まりの構成員は一団体一人多くて二人というのが習わしになっているから、各々別の団体を名乗ってるが、磯部、角野、そして福永が（この時期の）青い芝、今岡、宮尾が障害連。共産統系の障害者の生活権を守る全国協議会＝障全協の吉本も入っている（『とうきょう青い芝』50、1981/4/1）。

八二年四年にその報告書が出る（脳性マヒ者等全身性障害者問題研究会［1982］）。長期的に改善すべき方向として、障害者年金を拠出制年金の額まで引き上げ、同時に福祉手当を増額して、合計を生活保護の一類・二類に障害者加算を加えた額と同水準にすること、または、障害福祉年金・福祉年金・福祉手当の代りに新たな障害者手当を制定し、その水準を第一の案と同額とすることを提言している。それ自体は当時の既定の路線だが、会合の各回に出た話はそれほど収斂していくような話ばかりでもない。すこしおもしろいのは、七月九日の第五回で、「福永委員から介助で金銭をやりとりすると健全者が余計に優越感を持つから反対との意見」が述べられたとあることだ（『とうきょう青い芝』54、1980/9/1）★19。こうしていくつか混沌とした部分もありつつ、報告書自体ではさきのような主張がなされる。

そしてこの研究会から市販本（発行は全国社会福祉協議会）として「自立生活」という言葉が最初に使われた本であるはずだが、『自立生活への道』が出る（仲村・板山編［1984］）。編者は研究会の座長だった仲村優一★20と板山。その四年後にはその続篇として『続・自立生活への道』（三ツ木編［1988］、両方とも絶版↓書誌情報はＨＰ）が出版される。編者は三ツ木任一★21、仲村と板山は監修者となっている。八四年の本には橋本、白石、安積の文章がある。「地方における取り組み」（橋本［1984］）、「性と結婚」（安積［1984］）、「所得保障――脳性マヒ者をはじめとする幼い時からの障害者の所得保障制度の確立をめざして」（白石［1984a］）、「地域で生きていくことをめざして――脳性マヒ者が地域で生きる会」（白石［1984b］）。磯部は総論的な部分、「自立生活とは」（磯部［1984］）を担当している。板山は「おわりに」で研究会と本に関わる経緯を記している（板山［1984b］）。

八〇年代前半、所保連・東京青い芝はたいへん活発に活動する。かなりの分量のある『とうきょう青い芝』がほぼ毎月刊行される。また八四年二月には「全国障碍者自立生活確立連絡会（自立連）」が結成される★22。基礎年金改革は八五年になされ、八六年度から実施される。

5　年金改革側の事情、障害者側の要望

障害基礎年金の実現はたしかに大きなできごとだった。この大きな制度改定がどうして実現したのかという問いがある。立岩［1990b］でいくらかを記した★23。それに少し加えながら述べる。こうしたできごとについては、因果をどのように解釈するかは困難であり、結局のところ何が何％効いたといったことを確定させることはできないだろう。それでもいくらかのことは言える。

まず運動の単独の成果として年金が獲得されたと見ることはできない。障害者の側がどれだけ熱心に主張し活動したとしても、そう大きな力を有してはいない。それは大きな年金改革の一部として実現した。その改革の方向と、この時期に年金を主張した人たちの方向とが同調していたというのが私の基本的な見立てなのだが、それを、具体的な人や人に関わる挿話の側から言うこともできる。

まず、普通に考えれば、拠出した人が（後で）受けとるのが年金・年金保険というものだとされているか

ら、無拠出の障害者がこの制度に加入するのは無理のあることと捉えられよう。実際、役人たちはそう考えていたようだ。しかし、年金に最も詳しく力のあった当時の年金局長山口新一郎★24が障害者を含めることを認め、その方向に進めたという。障害者は保険料を払う機会を逸したのであり、滞納期間があるわけではないという理由を言い、制度として維持可能だとした。それは成立しうる理由だが、ただの官僚・役人であれば、そうはならなかったかもしれない。制度を知悉し力のあった人が問題はないと通した、周りがそれを受け入れたという★25。

そして一つ、全体としては給付を厳しくするという改革のなかで、「よいこと」を入れておく必要があった。野党、当時まだ力があった労働組合の勢力を考慮する必要はある。基本的には野党支持の障害者団体が熱心に年金による所得保障を支持し、国会でそうした発言を行なうのは、年金改革を進めたい側にとってはありがたいことだった★26。障害者の主張に同調する側としての野党・労働組合にとって、障害者が年金を要求するということは、年金に対して賛成する方向の力として作用することになる。障害者運動による所得保障要求の集会を総評が後援するといったこともあった。

七〇年代後半から運動（組織）の一部と厚生省との接近があったことは述べたが、それに八一年、国際障害者年が重なる。施策を前進させたい、そのためにも調査他を行ないたいということはあり、運動の側は所得保障（他）を求めた。それは大きな要求であり困難ではあるが前向きに検討しようということになり、年金改革全般の動向とが結びついた。

所保連から厚生大臣や大蔵大臣その他に出された要望書がたくさんあって、『とうきょう青い芝』にはそのときどきに全文が掲載されている。面会する時に提出したもので、中味は同じだが、八三年から八四年前半にかけてだけでも、「幼い時からの障害者の所得保障確立に関する緊急要望書」(林義郎厚生大臣宛　1983/05/18)、「専門家会議報告書に基づく幼い時からの障害者の所得保障確立を求める要望書」(林義郎厚生大臣宛　1983/09/27)、「幼い時からの障碍者の所得保障確立を求める要望書」(竹下登大蔵大臣宛　1983/11/12)、「障害者の完全参加と平等をめざす障害基礎年金制度の実現を求める要望書」(渡部恒三厚生大臣宛　1984/04/18)といったものがある(全国所得保障確立連絡会[1983a][1983c][1983c][1984])。この時期の所保連の代表は白石だったから当然その名前もある。以下はその一つから。

私達は、この改革案の実現に向けて、次の四つの観点を強く訴えてきました。

1. 幼い時からの全身性障害者が、親きょうだいの私的扶養から独立することは、障害者自身だけでなく、家族にとっても社会への積極的な貢献を可能にするものであり、社会全体にとって利益をもたらす。
2. 所得保障を確立することによって、障害者が生まれ育った地域で生きられるようになる。
3. 幼い時からの全身性障害者の大多数が各種年金加入者の家族であり、その家族が、私的扶養を担ってきたことを踏まえるならば、社会連帯の思想に基づく今回の改革案は、社会保険原理を普遍的に発展させるものである。
4. 私達は、所得保障に基づいた費用負担を強調してきたが、これは、自ら支払うことによって各種サービスを獲得することが、人間の責任と自覚、独立にとって重要だからである。(全国所得保障確立連絡会[1984])

6　異論・懸念はあったこと

教育といった主題では鋭い対立は起こりうるし、実際起こった。ただ、所得保障は誰もが反対しない主題であるように思われる。そして生活保護の申請・受給の際に嫌な思いをしてきた人は多かった。このことについては一致している。実際、運動は広がっている。しかし反対はあった。一つに、八〇年九月、新田勲が寄稿した文章「東京青い芝の会の「年金一本化七万円要求」は真の生活保障たりうるか」（新田［1980］）が『全障連』に載る★28。東京青い芝が主張する七万円では足りないというのが新田が言っていることだ。まがりなりにしても生活保護では介助費用がでるが、年金ではどうか。このことを含め、新田が言うのはそれでは足りないということであり、それだけと言えばそれだけだ。そうなのだが、ここは考えどころだ。まず、この頃の七万円について。八〇年代前半時私は大学生で、風呂のない高円寺のアパートに住んでいた。それで質素な暮らしをして月八万円だったと思う。七万円、さらに後述する実際に決まった額ではもっと無理だ。これではだめだと、この制度ができてから何年か経ってから思った。それからずいぶんの時が経ったが、その感覚をどのように言いなおせるか。以下で言おうとする。

年金についてどこまで本気であったかはたぶん人による。機関誌など見る限りでわかるのは磯部が中心にいて、本気であることだ。東京青い芝は、重度障害者が働けるようにはなるとは主張していない。自らに可稼能力がないことを認めており、そのうえで、だからこそ、所得保障を求めている。その意味では、労働による経済的自立を言うという古い立場ではない。なぜ年金による所得保障なのか。

八一年の全国青い芝再建委員会での所得保障についての議論が「一月三一日～二月一日　青い芝の会全国委員会開く」という記事にまとめられている（『とうきょう青い芝』59、1981/2/1）★29。この時期のこの機関誌の編集人でもある磯部がまとめた記事かもしれない。ここで白石は生活保護も大切だと言う。

所得保障の問題では、「福祉年金と扶養共済とを統合した年金制度を確立するとともに、地域社会で独立して生活する者のための自立保護手当を新設する」との再建委員会の提起に対して、北海道の阿部が、「北海道では脳性マヒ者は施設に入るか生活保護を受けるしかない。生保を取るのは容易ではない。脳性マヒ者の年金を早く作っていきたい」と発言した。白石代表は、「地域で多くの仲間が生保を取っていく闘いも重要であると述べた。東京の磯部は、「生活保護法は第一条から第四条まで読めば明らかなように、親やきょうだい、女房やだんなが徹底的にしぼりあげられた上で出てくる制度だ。こういう生活保護で生活しなさいと言っているのは日本の政府と障害者であるが、国連勧告や障害者権利宣言にはそんなことは書いていない」と強調した。

磯部は、一つに、生活保護が家族に負担を求める制度であると言う。もう一つは国際的な動向を呼び出してくる。ここでは一つめについて。たしかに生活保護は家族による扶養を優先する、それが不可能な場合に支給されるものとされる（補足性の原理）。それはその通りだ。けれど、家族であっても生計の単位としての世帯を分離してあれば、生活保護はとれる。現場で家族による扶養を強く言われることが多々あり、それは面倒で屈辱的なものだということはあった。ただ、民法・生活保護法から家族による扶養を外すという法改正はとても大きなことで、困難であるなら、「筋」としては法・制度自体の変更を求めつつ、現場で運動していくという――白石の言う――方向になるはずだ。

他方、むしろ八六年に実現された基礎年金の方が、実質的には家族がいたときに初めて機能するといったものだった。運動は、十分な額を求めていたのであり、最初から予想はされていなかったのだから言いがかりということになるか。しかし、年金という仕組みにおいて無拠出の人への給付が拠出してきた人の基礎年金の額より多くなることは基本的にはない。老齢基礎年金に連動することは当然に想定されていたはずだ。老齢基礎年金は月五万円★30で障害等級二級についての障害基礎年金がこの額、一級については二五％増しになった。多くの人はそうなっていくことをわかっていなかったと思う。ただ、中心にいた人たちはわかっていたはずだ。

7　それはつまり何だったのか

障害基礎年金は実現した。それはよいことだったか。すくなくともある人たちにとっては益のあるものだった。生活保護のようにきつい所得制限があり資産調査がなされるわけではないから、例えば持ち家があっても年金は入る。その人たちは家賃はいらないから、それ以外の支出を年金からとなれば、生活が可能な場合はあるだろう。また所得による支給の制限は生活保護に比べて緩いから——生活保護の場合、基準より少ない収入はそのまま差し引かれた額が支給されるからまったく増えず、基準を超えれば支給は打ち切りになる——自らに収入があっても、かなり高額にならないかぎり、年金は全額あるいは半額が支給される。他の収入も含めて、それで暮らせる人にとってはよかったと言える。また家族の収入からも基本的に独立だから、それも加えて暮らす人にとってもよいものだ。だからこれは、実際には、自ら資産・収入がある人、また家族がいてその人に収入のある人にとって有益な制度だった。

他方、他に収入源、資産がまったくなく所得保障だけでやっていく人たちにとってはきついものでもあった。ただ、審査を受けたりとやかく詮索されたりはしたくないから、年金でなんとかやっていけると思うことにするなら、生活保護をとろうとする力をいくらか弱めたということはあるだろう★31。このような場合には——本人が選んだのだとしても——所得そのものは、より低くなった場合もあるということになる。こうして、たしかに有利になった人はいたが、変わらなかった人もいたし、額だけをみれば低くなった人もいる。それをすべて合計したら、よかったかよくなったかを言えるというものでもないだろう。

こうした結果をもって成果であるというのであれば成果である。しかし、それは、目的であったはずの、可稼能力のない人——の所得保障がそもそもの目的だったではずだ——にとっては益がない。それは——七七年に東京青い芝の会に要求書を出し受け入れられなかった人でもある——新田勲が言っている。

軽度の障害者は自分が働いた額と年金の額が自分の収入となりますが、手足のきかない、働きたくとも働くことができず、他から収入のない者は国からおりてくるただの七万円しか収入の道はない。ここにも重い障害であればあるほど厳しい、生活のできない情況におかれてしまう。（新田［1990］）

この時が年金制度に乗る「またとない機会」であったのはその通りであり、運動は盛り上がった。しかし実現した後は、すくなくとも障害者運動だけでは動きようがなく、年金全般に関しても大きな変化は見込めず、実際変化しなかった。生活保護との差は開いた——やがてこんどは生活保護の方をそちらに合せるようにいったことが言われるようになる。

私は、八〇年代に起こったこのできごとは、人、事件の側からみれば、同時期にあった幾つかの思惑、そこにいた人たち、つまり障害者福祉と年々改革に熱心な官僚、それと対話路線をとる運動家たちの合作、力の合力によると言えるだろうが、それを本章冒頭に述べたことに関わらせて別様に言いなおせば、もともと障害者の運動は、この社会がよしとするものを否定・批判するしかなく、しかしそう簡単に現実が動かないなかで、自らの正当性を信じ、要るものは要ると言い、要求し続けるしかないのに、たんに戦術的に現実路線をとったというのでなく、この社会に流通する（日本ではその頃広まっていった）ものを自ら信じてしまったことによるものと考える。

年金改革は、作りやすいところから個々にできていって分立していた幾つもの年金を統合・整理しようという意図のもとにあったのだが、各々年金には長く多く保険料を払ってきた人そうでない人様々いるから、一本化することは難しい。基礎年金を設定し、そこに各々の年金機構に応じた上乗せがあるという二階建てのものになった。実際には二階部分が込みになった上で生活が成り立つかどうかといったぐらいなのだが、基礎年金の部分については一定の年齢に達したすべての人のものとしつつ、そのことに伴って、給付／負担は各々がおおむね等しく負担するようなものとされた。特殊主義から普遍主義へ、救貧的なものから保険的なもの、互助・共助、社会連帯、……、……へ。その移行は予めよいことであるという前提で語られることがあるが、考えた方がよい。やがて皆が高齢者になる「自分たち」のための福祉になっていくのだというのである。皆のために皆が、という筋の話のもとで、（再）分配的なものではなく、基本、皆が似たような負担をし、同じように受けとるものとされる。

じつはこのような流れの話、理屈は、一時的なものではなく、突然起こったものではなく、ずっとある。

制度の具体像には大きな幅があるが、政治哲学といった理屈の世界でもこのような理路がとられることは多い。基本的な近代社会の原理・機構を維持したまま、社会的分配、所得保障を正当化しようとすれば、「保険」的な理屈しか思い浮かばないということでもある★32。そのうえで、そうした主張がどれだけの強さ広さをもつか、その具体的なあり方はそのときどきの情勢による。日本の八〇年代以降は、保険の原理が前面に出た時期だといってよいだろう。人口の高齢化が現実のこととして意識され、福祉は皆のものだということになる。障害は、予測できない事故として保険の中に繰り入れられる。普遍的であることによって、つまり誰もが受けとるのだからおおむね誰もが払うことになった払いの総額は増えることによって、見かけ――同じ人が出したものに同じだけが戻ってくるならそれは見かけでしかない――の給付そして負担は増える。すると、それは抑制されるべきだということになり、結果として給付の水準は抑制される。超過部分は自分で蓄えておくか、公助ではなく共助で、となる。自分で蓄えられない人は「基礎」だけになり、「共助」で補おうとしてもたくさん必要な人には足りない、ということになる。それに障害者運動のある部分が、ただ気付かなかったというのではなく、乗ってしまったということが起こったのだと考える。

8　費用負担の主張に付いて行けず引き返す

もう一つ。所得保障があった上なら、費用を出す、負担をすると言う。これは大臣たちへの要望書等で、ずっと必ず主張されている。そこには、代表だったから当然のことだが、白石の名も出ている。

私達は、所得保障に基づいた費用負担を強調してきたが、これは、自ら支払うことによって各種サービス

を獲得することが、人間の責任と自覚、独立にとって重要だからである。（全国所得保障確立連絡会［1984］）

これはどういう主張だろうか。「各種サービス」とあるから社会サービス・福祉サービスを連想しもする。ただ第一に、ふつうの衣食住のための費用については、所得保障で暮らしている人は、「人間の責任と自覚、独立にとって重要だから」かどうかは別として、所得保障の支給額から支出している。これは既にそうしていて、新たに宣言し行なうようなことではない。第二に、例えば介助などの社会サービスについて。これは例えば障害基礎年金の支給額には含まれていない。追加して障害者手当的なものが支給されるとしても、それは人の必要の違いに応じず一律でありまた額も少ないのだから、それをその支払いのためのものと考えることはできない。とすると、所得保障の支給額からそれを支払うことはできないし、また正当でもない。第三に、このことは施設で暮らす場合、そこにかけられている福祉サービスの費用についても言える。これを入居者が年金のなかから払う理由はないし、また可能でもない。とすると、第四に、施設に暮らしている人の衣食住に相当する部分の費用だけが残る。在宅で暮らしている人も、それはお店に行って買ったりしているのだから、施設で暮らしている人もそれは払ってもよいとは言えよう。ただ、まず、実際に費用負担が、本来ならだが、ありうるのはこの場面だけだ。それはどのように「人間の責任と自覚、独立にとって重要」なのだろうか。

よくはわからない。起こるのは、まずは、支給された額の一部を支給したところに戻すということなのだから、受け取りが減るというだけのことである。在宅で所得保障で暮らしている人も、その部分はそこから払っているのだから、施設入居者も払うのが公平だぐらいのことは言えよう。では、他の「一般人」との公平は言えるか。年金だけで暮らすなかで払うというのであれば、その年金は前述したように不当に低い水準のものなのだから、他の人たちと公平性の基準から支払いに応ずるとしても、それは正当な水準の支給がなされたうえでの話である。居住施設入所者に基本的に年金に加わる収入はないのだから、このことは他よりさらに強く言える。

所保連他の理屈は、自分で稼ぎます、それが義務で立派で、そこから負担します、という従来の「経済的自立」の理屈ではないし、納税者になることを目指すということではない。稼げるようになれると言わない。これは彼らの現実、現実認識から来ていたと思う。だからこそ所得保障を主張したのでもある。しかし使われている言葉は似ている。しかし考えていくと何が立派で、義務なのか、わからないのだ。他にも使えるのに、これを購入する、これを使うなら、別のものはあきらめる、という消費の自己選択にその立派さはあるという話か。しかし施設入居者はその決まった場所に寝泊まりし決まったところで食べているのだから、このことも言えない。

この運動に賛同した人・組織は、「喜んで負担します」という文言について、そう具体的には考えず、たいしたことにはならないと思っていたのだろうと思う。そうなのだろうと、そして負担は当然のことだと言っていたと、当時関わった役人も回顧している★33。そして、「施設入所者に対する費用徴収が、八四年八月の身体障害者福祉法の改正によって可能となり、年金改革に連動して実施された。所保連等は本人からの徴収に限っては認めるとしたが、扶養義務者からの徴収も行うとされたため、方針が発表された八六年三月から七月にかけて全国的な抗議行動が行われ、自治体レベルでは一定の譲歩を得たものの、結局実施された。」（立岩［1990b:216-221 → 2012:352］）。その後扶養義務者として親が除かれ配偶者と子どもになったのが八八年だったという記述が続く。だがここは私の記述があまい。本人負担も問題にされた。この辺りの議論、推移もやはり誰かきちんと調べてほしいと思う。

その辺りの時期について。

白石　東京青い芝とか、我々とか［…］集まって、自立連を作った。［…］東京青い芝の会としては、施設の入所者とかも、年金持ってるんだから費用取ってもいいんじゃないかっていうことで、みんなして、支え合ってですね。自立連としては、全国各地回って話し合ったんですよ。［…］九州まで行って、福岡まで行って。［…］費用徴収は、親兄弟から、取らない。［…］自分たちの年金から取るよっていうこと。俺、内心では、親類縁者に頼るのと、年金から取るのは、ちょっと、違うんじゃないかなって思ってるんだよね。そんなことで、続けられていって、方向性が、ちょっと、ずれが出てきて、自立連の方向性が見えなくなってきて。

立岩　自立連はそういうふうに言ったけれども、白石さんは納得していなかった。

白石　はい。（白石・橋本［i2018a］）

東京青い芝〜所保連（の中核？部分）は、やせがまんであるとは思っていなかったし、今でも思っていないと思う。しかしやはり、その主張はいくらか倒錯した主張である。そうややこしいことを考えたわけではなかっただろうが、白石はそれはおかしいのではないかと思った。そして離れた。

きりつめることに自発的に同意する。もっと大きなものを得るための方便・戦術としてでなく、本気でそう主張する。結果、実際にきりつめられてしまう。自らその方向に行く。そうしたことがもう一つ起こった。

所得保障とともに、あるいはその主題が政策論議の前面に出る前から、東京青い芝の会が七三年の結成以来、七〇年代をかけてずっと追求してきたのがケア付き住宅だった★34。たいへん長い検討・議論を経て「八王子自立ホーム」が八一年に開設された。そして相模原の「シャローム」開設運動が八二年に始まり、八六年に開設される。そして、『病者障害者の戦後』で、山田富也ら仙台の八四年からの運動があり八七年開設された「ありのまま舎」のこと、北海道では札幌いちご会（cf.小山内［1984］）が八六年に実現するが、小山内美智子は入居できず、『夜バナ』（渡辺一史［2003］）の主人公鹿野靖明は入居できたが望んでいたような生活ができないことを「ケア付住宅の住みごこち」（鹿野［1987］）に書いていることなどを紹介した（立岩［2018d:341-348,368-371］）。

さきに紹介した『自立生活への道』では、厚生省社会局更生課の身体障害者福祉専門官の河野康徳★35が「自立生活を考える手がかり——全身性障害者の状況と課題」（河野［1984a］）、「フォーカス・アパート」（河野［1984b］）を書いている。後で紹介する。そして寺田嘉子が「自立への一つの道——東京都八王子自立ホーム」（寺田［1984］）。また『続・道』には、磯部真教・今岡秀蔵・寺田純一の「ケア付き住宅七年間の実践——東京都八王子自立ホーム」（磯部・今岡・寺田［1988］）、白石の「自立生活のワンステップとしてのケア付住宅——脳性マヒ者が地域で生きる会」（白石［1988］）、室津茂美の「グループホームの実践を通して——ふれあい生活の家」（室津［1988］）がある。

それは、基本的にはうまくない手だったと、私は以前から考えていて、『病者障害者の戦後』でもそう述べた。まず、投下されたその多大の労力を考えた時に、最初のものであったから時間がかかるのは仕方がないとしても、ひどく手間がかかった。とくに新たに建設するのは困難だった。できたのはわずかな数だった。そして、入った人がずっといるのであれば、その定員の数しか住めない。ただ、そこに住み続けることを最善とするのでなければ、その場所を一時的な場所、その次の生活のための移行のための場所であるとし、実際にそのように運用できるなら、もっと多くの人が、体験のための場所として使えるかもしれない。白石が「シャローム」の運動をし運営をする八〇年代に強調したのはそのことだった。白石［1988］が言っているのはそのことであり、ほぼなんの記憶もない相模原での聞き取り（三頁）で聞いたのもそのことだったと思う。しかし現実には、例えば東京のそれにおける流動性は低いものだった。そこに入った人たちの多くは、そこにずっと暮らした。他の人が利用しようにも利用できないものであり続けた。

基本的なところに戻って考えよう。集まって住むことのよさというものはある。一人暮らしが、本人においても望まれない孤立になってしまうことがあることは言われてきた。しかしそれは、種々、隣あわせにあるいは隣近所に住むとか、様々に、すきなようにすればよい。そして障害者同士である必要もない。結局のところ、その正当性は、介助を少なくできることに求められる。

『病者障害者の戦後』でも同じ箇所を引用したが（立岩［2018d:346］）、河野は、「生活の場のあり方については先進国に示唆的な実践例があるが、国情の違いなどのためそれらの方策をそのままの形で導入するのは適当でない。／［…］自立生活というものを、家族との同居や施設入所以外の生活に限定してとらえるのは現実的ではない」（河野［1984a:18］）と言う。そして日本のケア付住宅のモデルにもされたという「フォーカス・アパート」――七〇年代の『とうきょう青い芝』にその見聞記などが幾度も載っている――の紹介をしている〔河野［1984b:18］〕。この箇所には介助の人手が少なくてすむからとは書いていない。しかし、この形態の居住が有効である理由を考えていくと、それしか残らない。そして実際、札幌にできたものでも介助者を「共有」することになり、それは介助が多く必要な人には辛いものであったという。

白石　磯部さんが、ケア付きの自立ホーム、ケア付き住宅、作ったでしょ。小規模すぎるって、もっと大きいのを作るのには問題ないって。五、六〇人規模のやつを、東京で作ろうっていうふうに磯部さんが言い始めて。で、八丈島がいいんじゃないかって、言ったんですね。［…］島流し。［…］うまく合わなくなっていって。それで大森君も東京青い芝は嫌だと言って。自立連、辞めよう。辞めた。自立連辞めて、こっち〔福島〕に。俺と同じ時期に。〔白石、白石・橋本［i2018］〕

そんなことがあったことは、三〇年余りが経って初めて聞いた。このことは機関誌の類には出てこない。ただありうることだと思った。白石はここでも引き返した。どうもおかしなことだ、おかしなほうに行ってしまうと思ったのだ。そして障害者運動の全体は、結局その方向には向かわなかった。そしてそのことが正しい、正しかったと、効果的であり効率的であったと私は考える。ケア付き住宅を作る〔作らせる〕のに、偉大な膨大な労力が費やされた。比較のしようもないが、やはりたしかにおおいに苦労はして、その当時は非現実的と思われていた――だからケア付き住宅で、そしてさらに大規模な集住の場で対応しようとなった――別の道を行った。つまり、一人ひとりが住む場所に介助する制度・仕組みを作って、実現していった。

そのことによって、ずっと数多くの人が地域で暮らせるようになった。

10　その時期に起こったこと

「社会」の理解・支持を得ようとする。理解を得ることはたしかに、たいがいは、大切なことではある。まず民主制の社会においては、すくなくともいくらかの（おおまかには過半数の）人々の賛成を得る必要があるとされる。そしてそうした体制でないとしても、「民意」からまったく逃れることはできない。人が動くに際しては、いくらかはそのつもりにならねばならない。なにかを望む側にとっては、人々にそれもよいというという気持ちになってもらわねばならない。

だが他方、大勢そのままと同じでよいというのであれば、わざわざ主張することも運動することもないということになる。こうして、大勢に反対することと、理解を得ること、その間のどこに自らを位置づけるか。両方をどうやってかなえるか。運動は必然的に揺れることになる。そしてこのことは、障害者の運動について最も言えることでもある。その主張は社会・体制に正面から対するものである。他方で、その社会から得るものを得ようとする。これが本章の冒頭に述べたことだ。

非現実的だが勇ましい、世界を拒絶するような言葉や行動の記録が受けること、残っていくのは、そう不思議なことではない。本人たちにしても、言葉から元気・勇気を得ることはあるが、一つに、とくに外側にいる人間にとっては、現実に何を得られるかは、それが不要な自分には関係なく、言葉から得られるものが大切だということはある。だからこそ私は、「ラディカル」なものの方がよいと単純に言えないところがある。地味であっても、受けなくても、いるものはいる、のだからとるものはとる、という運動の方が大切だと思っている。

さて、その幅のなかで、東京青い芝、その七〇年代から八〇年代を主導した人たちはどのように位置づくか。

要約すると、(1)：健常者から独立した生活をし運動をするために、介在を極小化しつつ、他方では、(2)：社会の理解を得て自分たちの生活を得ようとした。(3)：一方は独立、一方は協調、二つは、別のことのようだがつながっている。つまり(1)は、自らで自らの用を足すのがよいという、私たちの社会の規範(2)に従うものであり、現実に独立してやっていけるならうまくいくが、できないなら、生活は不可能あるいは困難になる。(4)：よって、(2)はもっとなものではあるが、運動の「本懐」ではない。結局、別の道、本道を行く道が残った。そして白石は本道に戻った。

(1)→(3)について。一つには独立である。これは東京青い芝に限ったことではない。全国青い芝が府中療育センター闘争に積極的に関与しなかったのも、それが健常者が動かしている部分が大きいと考えたからだと言われる。。健常者たちの協力は「ひきまわし」に見えている。闘争を続けてやがてそこから出て暮らし始めた人たちはそんなことはないときっと言うが、そう見えたという事実はある。介助についても、介助して金を得て暮らす介助者たちから独立して運動しようというところがあった。さきに紹介した福永の発言（二六四頁）は、その後福永が辿った道を知れば不思議ではある。だだそこには、たぶん無償の仲のよい関係をもちたいという思いとともに（→二八五頁）、そんな思いがある。こうして、家族から、そして健常者たちから独立して、自らを保とうとする。実際それが可能なのであれば、この方法は有効ではあって、そうした方がよい場面はある。頼まない（～がまんする）ことで、近い他人から独立する、運動についても自分たちでやるというものだ。しかし、それは、それで行けるなら、ということだ。自分たちが侵害されてはならないという構えは、別の人たちも共有する。ただ結果として、手伝ってもらわない人間という方に近づいていったということである。とすれば、障害者にとってその道は行き止まりの道である。独立性を維持しながら他人を入れるやり方を考えてやってみるという地道な道を行くしかない。

(2)→(4)。理解を得られるような運動でなければだめだと考える。「社会連帯」によって、自分たちは暮らせるようになるのだという。その際、払うべきはというより払えるものについては払うことによって、市民であり、理解を得られるのだ。あったのはそのような理路であったと思う。そしてそれは、戦術的に相手に合せたというのではなく、当初からそのような方向で考えていた人たちとその時期の政治の流れが呼応したということだと思う。高齢化への対処という契機があり、八〇年代に入って、一部の貧しい人たちの救済、救貧という枠組みから、皆のものへということになり、それ自体はよいとして、話は、皆がだいたい同じだけ払い、同じだけ受け取り、足りない分は共助、そして自助でという話に滑っていった。この時、税もそのようなものとして位置づけられた（立岩・村上・橋口［2009］）。介助・介護もそのようなものとして位置づけられた。

じつは自立生活センターの成立に際しても、そんなところに近づいたこと、そうしたところから始まったところがある。ヒューマンケア協会の活動が始まった八六年頃の時期は「共助」が言われた時期だった。「住民参加型在宅福祉サービス」といった言葉が現われた。私は中西正司が「神戸ライフケアー協会」★36を訪問するのに介助者としてついていったことがある。例えば一時間五〇〇円ほどを会員が会員に払う。組織は会員を登録し、それを媒介する。また将来に備えて、自分が介助に携わった時間を将来使える時間として貯蓄することができる。そういう仕組みだった。

制度がたいしてないなかで仕組みを作ろうとすればそういうものになる。いいとかわるいとかは別に、すくなくとも参考になると考えて不思議ではない。しかしそれではすまなかった。この仕組みは、時間あたりの額は低くとも自分で払える人のものであり、その低い額も多くの時間を要する人には払える額ではなかった。また、介助する側にとっても、たいして払われなくても家族（多くは夫）の稼ぎがあって暮らしていける人たちにとっては参加できる仕組みではあったが、そうでなければ得られる額が少なすぎてやっていけないというものだった。神戸に行ったその後の数年の間に、ＣＩＬの運動は、介助のための制度・金を得る運動と結託することになる。その間にいて、自ら悩みそして橋を渡した一人が高橋修だったと私は考えており、そのことを書く（立岩［2019f］）。その経緯の一部を郡山でのシンポジウムの打ち上げの飲み会（三二一頁・注10）で横山晃久に聞くことができたので（横山・尾上［i2018］）、それはそこに加えるつもりだ。

非現実的だと思われた方向の方が現実的だったのだと、すくなくとも今なら言える。おそろしい時間と労力をかけて一つ二つのケア付住宅を作るより、多くの人たちが暮らすことができるようになった。もちろん、もっともな方が結局実現すると決まったものではない。そんな楽観的なことは言えない。けれども、より多くの人たちが生きていこうとすればその道しかない。理解を得ることは必要である。しかし——とくに仕方なく戦術的に、ではなく真面目に信じてしまって、というのが危ないのだが——迎合してしまうのはよくないということだ。

2 つきあい方について

1 つきあう場面をいったん分けること

以上から、人との関係、社会との関わりをどうしていくかについて全般的なことが言える。どうしていくかという問題は、運動が始まれば、その始まりの最初から現在に至るまで、ずっと続く。第5章で土屋が記しているのもこのことを巡ることだ。福島の人たちは街頭に出た。それは介助者を得ようとしたのでもあるし、カンパがほしいのでもあるし、運動を支援してほしいのでもある。自分たちの存在が認められるべきだと思ったのでもある。それはまずは道を行く人たちに対して、ということだが、もっと大きく呼びかけようとしているのでもある。

大きくは健常者・市民・国民……との関係をどうするかということではあるのだが、その際いくつかの層を分けておく必要がある。主張について理解を得ようとすること、日々の生活について自分の希望を通すこと、二つはつながっているが別のことだ。そして、別のことだがつながっている。分けて考えていかないと話がこんがらがり、間違えると思う★37。

ついでに「当事者」という言葉について。当事者とは「事に当たる者」だから、辞書的にはまたこの言葉の普通の運用においては、本人を指すとは限らない。そこで私は、「当事者主権」という言葉を最初に本に使ったのはあなただと上野千鶴子に言われたことはある★38が、「本人」という言葉を使い続けてきた。ただ、「当事者」を「本人」の意味でしか用いないことが、すくなくともこの世界では定着してきたから、そしてわざわざ「障害当事者」と呼ぶことでそのことを言おうとしているようだから、「当事者」でもよいのかなと思う。ただここではまだ「本人」と記すことにする。

2　介助者（をはみ出す介助者）のこと

介助者との関係のことは、他のことがあまり考えられたり書かれたりしてこなかったのに比べると、かなりの数書かれてきた。たしかに、介助の仕事など自分でやってみればいろいろと感じたり考えたりすることはあり、介助を要する側も毎日気になることではある。しかし、介助者は手足だとか手足でないとか、いろいろと言ってみたりすることはあってもよいのだろうが、もっと他のことを調べたり書いたすればよいのにと思うところが私にはある。

まず一つ、介助は自分が生きていくに際しての手段である。手段として必要であることは、よいもわるいもない、事実である。次に一つ、介助をする／得る人たちの間に、それだけ以上の関係があることは、仕事と利用に支障がでない限りは、よい。介助者との間だけにそうした友人的な関係があるのは悲しく寂しいから、それは別に求めるべきだという主張がある。限られたところにしか関係がないより別のところにもあった方がよいだろうとはたしかに言えようが、しかし、友人でもあってよいとは依然として言える。人に人として気をつかうのが面倒だという人もいるが、そのことは気にならないという人もいる。むしろ気をつかいたいという人もいる。これもどちらの方がよいということにもならない。気にしたい人を止めはしない。それはわるいことではない。

ただ一つ大切なことは、その生活のための手段を得たいというときに、そのことが妨げられないことである。

自分の側に人間関係に関わる資源、人を引きつける魅力等がなければ必要なものを得られないというのではよくないということである。だからとくに介助者と仲良くなりたいわけではなく、感情や魅力を提供できないあるいは提供するつもりのない人でも、必要なものは得られるのがよい。気にしないことが可能であるような仕組みになっていればよいということになる。

それは有償ということをそのままには帰結しない。介助を得る側が気を遣ったりしなくてすむように、また、行なう側が自発的に行なうことができるなら、そしてそれで質・量ともに十分に得られ、そしてその行ないの人々の間での分布が、ある人たちは行なうが、ある人はそのおかげですっかりさぼってしまえるというような不正な状態でないのであれば、よいとは言える。

私は介助が有償のものであることを支持するが——それだけを考えた文章として「無償/有償」(立岩[2012b])があるので、できればどうぞ——、それは第一には、社会が義務を果たすその果たし方としてよい方法だと考えるからである。そしてこのことは運動が言ってきたことでもあると思う。運動は、介助を得られるのは「権利」であると主張してきた。その通りだと思う。すると人々には、その権利が実現するようにする「義務」がある。その義務の果たし方として、税を負担し、それを介助する人の収入・生活費とするというやり方がある。それだけが方法ではないが、この方法が合理的で有効だと考えること、その理由を「有償/無償」で説明した。

その上で、今でも、というか常に、制度が対応できない部分はあるから、また残ってしまうから、制度の外側の無償の行ないは有用でもある。そしてそれは、とくに震災のようなときについて言える。いざという時に普段と別のことができる余裕があった方がよい。いざというときにたくさんの労働が必要な時には、それ用の要員を常にとっておくというのはあまりうまくない。普段の仕事を放って、するべきことをできるようにした方がよい。ただこのことは、その仕事がやはり無償であるべきであることを意味しない。いちいち支払う・受け取るのは面倒だということはあるって、そんな場合はなしでもよいだろう。だが、そうでないなら払ったってよい。このことは、近いところでは古込和宏が金沢の医王病院を出る時にも思った★39。病院から移るというときに使える人・制度・…がなく、古くから運動に無償の活動として関わってきた人たちが、心意気で手伝って間をつないだ。しかしそうした行ないの意義があるということは、ほとんどの場合、普通に制度的に対応できる部分を確保しておいた方がよいということとまったく矛盾するものではない。制度が対応できる部分を多くし、それが対応できない隙間の幅は詰めておいた方がよい。そうした方が無償の行為の力も有効に発揮できる（三六七頁）。

さらに懸念があるとすれば、「本義」を意識しなくなるということ、「本懐」を忘れるということだ。介助は、本来は義務としての贈与なのだが、金をもらってやっているとそのことを意識しなくなる、本来の心性が浸食されるということだった。このことについても、やはり「無償／有償」で私としては考えるべきことは考えたと思う。

ただ、本章で七〇年代八〇年代をもう一度振り返るなかで出てきたのは、そして「無償／有償」では検討していないのは、金を得られる仕事となることによって、介助する側に強い力が付与されてしまうという懸念だった。取り上げていないのは、今ではもうその現実性があまり感じられなくなっているということもあったかもしれない。ただ可能性としてはあるし、考えておく。

恐れは、自分自身のことでなく想像したものであったとしても、具体的なイメージとしてあったと思う。介助で食べられるようになった人が、その仕事によって生計を維持しつつ、自分（たち）の主義主張を実現し、その運動に本人を巻き込もうとするというものだ。ときには、主義主張がどうというのでなく、自分の利得のためにということもあるかもしれない。私はその懸念のある部分については、そんな心配はしなくてよかったのに、と思う。東京青い芝の人のある人たちにとっては、行動のある部分は過激な（さらに「過激派」の）人たちがいて起こったと見えた。意図的にそのように言ったとばかりは思えない。そのように信じていた人はいると思う。実際には、例えば川崎バスジャック闘争（二五九頁）にあったことは、本人たちが起こしてしまったいくらかは偶発的なできごと、といったところだと思う。ただ府中療育センター闘争ではまたすこし違ったかもしれない。闘争を担った本人たちは、闘争はなされるべきであったと考えている。なかにはいない方がよいような支援者もいたが、しかし協力してくれた人たちがいた、それはよかったと考えている。しかしその人たちにおいても悩みが生じることはあった。関西の青い芝での健常者組織についての議論や組織の解散（山下［2005］）といったできごともそのことに関係するだろう。

東京青い芝にあったのは、他人の介在そのものを減らすことによって自律性を高めようという方向だった。実際に減らすことができるのであれは、可能性はある。人がいないのだから、その人が口をはさんだり、力を行使したりする可能性はないのだから、当然のことである。しかし、いるものはいる。いなくてすむなら苦労はしない。だから、いるものはいるということを認める限り、この方向はだめである。使えない。では介助は必要であることを認めた上で、どう考えるか。

まず邪魔でありうるのは有償の介助者であるとは限らない。無償とするなら、協力者の数は少ないだろう。

すると、協力してくれるのはその人だけかもしれない。すると、その人は、非常に大きな力をもつ場合がある。他方、賃金を得て生活できるようになったら、その人はそれで生活の基盤を得ながら、自分の主張を通せるかもしれない。しかしこの条件自体は認めるしかないとすれば、そのうえで、「増長」をうまく押さえていくしかないということになる。

一つ、介助は仕方なく必要であり必要なだけ得えられるべきだとする。一つ、有償である方がよい。これも維持する。とすれば、その上でということでしかない。どうしたものか。基本、手伝う存在として位置づける、仕事は求めに応じてのことであるとする。それだけだと言うだけということになるが、一つ、むしろ労働条件を引き上げる方がよい。無償だと、また有償であってもその人ぐらいしか応じないとなると、その人に強く出られる可能性は高くなる。他の人もできるなら、複数の人たちからさしでがましい人などを外すことができるようになる。

もちろん、利用者・雇用者側の力を強くすることは雇用の不安定に結びつくし、こんどは介助者の従属の方に行くという可能性もあり現実はある。いつも幸福な関係にはならないが、それは他でも同じだ。多くの労使関係の調整と同様に、双方が受け入れるべき条件を設定し、それを実施することは可能である。ここまで書いて私は、八〇年代の半ば高橋修（二八三頁）が何を悩んでいたか、わかったように思う。そのことは立岩［2019f］に書く。

3　ドラマチック／でないこと

たんたんと、しかしなんのためでもなく、なされるべきことはなされるという状態がよいとは言える★40。

堀田はそんなことを考えているのかもしれない〔堀田［2012a］［2012b］〕。それはよいことである。それを認めながら、私は、まず、人間の多くが私のような私たちであるならと考え、その次に、と考えていった。どちらも、基本的にはたんたんとしたものになる。「ドラマ」は生じにくくなる。

私たちはドラマが好きだ。泣けたり、心が洗われるたりする話が好きだ。それは仕方がない。ある程度は人間から省けない定数として勘定した方がよいと思う。そして、自力でなければ他力がいる、その他力を得るための自力がいったりもする。そこで、不当であることを訴え糾弾したり、共感を得ようとしたりする。両者は背反するわけではない。とにかく力を使い、そこに摩擦が生じる。しかし和解があったりもする。そうしたことごとに共感する。崩壊があったりもする。すると、悲しいけれどもしみじみすることにもなる。

ただ、近いところでは古込（二八七頁）が次のように言う。彼は『夜バナ』（渡辺一史［2003］）は読んだ。

古込　持って来た情報はそれだけだったんで。〔金沢での介助の制度、一日〕十何時間までは、今まであったし、金沢が出せる時間ってせいぜいそれぐらいだから、それ以外のところはボランティアでつなぐしかないというのが相談員の言ったこと。それを聞いたらさすがに、『夜バナ』を読んでるんで、あれを想像したら無理やと思って。

立岩　そうか、『夜バナ』のボランティアの生活。まぁそうでしょうね。

古込　そうそう、それで無理やと思って。（古込［i2018］）

本を読むなり、映画を見るなり、たんに物語を消費する側にとっては、苦労話もよい。ただその本人になってしまう（かもしれない）人にとっては、あれは笑えたりする話ではない。例えば、骨形成不全だが状態が重くストレッチャー型の車椅子を使う人であった宇都宮辰範（一九五三〜一九八四、cf. 牧口他［2001］）という人が四国から、一人で、道行く人に介助を呼びかけてそのリレーを経て東京にやってきたという実話がある。私は普通に感心してしまう。実際まったく感心してよいことだと思う。また、まったく運命に翻弄される生といったものに感じいったりする人もいる。わかりはするものの、やはり、それを他人に現実に求めてはならないということは認められてよいことだと思う。

そして、そのように現実を平凡で退屈な方向にもっていくとしても、もっていこうとしても、結局のところ私たちは不如意の生を生きるのだから、波瀾は起こってしまう。どうもこのごろ普通の事業所になってしまって……、という嘆きはわからないではないが、しかしそこには実は、毎日、様々に波瀾万丈なことが起こってしまっている。そのことはそこで働いたり、働いてもらっている人たちが一番よくわかっていることのはずだ。まずは、おおむね波瀾が起こりにくいものとして仕組みが確保されることはよいことだと、そのうえでも、いくらでも波風は立ち、その中には私たちが楽しめるものもある。こういうことになる。

4　運動と経営において

次に、運動の主体、主張・要求の主体であることについて。本人が担うことがつねに効果的であるとは限らない。

それはまず主張したり、人を動かしたりするにあたっての得手／不得手というものはあって、それは障害者であろうとなかろうと言えることであり、障害者の中にも不得手の人がいるという当たり前の事実である。

またこれまで言われてきたこととして、障害の種別が異なれば、思うことや言いたいことも異なるということはある。だから本人が必ず適しているとは言えないという主張にももっともなところはある。

しかし、それでも、本人がわかること、本人のほうがわかることがあるという事実はあり、真剣に言いたくなり、実際に言ってしまうということはある。そして、この社会を生きてきたなかで経験したこと、その経験に発して言いたくなること、そして言おうとすることの中味、これらが障害の種別を超えることも、意外なほどある。

とくに、本人を支援しときに代理するという側と本人たち側の間には無視できない大きな違いがある。たんに他人であるというのでなく、「非障害者」であるというのではなく、「業界」の人である場合、サービスの提供者である人が、組織の運営や運動に関わることになる場合は多い。その業界を知っているし、その関係の仕事をしてきた経験があるから、それは自然な成り行きではある。また家族は、多く本人のことを思い、本人のために動こうとする。実際に動く。しかし、供給する側と使う側、支援する側と支援される側との間には大きな差異があり、しばしば利害の対立がある。差異・対立が顕在化しない場合はあるが、その可能性があることは論理的にも明らかである。自分たちの運動は自分たちがやるのだという主張は、誰も忘れてはいないと思うが、そのことを問題にしてきたのである。

それで、今はまだ非力であるとしても、あるいはいつも不利な条件はあるが、まずは自分たちがやるとした。そして、たしかに得手不得手はあるが、すくなくともそこそこの数がいるのであれば、そのなかには適材がいるはずだと期待した。本人であることには明かな利点があるのだから、本人が担う。経営についてもおおむね同じことが言える。実際ここでも有能な人がいるとは限らない。うまくいかない可能性はあるし、そうした実例も（たくさん）ある。しかし、組織の運営について実質的な力をもつことは、その組織の方向自体に影響を与えることはあるから、方針を決める、何を言うかを決めるという場面ほどではないとしても、すくなくともその責任者については本人が務める。そうしてやっていこうというのが自立生活センターだった。

経験の有無などがあって、仕事をこなす上手下手の差はあるだろう。今現在においては、非本人の方が使えるということはある。だからこそ、いくらか無理をしてでも、本人が主導することをきまりにするということだ。使いにくいということで本人を雇わないなら、その状態は変わらず固定される。普通にやっていったら、だんだんとその人たちの力が強い組織・運動になってしまうかもしれない。そこでまず雇い使うことによって上手になってもらう。そこは、活動さらには就労の場として機能する。

そして、例えば介助者派遣の事業について、別の形態の組織が禁じられているわけではない。異性介助でよい（がよい）人に異性の介助者を供給することは禁じられてはいない。むしろ、放っけおけばそのほうに傾くだろう。しかしであればこそ、同性介助とするとことに理があるのであれば、他は違うようだが私たちのところはこういう組織にする、そのように自分たちとしては取り決めるということはあってよいとなる。

5　理解を得ること／我を張ること

多くの人、さらには全員がよしとするものがよい、と考えるか、その「誰が」とは別に、よいものはよいわるいものはわるいと考えるか、いずれかである。私は後者であると考える。人の理解をえられるような主張でなければならない、などと、とくに多数の側がのうのうと言えるものではないのだということだ。ただそれでも、一つ、普通の意味での民主主義（民主主義的政体）を、他よりましなものとして支持することはできる★41。一つ、どのような決定方法を支持するにせよ、ことが人々の好み・意思に関わるような場合には、それを考慮せざるをえないということにはなる。人々の、ときにはしぶしぶでもかまわないのだが了解、黙認を得ないとうまくことが運ばないというのは事実である。

それでも、よいものはよいという立場を基本的にとるなら、そのよいものを得る方法は多数の支持を得るという方法だけでなくてもよいということになる。実際、障害者の運動は、行政に直接訴える、担当部署・人と交渉してとるものをとってきた。そうしてとれるなら、個別に交渉しなければならないから面倒ではあるが、それでよいと私は思う。

「怒る」という手もあるし、「泣き落とし」という手もある。このごろ私は、たいがい話をしに行くと、ほぼ必ず、「ではどうしたらよいでしょう?」と問われるのでもあるので、歌える人は歌う、踊れる人は踊る、泣ける人は泣く、書くことしか能のない私のような人は書く、各自の芸を出しましょう、それらを足して合せて、それでようやく勝てるか、負けない、というところだと思うので…、といったことを言う。実際そのように思っている。

ただ、どういう手段をとるかが、どれだけを得られるのか、何を払わねばならないかに響く場合がある。憐れみを乞うという手はときにはかなり有効だが、それで発揮される人々の慈善心というものは、たくさん得ようとすると、それは贅沢だとしてしまうような心性であったりもする。すると得られるものの上限が低いところに押さえられることにもなる。そして、乞う方は下手（したて）に出ねばならないことにもなる。だから、なんでもよいのだとは言うものの、できれば（あまり）使いたくない手もある。とすると、基本的には使いたくないが、受けるので使う、ばれないのであれば「うそ泣き」でよいのではないか。となる。

こうして一つ、わかってもらわなくても生きていけた方がよい、しかしわかってもらわないと、いやわかってもらわなくても同意してもらえないと困ることはあるから、仕方なくわかってもらう。すくなくとも一方でこのような具合にも考えていったらよい。障害者運動には、確実にそういう部分がある。と同時に、もう一つ、わかりあえているかどうかは別として、人々がとくになにかのための手段というのでなく関わりをもつ、いっしょにいるということも、そういうものを大切に思う多くの人にとっては大切だ。そしてそれは——なにかのための手段ということでないということであれば、結果として、ということになるのだが——一人ひとりの生活を認めるとか支えるといったことにも結びつくのではあるし、なにかあったときの「よすが」ともなるだろう。そんなことがあって、場所を作ろうとしたということもある。

そして大切なことは、基本的には、なにかの手段として人に関わるということと、たんに人と人がいてその場所と時間とを過ごすということ、その両方がなにも矛盾したりすることではないということだ。そして、ときにはある程度ややこしいことを考えねばならないということもあるにはあるが、基本は簡単なのだ。必要なものは必要であるから、必要なだけ必要だと、基本的には、主張する。暮らしたいところに住むこと他の自由・権利は大切な自由・権利であるから、それもまた主張し続ける。みなさんとはなかよくなりたいと思うが、しかしこのことを取り下げてまで、なかよくなりたいとは思わない、と言う。直接、そのことを言う場合、言わねばならない場合もある。しかし、いつもはしんどい。そんなことをせずに、たんたんと仕事が仕事としてなされる場、だらだらとしていられる場があった方がよい。そういう場が可能であるために、それが可能であるような仕組みが必要だ。そしてそうした制度要求をする気持ちや気合いを表に出すという面倒くさいことが、そうした通常はだらだらした場があって、容易になる。

6　付記：理念と働き手のこと

いったんここまでを書いた。ただ土屋の第5章を読んでみて、また本章を書く上で八〇年代あたりの書きものにすこし目を通しなおして、まだある、のだろうなと思った。私の文章は、まあこんなところでいいんじゃないですか、という構えのものだが、もっと熱い感じがあると思った。

前項に書いたことは取り下げる必要はないとは思う。介助に関わるごたごたをなくすために介助を少なくしようという道筋は、わかるが、その道はとれない（2・二八八頁）。これもそれでよいだろう。そのうえで、まだある熱い感じはなにか。介助者など周囲の人たちが本人を侵害しないというのはもちろんだが、そのうえで私・本人・障害者のことをわかれ、そして障害者運動のことをわかれ、協力者になれ、共に闘おうと、いう気持ちがあったと、あってきたと思う。日常の生活・介助の場面と運動の場面と、さっき私はいったん分けて考えようと言ったのだが、それはそれとしてわかったうえで、二者は関わりあう、関わりあうべきでもあるということだ。引き回しも困るが、しかし無関心も困るといったところだ。そして、金を得るようになるとそういうものを気にしなくてよくなり、見ないようになるという感覚もある。すると、本来は無償なものであるのがよいという方向にまた向かうことになる。

それは仲がよいとか、気が合う、うまが合うとかいうのと同じではない。私がさっき書いたのはそちらだ（2・二八六頁）。関係を獲得・維持するために気苦労が絶えない――社会学ではそういうのを「感情労働」と言ったりする――とかそういうのはよくないということだった。それはその通りだが、それは、感情が関わらないのがよいことを意味しない。その後に現れた、ただ言われた通りに動くのがよいのだという介助者像に対して、そのようにだけある必要はないということを確認したのだった。

その、私的に仲がよいとか、そうでないにかとは別に、もちょっとわかれよ、とかわかるようにしろよ、とか思うということがある。「理念」を知れ、関心をもて、それに関われということになるか。ここまでだと、この種の話の最初のものに位置づく文章（岡原［1990］）で岡原正幸が「行き違いや不満の打開策」として三つあげた、「理念的方法」、「経済的方法」、「感情的方法」があるという話だ。あの章は、そうして間をまるく収めようとするのだが、それでおしまいにはならないのだから、むしろ互いがけんかできるような関係になろうという話になっている。それはそれで、まことにもっとなものだ。そんなことを私たちは考えていた。ただ、問題はそのさきにもある。それぞれの方法をどう考えていくかが考えどころだということで、ここも書いている。お金がどういう方向に作用するのかも一通りでないこと、そのうえでどうするかを述べた。感情的な関係についても述べた。それ（のあってよい部分）はあってよいが、その関係を得る・保つことによって初めて必要なものが得られるというのはよくないと述べた。

さて理念、だが、やはりそれは大切なものではあると思う。ただ、これを言われてもふつうは困る。介助などの仕事を実際に行なう中で、いろいろと伝わること、考えることがあり、態度が培われるということは実際にあるが、まず、誰もいつでもすぐにそういうつもりになれるかということもある。ただ私は、そこが非・本人の能天気な部分なのかと思うところはあるが、みながみな理念をわかってなければならないとは思わない。せいぜい、最低限のきまりは守ってもらうぐらいでよいかなと思う。ただ、それにしても、そのきまりも含め、わかってもらうべきことはあるし、なぜそのきまりがあるか、知ってほしくもある。とすると

「教育」ということになるか。

私はどちらか言えば、教育なんて信用しないというタイプの人間だが、それでもいくらかは必要であり効果があるとは思う。じつは私は、「重度訪問」の研修の講師というものをもうずいぶん長いことやっている。二日間のコースのたいがい冒頭、一時間半話す。それは、いつも書いている長々しいものとと比べてということだろうが、わりあい評判がよい。話したものを文字にしてもらったものもある（立岩［2018a］）。

次に、どんなタイプの人が入ってくるか、見込めるか。かつて、一つに懸念されたのは、健常者・介助者が入ってきて、本人を引き回すことだった。私は引き回す人たちの現物を見たことはない。むしろ、裏方に徹するという人たちを見てきた。その人たちは自覚的に禁欲的であるという印象をもった。そこには当時の社会運動やその挫折（と当人が思ったもの）が作用している部分もあった★42。そしてその後、そのような人たちは少なくなった。社会運動・闘争、そしてその挫折という経験はなくなり、「普通」の人たちが多くなる。私は、それ自体には問題はないと思っている。本人たちもその運動も、「普通の社会人（になるはずの人）」がいくらかでも自分たちや自分たちの活動に接して変わること、それを求めているはずなのだ。だから、普通の人たち、でかまわない。

ただそのようにいったん言った上でのことだが、「普通の」社会・職場に行かない、戻らないという種類の人たちがこの業界に一定いると思い、それもわるくないなと思っている。そして思えば、かつてにしても、学生運動崩れでそのまま裏方にまわっているという人のなかに、今だったら発達障害という札をぶら下げられるのではないかという人がいるように思う。社会運動・学生運動が、そして障害者運動、介助の仕事が、社会不適応な人たちにとってよいものであってきたところがあると思い、それを肯定的に考えてよいと思うのだ。

そして次に、社会的不適応と大学院などにいた人というのはつながっている。私にしたって、企業に務めるというのはないな、と思って今の仕事をしているというところはある。そうして、(他についての適性は謎だが)文章は書けるといった人たちがこの業界に入ってくる。私の周りにもそういう人たちがいる。それで、自分で語ったり書いたり、またそうした類いの手伝いをし、文書をまとめたりという仕事をする★43。私の場合は、一九九〇年代に、生計の方は他で得ていて有償の介助の仕事はしたことがないが、そういう仕事、つまり運動体が出す報告書など作る仕事に関わった。たぶんそれは、運動の側にも、そして私にも、(ときにそこそこ面倒な仕事ではあって)今思えば、というところはあるが、わるいことではなかった。

これがわりあい若い人たちのことを想定していたとすれば、他方、もっと年をくった人たちがいる。世の中、人手が足りなくなるという話は全然間違っている、と私は考えている。私でなくも、実際にはひまな人が増えていくのはじつは誰もが知っている。既に私の周りにも、定年になって、あるいはなりかけて、そして力をもてあましている人たちが大量にいる。こういう人たちをあてにしてよいと思う。そして、私は有償の仕事を支持してきたが、たくさん稼がなくても生活できる人に(たくさん)支払う必要はない。それでも力を貸してくれるだろう。実際、私の周りでも各種NPOにそんな人たちが入っている。そしてそれは都会に限ったことではまったくない。田舎でも同じだ。むしろ、私の田舎の友人たちなど、勤めている時からけっこう余裕があってうらやましかったが、ますます余裕があるようになって、時間も体力もてあましている。そういう人たちは使える。

既に稼いでしまって蓄えがある人は、それを前提に安くさせてもらうのはありだろう。ただ基本的にどういう条件で働いてもらうか。金を得られなくてもやってくる根性のある人は（たまに）いるだろう。しかし、そのことは、こういう仕事をする人全般にそれを求めるということにはならない。これは話の順序の問題なのだ。基本的には、よい条件が得られること、よい条件を提供できることを目指す。まず働く人として、きちんと得られるのはよいことか。よい。としたらそれを前提としたうえで、仕事の意義・意味を理解し、まともな仕事ができる人であるようにするしかないということだ。

7 付記：運営・運動、非本人

運動し経営している人たちは、ほんとうはそう悲観していないのかもしれない。私が部外者・非当事者だから、愚痴を言ってもよい、と思っているだけであるような気もする。ただそれでも、いくらかは本気のようだ。他方、私は、それを受けて、そのことに関わる実害を被っていない部外者であるので、なにも知らず無責任に、「だいじょうぶですよ」と言っているだけ、のようにも思う。しかしそれでも言ってみる。

まず、一つ、うまくいかないのは当然だということだ。その理由はたくさん言えるが、現場的には、仕事がたくさんあるのにそれに応じられる人・金がないということだ。すると無理する。無理すると、すぐにとりあえず動ける人たちを頼らざるをえない。すると「健常者ペース」になる。……。

とすると、社会・制度の「もと」をよくすることを求めながら、現場的には、自分のところだけではできないから、とことわりつつ、仕事を減らしてでも全面的には撤退しないことだと思う。思うのは、そしてときどき言うのは、ボランティアで介助をまわしていた時、それにいくらか関わっていた時、種々事情があって、抜ける人がいる、すると残った人の仕事は大きく重くなる、しかしその重さを抱えてひきうけてやっていく、けれど結局しんどくなって抜ける、すると……、という、だんだんつらくなる螺旋のことだ。それは避けたいと思う。ここまでしかしない、けれどもする、それはする、それ以外はできないがそれはする、ということだと思う。そんな呑気なことを言っていられなかった、できることを越えているのに受ける、無理が生ずる、それでもっとつらくなって、というのが、原発事故が含みこまれてしまった震災という情況下での活動だったことは次の第7章に書かれている。それは悔しいし悲しい。それは、非常時でなくとも、ふだん現場でいくらも起こっていることだ。とすれば、日常の業務・事業が運動を磨耗させ衰弱させるということには、本来は、本来ではあるが、ならない、はずなのではある。きわめて現場的なやっかいごとは、本来、社会と社会の理念に関わり、運動を駆動させる。そういう回路につないでいくことはできる。

そこに「非本人」はどう関わるか。書いたように（二九三頁）、私は、大切なことは、つまるところは、誰がではなく、何をよしとするか何を実現するかということだと思っている。だから、誰が担うかは絶対的なことではないと思っている。ただ、そのように思った上で、目的がよいのであれば形はなんでもよいのだとなるとずぶずぶになる、ということはこれまでもいくらも起こってきたから——とりあえず分けられる日常生活における主導権のこととは別に、運動・運営において——誰が「あたま」になるか等、どういう組織形態にするかについて「当事者主権」はありだと述べたのだ（二九一頁）。

私はそのほうが楽でもあるから、外野、というか観客席にいてきた。それでよいと思っている。ただ、何を大切したらよいか、私はどうみるか、どうしたよいと私は思うか。これは真剣に考えるし、言う。「本人」だからその人の言うことが正しい、なんていうことはまったく思わない。第一、本人たちの間でも、たいてい話なんかすこしもまとまっていないのだから、言われたとおりにするなんていうこと自体ができない。本人（たち）Aと本人たち（B）の言うことのどちらがもっともか。これは聞いて、考えて、言う。じっさいにはさらにごちゃごちゃになっていて、きれいに二手に分かれるということにもならず、なんだかわからないから、いくらか整理してみたりする。それが、私たちの場合には仕事でもあると思っている。ならよい仕事をしようと思う。

補

1 人

前節でわりあい実践的・実感的なことを書いた。その実践がどう見えるか、どう見ていくかについて補足する。

本書の終わりに、人について書いてわるいことはないと書いた（三九三頁）。本章にもたくさん人が出てきた（↓巻末の人物索引）。その人についてわかっていることをごくごく簡単に記した人もいるが、そうでない人もたくさんいる。調べだしたたらきりがないし、調べてもわからないこともあるだろうが、できるときにいくらかのことはやっておこうと思う★44。

その人は一人でもよい。ただわかって、ただおもしろいことがある。おもしろい理由、有意義な理由は幾つもあるだろう。組織・運動としては、その足跡を記すことは励ましになることもあるかもしれない。また時にはねぎらいになることがあるかもしれない。そうして、これからそのような人たちが現われる方への助けになるかもしれない。そうした効用がある場合はあるだろう。

ただ私は、人が位置する場所のことを思って調べたり書いたりすることがある。そして人が重なったり、つながったりしていくことのおもしろさがある。そちらから。

一人の人が調べられることに限りはあるが、できれば、重なったり、つながったりしていく様が捉えられるとよい。人から人に伝わるものがあり、そして打ち消し会うこともあるとともに、強めることもある。一人だけでは言い張れないこともある。数が重なることによって、増殖してあふれることがある。なぜ本書に出てくる人たちのなかの少なくない人たちが郡山養護学校に通った人だったのか。大きな部分がその学校（の卒業生）から始まったのか。結局はよくわからない。本人たちに聞いたらわかるというものでもない。ただ、ある場が始まるときには、その周囲に溜まっている年齢も育ってきた場所も一様でない人たちが、いっせいに集まるということはあるかもしれない。他方、たぶん郡山養護学校はそうでもなかったと思うが、受け入れる側もそれなりに気合の入っていることがあって、いろいろとしてみようということがあったりする。白石・橋本も会いに行ったことがあるという仙台の山田富也（筋ジストロフィー）は西多賀病院にいて、そこを出た人だが、その病院は最初に筋ジストロフィーの子どもを受け入れた国立療養所だった。すくなくとしばらくはいくらか活気があった。高野岳志と福嶋あき江がいた千葉の国立療養所下志津病院もまだ筋ジストロフィー者の受け入れが始まってそう時間は経っておらず、自治会や自治会のネットワークもそれなりにまだ機能していた。この人たちにとってその病院はいたくない場所だったが、出るに際して使えるものもあった。大学生たちが出入りしていた。皇族との関係などで知られているありのまま舎の山田についても、その初期には大学生や、この業界にはあまり登場しない革マル派の人も含め、新左翼の党派の人たちの接触があったという。そんなことがあり、映画の上映会をし、といったあたりも共通性がある。これらを『病者障害者の戦後』に書いた。そして二〇一八年に話をうかがったおり、白石・橋本と山田がじかに会ったことがあったと聞いて、ほおーと思ったのだ。

こうして人が何人か集まったりつながったりして閾（しきい）を越える、そのきっかけは外からやってくることもある。『さようならＣＰ』の上映会にはそんなところがあったのだろう。いつも人の一人ひとりに力はあるのだが、それは中に籠もっていて、なにかがあって、ある値を超えないと実際の動きにはならないことがあるのだ。

ただもちろん、同時に、定常状態になる過程、なってしまった状態、静まりかえっていく時と空間もある。国立療養所にもそんな過程があった。しかしやはりもちろん、そこにもまた何もないわけでない。今度は、静かになっていく過程を調べ書いて、じつはそこにあることをに気づいて、忘れないようにして、という次のことが始まることがある。

そして人の集まりは、壁になって、遮断し、ものを見えなくし、動きを遮蔽することもある。その様も同じ本でみた。自画自賛しあう医師たちの集まりがあり、さらにそれを称賛する親や親の会がある。そしてさらに互いが互いを讃えあう。そしてその人たちはある種の正義の人たちでもある。その集まり、厚みがあって、外からは見えなくなり、中が静かにさせられることがある★43。

そしてもちろん、私が立派だとする相手と、私が揶揄したり批判する相手は、別の人から見れば、別様に評価されるだろう。そんなこともまたいくらもある。ただ、私はなぜしかじかのように言うのか、それはきちんと示す。そういうことをきちんとしていくことによって、結局は見方の相違ですねといったつまらない話におちないようにできると思っている。

そして人は、流れや力が交差したり弾きあったりする場でもある。本章で私が書いてきたのは、すくなくともいくらかは注意深くないと見えてこない、複数の流れに関わるところに白石がいて、いた場所から退出したり、別のところに行ったりすることだ。その人に蓄積されたものがあり、遭遇の偶然もあり、その場に着く。そしてそこから出ることもある。それはなんだったのだろう。それを調べることよって、どんな流れ・力があるかを知り、そしてそれをどのように評定することができるか考えることができるようになる。

2　集まり／の間

人の集まりがあり、その中に対立が起こったり、集まりと集まりの間に争いが起こったり、それで集団そのものがなくなったりすることがある。なかにはまったくつまらない内輪もめもある。山ほどある。ただ、いつもそうとは限らないし、つまらないこととつまらなくないこと、それが様々な割合で混じり合っていることもある。

本章でいくらか述べたのは、そのある部分だった。また次の第7章で示されることの一つは、福島では、とくに震災の時において、辿り辿ればかつては、あるいは別の場所では今でも、いっしょにやれなかった／やれない複数のものが一緒にやっているということだ★44。

私は、対立は必要だと考える者だ。どんな人とでも仲良くなれる、なるのがよいなどとは思わない。ただ、そうでありながら、対立などしていられないということはある。つまらない対立もまた捨てるほど起こっているからそれは無視しようということもある。つまらなくはないものではあっても、ときには対立したりしている暇はないということがある。社会運動、障害者運動では人手はたいがい少ない。そうしたところでは、仲がわるくとも、喧嘩をしながらもいっしょにやっていかざるをえない場合もある。埼玉にはそんなことがあってきたかもしれない。増田洋介が調べている（増田［2020］）。また、人徳、としか言いようがないように思えるなにかによって、普通なら収まらないはずのものがうまく収まっていることもある。福島はこちらかもしれない。東京はなかなかごちゃごちゃしている。その一部を本章で述べた。しかし東京だって、まったく人材豊富で余っている、などということはまったくないのだ。同じ人がいろいろなところに顔を出していて、また出てきた、と思うようなことがある。

地域的な差、歴史的な差異はある。とくに関西、大阪・兵庫・京都等では部落解放運動、もっとはっきり言えば部落解放同盟の運動から学ぶことが多かったし、実際に支援されること、共闘するということがあった。そしてその解放同盟は共産党ときびしい対立をしてきた★45。そしてまた新左翼の諸党派も運動に関わったのだが、それらもまた、敵対する党派とそして共産党を敵視し、ほとんどそのことによって自らの存在を保っているようなところもあった。そうした人たち・組織は、かなり迷惑な存在でもあったのだが、そして――ときどき「手足論」など論じようとする人がそのことをわかっていないというのがさきに述べたことなのだが――それでも種々の運動に関わった。動員がなされた。迷惑であったというだけのことではない。その影響が強いところと弱いところがある。東京は比較的強かった。たくさんの大学があることも関係するだろう。地方においても、時期によるが「セクト」の介在は意外にある。人手は常に少ないし、いっしょにやれる時にはいっしょにということにもなる。

そして、それらの対立や摩擦のすべてが不毛であるとは言えないということだ。そのことを私は本章で言おうとした。さらに、ときには不毛な対立のもとでも論点を研ぎ澄まされることさえある。喧嘩が始まってひっこみがつかなくなってしまうと、互いに自らの論理を詰めようとする。ときにそれは非現実的なところにまでいくことがあるが、理詰めでものを言うということにはそもそもそんなところがある。極端さにはときに価値があることがあるということだ。

そうした様々を、それとして調べてみるとよいことがある。そしてそうした「研究」がじつはたいへん少ないと私は思う。一つには、この世界には、そういう「ぎすぎすした」ことが嫌いな「いい人」が多いということがあるのかもしれない。また一つには、とくにこれは社会福祉学の一部、社会事業史といった類の書き物に多いのだが、予め、偉人だということに決まっている人がどのように偉いかを書くことにして書くといった類のものが多いということもある★46。運動の当事者となると相手を批判・非難するといったことにもなるが、呑気な研究者は自分の「陣営」側だけを書いても書けなくはないということもある。しかしおもしろいことは、大切なことは、境い目にあったり、裂け目にあったり、ぶつかったりしているところにあるのが往々だ。すると、複数のもの、その間の差異、関係を見ようということになる。本章ではそのことを言いたかったのでもある。ただその上で補足すると、一つずつ書いても、それはそれでよいのだ。なにか、調べて、示して、次にそれを解釈するのが研究というものだと言われる。まあそれはそうなのではある。しかし、他の教員・研究者はそういうことを言わないだろうが、すくなくともある人や組織のことを調べて書く最初の一人に限っては、たんに事実を並べるというのでよいと、私は、思っている。ただし間違いはないように、詳しく、きちんと調べてもらう。調べてもらって、書いてもらって、また別の人が考える。そういう分業もあってわるくはないと思うのだ。ときには筆者が考えていないことも出てくる。しかしきちんと書けば、種々の、そして無限に多様というのではなく、一定の幅のことが言えると私は思っている。

一つひとつのそうした仕事が積み上がっていって、その誰かの仕事の結果を使って、いろいろと調べ直したり、二つの間の関係を考えたり、差異を見てみたりするという仕事を別建てですることができる。私は大学院生の研究を手伝う、論文を書くのを手伝うという仕事をして給料をもらっているのだが、そのことをしながら、そのことを思うことがある。調べてきたものをどう見るかを考えることになる。さらに、複数のものを知ることによって、一つひとつをつなげて知ることによって、わかることがあると思う★47。

3　二人について複数について

最後にもう一度、運動の方に戻ろう。さきに述べたのは、いろいろなやり方があってもよいこと、あった方がよいこと、そのぐらいいろいろとやって、ようやく取るべきものがいくらか取れるということもあるということだった。つまり、複数の声があったほうがよいということだ。声色を変えて、いろいろやってみるのがよい。ただ、ときにはやり方・言い方を間違えると損することもあるから、そのことはわかっておいた方がよい、注意した方がよいことを加えた。間違えると自分を安くしてしまい、結果、かえって損することもある。そのことがわかったうえでなら、二枚舌がうまく使えることはよいことだ。

しかしそれを、どんなふうに、どんな人が言うかということはある。それをすべて一人でまかなおうとすると、不自然な、嘘っぽい感じになりそうだ。時と場合によって言い方を変える人、何を考えているのか本当のところがわからない怪しい人、ずるい人ということにされてしまうことがある。だから、一人でなく、複数の人がいた方が、最少なら二人いた方がよいということは言える。ワンパターンの刑事ドラマで、取調べの時に、おどす人とそれをなだめる人が出てくる。漫才だとぼけとつっこみということになる。白石と橋本は、この二通りのいずれでもないだろうが、しかし、二人でやってきた。そういえば、と、私は私が知る何組かの二人組のことを思った。立川（自立生活センター・立川）には、高橋修と野口俊彦がいた。宮崎（障害者自立応援センターYAH！DOみやざき＝やっど宮崎）には永山昌彦と山之内俊夫がいる★48。

本章で述べたのは、道はたいがい複数あって、どちらかを選ぶかは難しいところはあるが、選ばなければならない場合もある、その時に間違えないようにしようということだった。ただ、複数あればよいことも、もちろんたくさんある。基本的な道は一つであるとして、それがどんな道であるかを示す示し方や、どんな具合にその道を歩いて行くかは複数あるし、あった方がよいのだ。福島にはその複数があってきた。これからもそうなら、きっとそれはうまくいく。そして楽しい。

注

★01　第3版に新たに加えた「多様で複雑でもあるが基本は単純であること」「共助・対・障害者――前世紀末からの約十五年」（立岩［2012c］［2012d］）でもそのことを書いている。七〇年（代）については立岩［1998］等。

★02　負けられない。とるものをとらねばならないということであればあらゆる社会運動にこのような側面はある。しかし障害者運動において甚だしく現われるとは言える。だから辛いが、おもしろいといったことを幾度か書いてきた。『人間の条件』では以下。

「そしてその人たちはともかく、もし生きたければ、実際生きたいのだが、生きていかなければならないのだった。それは、「革命」とか思って言って、どうもだめみたい、とか思ったら、普通に就職すればよいというのとは違うのだ。世の中の全体をざっくり捉えて、捉えた気になって、そしてだめみたい、とかおおざっぱにのんきに言ってたら死んでしまうのだ。社会のどの部分をどのように動かせるのか、そうしたらどうなるのか、そんなことを考える、考えるというか実際にやってみることになるのだ。これは、とても「社会」科学的」にもおもしろい。」〔立岩［2010:126-127 → 2018b:126-127］〕

★03 『全障連結成大会報告集』に横塚晃一が書いた文章より。
「六八～六九年ごろ、東大闘争を頂点として全国的に高揚した学生運動が権力の手によって抑え込まれるなどして沈滞していくと同時に基盤を失った学生運動の流れが障害者運動にどっと流れ込んできた。」〔横塚［1977:323-324］〕

★04 他に、三四号までの合本・復刻版〔東京青い芝の会［1978］〕があり、会で作られた年表に東京青い芝の会［2000］がある。

★05 青い芝の会の歴代の会長は、ウィキペディアによると〔誰が書いているかわからないのだが〕、全国化以前は山北厚一九五七～一九七三、全国化の後横塚晃一九七三～一九七八、横田弘一九八一～一九八三、中山善人一九八三～一九九八、小山正義一九九八～二〇〇〇、福田文恵二〇〇〇～二〇〇三、片岡博二〇〇三～二〇〇六、金子和弘〔注04・二四七頁〕二〇〇六～二〇一一、福永年久?～。私が作っている資料に『青い芝・横塚晃一・横田弘』〔立岩編［2016］〕。
神奈川県連合会の人が横田・横塚・小山。白石が息子の名にその名の一字をもらったという〔三五二頁・注03〕横塚〔一九三五～一九七八〕の『母よ！殺すな』は横塚［1975］、増補版［1981］新版［2007］新版第二版［2010］。私が横塚について書いたものに立岩［2007］［2015d］。横田弘〔一九三三～二〇一三〕には『障害者殺しの思想』〔横田［1979］〕、その増補新装版が［2015］〔そこに付した解説に立岩［2015a］〕。対談集に横田［2004］、亡くなった後、長く横田とつきあいがあった臼井正樹の書いた文章や私との対談を収録した本に横田・立岩・臼井［2016］。私の三度の対談〔インタビュー〕は横田・立岩［2002a］［2002b］［2008］。中山善人〔一九五三～〕には『自立生活と障害文化』所収の文章に中山［2001］。私は二〇一八年にインタビューをしている〔中山［i2018］〕。公開予定。

★06 横塚への追悼文に磯部［1978］。「その〔七四国民春闘の〕後、彼は「意識変革を通じて制度はうまれる」という意見に傾き、「制度要求を通じて意識改革も可能だ」と主張する私との間に対立を表面的に起した。また全国組織内でも幾つかの要因がからみ合って、混乱と矛盾を今日生み出している。／とはいえ、横塚晃一は［…］」（磯部［1978］→横塚 2007:353］）

★07　一九七七年の全国青い芝の大会で選出された会長は横塚晃一、副会長が白石、事務局長が鎌谷正代（三七八頁）。会議はかなり頻繁にあったらしい。その三五年後、鎌谷（古井）は福島に駆けつけるのでもある（二四九頁・注18）。

★08　反対運動に関わり、『調査と人権』（広田・暉峻編［1987］）にも山本［1987a］［1987b］を執筆している山本勝美（一九三八生）に堀智久と私が二〇一八年にインタビューした（山本［i2018a］［i2018b］）。HPに公開している。

★09　『造反有理』（立岩［2013c］）には精神医療をめぐる共産党系とそうでない人たちの対立が書かれている。『病者障害者の戦後』（立岩［2018d］）では共産系の流れとしてあった患者運動や医療者の活動・言論について検討した。「もらったものについて」（立岩［2007-2017］）で私がいくらを知る対立について書いた。

★10　『ふたつの地平線』（一九七七、りぼん社）はこの事件と養護学校義務化反対闘争を映している。以下は郡山での打ち上げの宴会で尾上浩二（一九六〇〜）と横山晃久（一九五四〜）。

「尾上　『ふたつの地平線』っていう映画。［…］ぜひ一回見てください。まだ長髪のふさふさな白石さんが、バスん中でね、叫んでるんだよ。

横山　かっこよかったよ。ほんと。

尾上　マイクで、「われわれ、全国青い芝の会…、日本脳性マヒ者協会、全国青い芝の会です」。〔バスの〕中で、アジってんねん。

横山　かっこよかったよ。ほんと。俺、それ、憧れたもん（笑）。」（横山・尾上［i2018］）

★11　福島県出身で東京青い芝の活動に関わっていた大森幸守がいたことが大きいという（二四九頁・注18、白石・橋本［i2018］）。大森は一九五七年、福島県白河生。『東京青い芝』に「俺の家族達」（大森［1981］）、「「完全参加と平等」の第一歩――青年の船に乗って」(大森[1982-1983])。一九九二年逝去。

★12　宮尾修は千葉県の人。「障害者の生活保障を要求する連絡会議(障害連)」等に関わる。『道』では「市民活動への参加――ある障害者の奇妙なレポート」(宮尾[1984])を書いている。私は千葉大学に勤めていた一九九四年に宮尾他「船橋障害者自立生活センター」の人たちに来ていただき話をしてもらったことがある。記録はある。公開できればと思う。そこから出ている本に宮尾他[1995]、そのセンターの機関誌での連載に宮尾[2012-]。

横田・立岩・臼井[2016](→注05)刊行に際しての臼井正樹・荒井裕樹との鼎談(荒井・立岩・臼井[2015])の時に荒井が用意した資料に宮尾修の詩集『あしあと』(しののめ叢書6)に収められた「にんげんになってから」からの引用がある。「ぼくはいつも/じぶんの部屋でじっと坐っている/床の間の人形のように/まるでにんげんではないかのように/じっと坐ったきりで/動いたことがない//だが　ぼくはにんげんだ/ぼくはにんげんの母から生まれた/だからぼくは/にんげんのかたちをしている/にんげんの食べるものを食べ/眠りを眠り/にんげんの言葉を使って/にんげんの考えることを考えている」(宮尾[1966])

★13　そのうちの一つの中でも、全国青い芝が全国障害者解放運動連絡会議(全障連)から分かれる。それはむしろ全障連の方が現実的であり(現実的であろうとし)、「問題解決の道」を行こうとしたからだとも言える(立岩[1990b:186-189→2012:283-285])。全障連結成時の代表幹事は横塚晃一、副代表幹事は荒木義昭と橋本(事務局長が楠敏雄)。福島県青い芝の会からは一七名の参加があったという。これはずいぶん多い数だと思う。

★14　荒木義昭(一九四二～二〇一六)は自らの無免許運転を審理する裁判で闘った。その「荒木裁判闘争」他について聞いたものに深田[2018]。猪野千代子(一九三六～一九九九)。猪野が中心的に関わった会の冊子に障害者の足を奪い返す会[1982]。かつて介助者をした方から、この九月に資料をいただくことになっている。岩楯恵美子(一九五一～)は府中療育センターでセンター闘争に関わった。自らの就学を求める運動をした(岩楯[1978])。藤原良太が二〇一九年にインタビューをした(岩楯[i2019])。新田勲については注28・三一六頁。三井絹子(一九四五～)は新田の妹でもある。府中療育センター闘争以来のことについて三井[2006]。村田実(一九三八～一九九二)は久留米園に二〇年、そこで自らの就学運動。八一年に自立。山本勝美(注08・三一一頁）の著書『共生へ』（山本［1999］）に村田が描かれている。ＪＩＬ編には、荒木［2001］、新田［2001］。

★15　遠藤滋（一九四七〜）。著書編書に、遠藤・茂本［1982］、遠藤・白砂編［1985］、ＪＩＬ編［2001］に遠藤［2001］。遠藤と彼を囲む人たちを撮った映画に『えんとこ』（一九九九、監督：伊勢真一）がある。その二〇年後に『えんとこの歌　寝たきり歌人・遠藤滋』（二〇一九、監督：伊勢真一）。なお、小規模な、そして自分たちが運営できる施設をという思いは、例えば一九七一年の横塚にもある（横塚［1971］）。

★16　三沢了（三澤了、一九四二〜二〇一三）について、私の三〇年前のノート（→ＨＰの人頁に転記）には、「一九七六〜ケア付住宅検討会委員（頚損連絡会から）、八王子自立ホーム→戸山ハイツ（都営住宅）」とある。電動車イス使用者連盟、新宿ライフ・ケア・センター、ＤＰＩ日本会議等々で活動した。ＪＩＬ編［2001］には三澤［2001］。横田弘との対談に横田・三澤［2006］。

今岡秀蔵は『自立生活への道』（二六四頁）に「介助・援助――介護からの解放」（今岡［1984］）。所属は東京都八王子自立ホームとなっている。また石川准と岡原正幸による一九八五年の、たぶん八王子自立ホームでの、今岡秀蔵へのインタビューがある（今岡［i1985］）。ただ、本書ではこうした八〇年代のインタビュー記録などをほとんど生かすことができていない。

またＪＩＬ編［2001］に、古賀［2001］、寺田［2001］。

★17　ヒューマンケア協会の一〇周年の時に作られた冊子があり、その第二部「八王子の当事者運動」に文章を寄せている（大須賀［1996］、渡辺［1996］）。このたび検索してその情報のあるＨＰの頁（私がかつて作ったものではあるが）が出てきた。この辺についてもいろいろと調べることがある。

★18　自伝として板山［1997］。論文に「ある行政官僚の当事者運動への向き合い方――障害基礎年金の成立に板山賢治が果たした役割」（高阪悌雄［2015］）。この論文は高阪の博士論文（高阪［2018］）の一部になった。板山は白石・高橋の還暦祝い（二〇〇〇年）の折にスピーチもしている。

★19　福永（一九五二〜）については第４章注07（二〇七頁）。ＪＩＬ編［2001］には澤田・福永［2001］。

★20　一九二一〜二〇一五。ウィキペディアには「日本の社会福祉学者、日本社会事業大学名誉教授。東京出身。東京帝国大学卒。日本社会事業短期大学助教授、一九六一年日本社会事業大教授、七二年同大学長。八七年定年退任。」などとある。著作集（仲村［2002-2003］）がある。

★21　一九三七～。東京都心身障害者福祉センター勤務の後放送大学教員。『生の技法』を紹介してくれた（三ツ木［1991］）。放送大学の『障害者福祉論』（三ツ木編［1997］）といった教材を作っている。私は三ツ木から呼びかけられ、調査に関わったことがある。厚生省心身障害研究（主任研究者：高松鶴吉）「心身障害児（者）の地域福祉に関する総合的研究」というものだった。三年ものの二年めから加わったはずだ。療護施設一〇人、ケア付住宅一〇人、一人暮らし一〇人を対象に暮らしについて様々を聞いて比較するというものだった。集まりは三ツ木たちが勤めた東京都心身障害者福祉センターで行なわれた。そこに勤めていたベテランとして杉原素子（後に国際医療福祉大学）、赤塚光子（後に立教大学）がいた。当時の若手として佐々木葉子・田中晃・名川勝・林裕信がいた。聞き取り自体は終わっていたかもしれない。私はその結果をまとめ、報告書作成に関わった（立岩他［1998］）。執筆のかなりの部分ととりまとめを担当した。いちじ報告のために会員だった社会福祉学会の大会でも報告した（林他［1995］、赤塚他［1996］）。一九八九年から開催されるようになった「自立生活問題研究全国集会」（一八四頁）に関わった。ＪＩＬも関わっていたが、やがてＪＩＬはそこから抜けて、この集会はなくなる。その際、（リハビリテーション）専門家（である三ツ木）の介在のあり方が問題にされたようなことを聞いた覚えがある。自立生活は「問題」ではないといった――まあわかるが、言いがかりのようにも思える――ことが言われたという。

★22　一九八四年二月六日、東京青い芝の会（会長増山潤）、脳性マヒ者が地域で生きる会（会長白石清春）、うつみねの会（代表橋本広芳）、東京八王子自立ホーム入居者会議（代表大信正良）が渡部恒三厚生大臣に「身体障害者福祉法改正等に関する要望書」を出す（『とうきょう青い芝』91、1984/2/1）。この四団体が全国障害者自立生活確立連絡会（自立連）を組織する。機関誌『碍－ＧＵＹ』が八四年一二月と八六年一月に出ている。相模原にうかがったときにいただいたように思う。また田中・土屋が橋本からもらった。事務局長が大森幸守（注11・三一一頁）。第一回の総会での記念講演（板山［1984a］）をしているのは板山（この時の肩書は日本社会事業大学専務理事）。しかし後で大森・白石はここから抜ける（二七九頁）。この組織はそう長くは続かなかったのだろうと思う。

★23 はじめての本格的な研究として髙阪［2018］。博士論文だが書籍化されると思う。本章で記すことはそこに書かれたことをどのように私は解するかということでもある。

★24 一九二七～八四。享年五六歳。簡潔な紹介として百瀬［2018］。追悼集として山口新一郎追悼集刊行会編［1986］。七九年にステージⅣの癌が見つかり、年金改革が実現する前に亡くなった。生きている間によいことをしようと思った、というのはありうることだと私は思う。山口と板山について次のような回顧がある。

「（昭和）五八年の終わり頃は、局長はかなりもう体調が悪かったから、本当に局長と話をする機会は少ないんですね。あるときに、「おい、辻君、呼ばれてるぞ」と言われてタコ部屋から局長室に行ったら、板山（賢治）さんという人がいて、この人は障害者政策の歴史に残った有名な社会局の人ですけれども、板山さんが局長の前に立っているんですね。［…］ベッドに横たわって板山さんと話していたときに僕が呼び込まれて、「辻君、福祉というのは人の話を聞くことだよ」と。福祉の心というのはこういうことだと教えられました。板山さんと連絡を取り合っていたんですね。というので、ものすごい障害者に対する深い思いが山口さんにあって、断行された。」（辻［2018:249］）

★25 「年金課の我々制度技術者としては、福祉年金に拠出制年金のお金を入れて水準をあげるなんて考えられないことです。私たちは「局長、それは難しいですよ」と言い続けたのを覚えていますよ。だけど、「やれ」の一言ですね。［…］／そんな逆選択を認めたら、後で老齢年金にも波及するのではないかというのを散々私は言った記憶があるのですが、でも、局長は「大丈夫だ、やれ」と言うんですね。もう、これは経験のある人しかできないことですね。／百瀬　保険料を払う機会がなかったからという論理ですよね。／辻　障害のある人への深い思いの下で、まず障害基礎年金の水準に上げるという、先に強い決意があったと思います。そういう意味では、歴史を熟知した上で、年金制度はすべて自分が責任を持つという経験者でなければできない改革をやったのが、山口さんなんですね。」（辻［2018:248-249］）辻哲夫は一九四七生。八三年厚生省年金局老人福祉課長、八八厚生省社会局老人福祉課長。

「青柳　それから二〇歳前障害は、これは山新さんが非常にこだわってやったということはさっき申し上げた通りです。結局、なんで保険料を払わないのに年金が出るのかという論理をつくるのにすごく苦労して、これは滞納なしという論理でいくしかないと。だから、サラリーマンでも、加入して納付期限が来る前に障害になった人については出すというふうにせざるを得なくなっているので、そこはそれで割り切ったんですね。滞納なしということで。」（青柳［2018:265］）青柳親房は一九五三生。八三厚生省年金局年金課課長補佐、九二厚生省大臣官房政策課企画官（年金局併任）。

★26　「基本的には年金の水準を下げるようなことが中心だったけれども、ひとつぐらいはいいやつもないといけないというのもあっただろうと思います。障害基礎年金の創設ということで。」（田中［2018:297］）田中敏雄は四三生。八三厚生省更生身体障害者専門家。

★27　1で言っているのは、家族が負担せずにすんで、その分家族がより労働・生産に励めるだろうということだ。3で言っているのは、家族が既に本人の分も負担しているようなものであるというのである。家族の扶養を外した方がよいという場合に言われうることである。けれどもなぜ家族が単位とさせられるのかについては『家族性分業論前哨』（立岩・村上［2011］）。

★28　新田勲（一九四〇～二〇一三）については深田耕一郎の『福祉と贈与――全身性障害者・新田勲と介護者たち』（深田［2013］）。新田自身にも書いたものがいくつかある。『足文字は叫ぶ！――全身性障害のいのちの保障を』（新田編［2009］）に私との対談（新田・立岩［2009］）も収録されている。自伝に『愛雪――ある全身性重度障害者のいのちの物語』（新田［2012］）。「晩年」に刊行されたということになる。それでも新田は、肝癌を患って何年かはもったから、書けた。

★29　今回私は『とうきょう青い芝』全体に目を通す時間がまったくとれなかった。三〇年前目を通したときに磯部と白石の発言が気になったらしく、ごく短いメモが残り、それがワープロのファイル→HPの頁に残っていた。ちなみにこの箇所の直後では、磯部が国連の言う発生予防は優生思想とは関係のないものだとも述べている。ここもメモしてあった。
★30　「四〇年加入五万円という基礎年金の水準の根拠は、資料を集めたら、家計調査などで説明ついたんですよ。私は「皆既日食だ」と言ったぐらい、当時、制度技術としては感動ものでした。山口新一郎さんが命をかけた改革のときに二五年加入の年金額が、五万円が目の前の額だった。これが大幅な改善だったらできなかったもしれない。それが説明額できる額でセットできたというので、夢のようですね。後から見れば必然の改革のチャンスだったと思います。あのチャンスをものにしなければ、後世に申し訳ないと。それで国民年金制度も安定するわけです。」（辻［2018:251-252］）
「青柳　その次は、月額五万円。これは、要するにキリのいい数字にしただけだったですよ。一九八四年価格で五万円と。／百瀬　たとえば、国会審議の時には、老後生活の基礎的な部分を保障するといったような説明もありましたが。／青柳　それは後付けで説明した記憶がありますね。／百瀬　その他に、生活扶助の基準と対比させた説明もありましたが。
青柳　生活扶助についてはもともと、昭和二九年以降、生活扶助の二級地の水準にずっと合せてきたんですよ。だから、だいたい合っていたはずなんです。でも、途中で生活保護のほうが高くなったかもしれませんけどね。／市田　そうですね。高くなってますね。」（青柳［2018:262-263］）。
★31　厚生省の元官僚はそのことを素直に喜んでいる。「後日、この〔障害基礎年金〕の生活保護の適用が大幅に減ったと聞いたときはうれしかったですね」（辻［2018:249］）。このことがどのように喜ばしいことであるのかという論点の存在にもしかしたら気づいていないのかもしれない。なお、この発言の後に山口局長に呼ばれた話が出てくる（→注24）。
★32　最初の本から検討し批判している。『私的所有論』第7章「代わりの道と行き止まり」の2「不可知による連帯」（立岩［1997→2013:473-480］）。『税を直す』第Ⅰ部第2章「何が起こってしまったのか」（立岩［2009:67ff.］）。『ベーシックインカム』第Ⅰ部第4章2「選別主義・普遍主義」（立岩［2010a:96-99］）。
★33　「田中（聡）　理念が中心で、費用徴収のほうは、割にあっさりまとまったのでしょうか？

田中（敏）　費用徴収をやることは、「当然だ」と言っていました。もっとも、自分たちがどれぐらい取られるか、そんなに取られやしないと思っているわけですけどね。所得保障が確立されれば、一般の人は費用を払っているんだから、障害者も払うのは当然だと。それは大いにいいんじゃないのということでね。法律改正の時は、具体的な中味は議論していませんからね。費用徴収の規定を入れるというだけで。後で、具体化するときにはだいぶ揉めたんですけれども、法律改正の時は「当然だ」ということでしたね。

田中（聡）　「当然だ」というのは、障害者団体のほうですか？

田中（敏）　そうです。だから所得保障のほうをちゃんとやってねという、そっち側が付いて回っているわけですよ。それが前提だからね。普通の人だったみんな払うものは払うじゃないかと。お金のある人は払うので。もちろん、お金のない人に「払え」なんていう制度じゃないことは知っているからね。」（田中［2018:301］）

★34　ケア付住宅については『生の技法』の初版にあった「接続の技法——介助する人をどこに置くか」（立岩［1990b］）にかなりの記述があって、しかしそのことにあまり気がつかず、その章を別の文章（立岩［1995a］）と差し替えたために、その部分が第二版・第三版からは消えた——新たに加えたのは「自立生活センターの挑戦」（立岩［1995b］）。それはよいことではないと考え、現在はHPに以前の章の全体を再掲している。

★35　その後、昭和女子大学人間社会学部福祉環境学科特任教授。同愛会東京協力会会長も務めたようだ（http://hyuman.com/kykdayori.pdf）。

★36　土肥隆一（一九三九〜二〇一六）。日本基督教団所属の牧師。社会党・民主党の国会議員も務めた。阿部・河・土肥［2001］。『生の技法』の文献表には『神戸ライフ・ケアー協会のあゆみ』（神戸ライフ・ケアー協会［1987］）があがっている。

★37　「手足論」について、「この言葉がどんな文脈にあったかについて小林敏昭［2011］」と記した後、いくつか文献をあげ、以下のように続けた。「日常の生活において自律をどれほど求めるかと、社会運動において誰が主体となるべきかはまずは分けられる。後者について、あくまで本人たちが主体であるべきだという主張と行動がなされる由縁は理解できるしあってよいだろうし、同時に、それと異なる方針の組織・運動もあってよいとまず言えるだろう。前者については、専ら手段として位置づける場合とそうでない場合と、これも両方があってよいとまずは言える。そして一つ、いちいち細かに指図すること自体がとりわけ大切だというわけではない。また天畠のように、そんなことをしていたら手間がかかってよくないという場合もある。その上で、一つ、介助者自身が人であり、手段に徹することが困難であること、またそのように振る舞うことを求めてはならないこともある。」（立岩［2018c:96］）

そして、自分で決める・作る、のでなくみんな決める・作る、ということがある。それが実際のところどうなのか、それをどう考えるべきかという主題もある。天畠［2019］がそのことに関わってはおり、その論文についてやはり『不如意の身体――病障害とある社会』に述べた（立岩［2018c:88-91］）。

★38　テキストファイルを検索して見つけた。「自らの暮らし方は自分で決めてよいはずだ。彼らは生活の自律性を獲得しようとする。自らのこと、自らの生活のことは自らが一番よく知っている。こうして、提供（資源供給）側の支配に抗し、当事者主権を主張する。」（立岩［1995a:229→2012:417］）

★39　一九七二年、石川県輪島の生まれ。二〇一九年四月二四日に亡くなった。享年四七歳。五歳の時にデュシェンヌ型の筋ジストロフィーと診断、一九八〇年国立療養所（現在は国立病院機構）医王病院に入院。三七年を経て、二〇一七年十月、退院。その退院に様々な人が関わった。富山では平井誠一（全障連副代表幹事等も務めた、平井［2001］、インタビューに平井［i2018］）、金沢では田中啓一（注42・三二〇頁、田中［i2018］）等。その古込が書いた文章の幾つかが『季刊福祉労働』に掲載され、その「まえがき」のようなごく短い文章を書いた（立岩［2019c］）。彼の文章、彼へのインタビュー（古込［i1998］）をHPに掲載している。彼の企ては現在始まっている旧国立療養所・筋ジストロフィー者に関わる動き（三六八頁）のきっかけともなった。

★40　もう一つは、一方が他方を、あるいは互いを気にしないでおこうと思ってもそうもいかないといった場合、身体の接近・接触、羞恥が関わるような場面である。『介助現場の社会学――身体障害者の自立生活と介助者のリアリティ』（前田［2009］）等がある。

★41　『人間の条件』に「［補］民主主義」という部分がある（立岩［2010c:64-68→2010:64-68］）。

★42　例えば大賀重太郎（一九五一～二〇一二、大賀重太郎追悼記念誌編集委員会［2014］他）。ただ彼にしても、言いたいことははっきりあったし、それを言ったし、私は聞いた。言うこと、行動することと、裏方であることは両立しないわけではない。八〇年代に何人かのそういう人たちに話を聞いた、と話をしたが録音などはしなかった。昨年、石川・富山の運動を助力してきた、近くは古込（注39・三一九頁）に関わった田中啓一に話を聞いた（田中［i2018］）。

★43　働く自分と、その仕事をくれる人たちでもある人たちと、その間に起こることとを考えて書く人もいる。その仕事の条件はよくないからそのことも書くことになる。私がじかに見知っている人に限ると、『生きている！殺すな』（一一一頁）に高橋慎一［2017］、渡邉琢［2017］。その渡邉の著書に渡邉［2011］［2018］。

★44　例えば白石が一九七〇年代にうまく闘うことができなかった、悔しいと記す「全障研」（三七頁）と、白石たちがもう長くうまくいっしょにやってきている、そして震災の時にもいっしょに活動してきた「きょうされん」は、もとは同じ系列の組織だ。なかよくやれているのはまったくよいことであると思う。ただまず「研究」の水準では、これがどんなことであるかを考えて言う必要はある。

★45　新田勲・荒木義昭についての深田の書籍・論文（注14・三一二頁、注28・三一六頁）、楠敏雄について岸田［3017］（注10・三九〇頁）などいくつかをあげた。私は高橋修について書くことも記した（四頁）。誰をどう書くかは自由ではある。ただ、このような人について書くと例えば論文としておもしろい、こんな人の場合は苦労するといったことはある。そのことを本文に記した。

★46　だから専門家・供給者・労働者たちの動き、考えの遷移あるいは停滞、離合集散等々を調べる意義もあり、そして今度は別の人たちの動き、それらの間の接触や隔絶を調べる仕事もある。堀智久『障害学のアイデンティティ』（堀［2014］）の一部、三島亜紀子の『社会福祉学の「科学」性——ソーシャルワーカーは専門職か？』（三島［2007］）等はあるがやはり少ない。私は私で、『造反有理』（立岩［2013］）や『精神病院体制の終わり』（立岩［2015］）、そして『病者障害者の戦後』で医療者たちについていくらかを書いてきた。また、立岩［2017］の多田富雄のこと、というよりは上田敏（一九三二～）についての記述ご覧いただきたい。

★47　山下［2008］、角岡［2010］、定藤［2011］、二見［2017］、等。関西の運動についての文献を土屋もあげている（二四頁）。『身体の現代・記録（準）――試作版：被差別統一戦線～被差別共闘／楠敏雄』（立岩編［2014］）は、統一戦線」を作ろうとしてそうまくはいかなかった経緯の途中までを収録している。『障害者運動のバトンをつなぐ』（尾上他［2016］）は京都の日本自立生活センターの人たちが関わって作られた。

互いに仲がよくないことが少なくとも一時期はあった組織の両方について書かれている本としては『愛知の障害者運動』（障害学研究会中部部会編［2015］）があるが、違いや摩擦があったことがよく押さえられているとはいえない。またこうしたことについて書くためには、それがいかに消耗なものであったとしても、様々あった対立・衝突の背景などをまったく知らないというわけにはいかない。それで私もときどき書いているところがある。

★48　『病者障害者の戦後』では、白木博次（一九一七～二〇〇四）、椿忠雄（一九二一～一九八七）、井形昭弘（一九二八～二〇一六）、他、ある人たちには崇められているような人について書いた。その人たちはそのまま長寿を全うしたりするのだが、ときに別の場では非難されたりする人でもある。それがどういうことかを調べて考えて書いた。注**42**にあげた上田敏もその一人だ。そのぐらいのことはしないと（調べて、考えて、書かないと）つまらないと思う。熊谷晋一郎との対談より。

「熊谷　これは変な質問になるのですが、どこからそのようなシラフの執念が湧いてくるのですか。

すべてがグレーというか、良い人もいなければ悪い人もいない。原因と結果についてはめまいがするほど複雑で、いろいろなものが組み合わさって現実がつくられています。それを淡々と書いていく仕事がどれだけ大事かと思いますが、なかなかできるものではないと思います。

立岩　自分自身でもどこから来るのかわからないのですが、「良し悪しはいろいろあるけれど、人間は多面的だ」だとか、そういうふうな語りが一番嫌いですね（笑）。それは自明に正しいのですが、そんな阿呆なことを言って何になるのか。複雑であったり、グラデーションがあったりするのは当たり前です。そのうえで、どこにどのような線があるのかを見ていく、また線を引いていく必要があると思います。先程の五つの契機も、それくらいは言っておこうよということです。つまり、白黒いろいろあるとわかったうえで、はっきり言おうよ、と。

それは先ほども言ったように曖昧な、場合によっては美しく見えることのなかに、明らかに人が困ることがあるから、人が無駄に不幸になることがあるからです。そして他方に、そうした場面をさておいて、能天気なことを言って、のうのうと偉そうに生きている輩、長生きする輩がいるからです。

熊谷　すごくわかりやすいですね（笑）。「困っている人」がいる傍らに、「調子に乗っている人」がいるということですね（笑）。そして困っている人の場所から、調子に乗っている人を淡々と記述していく。」（立岩・熊谷［2019］）

★48　例えば、葛城貞三の『難病患者運動――「ひとりぼっちの難病者をつくらない」滋賀難病連の歴史』（葛城［2019］）から、複数の疾患別（障害別）の団体がどういう条件があった時に一緒にやって行き辛くなるのかといったことを読みとることができる。また西沢いづみの『住民とともに歩んだ医療――京都・堀川病院の実践から』（西沢［2019］）で描かれるその立派な病院・医療者の実践を『精神病院体制の終わり』に書いた悪辣な（時期の）十全会病院が補完するような具合になっていないかと考えることができる。これらはいずれも私の勤め先に提出された博士論文がもとになっている。私たちはそれを手伝い評価する過程で、読みようを考える。そしてそれを書き手に返していくのだが、ときにまにあわないこともあるし、伝わらないこともある。そして最終的には書き方まとめ方は自由なのだ。となると、書かれた後に考えてみて、ときには自分のものも含め他のものとつき合せてみて、私にはこう読めるということを提示するということもある。葛城の本に「ここから始めることができる」（立岩［2019a］）、西沢の本に「ここから、ときに別のものを、受けとる」（立岩［2019b］）を書いた。

★49　高橋について、高橋と野口の立川でのことについて書くことは述べた（立岩［2019g］に収録）。永山と山之内には二〇一八年にインタビューしている（永山［i2018］、山之内［i2018］）。

第7章　東日本大震災以後の福島の障害者運動

ＪＤＦ被災地障がい者支援センターふくしまの活動を中心に★01

青木千帆子

郡山市から南相馬市に車で向かう道中、川俣町付近になるとガイガーカウンターの警告音がけたたましく鳴り始める。

白石の持っているそれを見ると、ジップ付きのビニール袋に入ったままの状態でアラームが鳴っている★02。

白石が少し困ったような顔をして、わめき散らす機械の電源を切る。

放射線が降っていようといまいと、私たちはその先に向かうと決めていた。

ガイガーカウンターの警告音が消えてしばらくすると、今度はラジオから「絆」を伝える声が聞こえはじめた。

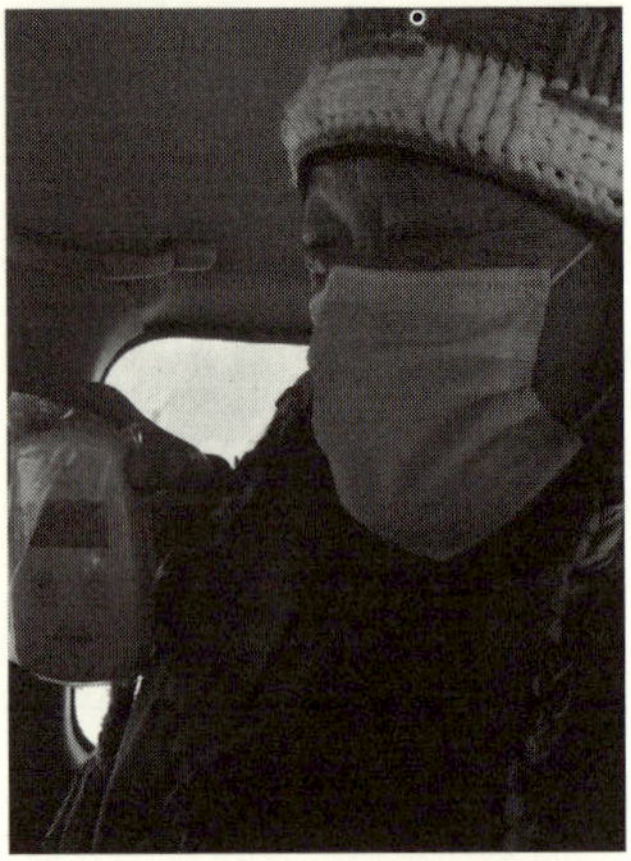
ガイガーカウンターを持つ白石

その「絆」があるのなら、なぜ障害者の姿がこれほど見当たらなくなってしまうのか。
「災害ユートピア」で存在がそもそも想定されていない人々は、今どこでどんな時間を過ごしているのだろう。
今度は助手席にいる人が、ラジオのスイッチを切った。
窓から外を見ると、椿、さざんか、木蓮、梅、桜など色とりどりの花が一斉に咲き乱れていた。

1　はじめに

筆者は、「JDF被災地障がい者支援センターふくしま（以下、支援センター）」の取組に、古井正代＝鎌谷正代★03の介助者として関わることになった。支援センターの代表は、ここまでの章で紹介されてきた福島の障害者運動において中心的な役割を果たしてきた白石清春だ。古井正代は、その白石と共に、かつて青い芝の運動を展開していた。一九七〇年代からの付き合いということになる。古井正代は二〇一一年四月一七日を皮切りに複数回、東日本大震災に見舞われた福島を訪問し、その過程で筆者は、一介助者としての範囲を超えて支援センターの活動に関わるようになっていった。本章は、この関わりを契機に実施した、文献調査、フィールドワーク調査、インタビュー調査によって得られた情報によって構成される。

文献調査では、(1)二〇一一年三月一一日以後東日本大震災に際して被災した障害者に関する新聞報道、(2)

朝日新聞・毎日新聞・読売新聞に掲載された災害時の障害者の避難に関する新聞報道、⑶災害時の障害者の避難に関して各府省庁より公開された資料、⑷災害時の障害者の避難に関する文献資料を、主な分析対象としている。

フィールドワーク調査、インタビュー調査では、筆者が二〇一一年四月一七日～二〇日、五月一四日～二七日、八月二八日～九月三日、一〇月二五日～二八日、一二月六日～九日、二〇一二年二月一七日～二〇日、六月三〇日～七月三日、二〇一三年二月二日～八日の間、支援センターの活動に参加した際にとったフィールドノート、インタビュー記録を分析対象として採用する。インタビュー対象者は、あいえるの会のメンバー、被災地障がい者支援センターふくしまのメンバー、被災した障害者、福島県災害対策本部担当者、福島県郡山市障害福祉課担当者、障害者施設の支援者等、数十人に及ぶ。この中には、その後、がんで亡くなった方、自殺した方、音信不通になった方などがいる。

若いころの古井正代、橋本広芳、古井透

また、二〇一三年三月二三日に支援センターが公表した『ＪＤＦ被災地障がい者支援センターふくしま二〇一一年二〇一二年活動報告書』（ＪＤＦ被災地障がい者支援センターふくしま［2013］、以下『二〇一一・二〇一二報告書』と略）や、障害者の避難に関連する文献を分析対象としている。加えて、二〇一八年一一月二九日に、本書の執筆メンバーと共に再び郡山を訪問し、支援センター関係者に追加的なインタビューを実施した他、本稿の草稿を読んだ白石からのコメントも参照した。

本書は、福島の障害者運動の軌跡をたどることを目的とするものだ。その一部である本章では、東日本大震災時の障害者の避難に関する課題を指摘しつつ、その課題の分析を通し、白石が「地域」にどのように関わってきたのかをみていきたい。

このため、まずは東日本大震災発生時の白石らの動きを振り返り、その上で障害者の避難に関する議論の概要を確認する。この議論からは、東日本大震災を経験した障害者やその関係者が指摘する課題が、「地域」であることが導き出される。その後、もう一度白石らによる動き、書物に立ち返り、では白石はその「地域」をどのように切り開いてきたのかをまとめる。

JDF 被災地障害者支援センターふくしまのスタッフ、設楽、橋本、白石

2　二〇一一年三月一一日東日本大震災

1　NPO法人あいえるの会と香久池の福祉避難所

二〇一一年三月十一日の東日本大震災発災時、白石をはじめ、あいえるの会のメンバーは、障害者福祉センターやあいえるの会の事務所など、それぞれの活動先で被災した。そして発災直後から、あいえるの会のスタッフはメンバーの安否確認に走り回った。幸いメンバー全員が無事だったが、ライフラインが止まったこともあり、家屋の被害状況によって郡山市香久池にある障害者福祉センターへの避難を促していったという。障害者福祉センターはバリアフリーで、職員も日頃から様々な障害者に接しているため、安心だと考え

たからだ。

障害者福祉センターは、地域の指定避難所だった。このため、当初あいえるの会のメンバーは地域の人々と一緒に、障害者福祉センターへ避難していた。ただ郡山市としては、医師が常駐している別の避難所に、病気の人や障害者を避難させようと準備をしていたという。しかし、当時市内一〇五箇所の避難所に一万人が避難し、浜通り（福島県沿岸部）からも避難者が集まってきていた。しかも、県と市がそれぞれに避難所を開設していった結果、指揮系統が複雑化していた。

そのような中、障害者福祉センターの所長が郡山市に、「障害者の方が困っているが、センターを（障害者）専用の避難所にできないか」と提案を持ちかけ、市はセンターを障害者専用の避難所とする決定を下した。テレビのテロップに「障害者の相談は障害者福祉センターへ」と案内を流し、センターを拠点に情報を集約した。また、センター内では、郡山市内の相談支援事業所が交代で二四時間体制の介助サービスと相談サービスを提供した。最終的には、障害者約三〇人とその家族、そして二組の高齢者世帯が避難生活を送ることになった（フィールドノート20120703）。

その頃、あいえるの会側は、ガソリンが入手できず、ヘルパー派遣ができなくなっていた。このため、ヘルパーの支援を受けて生活している人には、「半ば脅し気味に（避難所に）集まってもらった」事情があったという。三月下旬になると、ガソリンが入手できるようになり、ヘルパー派遣が再開される。障害者福祉センターの避難者は徐々に少なくなり、四月上旬には障害者福祉センターは福祉避難所としての役割を終えている（JDF被災地障がい者支援センターふくしま［2013］、フィールドノート20110829）。

以上が、あいえるの会としての震災直後の動きだ。

この時、「ＪＤＦ被災地障がい者支援センターふくしま」としての取組が、あいえるの会の動きと並行して動いていた。

2　ＪＤＦ被災地障がい者支援センターふくしまの活動――始動期

『二〇一一・二〇一二報告書』によると、あいえるの会が安否確認を進めるのと時を同じくして、福島県のきょうされん組織も会員の安否確認をしていた。

福島の障害者運動の特徴として、障害者自立生活センター系の運動ときょうされん系の運動の心理的な近さがある。第1章（四八頁）にあるように、福島県青い芝の会は一九八〇年に解散し、橋本ら郡山市のメンバーは「うつみねの会」という、郡山養護学校卒業生によって結成されていた組織に合流した。うつみねの会で橋本は、廃品回収、市民集会やバザーなどを催し、一九八二年に小規模作業所「うつみねの会」、一九九三年に「Ｗｏｒｋ・ＩＬ」を開設している。そういった活動の中で、小規模作業所への補助金増額といった行政交渉をする郡山市小規模作業所連絡会が結成された。その代表にＷｏｒｋ・ＩＬの橋本が、事務局長にきょうされん系小規模作業所「にんじん舎」の和田庄司がつくといったきっかけがあり、きょうされん系の事業所との接点が生まれていったという（白石［2019］）。二〇〇九年には、きょうされん東北ブロック交流会福島大会の開催に協力している。

こうした関係を背景に、三月一八日にはあいえるの会と、きょうされんの関係者、田村市「福祉のまちづくりの会」、相談支援事業所「ふっとわーく」、ゆめ風基金の八幡隆司による打合せが持たれている。ここで福島県全域の被災状況が伝えられた。また、ゆめ風基金等から支援物資や活動資金も届き、一九日には支援

表7―1　東日本大震災直後に福島県に出された屋内退避・避難指示

3月11日	福島第一原子力発電所から半径3km圏内からの避難指示、20～30km圏内の屋内退避指示
3月12日	半径10km圏内の避難指示。その後、福島第一原子力発電所1号機の爆発を受け、半径20km圏内からの避難指示
4月15日	福島県の葛尾村、浪江町、飯舘村と、川俣町の一部、南相馬市の一部を5月22日までの計画的避難区域に指定
4月22日	半径20km圏内を警戒区域指定、区域内への立入禁止

物資の提供・配達が始まっている。「JDF被災地障がい者支援センターふくしま」という団体名称が決まったのは、活動が始まった後の三月二三日だ。福島県内の五つの障害者団体が集まり、代表を白石が、事務局長を和田庄司が務めることになった。

支援センターは二〇一一年四月六日に正式に開所式を行い、活動を開始した。活動は、(1)障害者の安否確認と被災状況の調査、(2)障害者の避難先への物資搬入とニーズ調査、(3)避難所への支援センターの周知とニーズ調査と進められた。筆者が古井の介助者として最初に訪問した四月中旬は、(1)~(3)の作業が終わり、新たに(4)避難指示区域に住む障害者の避難手段と避難先の確保と紹介へと取り組み始めたタイミングだった。

当時、福島において避難指示は表7―1のように数回にわたり発せられ、避難者の多くは避難所を転々としていた。四月の訪問時は福島第一原子力発電所を中心に同心円状に避難指示がでていたものの、実際には地形によって放射線量の濃淡があり、新たに川俣町や飯舘村が計画的避難指示を受けていた。そこで、支援センターは一次避難所にいる障害者への支援と同時に、新たな避難指示区域に住む障害者の避難手段と避難先の確保と紹介をしようと、川俣町や飯舘村での活動を展開していた（JDF被災地障がい者支援センターふくしま［2013］、フィールドノート20110829）。

しかし、支援センターで繰り返し聞かれた報告は「障害者がいない」というものだった。とりわけ重度障害者の姿が、どの避難所に行っても見当たらないというのだ。

いったい何が起きていたのか。ここでは、東日本大震災において実際に障害者がどのように避難したのかを、具体的な事例を追い、地域の避難所に「障害者がいない」事態の背景を説明する。

3　施設単位の避難――福島県福祉事業協会の事例

地域の避難所に障害者がいない理由の一つは、一〇〇人を超える大人数での避難を試みたことがあげられる。ここでは、報道が多かった福島県福祉事業協会の事例を通し、施設単位の避難の難しさをみる。

1　二〇一一年三月一一日〜四月一一日

東日本大震災発災翌日一二日最初の避難指示を受け、福島県福祉事業協会が運営する入所施設「東洋学園」の入所者二五〇人は、福島県双葉郡川内村にある同法人の施設「あぶくま更生園」にバスで避難している。しかし、その日のうちに避難指示の範囲が広がったため、夜中に再び移動し、一次避難所になっていた川内村の小学校の体育館に到着。ところが、突然の環境の変化に大きな声を出したり、落ち着きを失ったりする入所者が相次ぎ、「一般の人と一緒の避難所は無理」と考え、一三日には同法人が所有する福島県田村市の通所施設に移っている（『朝日新聞』20110329）。しかしここでも、四〇人定員の施設に二五〇人が避難したため様々な困難が生じ、二九日の晩に二三歳の男性がてんかんの発作を悪化させ死亡する（『毎日新聞』

20110616)。翌週、四月五日になると「あぶくま更生園」の入所者ら一一四人が、七日には「東洋学園」の入所者九五人が千葉県鴨川市の県立鴨川青年の家に移動。一一日までには飯舘村の施設に避難していた同法人の別施設の入所者も千葉県鴨川市に移り、施設機能の大半（三〇〇人近い障害者と約二〇〇人の職員）を移転させることになる（『東京新聞』20110407）。

2　二〇一一年四月一一日〜

このようにして、最長で一〇か月に及ぶ千葉県での避難生活が始まった。しかし、避難生活は困難を極めた。千葉県立鴨川青年の家にはエレベーターがなく、スタッフは入所者を背負って四階建ての建物の中を行き来していたという（フィールドノート 20120702）。四月には一一歳の女児が事故死する（『毎日新聞』20110427）。そして、避難生活が長期化するにつれ、職員の辞職や休職が相次ぎ、二〇一一年七月の時点で職員は二〇〇人から九〇人余に減少している（『毎日新聞』20110707）。東京都や千葉県の施設から約三〇人のボランティアスタッフが派遣されているが、それでも人手は足りず、厳しい日々を送っていることがくりかえし報道されている（『朝日新聞』2011009、『読売新聞』20111003、『毎日新聞』20111006、『毎日新聞』20111103、『朝日新聞』20111110）。

福島の比較的放射線量の低い地域に新しい施設の建設が進み、帰郷の目途が立ち始めたのは、地震発生から七か月後、二〇一一年一一月の終わりだった。まず相馬市の保養施設に入所者七三名と職員二二名が戻り（『朝日新聞』20111124、『毎日新聞』20111124）、年が明けて二〇一二年一月一九日、いわき市の県施設に入所者一三一名、職員四五名が戻る（『朝日新聞』20120119、『読売新聞』20120119、『毎日新聞』20120119）。二月一一日には田村市の仮設施設に入所者四四名、職員一三名が戻り、約一〇カ月間に及ぶ避難生活が終結したとされている★04（『日毎日新聞』20120211、『毎日新聞』20120212、『朝日新聞』20120212、『読売新聞』20120303）。

しかし、「避難生活が終結した」といえども、実際のところ帰還した先は応急的な仮設住宅や施設だった。田村市については、「日本財団ホーム」と呼ばれる木造の建物が二〇一二年の時点で完成している。しかし、いわき市の県施設については、避難先を「移った」に過ぎなかった。それは、いわき市の仮設施設建設予定地が、二〇一一年九月の台風の際、水害地域に指定されてしまったためだ（酒造［2013］）。このため、「東洋学園」の入所者は、仮設施設が建設されるまでの「つなぎ」として、いわき市にある県の施設に滞在することになった。二〇一二年四月三日付の『毎日新聞』によると、この施設では、一般客の利用があるスペースと障害者のスペースが施錠式ドアなどで仕切られ、出入りも障害者は正面玄関ではなく裏口を利用しており、食堂は共用で一般客がいる時は食事時間がずらされていた。震災前より職員数が三割減少している状況で、食堂の利用時間は片付けを含め三〇分、食べ切れない人は容器に詰め替えて部屋で食事を取るといった対応を求められていると報じられている（『毎日新聞』20120403）。

福島県福祉事業協会のウェブサイト（https://ffk.jp/history.html）によると、その後、いわき市に仮設施設が建設され、利用できるようになったのは二〇一六年六月のことだ。帰還先としての本施設が完成するのは、さらにその先の、二〇一八年五月である（『福島民報』20180516）。

3　地域の避難所への避難

地域の避難所に障害者がいない理由のもう一つには、通常の避難所が障害者にとって避難できる場所ではないことがあげられる。

例えば、冒頭に紹介した障害者福祉センターに避難したあいえるの会のメンバーには、一度は地域の避難所に避難した人が複数いる。しかし、最寄りの避難所は人でごった返しており、「たとえばトイレは入れないとか、介護を受けられないとかっていうことが頭に浮かんで、それだったら家にいた方がいいと思って家にいてしまった」という。その後、ヘルパー派遣が受けられなくなったため障害者福祉センターで一カ月ほどを過ごすことになったが、この点についても「(市内で自分たち障害者が避難できたのは)香久池(障害者福祉センターの所在地)だけだべ。[…]避難所に避難できないっていうのはおかしい」「障害者が選択している空気はなかった」「やっぱどこか近くで[…]障害者とかちょっとの人を移すんじゃなくてさ」という声が聞かれている(フィールドノート20110829-31)。

このような状況は、郡山市だけでなく他の自治体も同様だった。例えば、市の一部が計画的避難区域や緊急時避難準備区域に指定された南相馬市では、二〇一一年四月~五月時点で障害者手帳所有者の四三・二%にあたる四九二人が南相馬市に残っていた。この数値は、南相馬市から名簿の開示を受け、原町区・鹿島区の六五歳未満の身体障害者手帳、療育手帳所持者一一三九人を対象として支援センターが実施した安否確認調査の結果だ(JDF被災地障がい者支援センターふくしま[2011a])。この調査によると、二〇一一年四月~五月時点で南相馬に残っていた人のうち、七〇%にあたる三四六人が、一時は地域の避難所や親族・知人等のもとに避難している。しかし、避難生活の困難さから、半数以上の人が三週間以内に自宅に戻ってきている。また、そもそも避難しなかった、あるいは避難できなかった人が全体の二二%にあたる一〇八人存在する。特に、知的障害者が避難しなかった、あるいはできなかった傾向がある。

4　ＪＤＦ被災地障がい者支援センターふくしまの活動——展開期

このようにして、東日本大震災による被災や、福島第一原子力発電所の爆発による避難による困難の実態が見えてくるにつれ、被災地障害者支援センターの役割も明確化してきた。一つは、避難指定区域に残った人々や事業所への物資の配達、ボランティアスタッフの派遣。もう一つは、避難により相談支援事業所とのつながりが途切れてしまった人々への相談対応だ。

二〇一一年六月になると、福島県は「福島県相談支援充実・強化事業」を、あいえるの会に事業委託する。被災地障がい者支援センターふくしまは任意団体だったため、法人格を有するあいえるの会の被災地担当相談支援専門員と事務員として、支援センター内に二人を配置した[★05]。こうして、被災・避難により旧来の支援事業所とのつながりが断たれてしまった人々を主な対象に、県内外からの相談に対応する体制を整えた。支援センターで受けた相談を、相談者の生活する地域の相談支援アドバイザー（県内圏域七か所）に繋ぎ、そのアドバイザーからさらに、相談者の最も近くにいる相談支援専門員に繋ぎ、訪問するシステムだ。

七月には、「つながり∞ふくしま」「ＵＦ—７８７プロジェクト[★06]」といった仕事おこしの取組が始まる。これは、被災・避難により閉鎖された事業所が多くあり、上記相談窓口に、日中活動の場や居宅支援事業所、児童デイ、日中一時、移動支援事業所等のサービス提供を求める相談が多く寄せられたために始まった取組だ。

八月になると仮設住宅の建設が始まり、避難所から仮設住宅へ、再び被災した障害者の移動が生じた。新たな生活の場での環境整備や、支援事業所との結び付きを再構築する取組を支援センターは続ける。また、避難先を転々としていた事業所が、新たな土地で事業を再開するための支援も行っている。

九月には、若い障害者が県外に避難するためのサテライト自立生活センター（長期避難拠点）を神奈川

しんせいでの会議の様子

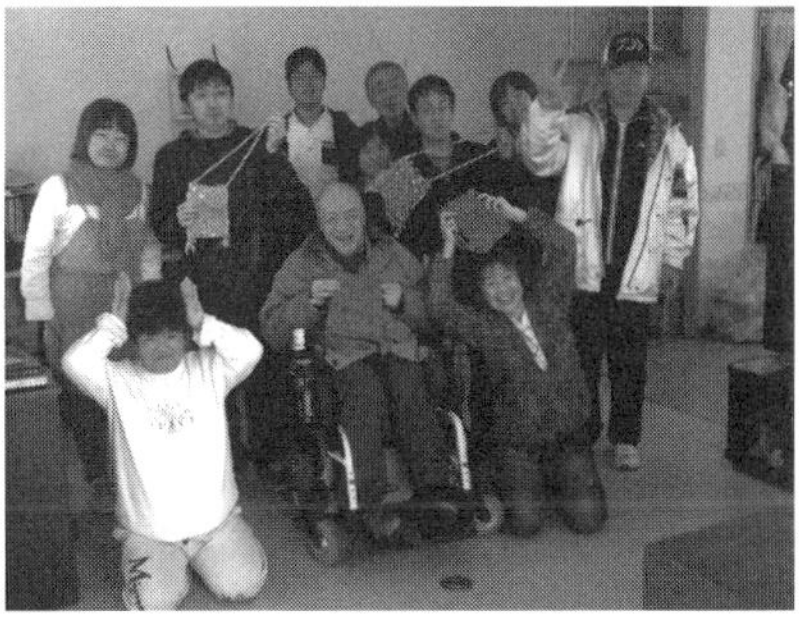

白石としんせいのメンバー

県相模原市に設置する取組を始める。サテライト自立生活センターは二〇一一年一二月から一年間ほど運用された★07。

一一月には、被災地障がい者交流サロン「しんせい」をオープンする。白石は「この大震災を機に福島県を新たに創り直そうという気持ちを込めて『しんせい（新生）』と命名した」と記述している（白石［2013:11］）★08。この頃から、支援センターの議論の中心は、避難から、福島県内に残ることを決めた障害者の暮らしの問題へと、移っていた。

二〇一二年一二月には、福島県から福祉・介護員マッチング事業を受託している。これは、被災・避難によりスタッフが減った事業所に対し、県外の福祉事業所から支援者を派遣する仕組みだ。二〇一一年四月〜五月に支援センターが実施した、南相馬市における調査に端を発している。事業所で働いている職員には子供のいる世代が多く、避難指定区域の学校が閉鎖されたことや、放射能による健康被害の不安があることから、避難したまま戻れない職員が多くいた。このための代替要員を県外の福祉事業所から派遣していたわけだが、当初はその交通費に義援金や災害援助費を活用していた。しかし、これが打ち切りになったため、補填するものとして、福島県が福祉・介護員マッチング事業を開始したのだ。支援者が避難により減る一方、避難することができず残っている障害者が、警戒区域周辺の事業所利用を希望したり、仮設住宅の生活環境により新たに支援が必要になったりする等、ニーズはふくれ上がっていた。

また、同じく二〇一二年一二月に、ＪＤＦ・日弁連・福島県弁護士会による共催で、障がい者のためのわかりやすい東電賠償学習会も始まる。支援センターには原発賠償に関する問い合わせが多くなり、支援センターの職員が初歩的段階での対応が出来るように、内部でも勉強会を行っていかなければならない状況になっていた。

このように、ＪＤＦ被災地障がい者支援センターふくしまの活動は、急激に拡大・多様化していった。福島県から受託する事業も、①福島県障がい者相談支援強化・充実事業、②福島県障がい者自立支援拠点整備事業と増えた。支援センターのスタッフも、本部に三名、相談支援に三名、マッチング事業に三名、自立支援拠点整備事業（交流サロン「しんせい」）に五名と、増えていった（ＪＤＦ被災地障がい者支援センターふくしま［2013］）。

5　ＪＤＦ被災地障がい者支援センターふくしまの活動――停滞期

しかし、この頃から支援センターのスタッフの間に疲れが見え始める。東日本大震災から二年経過した二〇一三年四月に公開した『二〇一一・二〇一二報告書』には次のような記述が見られる。

福島県は、まだまだ落ち着いた生活という訳には行きません。先の見えない不安に寄り添いながら、支援していきたいと思います。（宇田［2013:39］）

一年がたっても派遣が続く状況。ここから一年先は、どう変わっているのか。見えない苦悩。派遣を続けてくれているJDF、県外福祉事業所の負担もさることながら、派遣を受ける事業所にも疲労感が漂い続ける。（JDF被災地障がい者支援センターふくしまマッチングチーム［2013:62］）

実際のところ、二〇一一年から二〇一二年にかけての支援センターの活動は多忙を極めていた。支援センターのスタッフやボランティアは日中、福島県内各地の避難所や仮設住宅の調査を行ない、郡山に戻るのは夕方になる。それから二一時くらいまで毎晩、会議を行なう。次第に夜間の会議が負担になり、週に一度、まとまった会議を持つといった形に変わっていく。

白石は白石で、スタッフらとは別に、福島県内の避難所、仮設住宅、障害者支援事業所の訪問を続けた。加えて、全国各地での講演、国の審議会への参考人としての出席、「環太平洋障害者と多様性に関する国際会議」「国連アジア太平洋経済社会委員会（ESCAP）ハイレベル政府間会合会議」といった国際会議での講演と、その活動の幅は拡大の一途をたどっていた。

やがて、二〇一三年四月に支援センターの事務局長だった和田、そしてILセンター福島から支援センターに移って活動していた設楽俊司が退職する。そして何よりも、東日本大震災以後、無我夢中で救援・支援活動に取り組んできた白石自身が頸椎を痛めてしまう★09。二〇一三年八月に白石は頸椎を補強する手術を受け、その後三か月間入院する。支援センターの活動は、停滞せざるを得なくなった。

実は、一九九六年二月にも、白石は二次障害のために頚椎の手術を受けている。当時、郡山に立ち上げた自立生活センター「オフィスＩＬ」の運営が軌道に乗り、「全国障害者市民フォーラムin福島」を開催するタイミングだった。ところが、半年間の入院を経て退院した後、フォーラムの開催を最後に、オフィスＩＬの所長を橋本に引継ぎ、白石は身を引いてしまう。後に当時のことを、次のように振り返っている。

半年間の入院後、オフィスＩＬに戻ってきてみると、ちょっと雰囲気が違っていた。〔…〕オフィスＩＬの活動（事業）が大きくなるに従って、健常者に頼っていく面が増えていく。そのことにより障がい者同志の連帯感や泥臭さが薄れてきてしまう。〔…〕オフィスＩＬが大きくなっていく以上、健常者の数が多くなり合理的に事業を進めなければならなくなり、障がい者の活躍する範囲がせばまっていく。この矛盾からは逃れられないような気がした。この時を境に、健常者の力を頼まないとできない自立生活センターの活動に対して徐々に興味を失っていく。（白石［2010:76-77］）

支援センターにおいても、全く同じ状況が発生していた。

二〇一一年一一月にオープンした交流サロンしんせいは、当初、被災した障害者、郡山市内の障害者、ボランティアが集い、交流活動を行なっていた。そこに、福島県障がい者自立支援拠点整備事業を受託したことで、「障害者の自立支援」を行なうことが、その目的に加わる。

一方、急速に活動の幅を拡大した支援センターには、一九七〇年代から続く福島の障害者運動の歴史や議論を知らないスタッフが所属するようになっていた。そして、疑いもなく「障害者の自立支援＝就労支援」

という構図が持ち込まれ、活動の重心が、交流を通したエンパワメントから、就労支援へと変化していった[10]。

当時の支援センターの空気を、筆者自身もはっきりと覚えている。福島に応援に駆け付けていたボランティアの間でも、支援センターの活動が白石の方向性と異なるのではないかという疑問がささやかれるようになっていた。

支援センターを回すためには、健常者スタッフが必要だ[11]。しかし、健常者が増えると、障害者の活躍する範囲がせばまっていく。そして、障害者による発想や発言の機会が奪われてしまう。とはいうものの、健常者スタッフの疲れを目前に、それを指摘することがはばかられる。誰もが被災者だったからだ。

そのような状況を目にし、福島に通うことが、筆者には少しずつ辛くなっていた。

支援センターはその後、二〇一三年一〇月に「しんせい」をNPO法人化した。福島県障がい者相談支援強化・充実事業と福島県障がい者自立支援拠点整備事業を継続しつつ、二〇一四年一〇月に証言集DVD『あの時の決断は…』を公表[12]、二〇一五年に被災障害者の生活等についてのアンケート調査を実施した[13]。

しかし、二〇一五年度をもって福島県から委託されていた両事業が終了したことを受け、二〇一六年四月に、「JDF被災地障がい者支援センターふくしま」としての活動を終了した。

4　障害者の避難をめぐる議論の動向

ここでいったん、介助を必要とする人々の災害時の避難対策として策定されてきた制度の概要をみたい。

1　制度の変遷

障害者の避難対策は、発刊された当初のからさかのぼって『防災白書』を確認してみると、一九八七年から始まっている。

その後、一九九五年に起きた阪神・淡路大震災の際、「災害関連死」が相次いだことが、介護を必要とする高齢者・障害者の避難対策を目標から義務へと変化させる契機になった。阪神・淡路大震災の際は死者の一割以上が災害関連死したといわれており、とりわけ、施設ではなく地域で暮らしている高齢者や障害者の避難生活が問題となった。このため、一九九五年一〇月の災害対策基本法（http://law.e-gov.go.jp/htmldata/S36/S36HO223.html）見直しの際に、「災害弱者対策」が課題として盛り込まれることになる。

二〇〇四年には新潟県中越地震が起きた。この際、初めて「福祉避難所」が開設されている。しかし、自動車の中で過ごす被災者にエコノミークラス症候群が多発するなどの問題が多発した。なぜ、福祉避難所が開設されたにもかかわらず、一般の避難所にいづらい人々は避難しなかったのか。二〇〇五年三月『災害時要援護者の避難支援ガイドライン』（集中豪雨時等における情報伝達及び高齢者等の避難支援に関する検討会［2005］）では、①要援護者や避難支援者への避難勧告の伝達体制が不十分、②要援護者情報の共有・活用が不十分、③要援護者の避難行動支援計画・体制が具体化していない、の三点が課題として挙げられている。

そこで、このガイドラインでは、災害時要援護者の情報共有と避難計画を策定することが新たに提案されている。

二〇〇七年の新潟県中越沖地震では、新潟市・柏崎市・刈羽村に九か所の「福祉避難所」が開設された。しかし、この際も利用率は六割弱にとどまり、一方で、特別養護老人施設などは緊急入所希望者が殺到したという報道がされている（『毎日新聞』20070724）。中越地震をふまえた対策があってもなお、災害弱者は福祉避難所に避難しなかったのだ。その理由として今度は、福祉避難所の数や周知が不足しているという議論が起こり、二〇〇八年に『福祉避難所設置・運営に関するガイドライン』（厚生労働省［2008］）が策定された。

このように度重なる災害の経験から、国の災害時要援護者対策は、介護を必要とする障害者・高齢者の避難や災害時の生活を成立させる重要なしくみのひとつとして「福祉避難所」を位置づけ、そのあり方が検討されてきた。

そのような中、二〇一一年三月一一日に東日本大震災が発生した。福島県では、事前指定を受けていて開設された福祉避難所は一ヶ所もなかった。指定されていた福祉避難所の多くが避難指定区域やその周辺にあったからだ（フィールドノート 20111026）。そして、障害者は冒頭に紹介したような避難における困難に直面した。障害者の死亡率が二倍だったという報道もあり、福祉避難所や要援護者の避難支援に関する議論は、再度国レベルで進められることになった。この間の議論は、福祉避難所についての主管省庁が内閣府防災担当と明確化したこと、避難行動要支援者名簿の作成が義務化されたこと、そして、課題の整理と対策が一歩進んだこと等があげられる。

しかし、そういった議論の結果が導き出された矢先の二〇一六年に、熊本地震が発生した。熊本市では、

表７―２　介助を必要とする人々の災害時の避難対策制度の歴史

1995（平成７）年	阪神・淡路大震災
1996（平成８）年	『大規模災害における応急救助のあり方』
2001（平成13）年	『大規模災害救助研究会報告書』
2004（平成16）年	新潟県中越地震
2004（平成16）年	集中豪雨などにおける情報伝達及び高齢者の避難支援に関する検討会
2005（平成17）年	『災害時要援護者の避難支援ガイドライン』
2006（平成18）年	『避難時要援護者の避難支援ガイドライン（改定版）』
2007（平成19）年	新潟県中越沖地震
2008（平成20）年	『福祉避難所設置・運営に関するガイドライン』
2011（平成21）年	東日本大震災
2013（平成25）年	災害対策基本法改正
2013（平成25）年	『避難行動要支援者の避難行動支援に関する取組指針』
2013（平成25）年	『避難所における良好な生活環境の確保に向けた取組指針』
2016（平成28）年	『福祉避難所設置・運営に関するガイドライン』
2016（平成28）年	熊本地震
2016（平成28）年	『熊本地震を踏まえた応急対策・生活支援策の在り方について（報告書）』
2017（平成29）年	『避難行動要支援者の避難行動支援に関する事例集』
2018（平成30）年	西日本豪雨
2018（平成30）年	『平成30年７月豪雨を踏まえた水害・土砂災害からの避難のあり方について（報告）』

一七六施設が福祉避難所に事前指定され、一七〇〇人を受け入れることができる予定だった。しかし、実際には、施設の損壊や職員不足で受け入れができない施設が続出し、発災から一〇日後の四月二四日時点で、受け入れができている施設は三四施設、福祉避難所への避難者も一〇〇人強だったことが報道されている（『毎日新聞』20160425）。

このように、大規模災害の度に介助を必要とする人々の避難対策は課題として浮かび上がってきた。その都度更新される議論から分かることの一つは、大規模災害の度に何らかの想定外が起き、そのことが障害者や高齢者の避難の困難につながってきたということだ。想定外な事態が生じるのが大規模災害であり、その災害時の支援の対象と想定される人々の枠から外れがちな障害者は、想定外のさらに想定外ということになる。表7―2に示した介助を必要とする人々の災害時の避難対策制度の歴史は、「想定外」とされる事態を更新していくような取組だ。

誰にも等しく降りかかる災害の影響やしわ寄せは、普段から社会的障壁に囲まれて暮らしている人々に、大きく出やすい。しかし社会的障壁には、介助者として活動し、障害者との接点が比較的多い筆者であっても、指摘されなければ気付かないものが多数存在する。従って災害対策とは、想定外に関する想像力をできる限り広げ、そこで見いだされる社会的障壁を解消していくことでしか達成できない取組なのかもしれない。二〇一七年三月に内閣府から公表された『避難行動要支援者の避難行動支援に関する事例集』は、どのような想定外が現場で起きたのかを共有する内容になっている。このことから、災害対策の取組が、想定外を想定するという方向に転換してきていることが推測される。

2　東日本大震災を経験した当事者による議論

一方、東日本大震災を経験した障害者やその支援者らが公表した手記も、多数存在する。本章で繰り返し参照してきた『二〇一一・二〇一二報告書』もその一つだ。その他にも、中村［2012］、青田・八幡［2014］、東北関東大震災障害者救援本部・いのちのことば社編［2015］、田中・菅井・武山［2015］などが被災した障害者の生の声を伝える手記・記録となっている。また、学術書としては、藤野・細田［2016］や土屋・岩永・井口・田宮［2018］が、福島県や岩手県で被災した障害者やその支援者の声を伝えるものになっている。

これら書物の多くは、東日本大震災を機に経験した困難や、そういった困難にどのように対応してきたのを詳細に記述するものが多い。その中で、無限に広がる「想定外」に対応する際、要になったのが「地域」だったと指摘する文献が、複数見受けられる。例えば、次のような記述がある。

たまたま運がよかったので助かった」「運が悪くて亡くなった」という話を被災地で何度も聞いた。一つ一つの事例では偶然に助かったという話になるが、助かった事例をいくつか重ね合わせると、そこには偶然では片づけられない共通の要因が見えてくる。［…］その要因とは、「地域の小さな支援」である。障がい者たちにとって地域の助け合いは重要だが、必ずしもうまく行われていないと思う。（中村［2012:134］）

震災前に要援護者登録はしていました。民生委員が訪ねて来たときに、登録したらどうなるか尋ねましたが、はっきりした返事が得られませんでした。地域防災に積極的な地区ではなく、わが家も地域の避難訓練に参加していませんでした。災害時の支援者についても、「決める予定はない」との返事。名簿登録は形式的なもので機能するものではありませんでした。（東北関東大震災障害者救援本部・いのちのことば社編［2015:17］）

わが家の場合、知那子も居住地の小、中学校に通い、隣近所や地域の方々と学校行事や子ども会行事で接することが多かったため、障害に対する理解が浸透していきました。家族単位で地域の中で過ごしてきて、家族の生き方が知られていたことは強みでした。

避難所に入った時に、最も弱い立場、はかなげな命のことを守らなければということをみんなが思ってくれたのです。「障害者だから○○へ行きなさい」ということを言われませんでした。「行けと言われても、この夫婦は行かないだろう」と思われていたのでしょうけれど。[…]

避難所には五月まで二か月過ごしました。避難所の同じ部屋の住民は普段から付き合いのある町内会の人たちで、障害への理解もあり、深夜の痰吸引の音にも嫌な顔をしませんでした。モノはないけれど、居心地は悪くありませんでした。近所の人とのコミュニティがあり、情報もありました。[…] あとから聞いた話では、障害者やその家族が、日ごろから地域の住民との関わりが薄く、避難所へ行くことをためらったり、避難所での生活を継続できなかったりしたケースもあったとのこと。私たち当事者が、地域への理解や広める努力をしていく必要があると感じます。(東北関東大震災障害者救援本部・いのちのことば社 [2015:23-26])

そして、こういった経験をもとに、今後の展望を次のように描いている。

〝向こう三軒両隣〟の支援システムを生かしましょう。いざという時に「大丈夫か」と声をかけ、大丈夫でなかったら手を貸すシステムです。避難しながらも、ほんの数分間助け合うシステムです。[…] 一九九五年に発生した阪神・淡路大震災の報告でも、地域の支援が最も重要だと提言されていました、私たちの日常生活の中では忘れられていたのではないでしょうか。(中村 [2012:134])

伊勢知那子さん(本書で紹介)のところは地域の学校に通って地元とのつながりがあったけれども、わが家は意識的に作っていかなければなりませんでした。[…] 障害当事者や家族も、できるだけ街に出るようにして、住んでいることを伝えたいものです。災害への備えはある程度自分でしておかないとダメ、避難は自分でしないとダメだと思います。近所づき合いをして、ここに住んでいるというアピールが必要です。（東北関東大震災障害者救援本部・いのちのことば社編［2015:16-17］）

同様の指摘は、一九九五年の阪神・淡路大震災以後、災害時の障害者支援に継続的に携わってきたゆめ風基金による『障害者市民防災提言集　東日本大災害編』においても、なされている。

提言7　コミュニティづくりこそ最大の防災

法的な福祉サービスの利用が進む中で、介助が必要な障害者や高齢者とその地域で暮らす人たちとの関わりが薄くなっています。また、避難所での暮らしにくさや避難生活でのさまざまな問題は障害者特有のことではなく、みんなに共通の課題でもあります。防災をキーワードに取り組みを進めることで、災害への意識が高まると同時に日常のコミュニティも深まり、輪が広がります。そして防災や災害の支援活動でもっとも重要なのが、ふだんからの人と人とのつながりです。

このように提言するゆめ風基金の八幡は、障害者福祉制度が整ってきたことにより障害者と地域の関わりが薄れていることが課題だと、各所で指摘している。例えば、次のような記述がある。

もともとは学生相手にビラをまいたり、地域の人たちにビラをまいたりして介護者をあつめていました。

いかに町の人間を障害者の側にひきつけるかということでいっぱいやってきたのです。ある程度、金が出てしまうと、もうヘルパーを全部プロにしてしまって、資格のないやつはだめのようになっているではないですか。そうなってくると、周りはそれでいいと思ってしまって、関わらなくていいと思ってしまうのです。

［…］

専門家・ヘルパーに自分の生活を委ねてしまうことが、これがもうノーマライゼーションの理念から外れているのです。「自己決定」ということがよく言われます。自分で動き、自分でいろんな町の人を開拓し、そして町の中で生きるということをやらないといけないのではないでしょうか。ヘルパーに生かされているというだけでは、山の中にいるのと変わらないではないかという話になります。（ゆめ風基金［2013:67-69］）

想定外の事態に対応する際の要になったのが「地域」だったという声がある。その一方で、障害者の福祉制度が確立されることで、障害者のつながりはサービス提供事業所中心になり、地域とのつながりが薄れてしまう傾向もある。無限に広がる「想定外」を想定し、それに備えることが今後の災害対策ならば、介助を必要とする人々の災害対策の一つは、障害者支援サービスを提供する事業所だけでなく、地域の人々とのつながりを、再度構築することになる。

本書の執筆メンバーをはじめとする様々な研究者が、障害者が地域に出ることで社会のあり方を変えようとしてきた運動の歴史を描いている。それらの文献を読む限り、障害者の運動は、時に対立し、時に妥協し、時に挫折し、未だその目的を達成していない。障害者の災害時の避難に関する議論もやはり、そのような議論の延長線上にあると整理することができる。

障害者、障害者の支援者、そして障害者支援事業所は、これまでもこれからも、地域にうって出なければならない★14。

5　白石が切り開いてきた「地域」

二〇一一年四月五月辺りは、毎日往復六～八時間をかけて福島県内の障害者支援事業所や避難所を回り、支援物資を届けたり、障害者の安否を尋ねたりしていた。そして疲れ果てて郡山に戻り、あいえるの会の事業所の一つ、「たいむＩＬ」で揃って夕食をとる習慣になっていた。「人の数より居酒屋の数が多い」といわれる郡山で、おしなべて酒好きが揃っていた。しばらくして酒が回ってくると、決まって白石がぽろぽろと涙をこぼし始めるのだった。「福島はどうなってしまうのだろう」と。

そんなある日の晩（酌時）、古井正代と筆者で白石に、福島を離れて東京や大阪で暮らしてはどうかと提案したことがある。それまでにも、大阪への移住を提案することは何度かあった。ただその日は、どのような経緯だったのか正確に覚えていないが、障害者を探して回る中で、地方の障害者福祉の現実を目の当たりにし、沿岸部の被災状況も相まって暗澹たる気分になり、福島に批判的なニュアンスがあったのだと思う。

しかし、その発言を聞いた瞬間に白石は激怒した。形相を変え、机を蹴り上げ、怒鳴ったのだった。

そんなこと言うんじゃないよ！　俺はずっとここでやってきたんだ！★15

確かにそうなのだ。

あいえるの会のメンバーは、募金や署名活動で頻繁に街頭に並ぶ。白石たちと行動を共にしていても、郡山市の人々が障害者に慣れていることを感じた。ラーメン屋、定食屋、居酒屋、居酒屋、居酒屋……。白石の行きつけの店とはいえ、様々な場所が車椅子で行き来できるようになっており、店の人も違和感なく対応していた。

郡山市役所の担当者と話をした際も、行政と事業所の密接な関係があり、その関係に助けられたという話を聞いた。本章冒頭で紹介した障害者福祉センターの事例についても、市が相談支援事業所に指示や依頼を出したのではなく、事業所が主体的に動き、後から市が福祉サービス事業と位置付けて支払いをする流れだったという。そこには、例えば白石が普段からよく市役所に来てざっくばらんに話をするといった関係があったからだと、市の担当者は指摘する（フィールドノート 20120703）。

被災地障がい者支援センターふくしまのメンバーのつながりもそうだ。二〇一一年三月一一日の発災後、一八日には福島県内の関係者が郡山に集まり、一九日には活動を開始している。背景の異なる五つの障害者団体が集まる中、代表を白石が務めることもすんなりと決まる。実は、本稿で紹介した以外にも、高齢者向けの支援事業所が、自宅に残っている高齢者だけでなく、障害者にも配食サービスを実施するといった連携があった。障害者支援事業所と高齢者支援事業所の横のつながりがあり、そして発災後の混乱時にその横のつながりが機能したということも、驚きだ（フィールドノート 20120703）。

どうしてそんなことが実現するのか、介助者として通う当時は分からなかった。しかし、それが長い運動の結果、白石が切り開いてきた「地域」だったのだ。

施設周りからたいむILに戻って一息入れる、古井正代、白石清春、橋本広芳、佐藤孝男、介助者たち

本書で、一九七〇年代の青い芝の会としての活動から始まる長い模索と紆余曲折の経緯を、他の執筆メンバーが描いている。本章でも、支援センターの単線的には進まない活動の経緯を描いた。地域には、多様性や共生を求める人もいれば、優生的な思想の人もいる。物わかりの良いふりをする人も多くいるが、現実には社会的障壁は残されたままでもある。障害者にリスクを感じ、嫌悪の目を向ける人がいるのも地域だし、災害時に手を貸す人がいたり、思いがけない連携を見せたりするのも地域だ。そんな得体の知れない地域との格闘の歴史を脇において、軽々しく福島の現状を批判し、離れてはどうかなど、口にしてはいけなかった。「復興」ではなく、「しんせい（新生）」を唱える白石に対して。

6　おわりに

白石の書き物には、彼特有の視点が表れていることが多い。本稿で紹介した文章もそうだが、他にも例えば次のような記述がある。

原発事故により福島県民が失意のどん底に突き落とされているこの現実を日本の政治家はどのように把握しているのか。農業も漁業も牧畜業や酪農も放射性物質のばらまきによって、何もかもが崩れ去っていく福島のこの現実をどう見ているのか。福島県民は多量の放射性物質にまみれて福島県が衰退していくのを待っているだけなのか。（白石［2013:15］）

自身や障害者の暮らしだけではなく、広く福島や日本全体の今後を憂い、社会のあり方を問う。障害者や支援者である「私」の立場から社会のあり方を問い、批判する議論は多い。だが、白石の場合、健常者も障害者も含めた「私たち」の立場から、社会のあり方を問い、その行く末を憂いている。それは他の手記や主張にはない、おそらく長い運動の経緯で身につけた、白石特有の社会へのまなざしだと感じる。そして、そのまなざしに、周囲にいる人々は感化され、巻き込まれていく。

筆者も、本章で報告したような白石との関わりを通し、すっかり巻き込まれてしまった者の一人だ。古井の介助者として福島に通ううちに、いつの間にか、拭ってもぬぐっても、しばらくすると再びよみがえってくる何かが、身体に根付いてしまった。

支援センターの活動は、二〇一六年に終了した。しかし、東日本大震災後の福島は、今も続いている。避難を経験した障害者の多くが、帰りたい場所に帰れているわけではなく、ひとまずの安住の場所を得、なんとか切り盛りしている状況だ。

本章では、支援センター解散後の、福島の障害者に対する支援について記述することができなかった。それは、その全容を把握するための取組ができていないからだ。「健常者が増えると障害者の活躍する範囲がせばまっていく」という、白石の手厳しい指摘に対する答えも、見つかっていない。

いつ、この残された課題に取り組むことができるのだろう。正直なところ、想像がつかない。分かることはただ、それぞれの場所でその時々にできるやり方で、「私たち」の立場から障害者の直面する課題に取り組み、社会のことを、福島のことを、考え続けていくということだけだ。

それが、白石の肩越しに彼の見る社会を見てしまった、巻き込まれるうちに身体に沁みこんでしまった何かを拭いきれなくなった「私たち」の、たどる道なのだろう。

注

★01 本章は、青木千帆子「災害避難時にあらわれる障害者福祉施設の特性」（青木［2013］）をもとに、大幅に手を加えたものである。

★02 当時、飯舘村役場付近の放射線量は、三〇μSv／h（一時間当たり三〇マイクロシーベルト）といった高い放射線量であった。（白石［2019］）

★03 一九五二年一二月一二日姫路市生まれ。脳性まひ者。一九五九年地元の小学校に入学するものの、姫路市立書写養護学校が新設されたため、一九六〇年から高等部まで養護学校に通う。養護学校卒業後、芦屋芸術学院在籍時に「さようならＣＰ」を知り、一九七二年「さようならＣＰ」関西上映実行委員会に参加したことを端緒に、青い芝の会の活動に関わるようになる。その後、全国青い芝の会総連合会事務局長を務めるまでに至るも、一九七八年に関西青い芝の会連合会を解散。自身も青い芝の会の活動から脱退。以後、独自の運動を続けている。

★04 その後、支援センターは立命館大学と共同し、二〇一三年二月二日に「スタートライン交流会」、二月八日に「交流カフェ」を開催するなどし、田村市にある福島県福祉事業協会の仮設施設入所者との交流を図っている。http://www.arsvi.com/d/d10e20130202.htm

★05 「福島県相談支援充実・強化事業」を受けて、相談支援員として宇田春美、事務局員として頸椎損傷の佐久間桃子、佐久間の介助者を配置した。また、事務局員として、軽度の脳性まひ者である橋本紘二を雇う。橋本の給与はゆめ風基金から拠出された。支援センターの事務局員は障害者にしたいという白石の考えがあった。(白石[2019])

★06 「UF—787プロジェクト」の「UF—787」は、白石が「美しい福島(UF)を取り戻す菜の花(787)」をもじってつけた名称だ。二〇一一年六月頃、菜の花には原発事故で撒き散らされた放射性物質を吸い取る能力があるという説が広まり、「野菜が作られないのなら、畑にたくさんの菜の花の種をまいて、夏に菜の花を咲かせていこう」と始めたのが「UF—787プロジェクト」であった。(白石[2019])

★07 東日本大震災発災直後、多くの福島県民は放射性物質の恐怖から逃れようと、全国各地に避難していた。しかし、障害者は限られた場所にしか避難することができない。そこで一時的な避難先を確保し、そこから定着先を探していく仕組みを作ろうと考えたと、白石は説明する。白石が相模原にいた頃に設立したケア付き住宅に空きがあり、ここを重度障害者の一時的な避難先として確保するため、ゆめ風基金に資金面の提供を依頼し、サテライト自立生活センターを立ち上げた。しかし、サテライト自立生活センターに関心を示す障害者は少なかった。結局、いわき市の小野和佳と福島市の後藤弘樹が避難したが、それ以外の活用事例がなく、一年あまりでサテライト自立生活センターはたたむことになった。(白石[2019])

★08 「新生(しんせい)」という名称について、本稿の草稿を読んだ白石は次のように補足している。
　東日本大震災の影響により福島第一原発が連続して爆発(これは人災と呼べるかも知れない)した。私は、郡山市身体障害者福祉センターに寄って、避難している仲間たちと共に原発が爆発して黒い煙の上がっているさまを見て、「これで福島県は終わりを迎えるのでは」と思った。そして政府による「原発事故の情報の隠蔽、放射性物質の危険性を低く見積もる、避難民の誘導の甘さ」などを見ていて、政府の原発事故対応に怒りを覚えた。支援センターの活動で福島県内をまわっていると、田んぼに青々とした稲が緑に光る風景が広がっていた。「農家の人たちがこうやって重労働して米を作っても放射能にまみれているので廃棄されるのかな」と思って風景を見ていると、「今後福島は衰退の一途をたどっていくのか」と暗澹たる思いが心を襲った。

我が国は超高齢化及び少子化の社会を迎えようとしている。そして、世界的に資本主義は疲弊していく方向に向かっている。そのような状況のなか、福島県で原発事故が起こった。今後福島は、若い人たちは県外へと避難していき、農業をはじめ経済活動が鈍化して、我が国に先駆けて超高齢化、超少子化、経済力の低下を招いていくのではないのか。日本の未来を憂いるのであれば、福島の現実を直視して、福島の復興、いやそれよりも強力に「福島の新生を目指していかなければならない」と強く思った。「いったい何をやってんだよ、政治家や国民たちは！」というメッセージを込めて叫びたかった。（白石［2019］）

★09　白石によると、二〇一二年一〇月二九日から一一月一日韓国で開催された「国連アジア太平洋経済社会委員会（ESCAP）ハイレベル政府間会合会議」に参加して帰国した翌々日、「しんせい」に出向いて、トイレで用を足し、立ち上がって電動車いすに乗り移る際に首をひねった際、「ぐぎっ」という音がし、首に激痛が走り、完全に回らなくなったという。それから一〇日間くらい、家で寝たきりの状態で過ごした。二〇一三年一月に、以前、頸椎の手術をした横浜南共済病院にて診てもらったところ、頸椎の一～二番が緩んでいる状態であることが判明。頸椎の一番とは呼吸器系の神経が通っているところで、命に関わりのある箇所だったため、二〇一三年四月に三日間検査入院し、七月に正式に手術をすることになる。その年の七月に横浜南共済病院に入院して手術を行ない、九月いっぱいで退院し、自宅に戻ってきた。（白石［2019］）

★10　白石としては、経済的自立ではなく、精神的自立を中心とした自立生活プログラム（ILP）を行ないたいと思っていたが、ILPをどのようにしていくのか情報もない中でまとめることができず、多忙な日々や頸椎の手術などを経験する間に、徐々に就労支援の方向に進んでいったという。（白石［2019］）

★11　二〇一八年一一月二九日の聞き取りの際、白石の本音としては、今でも本当は障害者だけでやりたいと思っていることが述べられた（白石［i2018］）。

★12　白石によると、東日本大震災の後、原発事故に見舞われた福島県内の自立生活センターは、「避難するべきか」「福島県に居残るべきか」で、各センターはおおいに揺れていた。福島市にある「ILセンター福島」でも「避難するか、地元に残るか」で侃々諤々の議論が展開されたのだろう。今までILセンター福島で中心的役割をしていた中手聖一（健常者）が、家族と共に北海道の札幌市に避難して行った。ＩＬセンター福島の事務局長だった設楽俊司（脳性まひ者）は、悩んだ末に、ＩＬセンター福島を辞めて、郡山に転居し、支援センターで働くことになる。設楽は障害児の保養企画を担った他、東日本大震災や原発事故によって右往左往させられた福島の障害者の証言集『あの時の決断は…』というＤＶＤを作成した。（白石［2019］）

★13　『避難生活を続ける障がい者の実態調査とそれを支える日中系事業所の課題とこれから』（二〇一六年六月発行）。二〇一五年当時支援センターの事務局員だった橋本紘二、内海崇裕、白石のヘルパーを務めていた徳竹健太郎と共に、実施された。（白石［2019］）

★14　本稿の草稿を呼んだ白石からは、次のような感想が寄せられた。

支援センターのスタッフを一時的に務めていた設楽氏が、「原発の近くの地域（いわき市を除く）にはＣＩＬは無く、障碍者関係団体も少なく、障碍者間や地域とのつながりがなかったので、被災した障碍者の支援が難しかったのかな」と言っていたことを思い出す。設楽氏が所属していた「ＩＬセンター福島」では、センターの事務所に関わりのある障碍者が大勢避難していたとのこと。地域に障碍者団体があることにより、団体に関係のある障碍者であるが、支援を受けることのできる状況が生まれる。前述してあるが、あいえるの会も郡山市の身体障害者福祉センターを福祉避難所にしてもらって、大勢の障碍者を受け入れることができた。（中略）支援費制度ができて、障碍者の介助をヘルパーでまかなえるようになり、障害者自立支援法によって無認可の小規模作業所がＮＰＯ法人を取得して就労継続支援事業所に変わっていった頃から、ボランティアの活躍する場が極端に少なくなったように感じる。ゆめ風基金の八幡氏がいうように、制度が整っていくことで、ボランティアや地域との関係が少なくなっていっている現状がある。今後、私たちも、地域との関わり合いを模索していかなければならないと切に感じている。（白石［2019］）

★15　この原稿の草稿を読んだ白石は、当時の心境を次のように説明した。

原発事故が起きた当初、田村市の鈴木絹江氏から毎日のようにメールが届いた。「フクイチ（福島第一原子力発電所）が爆発して莫大な放射性物質が福島県全域にまき散らされている。政府では『ただちに命には別状がない』と言っているが、チェルノブイリ事故以上に放射性物質が出ているようだ。私たちは田村にいては大変危険なので、『福祉のまちづくりの会（ＣＩＬ）』では昭和村（会津地方）に仲間たちと共に避難する。白石君たちも避難したほうがいいよ」というようなメールの内容であった。そして、現実に鈴木氏は仲間たち（一〇名くらいか）と共に昭和村の温泉施設に避難して行った。昭和村の温泉施設の温泉の温度が低く、風邪をひいたら困るのでと、新潟の月岡温泉まで避難して行った。

一方、いわきのＣＩＬ「いわきえんじょい」でも避難準備を進めていて、スタッフ等総勢三〇名で、東京・新宿の戸山サンライズに一か月避難して、ＪＩＬの支援を受けた。福島市の「ＩＬセンター福島」では、各自の判断に任せる「自主避難」の形態をとった。

「福島にいては危ないよ。福島から脱出して他の地方に避難したら」と、鈴木氏から毎日のようにメールが届くので、「あいえるの会でも集団避難したほうがいいのかな？」と思い始めた。実はあいえるの会でもごく少数の職員や家族、ヘルパーなどが県内から避難していった。「あいえるの会で避難すべきか」を話し合う機会を何回か持つことになったが、「私は郡山に残る」が大多数を占めるに至った。家に帰っては、連れ合いの栄子と何回も話し合ったが、栄子は「私と息子の働き口があるかどうか分からない所に避難して、どうやって生活するのか。そして、おばあちゃん（私の母）がいるのだから、もし避難することになれば、おばあちゃんの友達とも離れ離れになって、おばあちゃんはボケてしまう」と言う。

大阪から筆者の青木氏と共に被災地支援に来ていた古井正代氏には、「白石さんだけ大阪にでも避難してくれば、きっとみんなも福島から出てくるよ」と言われた。その選択肢もあるかなと思ったこともあった。が、私が避難したところで、いったい誰が私と一緒に避難するだろうかと考えると、ほとんどの人間が郡山に残るであろうという予感があった。田村の鈴木絹江氏が連れ合いの匡氏と京都に避難していったが、残りの人たちは田村市に残って、ＣＩＬの活動を続けている。このように、いざ故郷を捨てて、残りの人生を他の地域に行って生活を切り開くには、超特大なエネルギーを傾けない限り、他の地域に避難することができないのだなということを知ることができた。私が独身であれば避難を実行していたのかも知れない。そして、あいえるの会と支援センターの代表を務めている身として、福島に残っている障碍者の仲間たちを全力で支援していこうと、心のスイッチを入れ替えた。」（白石［2019］）

■新聞記事

「中越沖地震：利用進まぬ福祉避難所　7カ所に設置、定員の約半数――説明、周知が遅れ」『毎日新聞』（二〇〇七年七月二四日）

「知的障害の子ら200人、避難先転々　職員「もう限界」」『朝日新聞』（二〇一一年三月二九日）

「東日本大震災：県がいわき市をサポート、物資輸送や給水車派遣／神奈川」『カナコロ』（二〇一一年三月三一日）

「避難転々　鴨川で新生活」『東京新聞』（二〇一一年四月七日）

「福島第1原発：11歳避難女児が水死　千葉・鴨川」『毎日新聞』（二〇一一年四月二七日）

「東日本大震災：知的障害者、相次ぐ急死…避難先で発作など」『毎日新聞』（二〇一一年六月一六日）

「社説：視点・震災と福祉職員　家族を失っても…＝論説委員・野沢和弘」『毎日新聞』（二〇一一年七月七日）

「福島から鴨川避難の障害者らに生活物資　鴨川ロータリークラブが支援　／千葉県」『朝日新聞』（二〇一一年九月九日）

「知的障害者　県内戻れず　警戒区域など　入所者350人集団避難＝福島」『読売新聞』（二〇一一年一〇月三日）

「避難の現場から：東日本大震災　福島の障害者施設入所者、「鴨川青年の家」で半年」『毎日新聞』（二〇一一年一〇月六日）

「東日本大震災：住宅建設棚上げ、帰れない…　千葉に避難、障害者施設の入所者　／福島」『毎日新聞』（二〇一一年一一月三日）

「（震災から＠鴨川）障害者帰郷、立たぬメド　たまるストレス、職員不足　／千葉県」『朝日新聞』（二〇一一年一一月一〇日）

「（震災から＠鴨川）避難の障害者、帰郷へ第1陣　「思い出は、僕たちの宝」　／千葉県」『朝日新聞』（二〇一一年一一月二四日）

「東日本大震災：福島第1原発事故　集団避難の障害者、鴨川から南相馬市に帰還　／千葉」『毎日新聞』（二〇一二年二月二四日）
「鴨川への避難者、第2陣が福島へ　／千葉県」『朝日新聞』（二〇一二年一月一九日）
「障害者ら福島帰郷2陣　鴨川に避難の176人　9か月ぶり＝千葉」『読売新聞』（二〇一二年一月一九日）
「東日本大震災：福島第1原発事故　避難の知的障害者ら154人、鴨川から9カ月ぶり帰郷　／千葉」『毎日新聞』（二〇一二年一月一九日）
「東日本大震災：福島第1原発事故　障害者施設「あぶくま更生園」入所者、福島へきょう〝帰郷〟　避難生活にピリオド　／千葉」『毎日新聞』（二〇一二年二月一一日）
「東日本大震災：11カ月　知的障害者ら、福島へ　帰れる、でも不安」『毎日新聞』（二〇一二年二月一二日）
「最後の50人、福島へ「帰郷」　鴨川滞在10カ月、青年の家避難の障害者ら　／千葉県」『朝日新聞』（二〇一二年二月一二日）
「田村に仮設が完成　施設ごと県外避難の障害者「帰れてうれしい」　／福島県」『朝日新聞』（二〇一二年二月一八日）
「田村で新たな一歩　障害者福祉施設「東洋育成園」＝福島」『読売新聞』（二〇一二年三月三日）
「明日へ一歩ずつ　東日本大震災1年、県民の思い　／群馬県」『朝日新聞』（二〇一二年三月一二日）
「避難の現場から：東日本大震災　「古里なのに冷たい」　福島の知的障害者「つなぎ」施設で生活」『毎日新聞』（二〇一二年四月三日）
「熊本地震：福祉避難所機能せず　利用わずか104人」『毎日新聞』（二〇一六年四月二五日）
「四倉に仮設施設完成　富岡から避難「東洋学園児童部」」『福島民報』（二〇一八年五月一六日）

原発事故と優生思想

白石清春

※この原稿は第7章の青木による原稿の草稿を読んだ白石から寄せられたコメントに含まれていたものである。原稿の性質上、白石による独立した原稿として収録することにした。（青木）

原発事故が起こってあまり日が経っていない頃に、確かＮＨＫの原発事故関連の番組を見ていると、若い人たちが話している。何を話しているのか聞いていると、「原発事故があって、南相馬のほうにも放射能が降り注いで、私たちは結婚できるのかな？　もし、結婚して子供ができて、その子供が奇形児であったらと思うと、もう結婚を諦めるほかないのかな」というニュアンスのことを話していた。

原発反対を唱える団体がプラカードを掲げてデモを行なう姿がテレビなどに映し出されることがあるが、そのプラカードには奇形児の写真が貼ってあることがある。「原発事故が起きるとこんな奇形な子供が生まれてくるので、原発には反対しよう」と言っていると解釈できる。奇形児も一種の障碍者である。

また、事実かどうかは明らかではないが、「福島県では堕胎する人たちが多くなっている」という情報がインターネットで流れていた。

私が若い頃であったか、秋田にいる時分に「原発に反対する集会」があって、私もその集会に参加したことがある。その時から原発の恐ろしさについては知っていた。でも、私は青い芝の会で障碍者運動をしていて、「反原発」という健全者（青い芝の会で使う。健常者という意味）の運動には参加しないことが青い芝の会では暗黙の了解になっていたので、反原発運動には参加したことがなかった。反原発運動には一線を置くという私の立場であったが、よりによって福島で原発事故が起きることなんて考えられなかった。しかし、現に原発事故が起きてしまった。

筆者の青木氏と共に福島の被災障碍者の支援活動に駆けつけていた古井正代氏が、青い芝の会で運動した当時、兵庫県で「不幸な子供の生まれない運動」という障碍者の命を全否定するような運動が行政指導で行われていたことがあった。古井正代氏は先頭に立って「不幸な子供の生まれない運動に反対する運動」を行なっていた。この後に青い芝の会や女性グループによる「優生保護法改悪に反対する」運動の展開があり、優生保護法は法律から無くなり、「母体保護法」という法律に変えられていったという経緯がある。古井正代氏は青い芝の会の思想を受け継ぎ、大阪市で「脳性まひ者の生活と健康を考える会」を立ち上げて、各方面へ「優生思想という障碍否定の論理」に反対するアピール活動を展開している。

この古井正代氏は、福島県内で開催された「反原発集会」に私の代理として参加していった。そして、障碍者の立場から原発に反対するという論理を展開していく。それは「反原発の運動家たちはともすれば原発事故が起きると、放射能によって奇形児が生まれるから原発に反対すると短絡的に考えてしまう人が多い。そこには、奇形児＝障碍者という思考ができていて、障碍者はこの世にあってはならないという優生思想に貫かれた差別意識を持ってしまっているのではないか。この日本の社会にあって、市民の目にはまだまだ障碍者という存在が映っていない状況がある。幼い時から、障碍児は健常児と分け隔てられて、特別支援学校で手厚く過保護な教育を受け、好奇心や冒険心、自立心等を育むことができずに卒業してしまう。特別支援学校を卒業しても、特に私のような脳性まひ者は高等教育を受けることができず、就職することもできず、残る道は障碍者関係事業所に行って、内職程度の福祉的就労に就いたり、デイサービス的な所で日中を過ごしたり、あるいは在宅でひっそりと過ごしている者等、地域の中で人目に触れずに過ごしている障碍者がなんと多いことか。このように、障碍者は皆さんの目に触れないので、ある日突然にあなたたちの前に障碍者が現れると、びっくりしてしまって、その者から遠ざかったり、偏見を持ったり、あるいは差別したりするようになる。まちの中などで私のような障碍者にあったら、どうか声をかけてください。偏見の目で見たり、差別しないで障碍者と付き合ってください。」というようなアピール（私の主観も入っているが）をしていっている。

前述したが、旧優生保護法は女性障碍者や青い芝の会等の運動によって廃案になったが、旧優生保護法下で優生手術を受けた障碍者は一六五〇〇人を超えている。知的障碍者、聴覚障碍者、脳性まひ者等が優生手術として子宮摘出やパイプカットなどを施され、子孫を作れない体にされてしまった。

または、妊婦時にお腹の中の胎児が障碍があると認められた場合に「堕胎」しても良いとしていた。子宮摘出などの手術を受けた人たちは、術後の痛みなどに苦しんでいたと聞いている。現在、宮城県はじめ全国各地で優生手術を受けた被害者たちが「旧優生保護法下での優生手術は障碍者の人権を無視したもの」として、国を相手取り「訴訟裁判」を起こしている。このような動きもあり、国（厚労省）では素早い反応を見せて、旧優生保護法下の強制不妊手術問題の救済法を瞬く間に制定した。先日、仙台地方裁判所で出た判決は、「旧優生保護法下での強制不妊手術は憲法違反」であると認めたものの、賠償に関しては「国の指示で」という、原告としては不服のものであった。

旧優生保護法から母体保護法に変わってからも、障碍を持つと分かった胎児は今でも、「堕胎」という形で闇から闇へと葬り去られている。

第8章　遠くから

立岩真也

再録にあたり

1　いっとき行なったこと書いたもの

東日本大震災のことに、こちらの研究拠点～センター～研究所（七頁、注03・三八八頁）がしばらく関わった。前の章を書いた青木はその中で最も関わった人だった。私自身は何も関わらなかったが、大学からお金をもらうための書類は幾つか書いた。また、二〇一一年に四つの短文を書いた。『そよ風のように街に出よう』に「もらったものについて・7」（2011/07/25、原稿送付 2011/04/09）、『思想としての3.11』（河出書房新社編集部編［2011］）に「考えなくてもいくらでもすることはあるしたまには考えた方がよいこともある」（2011/06/30、原稿送付 2011/05/08）、『おそい・はやい・ひくい・たかい』に「後方から」（2011/07/25　原稿送付2011/05/19)、『別冊Niche』に「まともな逃亡生活を支援することを支持する」(2011/07/10、原稿送付2011/05/31)。いずれも全文をこちらのサイトで読むことができる。

そしてここに再録するのが、翌二〇一二年五月、福祉社会学会の『福祉社会学研究』に掲載された「後ろに付いて拾っていくこと+すこし――震災と障害者病者関連・中間報告」。学会誌に依頼されたものだからということで、おもに研究者・研究組織の関わり(方)について書いた。また大学院生や研究員を外向けに宣伝する文章にもなっている。そのまま再掲し、後日のことについては☆印の注で補う。またごく短い注記は〔 〕内に入れて示す。

二〇一二年までのことはその文章に書いたが、その後のことも少しはある。かいつまんで活動の経緯を簡単に報告する。まず、遠くにいて行なったことはHPの作成と更新だった。再録した文章では、そのことを説明・紹介している。以下に記されているように、そう大きくはないお金を得た。一部はHPの更新に使った。人の福島往復に支出した。それはときには介助がてらということもあった。いくつかの報告はなされた。

二〇一一年九月一八日、シンポジウム「震災と停電をどう生き延びたか――福島の在宅難病患者・人工呼吸器ユーザー(他)を招いて」。この記録は、「図解「おうち暮らし」――医療機器を使って暮らすための停電時の備え」、そして何本かの論文を加え、「生存学研究センター報告」の一冊、『医療機器と一緒に 街で暮らすために――シンポジウム報告書 震災と停電をどう生き延びたか 福島の在宅難病患者・人工呼吸器ユーザーらを招いて』(権藤・野崎編[2012])になった(→☆06・三八九頁)。

一〇月一日、障害学会の大会(障害学会第八回大会・於:愛知大学)特別企画トークセッション「災厄に向かう――阪神淡路の時、そして福島から白石清春氏を招いて」を行ない、白石を招き、野崎に話してもらった。私は司会のようなことをした。その記録は『障害学研究』に全文が掲載された（白石［2012］他）。この年、翌年も、その後も、白石は福島で忙しかったのに、外で話したり原稿を書くのをことわらなかった☆01。

二〇一三年一月一四日、生存学研究センターの主催でシンポジウム「災／生――大震災の生存学」が開催された。それを受けて、『大震災の生存学』（天田・渡辺［2015］）が刊行された☆02。これはわりあい時間がかかって出版された。他の短文他は、まずは急いでやった方がよいことだと思って書いたり企画したものだが、ここでは、「田舎」全般についておおざっぱなことを言おうと思い、「田舎はなくなるまで田舎は生き延びる」を書いた。他にこの年に私は日本学術会議で報告をしている（立岩［2013a］）。

このところ長らく、ＨＰの更新などはほぼ止まっている。表紙（http://www.arsvi.com/）から今でも「◇震災関連情報」に行けるようになっているのは、すこし意地のようなところもある。今他に表紙から行けるのは、「◇旧優生保護法・不妊手術 2018-」「◇透析中止事件関連 2019」「◇安楽死尊厳死 2019」「◇2016.7.26 に起こった事件」といった頁。楽しい頁たちではない。「◇こくりょう（旧国立療養所）を&から」が前向きではあるが、これも今の状態がよくないからやっているということだ。次々とたいがいうれしくない事件が起きて、その都度、とりあえずしないとならないことは次々と移っていき、いずれも不十分・中途半端なのだが、情報を掲載していくことになる。移ろっていくのはよくはない。しかし仕方がない。そしていったん集めてあれば、すくなくともその分はなくならない。ここでも、ないよりよいものはよい、ということだ。

2　近くで／遠くで

不測のこと、いろいろなことは起こってしまう。そんな時、には限らないのだが、とくにふだんはなんのためということでもないつながりがあった方がよい。青木の章で言われていたのは、一つにはそういうことだと思う。福島の人たちが、また相模原の白石が、そして福島に戻った後の白石が、作ろうとし作ってきたのも、障害者だけというのでもない、ゆるいつながりである。その部分がそんなときに機能する。それはその通りだと思う。だからここではこのことはもうよいと思う。ここでは、つながるがすこし別のことを。

一つ、遠くにある人たちのつながりというものもある。遠くの人だからということもある。しかしそういうつながりもまた、数十年前に、しゅっちょう青い芝の会の会議――それはずいぶんな頻度であったという――で会った仲間でもあった。遠いがかつて近かった人たちが、何十年を経て、手伝いにくる。古井正代（三五二頁・注03）と福永年久（二〇七頁・注07）、この二人はまったく知らない人たちではないので、しょうじき心配な部分はあるのだが、元気であることは間違いなく、そういう人が、まずはよそものとして振る舞えるからかえってよいということはある。これは遠くにいる、しかし近いことがあった人が、近くまで行って、しかし遠くの人・よそ者として働くということだ。そのことはこれから再掲する文章にも書いた。

いろいろな距離でできることがある。もちろん、現地で起こっているから、現地に行かないとだめなことがたくさんある。ただ、同時に遠くでもできることがある。遠くにいてできることをやるほうが得意な人が行ったらだめな場合もある。私も、そう思うことにしているところがある。デモなんぞは、呼ばれて話しにいったついでにということが何十年の間に一度二度あったぐらいで、まったくご無沙汰だ。現場から遠く離れた場所で、と割り切っている。『京都新聞』に「学者は後衛につく」という短文を書いてＨＰに掲載している（立岩［2008］）。たまには役に立つこともあると思えたこともあったので（→★02・三八七頁）やっている。他方で、まったくもちろん、接近しないと得られない情報もある。それで青木は福島を往復した。

お金は、情報よりさらに、もとあった場所と関係がない。人間には寝場所もいるし食べものもいる。ものについても、場所だけとるということがある。ときにありがた迷惑だが、金は、うまく使えるならどこにあった金でも役に立つ。そのこともまた災害のたびに言われることだが、もっと普通に、普段のこととして「財の移転」を考えようというのが次に述べることだ。

3　隙間／仕組み

どんなことをしても結局は、隙間はできるし、あった方がよいとさえ言える。

なんということはないつながりがあるとよい、という話に加える。あるとよい。ただあらゆるものからかならずこぼれる人がいる。こぼれる時がある。それは仕方がない。そういう隙間があるからこそよいのだ。きちきちだとよくない。孤独を孤独のままにしておく、お節介でない場所・時間だからよいということはある。するとそれからこぼれることはある。それを無理やり密にしようとすると、よさがなくなるし、またもともと無理だ。もともと意図的にやるとうまくいかないものを、意図的にやってもうまくはないのだ。

とするとどうするか。制度でありお金である。それではだめだから民間が、自発性がということになっているのではなかったか。違う。第6章（二八七頁）でも述べたが、制度やお金で詰めるられるところを詰めても、隙間はいくらでも残る。そのすきまの活動を有効にするためにも、詰められるところは詰めておいた方がよいということだ。

さきに紹介した『大震災の生存学』に書いたのは「田舎はなくなるまで田舎は生き延びる」という文章（立岩［2015b］）だった。調査もなにもしなかったし、本が発行されるのも延びた。前から思っていたことを書いた。言いたかったのは単純なことで、ここに再録する文章では、「東北に限らず様々に人を世話する仕事は全国にあるのだから、その部分に金を使うのがよい」（三八七頁）ということだ。

　田舎が長期的には衰退に向かっていくことについて、まごうことなき田舎出の（佐渡島生）私自身にはあきらめの気持ちがある。まったくなくなることはないはずだが、なくなるところもあるだろう。地域振興とか、そう信じられてはいない。それでうまくいくところもあるし、あってほしいと思うが、そんなところばかりではないだろう。ただ、すくなくとも、とどまりたい人が死ぬまでとどまるためにも、衰退はゆっくりの方がよいとは思う。

　少ないが人はいる。そして年寄りの人が多い。ならば世話する仕事をする人をたくさん配置しお金を使う。そんなことがそうたやすくできるのかと言われる。ついこないだも、いま、筋ジストロフィーの人たちの旧国立療養所からの移行と施設内の生活の改善（cf.岩永［2019］）のために尽力している日本自立生活センター（ＪＣＩＬ）の岡山祐美さんとその話になった。彼女が生まれて長い時間を過ごしたのは、京都府といっても日本海側、舞鶴のほうなのだが、彼女は、田舎じゃ他人を家にいれないから、と言う。それはたしかにそうなのだ。だが、それでも、仕方がなく、変わる。介助にはどうしようもなく必要ということがある。本格的な田舎でも、介助制度がありそれを使って事業・活動を行なう組織が育っているところはある。いったん変われば変わるというのがこの社会なら、変わるはずだ、と言うことにしよう。そしてこれは、高齢者、要介護者…が多いところへの財の移転である。「箱もの」を作るのはよくないということにはだんだんとなり、というか、そこそこ箱ができてしまったことによって、かつて田舎に金を流す仕組みだった公共事業・箱ものづくりは低調になってきた。災害の後の建物や道路の復旧工事は、一時的に大きなお金を落とすが、いったん終われば終わりになる。それに対して、人は、すっかりいなくなるまでそこにいる。出たい人は出る、残りたい人は残る。原発事故が、本来どちらもあるべきものを、どちらも困難にしてしまったのだが、その条件を除外すれば――できないから困難が起こりずっと続いたのだが――残りたい人は残れるようにする。そのためにも田舎で身体が効かない人を支える仕事を増やすのがよいし、そのためにお金をたくさん使うのがよい。

実際、震災の時にもその可能性はあったという話を聞いたことがある。すくなくとも一時的には、国から大きな予算が県に与えられた。そこで、福島県にいる人であっても、他から来る人であっても、介助の仕事をする人に十分に払うためにそのお金を使うようにしたらよいという提案・お願いが、福島県の障害者福祉の担当になされたことがあったという。しかし、その案は理解されず、実現しなかったという。本当だとすればもったいないことだった。他方、国のレベルでは、人工呼吸器等に使うバッテリーが支給の対象になり、そして入院者に対する介助が、当初は福島県に限って認められ、それがやがて全国に広がっていくことになった。

必要なのは、一方では、のほほんとした場所と時間を作って保っていくことだが、それを実現するためにも、他方で必要なのは、狡賢い目配りであり、戦略・戦術であり、運動である。本来であれば、後ろにいて、理屈を言うことになっている人たちが、その役割をもっと果たすべきなのだ。しかしたいして役に立っていない。それはいかん、だめだと思う。さて、この話については、もっと長く書いている「田舎はなくなるまで田舎は生き延びる」の方をみていただくとして、もう一つの文章の再掲を始める。

2012/05/30→再掲

後ろに付いて拾っていくこと＋すこし
――震災と障害者病者関連・中間報告

要約

まず、被災地の後方において私たち（研究者）が何ができるのか、できるはずのことの中でどれほどのことをしているのか（していないのか）を報告する。次に、障害や病を伴って生きるのに必要なものを確保し使い勝手よく使っていくための準備と知恵があり、知識は共有されるべき範囲に共有され、取れる策は取られるべきであるという言うまでもないことを述べ、それに関わる活動をいくらか紹介する。さらに、とくに「個人情報保護」のもとに所在がつかめない人たちが、知られないままに「移送」され、そのままにされている可能性と現実があることを述べ、その不当性を強く訴える必要があり、実際その訴えがなされていることを報告する。そして、原発の近くから逃亡し新しい生活の場所を作ろうとする動きがあることも紹介する。そしてこれらの活動が、この約四〇年の、さらに阪神淡路震災後の障害者運動の継承・展開によって支えられていることを示し、その意義を再確認する。

1　はじめに

与えられた主題、障害者・病者とこの度の震災・原発災害について、いずれも短いものだが、いくつか短い文章を書かせてもらった〔文献表参照（→三六三頁）〕。多くは当方のHPでご覧になれる。加えて書くことはあまりないのだが、いくらかでも多くの方に知っておいてほしいと思うから、以下、多くは幾度目かになることを書かせていただく。ただ終わりの方で書くのは初めてのことになると思う。

分けていけば、たくさんあるのだろうが、まず、一つ、もののこと。例えば、人工呼吸器等電気で動くものを身体につないで生きているような人にとっては、停電は即座に行き死にに関わる。電気に限らない。薬剤や栄養剤の類もいる。そしてむろん自力で動けない人の移動を助けるということもある。それらの困難はゼロにはできないが減る。そのために細々とすべきことが様々ある。

そして一つ、逃げ場所、逃げ方・住み方の問題がある。とくに原発のことに関わり、逃げたい人は逃げられるのが当然である。そのための動きも、困難も伴いつつ、始まっている。ただその前で、どこにいるのかわからない、たいがいの避難所に障害者が見当たらないといったことが起こった。緊急時ということでなんだかわからないまま遠いところの施設に移送され、そのままになってしまうということも起こりうる。もとのところに戻るにせよ、新たな場に住むにせよ、それは避けたい。また、「福祉避難所」などと言われるものが、人の住み方としても、具体的な居住空間としてもよいのかということがある。

まず短くすればそんなところだ。その一つひとつを見ていけれは当然長くなる。そして私は実際のところを知らないから書けない。ただ、それに立ち向かう人・当人たちの動きがあり、その歴史があること、そして、その動きにいくらか関わりながら、こちらでもいくらかずつ始めていることがあることを紹介し、そこに見える困難に関わっていくらかを加える★01。

2　伝達と集積、そして電源他

どこで何が、たとえば「エンシュア（・リキッド）」といった商品名の所謂人工栄養剤が足りなくなっている、送ってほしい、わかったといった情報は、地震が起こった翌日あたりから様々なところで飛び交った。もちろん情報がやりとりされただけでは仕方がないわけで、様々を実際に集めたり送ったりといった仕事に、こちらの院生（本業は「さくら会」「日本ALS協会」他で活動）では川口有美子（以下すべて敬称略）が関わっていた。その媒体としてALSの人および関係者たちのMLも使われた。そういうこまごましたことは個別のそのときどきのやりとりの方がかえって確実だから（例えば足りてしまってから届いたらかえって迷惑になる）、それはそれでやってもらうことにして――この種のことについてはツィッター、携帯といったあたりがかなり役立ったようだ――私たちとしては、もう少し広いところで共有されてよかろうという情報をHPにあげることを始めた。

停電時の対応の仕方についての情報などは役に立つものがあったが、停電そのものについての（電力会社や行政機関の）情報は、御存知のようにほぼ役に立たなかった。障害別・疾病別の頁がたいがい既にこちらのサイトに――中身の充実したものは多くないながら――あったから、関連情報をいくらかは分類して、関連情報なり、そこへのリンクをその各々の頁の上の方に置き、そしてそういう個々の頁にリンクされる「災害と障害者・病者：東日本大震災」というページを作って、表紙から行けるようにした。そうしていちおうの形ができたのは三月一四日だったと思う。そしてそのことをまずはごく短く、日本語・英語・韓国語のメールマガジンで――伝えるべきことが違うからその中身も同じではない――お知らせした。

そしてその作業は、知らせることであるとともに、とっておくことでもある。役に立てるのであれば立ってほしいとは思ったが、個別に知りたいことについてはＨＰの検索をかければかなりのことがわかるからそれで間に合った部分も多かったはずだ。ただそのことがわかった上でも、収蔵はしておいた方がよいと思ったのだ。研究者がする数少ない仕事の一つは記録してとっておくことだと思う。そもそも今やっているウェブサイト（[http://www.arsvi.com/]のもとになったもの、一九九六年開始、その前年に阪神淡路大震災）も、（私の場合はメールの直送便の他、ニフティサーブのパソコン通信の「フォーラム」と呼ばれていたもので受け取っていたのだったと思うが）配信されてくる情報をそのままにしておくのはもったないということで始まったところがある。ほぼ忘れかけていたのだが、一九九五年三月の「被災地障害者センター」、「障害者救援本部」配信の機関紙など、そのごくごく一部が収録されてはいる。そして前者には後記する福永年久の名も見える。ただ、この頃にはインターネットはまだ普及しているというものではなかった。私自身、自宅ではつなげなかった。そんなこともあって、送っていただいた紙媒体の機関紙の類はいくらかファイルしたが、ネット的にはほとんど何もできなかったようなものだった★02。

この種の情報は、本になったりした例外的ないくらかを別にすれば、そのままにしておけば離散・消失してしまう。阪神淡路大震災の時には、知られているように、神戸大学の附属図書館が資料保存の活動を本格的に行なった。「神戸大学附属図書館震災文庫」があって、そこに「デジタルギャラリー」がある。これがなかったら残らなかったことも多い。私たちにはとてもそこまでする力はないが、それでもなにもやらないよりはましだろうと思っている。二〇一一年度で制度自体が打ち切りということに決まっていたＣＯＥ☆03の方は予算も減らされていて、最初からほぼ金が何もないというに近い状態だったが、それでもそれをいくらか使い、まずいくらかは支払うこともできたので、そしてその後、いくつか学内からの資金を得たので、こちらの大学院生に、まずは関連報道の類から集めてもらって掲載してもらうようにした★03。できる範囲のことをほそぼそと今後も、金が続くのであれば、続けていくだろう。（この文章も本来は個々に説明を要する人や組織その他がたくさん出てくる。許可が得られればHPに掲載し、関連するページにリンクさせる。）

そして物資の方については、やがて一時の不足はそこそこに落ち着いてきたようだった。ただ、電源の問題は長く続くことであり、そして昨年だけをとっても、東北に限ったことでもない。そして次のことにも関わるのではあるが、そんないざという時に協力を求めたり情報交換するためのつながりが――とくに京都の地においては――ないという話があった。それで誰かが言い出して、九月一八日、こちらも（私たちは金を出さない＝出せない）共催というかたちで、京都市内で、「シンポジウム・震災と停電をどう生き延びたか――福島の在宅難病患者・人工呼吸器ユーザー（他）を招いて」という催を行なった。いずれも京都市在住のALSの増田英明（日本ALS協会近畿ブロック幹事）☆04、筋ジストロフィーでこちらの大学の卒業生でもある佐藤謙（NPO法人「ゆに」代表）☆05が呼びかけ人になり、そして催の前にアンケート調査を行うなど、「日本自立生活センター」の人たち他、様々な人が尽力した。私は司会だけした。医療や福祉の業界の人たち含め、二〇〇人余、予想外に多くの人が集まった。勤め先の大学院生でもあり千葉で筋ジストロフィーやALSの人たちへの介助派遣を行っている事業所「リベルタス」の経営者でもある伊藤佳代子も、千葉での地震・停電の時のあたふた他を報告した。福島から佐川優子（日本ALS協会福島支部長）も来て話をしてくれた。その時の録音記録は文字化してある。本誌が発行されるころには、ここで紹介するものの幾つかも収録した冊子が発行されるはずなので、他に福島からかけつけてくださった方々、そしてその報告、会場での質疑応答については、それを読んでもらえればと思う☆06。

「もの」自体については、完全に、は無理として、相当のことはそう難しくなくできる。バッテリーの替えを常備しておくことはできる。ただ蓄積されている電気は次第に少なくなりバッテリーは劣化するから、その点検・交換も仕事の一つだとわかっておくこともできる。そして灯油発電機は屋内で使うと危険だ。屋外に置ける家はよいがそうでないなら別途置き場所を工夫しなければならない。どこかに置いて共用するというやり方もある。こうしたことは、とくに制度に乗せようとすると、実際にはなかなか進まないのではあるが、本来はそう面倒でなく、できるはずのことである。今度作る冊子でもそうした情報が冒頭に置かれることになるだろうと思う。

他方、それから四月ほど経って、電気（他）を使って呼吸（他）をしている人たちによる何かの集まり・つながり、といったものはまだできてはいない。ただ、たいがいのことがたった数人の集まりから始まる。そのきっかけにはなったと思う。そして、この度、東北での事態に早く対応できたのは、それが続いているのは、当地にそして全国に、人々の集まりがあり、その歴史があったからだ。次に、そのことを、そしてやはりそうしたことに関わる記録をとっておくべきことを、そしてそこから考えることがあることを述べる。

3　人・組織およびその来歴

このたび、即時の、そして後の上記の課題にも関わる「本人」たちの動きは早かった。

まず全国的な組織としては「東北関東大震災障害者救援本部」が設立された。また被災した各地に県別の組織、福島県であれば「ＪＤＦ被災地障がい者支援センターふくしま」（開所式は四月六日）他が設立された。そして阪神淡路大震災の後に設立された「ゆめ風基金」がこれまで集めた金を各所に渡すとともに、さらなる募金と活動を展開している。

それらがどこまでのことをできていて、どんな困難を抱えているのか。それを追っておく必要がある。そしていちおう注目しておきたいのは、ここではその要因までは述べないけれど、かつて少数派であった部分が先頭に立って、そしてかつてはあまり(時にはとても)仲のよくなかった部分も含めて、やっていっているということだ。

これは非常時だからということもあるだろう。またいつまで続くかわからない今の政権に代わったという要因もないではないだろう。かつての政権党を支持してきた側にしても、得られるものがあるから支持してきたということであって、その要求先が変われば態度も変わる。そして、共産党に近く、とくに障害児教育のあり方を巡って鋭い対立を見せていた部分も、今はかつてほどの攻撃性はなくなっているといったことがあり、そちらに近い(と、今は関係者たち自身の大多数が思っていないのだろうと思う)「共同作業所全国連絡会(共作連)」に属する組織やそこにいる人たちも例えば福島のセンターで仲良くやっていると聞く。このセンターの名称の先頭についている「JDF」は「日本障害フォーラム」。この組織は旧来の大手の組織「日本身体障害者団体連合会(日身連)」といった組織を含む大同団結的な組織である。

ただ、例えば福島であれば、そのセンターの代表をしているのは「福島県青い芝の会」を橋本広芳らと共に始めた白石清春(一九五〇生)である。その白石らの主張に反感を感じて事務所に乗り込んでいって徹夜で議論して「寝返り」、その活動に参画するようになったのが鈴木絹江で、さらにそれに感化されたのが安積遊歩(一九五六生)ということになる。鈴木も今、田村市で支援の活動をしている(現在「ケアステーションゆうとぴあ」理事長)★04。いまは原発を逃れ、東京からシドニーに移っている安積は白石らについて次のように語っている。

当時、全国青い芝の代表は横塚晃一さんだった。福島で最初に始めたのは白石清春さんと橋本広芳さん。そのころ、橋本さんも白石さんもすごく過激でね。施設へ行って、ベッドの周りに棚があって鉄格子みたいになってると、「おまえら、こんなところに入りたいと思うのか」ってすごい剣幕でどなったりしがみついたりして。二度とこないように立入り禁止になったりして。怒り狂って。悲しみのあまりにね。私たちの目の前で、ご飯に味噌汁とおかずと薬と水をかけて、ごちゃごちゃに混ぜたのを口につっこまれたりしているんだよ、私達の同窓生がさ。あまりにも悲しみが高まるよね。「おまえら、こんなのめしだと思うのか」ってつかみかかってどなるのよね。

白石、安積、橋本

白石さんはその後、青い芝の活動のために秋田に移り住んで、青い芝の事務所のある神奈川と往復してた、福島にもしょっちゅう来てたけど。七九年には白石さんが全国の代表になったんだ。橋本さんは白石さんの女房役でね。（安積［1990:30 → 2012:47-48］）

記録を見ると、白石の秋田への「オルグ」のための移住は一九七六年。一九七七年の（全国）青い芝の会の大会で選出された会長が横塚晃一（一九三五～一九七八、七五年の著書の新版が横塚［2007］）、副会長が白石、事務局長が鎌谷正代（後述の古井正代）。白石は、同年、ごくいちぶでは有名な「川崎バスジャック闘争」にも「中心的な立場で」参加してもいる。その翌一九七八年、横塚が亡くなり、路線を巡る対立等々が起こる。白石は、一九七九年、「全国青い芝の会再建委員会」の委員長に就任。そして一九八〇年には秋田から相模原市に移る。そして、一九七〇年からは長く、もっぱら糾弾・反対の運動をしてきたこの団体において、所得保障要求を中心においた対話路線の「東京青い芝の会」の人たちが前面に出た（その方向を進めた官僚がいたということもあった）一時期――だから、というわけでは（まったく）ない（と私は思う）が、障害基礎年金が一九八六年に始まる――その人たちと活動もした人である（そして、そういう時期はいっときのことであり、その後、この組織は様々に対して反対する組織に戻り、実際の活動を担う人は長い間にすこしずつ減っていくという組織になっていく。この辺については立岩［1990b→2012:313-315 etc.］に少し記している。）

私は、一九八〇年代の後半、安積の紹介・仲介で相模原で白石らが運営していた「くえびこ」という場所（一九八一年開所、制度的には作業所ということだったのだと思う）でインタビューさせてもらったことがある。そして彼らはその頃すでに「シャローム」というグループホームの運営の始めていたはずだ。その白石は、一九八九年に再び福島に戻り、一九九〇年設立の「グループらせん」、一九九四年開設の「オフィスIL」、二〇〇一年設立の「あいえるの会」に関わってきた。そんな人だ。私はそれきりになってしまったが、土屋葉らが聞き取り調査を重ねてきて、いくつかそれに基づく論文もある（土屋［2007a］［2007b］――がさらに記録（が公表）され書かれるべきことが多くあると思う。）

そして、その福島に、早々に、応援しようと乗り込んだのが、古井（旧姓・鎌谷）正代と福永年久だった。古井（一九五二生）はかつて「関西青い芝の会」の中心人物で、後に「健全者（健常者）」（の集団）との関係等を巡って「大阪青い芝の会」他と対立しつつ、その「健全者組織」を（作ってそして）解散させるあたりの時期にいた人で、またそうした「内紛」の後、活動から（いったん）離れることになった人である。だから基本現在は無所属ということになるのだろうが、とても元気な人で、ここ十年ほどの間に幾度か集会やら研究会でお会いしたことがあった。

また福永（一九五二生）は、「兵庫青い芝の会」に関わり、「全国障害者解放運動連絡会議（全障連）」の幹事を務め、そして震災前から、そして震災後、「阪神障害者解放センター」、「拓人こうべ」の代表など務めてきた。『こんちくしょう』という映画の「制作総指揮」をした人でもあり、その映画作りに関わった人とともにCOEの企画「障害者運動・自立生活・メディア――映画『こんちくしょう』のスタッフと共に考える」で大学に来てもらって話してもらったことがあった。（関西における障害者運動について、山下［2008］、渡邉［2011］、定藤［2011］等。）

その人たちが、四月に福島に、白石たちのところに行った。両人とも重度の脳性まひの人で、介助者がいるわけで、それでどんな連絡がいつ来て何がどうなったのか記憶にないのだが、青木千帆子（二〇一一年度のCOEのポストドクトラル・フェロー、現在は立命館グローバルイノベーション研究機構研究員で電子書籍のアクセシビリティについての研究グループの一員、本業は「障害者と労働」ということであるはずで、後出の「差別とたたかう共同体全国連合（共同連）」、現在はNPO（「共同連」が正式名称）等に調査に行っている）☆07、そしてやはり大学院生で（二〇一一年度に三年次入学、本業としてはベトナムの精神障害者のことを研究している）権藤眞由美☆08が、介助者として同行するといったことがあった。古井は、そしてその二人他も、その後も福島を訪問している★05。古井たちは、関西、というか大阪・兵庫の人たちの中でも、前向きの、言うことははっきりと強く言うという人たちであったから、当地では、いささかのあるいはそれ以上の当惑を、ものを言っていく相手だけでなく、当の組織のスタッフ他にももたらしたようだ。白石は、闘士であったとともに温厚な人格者でもあり、福島という――とも一括りにできないのだろうが、おおまかには控え目な人たちが多い――土地で、方向が（ときにかなり）異なる人たちも含めてやってきた。ただ、こういう状況であっても（あるいはあるからこそ）押す時には押す、言う時には言うということに積極的な意味もあったのだろうと思う――古井に同行した青木の報告として青木［2011］。（このことを最後に記す。）

そして、「東北関東大震災障害者救援本部」の代表は、そのHPからそのままとってくれれば、中西正司（DPI日本会議常任委員、全国自立生活センター協議会常任委員）、副代表：牧口一二（ゆめ風基金）。呼びかけ人には、DPI日本会議から三澤了、山田昭義、尾上浩二、奥山幸博、八柳卓史、全国自立生活センター協議会（JIL）から、長位鈴子、平下耕三、佐藤聡、東京都自立生活協議会（TIL）から横山晃久、野口俊彦、今村登、ゆめ風基金から楠敏雄、福永年久、共同連から松場作治、地域団体から江戸徹（AJU自立の家）、廉田俊二（メインストリーム協会）、そして北村小夜（障害者権利条約批准・インクルーシブ教育推進ネットワーク）、青海恵子、徳田茂。この人たちについてもいくらでも書くべきことがあるが、きりがない☆09。（「全国障害者解放運動連絡会議（全障連）」の代表幹事であったこともある楠については現在、やはり私の勤め先の大学院生の岸田典子が聞き取りを継続的に行なっている。その成果がそのうち出されるだろう☆10。）

そして、「ゆめ風基金」は、阪神淡路の地震の五月後に設立された基金で、今名前が出た関西・大阪の障害者運動にはじめから（人によっては途中から）縁が深い人たち、『そよ風のように街に出よう』という雑誌を出してきた河野秀忠といった人たちが関わってきた。（その地の震災以降の関連の活動については、大学院生他とともに長期間に渡る調査を行なってきた似田貝らの著作（似田貝編［2006］、佐藤［2010］）にいくらかは出てくるが、それ以外にはないのではないか。）

それらは新興の――とは言えないだろう、ずいぶんな時間が経っているのだから――その時々の福祉の政策（やときに学問）を批判してきた（が言うことを聞いてもらえなかった）勢力である。ただ、この時間の間に、「青い芝の会」にせよ「全障連」にせよ、もっぱら批判・抗議の運動を展開してきた部分の活動力は、言い放ってしまえば、低下しており、後景に退いてきている。ただ、その流れを汲んではいる人たちが幾人もいるし、そうした「傾向」の組織が多く加入している「DPI日本会議」が現在の運動・政策の一つの核になっている。そして同時に、そして福島県もそうだったが、「事業所としての自立生活センター」というかたちができていったことによって、そうした組織の存在・存続が、かつかつながらではあるにせよ、可能になった。ただ同時に現在でも、東北でも（日本の他の地域でも）こうした組織がない県・地域はある。福島の場合、一九七〇年代以降の運動・活動があり、それを始めた人の里帰りもあったりして、つまり、より以前からの運動と一九九〇年代以降の事業体としての活動と、両方の要素をもつ動き・組織があって、とにかくすぐに動けた部分があった。阪神淡路の時もそうで、そしてそれが今度の東北への支援にもつながっている。

4　住むこと・移ること

そんな客人たちも時に訪れつつ、どんなふうにことが動いているのか、動いていないのか。以下、そうして関わりのある人たちの書いたものやら、その人たちから聞いたことから、住み暮らすこと・移ることについて、すこし付記しておく。

一つ、これからどうなっていくかまだわからないのだが、福島県からの移住計画が進められつつある。白石たちは、以前いた相模原市に一軒場所を借り、さきほどあげたのと同じ名称の「シャローム」を立ち上げた。そしてとりあえずそこには四人住めるのだという。ただすぐに移住というわけにもいかない。福島で介助者などしてきた人のことのこともあり、その家族のことどもある。ためしに幾度か往復して、本格的に誰がどこにということが決まっていくのだろう。ただそういう試みについては——ほぼすべての制度は「住民」を対象としたものであるから——制度は使いにくい。それで民間の助成にあたってみたりしようとはしていて、しかしそれにかかる手間もある。そしてそんな手間をかける余裕はない。それで、先述の縁・しがらみもあり、その書類書きをさっき出てきた大学院・研究拠点（センター）関係たちが手伝っているといった具合だ。

他方に、受け入れようという動きもある。兵庫の人たちががんばって、市営住宅で使えるものを確保したといったことであり、私たちも、そんなあたりの情報提供ができればよいと思って、HPにそんなコーナー（ページ）を作ってはみた。ただ、普通の引っ越しより様々にめんどうなことがあり、複雑な事情・思いもある。ページはあるにはあるが、実際に使われるものにはなっていないと思う。実現しかけた話がなくなったこともある。それでも寄せられる情報は載せ続けていくことにはなっている。

ただ、こうしたものは多くの場合、そういうものを使える人たちが使うのではある。阪神淡路の時にも対応が早かったのは、たいした用もないのに、集まる場があり、見知っている関係があったということが大きかったという。それはそうなのだろうと思う。ただそれは、たまたまだとか利口であるとかで、そんな関わりがあった人であり、最低限の自由度がある人たちである。当然そんな人ばかりではない。偏屈な人もいるし、いかように告知しようが知らない人、知ろうとしようとしない人はいる。そしてそんな人がいていけないということはない。ただそんな人にも等しく災害は降りかかってくる。

そして実際、阪神淡路の時にも、この度においても、いま記してきた人たちは、まずは今までつきあいのある人のことでせいいっぱいというところのはずだが、そしてもちろん、誰もなんでもできるわけがなく、そんなことはわかっているのだが、見知っている人たちでなく、ほうぼうに、どこにどんな人がいるか、どうなっているか、聞いてまわった。しかし——とりわけ今回、そして福島に——起こったのは、どこにどんな人がいて、どうなったのかわからないという出来事だった。当初はどこの避難所にも障害者が見当たらないということもあったらしい。そして役所などに聞きに行っても——南相馬市は例外だったようだが——「個人情報保護」を理由に、行政機関が把握している情報が知らさせられなかったということがある。仕方がない、ということになるか。

「個人情報保護」という制約下で可能な方法として、予め緊急時の対応についてそれを希望する人とそれに応ずる人を登録し、いざという時に連絡をとるという方法はある。実際——阪神淡路震災の後のことだと聞くが——そういう仕組みがあるところもある。ただ、その仕組みのあった東京都中野区で、所謂医療的ケアを必要とする子の親たちに当日以降しばらくのことを聞いて調べた佐藤浩子（元中野区議会員でやはり勤め先の大学院の大学院生——さきの企画で話をしてくれた伊藤と共に仮設住宅を訪れたその報告（佐藤［2011］、伊藤・佐藤［2011］）もある——）の論文（佐藤［2012］）によれば、ヘルパーがたまたまそこにいたという人はあまりあたふたせずに済んだということはあったようだが、その緊急対応の仕組み自体は実質的にはほとんど作動しなかったという。対応することになっていた人も同じ地で同じく災害に見舞われたのだから、ということは当然あるだろう。それでもこうした仕組みはないよりはあった方がよいのだろうとは思う。そしてこれには本人（あるいは「保護者」）の同意があるわけだから、個人情報反故云々の問題を切り抜けることもできるということになる。

ただ、それだけのことか、他のやりようはないかである。できることで他にはなされていることが阻まれてきたというのがもう一つの現実のようだ。実際には、行政機関と大きな福祉施設とのやりとりはあって、地元の施設から遠くの施設へ、避難所から遠くの施設へといった流れがあり、そこでは当然情報が（本人が知らないまま）やりとりされていたことになる。他方で、一人ひとりを、その人がよいという場所でという、たしかに手間のかかる対応・支援をする組織の方は敬遠しがちということになったのだろうか。とすると、たんにこれは個人情報保護（法）の壁云々という話ではないということになる。

緊急避難先として、たしかに、あまり混み合わない、人手がいるなら人がいる場所があること、医療といった処置が必要なら、まずそうした用意のあるところへということはあってよいだろう。そして近間が危ないのであればさらに遠くへという話もわからないではない。しかしそうした流れの中で「移送」がなされ、本人の意に添わず、気持ちがよくないままそのままの状態にされてしまうなら、それはよくない。災害があったから仕方がない、とも言えない。そして、そんな移送がなされたなら、なされていている限り、それはそれらの関係機関において把握はなされ、そして実行されている。つまり、情報が、行政機関なりそこにつながっている施設なりにはあって動いてることなのであるから、他には知らせてならないないということにはならない。少なくともあらかじめ決まってはいない。まずこのことは言える。

たしかに誰にでも知らせてよいということにはならないだろう。だがやはり、それなりの理由があって行く末を案じている人々に対しては、そしてその案じている人たちは自分たちが日ごろどういうことをしているどういう者たちであるのかを明らかにしているのだから、知らせてよいはずなのだ。そして、このことを主張する時、やはり、ただ様々な人たちと仲良くやっていくというだけではことは済まず、突っ込むところは突っ込まなくてはならないということになる。それはただしい行ないであると思う。その意味で、このたび「外」からやって来た人たちの強いもののいいはまっとうなのだと私は思うし、少なくとも時には、そんな方向で強く動ける、先方を説き伏せ応じさせる、そのことが必要なのだと思う。

そんなことに関わるためには、後方にいて既にあるもの、公開されている情報を並べるだけでは足りないのだろう。既に文字になっているものを拾っていくというだけでなく、そこに起こっていることを追い、ときに一定の距離感をもって、見ていく、そしてできることがあればしていく。そんなことがなされるとよい。ただ、私自身はできない。ただ、関わっていこうという人がいる限り、それを応援する程度のことはしていきたいと思う。

注

☆01　白石［2012］は障害学会大会での報告の記録。『現代思想』二〇一三年三月号の特集に白石［2013a］、『そよ風のように街に出よう』に白石［2013b］、ＪＤＦの活動報告書に白石［2013c］。

☆02　その目次は以下。「はじめに」（渡辺［2015］）にシンポジウム他についての報告がある。
はじめに　渡辺 克典

★01
全般について、言わずもがなの、一般的なことを。生き残った人たちが生活をどのように再建・構築していくか。基本的に平時用に作られている各種の制度・仕組みに何を足すと、あるいは省くとよいのか。それは考えるに値する問題だろう、など言っているうちに日は過ぎてゆくのだが、きっと考えている人たちがいるだろうから、おまかせする。

（原発は別として）ただ基本は単純なことだろうと思う。ボランティアはけっこうなことだが、もっと距離感をもって考えると、それは緊急時に適したかたちである。そういう人をいちいち把握し、「公平に」支払うといったことに事務コストがかかるということがある。それ以前に、ふだんいらない人手が一時的にいりようだということがある。そうした事態に即対応できる人間たちや、調整の体制を日頃から一定用意しておく必要はあるが、現場の人数が足りない時に、いったんいつもの仕事をやめてという人がいりようなことがある。ただそれがいったん一段落すれば、とくに遠いところの人たちは、たいていの場合、なにかしたいと、するべきだと思うのなら、金を送るのがよい。

代わりに、現地の人たちの人手が、今のところ、あるのであれば、余ってしまっているのであれば、その人たちに――その仕事は今までのその人の仕事ではないことが多いから、それはときに嫌なことで、面倒なことで、また周囲の工夫も必要にはなることは考えにいれたうえで――働いてもらい、それはそれとしてきちんと払うのがよい。そしてその仕事は必ずしもフルタイムの仕事である必要もない。あいてしまった期間、時間。そしてその仕事の多くはやがてなくなるだろうし、それは好ましいことでもある。そして、それはそれとして、所得保障はする。かの地の人たちに生活保護に対するより強い抵抗感があるという話がもし本当なら、その抵抗をどうやって減らすかだ。ただ実際には、まったく逆向きの言説が全国的に流通している。次に、労働（による収入）と所得保障・所謂社会サービスとの兼ね合いについて、ごく基本的なことは別に記した（立岩［2009:24-28］［2010a:16-22］）。加えれば東北に限らず様々に人を世話する仕事は全国にあるのだから、その部分に金を使うのがよい。（ただその仕事を肯定しつつ、それに払うことについて、原理的な批判がある。そして払うにせよ、払わないにせよ、その仕事はいかほどのものになるのか。立岩・堀田［2012］で論じられる。関連して「不払い労働」という理解（他）を吟味した書として立岩・村上［2011］）。

なお震災・原発関係の本や雑誌の特集号は山ほど出ているようだが、私に与えられた題に関わるものは多くないようだ。ただ『季刊福祉労働』（現代書館）一三一号（二〇一一年六月）が「東日本大震災 障害者救援・復興支援ドキュメント」を特集していて、何がその時に起こっていて、感じられていたのか、わかる。『そよ風のように街に出よう』（りぼん社）も継続して報告を続けていくようだ。

また、同年一〇月一日、愛知大学を会場に開催された障害学会第八回大会の特別企画トークセッションとして「災厄に向かう――阪神淡路の時、そして福島から白石清春氏を招いて」を行った。福島から白石清春（後出・以下本文も註も敬称略）を、そして阪神淡路震災とその後の活動に関わった人として野崎泰伸をお呼びして、話をしてもらった［三六四頁］。

★02　なにかの事件の時になんらかの意味をもちえたと思ったのは、そのサイトの場合、二〇〇三年の年始から始まった「ヘルパー派遣上限問題」を巡る騒動の時のことであったかと思う。一日に四度とか更新した時期があった。そしてその時の記録は後に冊子にし（立岩・小林編［2005］）、また――結局刊行されたのはずいぶん後のことになったのだが――それ以降のしばらくについて検討した文章（立岩［2010b］）を書いた。

☆03 COEはCenter of Excellene（卓越した拠点）の略。選ばれたところに、私たちのところは少なかったが、まとまった研究費が給付された。「生存学創成拠点」が採択されたのは二〇〇七年からの「グローバルCOE」。五年が終わるのは二〇一二年三月、その前に審査されて、その後どうするかが決まると聞いていた。途中の評価はよくなかった。だから、この制度が続いていても、こちらは終わった可能性はおおいにあったが、民主党政権下での「事業仕分け」で制度自体がなくなった。ただ、学内組織としての「生存学研究センター」は活動を継続した。文部科学省が、その拠点が属する大学の継続的な支援を求めていたという事情もある。「拠点」と「センター」は、五年間は実質的には同じものに二つの名前があったということだが、前者がなくなり後者が残ったということだ。センターは拠点とともにあった五年に加え、二〇一二年度から二〇一八年度まで八年継続し、そして二〇一九年度から「生存学研究所」になった。立命館大学的には、研究所の方がセンターよりも恒常的な組織とされ、予算も少しセンターより多くなる。

★03 二〇一一年度、グローバルCOE――こちらでやっている（いた）のは「生存学創成拠点」というもの――は最終年度ということだったが、ほとんど回せる金はなかった。そこで私のほうではとりあえず学内の資金（おおむね一件あたり五〇万程度）に応募した。一つは「立命館大学東日本大震災に関る研究推進プログラム」。六月に応募書類を出して、これは七月に落選通知が来た。次に、人間科学研究所という組織（私もメンバー）の「二〇一一年度立命館大学重点プログラムプロジェクト」の公募に応募。「災厄に向かう――災害と障害者・病者支援」という題で九月に出して一〇月に採択。これはほぼ全額をHPの方の作成・更新のための人件費・謝礼に使用している。そしてもう一つ、「東日本大震災 復興のための『私たちの提案』――教職員の取り組み」に「震災弱者にされてしまわないために――調査・連携・提言」という題で一〇月に応募、同月採択。これは、本文で次に記す冊子・報告書の制作にあてることにした。これらの書類のすべてはHP上で読むことができるので、いくらか誇大に語り、そして実現していない部分も含め、何をしようとしているか（していたか）わかるようになっている。

☆04　その後、日本ALS協会近畿ブロック会長、日本ALS協会副会長。立命館大学生存学研究所客員協力研究員。二〇一七年には韓国での障害学国際セミナー、米国・ボストンの国際ALS学会に参加した。いずれも往復にずいぶんな費用と手間がかかり、後者ではクラウド・ファンディング（「マスダ・ボストン・チャレンジ」）で費用を調達した。前者についての報告として増田［2017］。

☆05　立命館大学の学生を経て障害をもつ学生を支援する組織を立ち上げ活動する佐藤に聞いて書かれた論文に坂野（ばんの）［2018］。

☆06　生存学研究センター報告18として『医療機器と一緒に　街で暮らすために――シンポジウム報告書　震災と停電をどう生き延びたか　福島の在宅難病患者・人工呼吸器ユーザーらを招いて』（権藤・野崎編［2012］）が発行された。「図解「おうち暮らし」――医療機器を使って暮らすための停電時の備え」を冒頭に置いた。論文として「計画停電と医療的ケアを必要とする障害児・者――東日本大震災における事例から」（佐藤［2012］）、「人工呼吸器使用者の停電への備えに関する調査の結果について（東京都）」（酒井［2012］）が収録されている。印刷したものはすべてなくなり、現在はHPで公開している。

★04　本に名前は出ていないが、安積は一九七六年の鈴木との出会いのことを次のように語っている。

「養護学校の先輩が誘ってくれたんだけど、その人はものすごい頑張り屋で手先の器用な人だから人が三年かかるのを、年半で編物の師範の免状とってものすごく頑張ってたの。ところがその人の養護学校の同級生が青い芝のCPの人で、生活保護とか年金とかで自分達も地域で生きていくんだってやっているのが聞こえてきて。その人は、「許せない！」、そう思ったんだって。生活保護とか年金でただ食いしてって、文句言おうと思って事務所に行って二晩激論したんだって。最後に、青い芝の方が「正しい！」って、結論を出すと早い人だから、自分の知ってる養護学校の後輩達にそのことを教えるから、もっともっと運動を大きくしようってことになって、その人が私の家に在宅訪問に来たの。行ったらすごいことになる、おもしろいことがある、人生が変わるって。」（安積［1990:28-29→2012:45］）

一九九九年に鈴木が代表を務めていた「障がい者自立生活支援センター〈福祉のまちづくりの会〉」主催の企画で、その時はまだ合併の前で船引町に、講演に呼んでいただいたことがある。私には、ひととおり講演が終わった後うかがった話の方がずっとおもしろく、録音機をもっていかなかったのが悔やまれた。

★05 福島に（最初は）付いて行った二人と報道関連の収集を主に担当している大学院生の有松玲は、二〇一一年、韓国と日本での学会で報告を行っている（青木［2011］、青木・権藤［2011a］［2011b］、有松［2011］、権藤・青木［2011］、権藤・有松・青木［2011］）。

☆07 立岩と青木が斉藤懸三・白杉滋朗・堀利和に聞いた公開インタビューの記録として斉藤懸三・白杉滋朗・堀利和［i2017］。

☆08 権藤はその後少しテーマを変え、日本の自立生活センターによる海外協力・支援についての調査・研究を進めている。佐藤聡・奥平真砂子・廉田俊二へのインタビューとして佐藤［i2018］、奥平［i2018］、廉田［i2018］。

☆10 楠は二〇一四年に亡くなった。生前に行なったインタビュー他から岸田典子は研究を始め、ゆっくりとだが、続けている。論文として岸田［2017］。ほかに三澤了が二〇一三年に亡くなった。ＪＩＬ編に楠木［2001］、三澤［2001］。ここ一、二年の間に行なえたインタビューは佐藤聡［i2018］、横山晃久［i2018］、横山晃久・尾上浩二［i2018］、廉田俊二［i2018］。できるだけ公開していきたいと思っている。ＪＩＬ編には廉田［2001］、牧口［2001］、山田［2001］、横山［2001］。

もう一度、記《しる》すことについて

今しばらく留めること

記録すること、留めておくことが大切だとほうぼうで言ってまわっている私自身がときどき虚しくなることがある。そんなことはまったくきりがないではないか。所詮不可能なことだと思えてしまう。ただ、このたび、私の勤め先の大学院生・栗川さんの亡き・妻清美さん——二〇一八年に癌で亡くなられた——を追悼する本（栗川編［2019］）に、求められて短文を書くことになって、そこに以下のように書いた。

ずいぶん長いこと、研究者として、この時代を生きてきた一人ひとりのことを書こうとほうぼうで言ってまわって来て、繰り返して来て、かえって、私はすこし疲れているのかもしれない。あらゆる人は死ぬから、その死者の数は既に数百億かになっているはずで、その人たちのことをいちいち書こうなどということは、まったく無謀で無理で無駄なことに思える。

しかし、こんなふうに人は、疲れた時に、間違えるのだ。人は死ぬ。死んだその人には何も伝わらない、と私は思う。しかし周りにいた他の人たちは今しばらく生きていく。そのしばらくの時間、忘れるのをいくらかでも引き延ばすために、記憶に浸りたいために、人は人のことを書いて残す。また読んで残す。長い時間の間には、やはりそれもすっかり消えてなくなってしまうとしても、まったく、それでよいのだ。本書を読んで私はそういう気持ちになれた。（立岩［2019e:382］）

永遠にとどめておこうというのは無駄で無理なことである。さらに、ときにはいらなくなった方が、忘れてしまった方が、よいこと・ものもある。しかしだからといって、まったくいらないわけではない。当座いるものを集めて、そして、いらなくなるまで、留めておく。そうした当座の行ないを行なっていると思えばよいのだと思う。

とくに社会運動にはそうしたところがある。運動は、運動がいらなくなるまで続く。しかしそのいらなくなる時は（残念ながら、そう簡単には）来ない。だから続くことになる。そういえば、そんなことを、過去にも書いたことがある、とやはり思い出した。横塚晃一の『母よ！殺すな』の新版の解説の末尾だ。

この本は、この本がいらなくなるまで、読まれるだろう。そしてその時は来ないだろう。しかしそれを悲観することはない。争いは続く。それは疲れることだが、悪いことではない。そのことを横塚はこの本で示している。（立岩［2007:461］）

少し追加説明がいるかもしれない。いらなくなる時が来るのは、もしそんな時があったとしたらだが、よいことだ。しかし、それは来ない。すこし体制が変わったぐらいのことでは、差別・抑圧はなくならないのだ。そして、そのことを言ってきたのは（この国の）障害者運動それ自身だ。さてそこで、一つ、なくなりきったりしないと思いきるなら、理想郷が実現しないことに絶望する必要もない。一つ、そのうえで、運動は続けた方がよいことになる。あまり暗くなりすぎずに続けることができる。そして一つ、まっとうなことを言うこと、言い続けることは、ときに疲れてしまうのではあるが、愉快なこと、ときに痛快なことでもある。どうせ持久戦だと思いきってしまえば、じっくりとやっていける。だから、続いてもよい。

するると、その続いている間、いくらかのをことを記録し記憶し続けるのもよいとなる。むろん、いつも、そうそうおもしろいわけではない。例えばビラの類が残されるのだが、何年も何十年も経っているなら、何年のものであるかわからなくなり、それを特定しようとしてそれだけでもずいぶんな時間を使ってしまうことがある。それでも結局わからないこともある。それでも仕方がないから、いくらかはそういう作業もする。悔しいから、これからはもっとまめに年月日をいちいち記録するようにしようという気持ちにもなる。

人について書くこと＋そのまま残すこと

社会学（者）は、個人を持ち出してなにかを説明することを避けてきたところがある。ただ、よく言うのだが、まず、個人を書くこと自体は、やってわるいことはない。文学であるとか美術史であるとかは年中そいうことをやっている。夏目漱石がどこでなにをしたとかなにを食べたとか、誰それがどんな学校で誰に学んだかといったことを調べて、書いている。そんな探索・詮索の対象を、文化人や政治家たちに限らねばならないとは決まっていない。書きたいのであれば書けばよい。

何を書くか。「論文」となると、すこし違ってはくるかもしれない。論文というのは、就職の際など仕事を評価するための対象というようなものでもある。審査に通った論文がしかじかあるというのは力の証拠ということになる。なにか解釈を示せるなら、それがもっとも（らしい）なら、研究者・教育者として雇ってもよいということにされたりする。論文というものが、なにかもっともらしいことを言うことができることを示すものであるとすれば、聞いた話を並べるだけでは評価されないということにもなる。しかしそれはそれだけのこと。別の書き方もある。

さらに言えば、いやもう言ったことだが、どう読むか、何を読みとるかの手前で、話したり、書いたり、そのままの方がよいということもある。それは別の機会にして、あるいは別の人にゆだねて、ただ集めて、とっておいたり、読んでもらえるようにしたらよいということだってあると思う。

そして、考えてみれば、いや考えなくても、人が話すこと（また書いたこと）というのは、既に、人がどのように自分が生きてきたか、世界を見ているかということである。だから、「もと」と「もとの解読」いう具合にはなっていない。「どう見て&してきたか」をもとに、「さらにどう見るか&したらよいと思うか」を書くという具合に、ずるずるとつながっていくのが、私たちの仕事だ。それがうまくいって、ものごとが整理されてすっきりしたり、なにかが展望できるとよい。そんなことを願って書いているのではある。ただ、いつもうまくいくわけではない。だからといって、あきらめようとは思わないが、しかし一つ、他の人が（他の人も）読み取ったり考えられるようにするためにも、「もと」をそのままあるいはそのままに近いかたちで示すことも大切だと思う。また一つ、なにより、その「もと」そのものがおもしろい。その人がどういうふうに世の中を見てきたか、何をしてきたか。「そのまま」でいいじゃないかと思う。私は大学院生が論文を書くことを手伝うのが仕事なのだが、もってきたその草稿を見て、あれおかしい、もっとおもしろい話のはず、と思って、インタビュー記録見せて、ともってきてもらって、そちらの方を読んでみると、やっぱり、「もと」の方がずっとおもしろいじゃないか、ということがしょっちゅうある。

瀬山の担当した第3章がすでにそんな感じのものになっているのだが、今私（たち）が考えているのは、話してもらいそれを文字にしたものに加筆や削除をしてもらい、許可を得て、そのまま掲載していくということだ。それをみな紙の本にするのもわるくはないが、たいへんだ。そしてそれらはわりあい簡単になくなってしまう。だからホームページに載せていくことを考えて始めてみている。意外と、というか、当然に、というか、けっこう手間のかかる仕事なのだが、続けようと思っている。

そんなことを最後に書くのも、実は私は、まったくいけないことなのだが、『飛──白石清春氏・橋本広芳氏還暦祝い記念誌』（あいえるの会［2010］）を読んでいなかった。そういうものがあることは知っていて、なかに写真があるということで、その写真を本書に使えるかもと思って、田中に送ってもらって、この日に原稿を出さないと間に合わないというその日を一日過ぎた七月一一日に入手して、初めて読んだ（今日は七月一六日）。そして、なんだこれをそのまま掲載したらよいではないかと、よかったのではないかと、思ってしまったのだった。知りたいことがたくさん書いてあった。おもしろかった――HP上でよろしければ、全部を掲載いたします。他のものも、みなさん、どうぞよろしくです。

しかしそれでも、私たちは私たちとして、仕事をした。やはり書いたことだが、「ないよりよいものはよい」と私は思うことにしている（一〇頁）。いやもう少しは志高く仕事をしたとは思う。それでなんとか一冊にした。どうぞよろしくです。そしてもう一度、同じ言葉で。話をしてくださったみなさま、資料を提供してくださった方々、その人たちをこれまでそして今支え手伝っておられる方々、活動をともにされている方々にお礼申し上げます。

そして、本書は科学研究費助成研究（基盤B）「病者障害者運動史研究」の研究成果でもある。税を介して資金を提供してくださっている方々に感謝します。さらに生活書院の、まごうことなき福島県出身の出版人高橋淳さんは、たいへんお忙しいなか、たいへん短い期間で本書を作ってくださった。ありがとうございました。

二〇一九年七月　今になって読むべき『飛』を読まなかったことを反省して

立岩真也

文献表（著者名 50 音順）

＊文献の再掲先がウェブサイトである場合には※だけを付す。そしてこの文献表に対応するＨＰの頁（http://www.arsvi.com/b2010/1909ac.htm）の※からそのＵＲＬに移れるようにしてある。また掲載されている場所がウェブサイトだけである場合には※に加えてＵＲＬも記す。

■あ～お

（特定非営利活動法人）あいえるの会　2010 『飛――白石清春氏・橋本広芳氏還暦祝い記念誌』，あいえるの会，編集・製作：前橋秀一・岡部聡

青木 千帆子　2011 「東日本大震災後の障害者運動の動き――災害支援のなかでの障害者」 2011 年度日本女性学会大会　於：名古屋市男女平等参画推進センター「つながれっと NAGOYA」

――――　2013 「災害避難時にあらわれる障害者福祉施設の特性」，『東海社会学会年報』5:17-29

青木 千帆子・権藤 眞由美　2011 「「福祉避難所」成立の経緯」 障害学会第８回大会　於：愛知大学

――――　2011 「被災した障害者の避難をめぐる困難について」，グローバル COE「生存学」創成拠点 国際プログラム 第２回障害学国際研国際研究セミナー

青田 由幸・八幡 隆司　2014 『原発震災、障害者は…――消えた被災者』，解放出版社

青柳 親房　2018 「一九八五年公的年金制度改革②」，菅沼他編［2018:256-266］

赤窄 英子（→木村 英子）　1986　インタビュー　1986/03　＋：安積遊歩・外山博美（介助者）　聞き手：石川准・立岩真也　於：東京都国立市・喫茶店スワン

赤塚 光子・佐々木 葉子・立岩 真也・田中 晃・林 裕信・三ツ木 任一　1996 「障害者の住まい方に関する研究　第３報」，日本社会福祉学会第 44 回全国大会　於：同朋大学

安積 純子　1984 「性と結婚」，仲村・板山編［1984:208-218］

――――　1990 「〈私〉へ――三〇年について」，安積・岡原・尾中・立岩［1990:19-56 → 1995:19-56 → 2012:32-90］

――――　1992 「障害をもつ人とピア・カウンセリング」，ヒューマンケア協会［1992:19-28］

安積 純子・尾中 文哉・岡原 正幸・立岩 真也　1990 『生の技法――家と施設を出て暮らす障害者の社会学』，藤原書店

――――　1995 『生の技法――家と施設を出て暮らす障害者の社会学　第２版』，藤原書店

――――　2012 『生の技法――家と施設を出て暮らす障害者の社会学　第３版』，生活書院・文庫版
安積 遊歩　1993 『癒しのセクシー・トリップ――わたしは車イスの私が好き！』，太郎次郎社
――――　1999 『車椅子からの宣戦布告――私がしあわせであるために私は政治的になる』，太郎次郎社
――――　2010 『いのちに贈る超自立論――すべてのからだは百点満点』，太郎次郎社エディタス
――――　i2018　インタビュー　2018/10/23　聞き手：田中恵美子　於：東京
――――　2019 『自分がきらいなあなたへ』，ミツイパブリッシング
安積 遊歩・安積 宇宙　2019 『多様性のレッスン――車いすに乗るピアカウンセラー母娘が答える 47 のＱ＆Ａ』，ミツイパブリッシング
阿部 志郎・河 幹夫・土肥 隆一　2001 『新しい社会福祉と理念――社会福祉の基礎構造改革とは何か』，中央法規
天田 城介　2015 「数え上げの生存学に向けて――福島第一原発事故をめぐる高齢者たちの生存」，天田・渡辺編［2015:103-119］
天田 城介・渡辺 克典 編　2015 『大震災の生存学』，青弓社
荒井 裕樹・立岩 真也・臼井 正樹　2016 「横田弘　その思想と障害を巡って」，『ヒューマンサービス研究』6:22-53（神奈川県立保健福祉大学）
荒川 章二・鈴木 雅子　1997 「1970 年代告発方障害者運動の展開――日本脳性マヒ者協会「青い芝の会」をめぐって」，『静岡大学教育学部研究報告（人文・社会科学篇）』47:13-32
荒木 義昭　2001 「いろいろやってきた結果として今がある」，全国自立生活センター協議会編［2001:225-230］
荒木 義昭・猪野 千代子・大蔵 勲・岩楯 恵美子・名古屋 足躬・新田 勲・三井 絹子・村田 実　19770619 「東京青い芝総会に向けての統一要求書」，『とうきょう青い芝』23:23
有松 玲　20111 「東日本大震災と障害者政策――不公平の公平性」，障害学会第８回大会　於：愛知大学
「生きている！殺すな」編集委員会 編　2017 『生きている！殺すな――やまゆり園事件の起きる時代に生きる障害者たち』，山吹書店
イシ アンジェロ　2015 「三・一一から考える在日ブラジル人の災／生」，天田・渡辺編［2015:167-187］
石井 敏　2015 「大震災後の地域支え合いの福祉拠点――地域に開き、地域を取り込む二つの取り組み事例から」，天田・渡辺編［2015:120-148］
磯部 真教　1978 「横塚君の歩んだ道」，『とうきょう青い芝』33　→横塚［2007:352-

353 → 2010:352-353]
―――― 1984 「自立生活とは」，仲村・板山編［1984:29-35］
磯部 真教・今岡 秀蔵・寺田 純一 1988 「ケア付き住宅七年間の実践――東京都八王子自立ホーム」，三ツ木編［1988:202-216］
板山 賢治 1984a 「幼い時かの全身性障害者の完全参加と平等をめざして」，『碍－ＧＵＹ』1:29-42
―――― 1984b 「おわりに」，仲村・板山編［1984:315-317］
―――― 1997 『すべては出会いからはじまった――福祉半世紀の証言』，エンパワメント研究所
伊藤 佳世子・佐藤 浩子 2011 「JDF 被災地障がい者支援センターふくしまでの仮設住宅調査のボランティアレポート」 http://www.arsvi.com/2010/1107ik.docx
今岡 秀蔵 19845 「介助・援助――介護からの解放」，仲村・板山編［1984:86-96］
―――― i1985 インタビュー 1985/06/24 聞き手：石川准・岡原正幸 於：八王子自立ホーム
岩楯 恵美子 i2019 インタビュー 2010 聞き手：藤原良太 於：国分寺市
岩楯 恵美子／岩楯恵美子学校へ入る会 編 1978『私も学校へ行きたい――教育を奪われた障害者の叫び』，柘植書房
岩永 直子 2019 「「治すことを願って」6、7 歳で入った――筋ジストロフィーの人が 50 年以上病院で暮らしてきた理由（前編）」「「善意の集合体」が維持してきた仕組みを壊す――筋ジストロフィーの人が 50 年以上病院で暮らしてきた理由（後編）」，『BuzzFeed News』2019-06-08
宇田 春美 i2012 インタビュー 2012/08/29 聞き手：井口高志・土屋葉 於：郡山・交流サロンしんせい
―――― 2013 「相談窓口」，『JDF 被災地障がい者支援センターふくしま 活動報告書』
遠藤 滋 2001 「愚かだったからこそ、今、自分がいとおしい」，全国自立生活センター協議会編［2001:239-248］
遠藤 滋・芝本 博志 1982 『苦海をいかでわたるべき――都立光明養護学校での六年間』，社会評論社
遠藤 滋・白砂 巌 編 1985 『だから人間なんだ』，東京都障害児学校解放研究会・障害者の自主出版を応援する会，障害者文庫２
大須賀 郁夫 1996 「わかこま・自立生活情報室の設立とその活動」，ヒューマンケア協会［1996］
太田 緑子 2001 『福島県特殊教育史第二巻』，福島県特殊教育史出版実行委員会
大森 幸守 1981 「俺の家族達」，『とうきょう東京青い芝』59-65
―――― 1982-1983 「「完全参加と平等」の第一歩――青年の船に乗って」，『とうきょう青い芝』76-83

岡原 正幸　1990 「コンフリクトへの自由――介助関係の模索」，安積他［1990:121-146 → 2012:］
岡部 耕典　2006 『障害者自立支援法とケアの自立――パーソナルアシスタンスとダイレクトペイメント』，明石書店
岡部 聡　i2001　インタビュー　2001/08/08　聞き手：瀬山紀子・田中恵美子・土屋葉　於：郡山・オフィス IL 事務所
――――　i2012　インタビュー　2012/08/29　聞き手：井口高志　於：郡山・交流サロンしんせい
――――　i2018 インタビュー 2018/11/29 ＋：白石 橋本　聞き手：青木千帆子・田中恵美子・土屋葉　於：郡山・たいむ IL 事務所
奥平 真砂子　i2018　インタビュー　2018/06/28　聞き手：立岩真也・権藤真由美　於：東京
小山内 美智子　1984 「ケア付き自立生活を求めて――札幌いちご会の歩み」，仲村・板山編［1984:231-245］
尾上 浩二・熊谷 晋一郎・大野 更紗・小泉 浩子・矢吹 文敏・渡邉 琢・日本自立生活センター（JCIL）編　2016 『障害者運動のバトンをつなぐ――いま、あらためて地域で生きていくために』，生活書院

■か～こ
角田 ミキ子　2010 「還暦のお祝会によせて」，あいえるの会［2010:3］
角田 ミキ子・渡辺 俊幸・村上 実　2007 「記念鼎談」，『poco a poco』記念号 :4-5（社会福祉法人安積愛育園）
葛城 貞三　2019 『難病患者運動――「ひとりぼっちの難病者をつくらない」滋賀難病連の歴史』，生活書院
角岡 伸彦　2010 『カニは横に歩く――自立障害者たちの半世紀』，講談社
廉田 俊二　2001 「おやじのひとりごと」，全国自立生活センター協議会編［2001:041-048］
――――　i2018　インタビュー　2018/09/11　聞き手：権藤真由美　於：兵庫県西宮市
河出書房新社編集部 編　2011 『思想としての 3.11』，河出書房新社
河野 秀忠　2000 「『カニは横に歩く』のメモリィ」（「カニは横に歩く」添付資料）
――――　2002 「「さようなら CP」が問いかけたもの」（インタビュー），『まねき猫通信』2002-12（ぷくぷくの会、特集・映画と障害者：スクリーンの内と外）
――――　2007 『障害者市民ものがたり――もう一つの現代史』，日本放送出版協会
河野 康徳　1984a「自立生活を考える手がかり――全身性障害者の状況と課題」，仲村・板山編［1984:1-26］
――――　1984b「フォーカス・アパート」，仲村・板山編［1984:305-314］
岸田 典子　2017 「関西における障害者解放運動をけん引したある盲人の青年期――楠敏

雄を運動へ導いた盲学校の経験」,『Core Ethics』13
岸田 美智子・金 満里 編　1984　『私は女』, 長征社
金 満里・岸田 美智子 編　1995　『新版 私は女』, 長征社
郭 基煥　2015　「非常事態のなかのダイナミズム——東日本大震災以降の日本人住民－外国出身住民の関係性の変容可能性」, 天田・渡辺編［2015:149-166］
木村 英子（←赤窄 英子）　1986　インタビュー　1986/03　＋：安積遊歩・外山博美（介助者）　聞き手：石川准・立岩真也　於：東京都国立市・喫茶店スワン
————　2017　「私が地域へ帰るとき」,「生きている！殺すな」編集委員会編［2017］
楠 敏雄　2001　「私の障害者解放運動史」, 全国自立生活センター協議会編［2001:313-321］
栗川 治 編　2019　『愛とユーモアの保育園長——栗川清美　その実践と精神』, 新潟日報事業社
栗原 彬　2015　「大震災・原発災害の生存学——生存のための身振り」, 天田・渡辺編［2015:21-43］
桑名 敦子　1996　「幸せを求めて——アメリカに暮らして・１」,『季刊福祉労働』73:96-97
————　1997a「障がい者と政治——アメリカに暮らして・２」,『季刊福祉労働』74:77-78
————　1997b「子どもを持つ決断と選択——アメリカに暮らして・３」,『季刊福祉労働』75:86-87
————　1997c「恒例・里帰りストレス——アメリカに暮らして・４」,『季刊福祉労働』76:118-119
————　1997d「統合教育と分離・隔離教育——アメリカに暮らして・５」,『季刊福祉労働』77:128-129
————　1998　「アメリカ生活の中での ADA——アメリカに暮らして・最終回」,『季刊福祉労働』78:114-115
————　i2018a インタビュー　2018/10/09　聞き手：田中恵美子　於：東京
————　i2018b インタビュー　2018/12/02　聞き手：田中恵美子　於：東京
厚生省・災害救助研究会 1996「大規模災害における応急救助のあり方」 http://homepage3.nifty.com/n-kaz/i-0inkai/honbun.htm
厚生労働省 2001「大規模災害救助研究会報告書について」 http://www.mhlw.go.jp/shingi/0104/s0417-1.html
————　2008「福祉避難所設置・運営に関するガイドライン」 http://www.sago-octagon.com/menu02/images/hukusihinanjo.pdf
神戸ライフ・ケアー協会　1987　『神戸ライフ・ケアー協会のあゆみ——ともに生きるくらしをめざして』
古賀 稔章　2001　「一つの社会、青い芝の会との出会い」, 全国自立生活センター協議会編［2001:378-383］
国土庁　1987　『防災白書』, 財務省印刷局

小林 敏昭　2011/03 「可能性としての青い芝運動――「青い芝＝健全者手足論」批判をてがかりに」，『人権教育研究』19:21-33（花園大学人権教育研究センター）
権藤 眞由美・青木 千帆子　2011 「被災地障がい者支援センターふくしまの活動」，グローバルCOE「生存学」創成拠点　国際プログラム　於：京畿［キョンギ］大学 ソウルキャンパス・韓国
権藤 眞由美・有松 玲・青木 千帆子　2011 「岩手・宮城・福島における「被災地障がい者支援センター」の活動経過」，グローバルCOE「生存学」創成拠点　国際プログラム　於：京畿［キョンギ］大学 ソウルキャンパス・韓国
権藤 眞由美・野崎 泰伸 編　2012 『医療機器と一緒に　街で暮らすために――シンポジウム報告書 震災と停電をどう生き延びたか　福島の在宅難病患者・人工呼吸器ユーザーらを招いて』，生存学研究センター報告18

■さ～そ

斎藤 明子 訳　1991『アメリカ障害者法――全訳・原文』，現代書館
斉藤 懸三・白杉 滋朗・堀 利和　i2017 「共同連はどうたたかってきたのか」（公開インタビュー） 2017/09/03　聞き手：立岩真也・青木 千帆子，第34回 共同連全国大会滋賀大会，於：立命館大学びわこくさつキャンパス　http://www.arsvi.com/2010/20170903kdr.htm　※
酒井 美和　2012 「人工呼吸器使用者の停電への備えに関する調査の結果について（東京都）」，権藤・野崎編［2012:161-174］
定藤 邦子　2006 「大阪・兵庫の障害者自立生活運動の原点」，『Core Ethics』2:129-140
――――　2011a 『関西障害者運動の現代史――大阪青い芝の会を中心に』，生活書院
佐藤 浩子　2011b 「「ふくしま」で見棄てられた人たち――スロープがついていても使えない仮設住宅」，『マスコミ市民』2011-9:38-42（特集：脱原発とメディア）
――――　2012a「計画停電と医療的ケアを必要とする障害児・者――東日本大震災における事例から」，権藤・野崎編［2012:142-160］
――――　2012b 「医療的ケアを必要とする障害児（者）の実態把握の必要性――東日本大震災における首都圏の事例から」，『Core Ethics』8
佐藤 恵　2010 『自立と支援の社会学――阪神大震災とボランティア』東信堂
――――　20151101 「被災障害者支援の復興市民活動――阪神・淡路大震災と東日本大震災での障害者の生とその支援」，天田・渡辺編［2015:64-83］
佐藤 聡　i2018 インタビュー　2018/06/28　聞き手：立岩真也・権藤真由美　於：東京
澤田 隆司・福永 年久　2001 「座談会・兵庫の『武者』たち大いに語る」，全国自立生活センター協議会編［2001:344-355］
JDF災害支援本部　2013 「JDF被災地障がい者支援センターふくしまの2013年の活動報告」 http://www.dinf.ne.jp/doc/JDF/fukushima/201312_fukushima.html

JDF 被災地障がい者支援センターふくしま　2011a「障害者が安心して暮らし・働ける南相馬市をめざして——緊急避難時における要援護者調査から　報告書」 http://www.dinf.ne.jp/doc/JDF/0829_houkoku/index.html
———— 2011b『障害がある人もない人も共に安心して暮らし・働ける南相馬市めざして—— 障害のある人への訪問調査　報告書&発言集』 http://www.arsvi.com/2010/1111sf.htm
———— 2013『JDF 被災地障がい者支援センターふくしま活動報告書』 http://www.arsvi.com/b2100/1304f.htm
JDF 被災地障がい者支援センターふくしまマッチングチーム 2013「福島の抱える問題——人材不足と福島県人材募集プロジェクト」，JDF 被災地障がい者支援センターふくしま［2013］
JDF 被災地障害者支援センターふくしま 2014　証言集 DVD『3・11　あの時の決断は…』
JDF 被災地障害者支援センターふくしま 2016『避難生活を続ける障がい者の実態調査とそれを支える日中系事業所の課題とこれから』
鹿野 靖明　1987「ケア付住宅の住みごこち」，『はげみ』196（1987-10・11）:22-24
芝草の会 編　1982『道程』
集中豪雨時等における情報伝達及び高齢者等の避難支援に関する検討会　2005『災害時要援護者の避難支援ガイドライン』 http://www.bousai.go.jp/chubou/12/siryo3_3.pdf（リンク切れ）
酒造唯, DIAMOND Online 20130610「原発事故と知的障害者 終わりなき流転の物語」 https://diamond.jp/articles/-/37129（20190609 最終アクセス）
障害学研究会中部部会 編　2015『愛知の障害者運動——実践者たちが語る』，現代書館
障がい者自立生活支援センター〈福祉のまちづくりの会〉 1998『東北地方における IL センターの設立と発展についての考察・報告書』
障害者の足を奪い返す会　1982『在宅重度障害者の生活——交通と行政との 10 年間の闘い』
障碍者が地域で生きる会　2000『軌——自立障碍者四半世紀の歩み』
白石 栄子　i2018　インタビュー　2018/11/29　＋白石清春　聞き手：土屋葉・青木千帆子　於：郡山・たいむ IL 事務所
白石 清春　1981「自らの意志で生き，運動し，自らの手で創り出す」，『新地平』84（1981 夏）:23-30（198107）
———— 1982「障害者の完全な「社会参加と平等」——基本的人権の確立をめざして」，『生きる』2:6-17（19820228）
———— 1982「私と結婚」，芝草の会編［1982:141-181］
———— 1984a「所得保障——脳性マヒ者をはじめとする幼い時からの障害者の所得保障制度の確立をめざして」，仲村・板山編［1984:36-50］
———— 1984b「地域で生きていくことをめざして——脳性マヒ者が地域で生きる会」，

仲村・板山編［1984:36-50］
――――　1987「作者のことば　父親としての自覚」，『絵本のたのしみ』（こどものとも380号11　おとうさんといっしょに　折り込みふろく）：1
――――　1988「自立生活のワンステップとしてのケア付住宅――脳性マヒ者が地域で生きる会」，三ツ木編［1988:188-201］
――――　1992「'91シンポジウム「誰にもやさしい街づくりを考える」を開催して」，『障害者の福祉』12-03(128):36-37
――――　1994「私のオフィスILにかける思い」，『はなまる』4（オフィスIL・WORK・ILオープン記念号）:85-114
――――　2001「闘争の青春を謳歌しました」，全国自立生活センター協議会編［2001:161-168］
――――　2010「38年にわたる障がい者関連運動の思い出」，あいえるの会［2010:15-86］
――――　2011「被災地障がい者支援センターふくしまの活動を通して感じたこと」http://www.arsvi.com/o/s-fukushima.htm#18
――――　2012「福島からの報告」，『障害学研究』8
――――　2013a「JDF被災地障がい者支援センターふくしまでの活動報告と今後の福島の新生に対する提案」，『現代思想』41-3（2013-3）:104-115
――――　2013b「白石清春さんの場合」（聞き手：長崎圭子），『そよ風のように街に出よう』84:3-11
――――　2013c「被災地障がい者支援センターふくしまのとりくみ 総論」，『JDF被災地障がい者支援センターふくしま　活動報告書』
――――　2019　本書の草稿へのコメント
白石 清春・橋本 広芳　i2000　インタビュー　2000/06/13　聞き手：瀬山紀子・土屋葉
――――　i2001　インタビュー　2001/08/07　＋：吉田強・佐藤孝男　聞き手：瀬山紀子・土屋葉　於：郡山
――――　i2015「当事者運動の広がり――福島県青い芝の会」，ＮＨＫ戦後史証言プロジェクト 日本人は何をめざしてきたのか 2015年度「未来への選択」第6回　障害者福祉――共に暮らせる社会を求めて
――――　i2018a　インタビュー　2018/03/16　聞き手：立岩真也　於：郡山
――――　i2018b　インタビュー　2018/11/29　＋：岡部聡　聞き手：青木千帆子・田中恵美子・土屋葉　於：郡山・たいむIL事務所
菅沼 隆・土田 武史・岩永 理恵・田中 聡一郎　20180330『戦後社会保障の証言――厚生官僚120時間オーラルヒストリー』，有斐閣
杉本 章　2001『障害者はどう生きてきたか――戦前戦後障害者運動史』，ノーマライゼーションプランニング
――――『障害者はどう生きてきたか――戦前戦後障害者運動史　増補改訂版』，現代書館

鈴木 絹江　i2000　インタビュー　2000/06/14　聞き手：瀬山紀子、土屋葉　於：福島
――――　2001 「「障害者は生きているのが仕事だ」ってね」，全国自立生活センター協議会編［2001:169-176］
――――　2015 『放射能に追われたカナリア』，解放出版社
――――　i2019　インタビュー　2019/02/22　聞き手：田中恵美子・土屋葉　於：京都
鈴木 絹江・鈴木 匡　i2000　2000/06/14　聞き手：聞き手：瀬山紀子・土屋葉　於：郡山
鈴木 雅子　2003「高度経済成長期における脳性マヒ者運動の展開――日本脳性マヒ者協会「青い芝の会」をめぐって」，『歴史学研究』778:1-17
瀬山 紀子　2018 「障害女性」，長瀬・川島編［2018:359-373］
全国所得保障確立連絡会　1981 「脳性マヒをはじめとする幼い時からの障害者の所得保障制度新設に関する統一要求」→『とうきょう青い芝』61:2-3（1981/4/1）
――――　1983a「幼い時からの障害者の所得保障確立に関する緊急要望書」（1983 年 5 月 18 日，代表白石清春→厚生大臣林義郎）→『とうきょう青い芝』85（1983/7/1）
――――　1983b「専門家会議報告書に基づく幼い時からの障害者の所得保障確立を求める要望書」（1983 年 9 月 27 日，代表白石清春→厚生大臣林義郎）→『とうきょう青い芝』86（1983/9/1）
――――　1983c 「幼い時からの障碍者の所得保障確立を求める要望書」（1983 年 11 月 12 日，代表白石清春→大蔵大臣竹下登）→『とうきょう青い芝』89
――――　1984 「障害者の完全参加と平等をめざす障害基礎年金制度の実現を求める要望書」（1984 年 4 月 18 日，代表白石清春→厚生大臣渡部恒三）→『とうきょう青い芝』94
全国自立生活センター協議会 編　200105 『自立生活運動と障害文化――当事者からの福祉論』，発行：全国自立生活センター協議会，：発売：現代書館，480p.

■た～と
高阪 悌雄　2015 「ある行政官僚の当事者運動への向き合い方――障害基礎年金の成立に板山賢治が果たした役割」，『Core Ethics』11:135-45
――――　2018 「障害基礎年金制度の成立プロセスの明確化および現状の障害者所得保障の改善方法に関する研究」，立命館大学大学院先端総合学術研究科 2019 年度博士学位論文
高杉 晋吾　1973 『現代日本の差別構造――「健全者」幻想の破産』，三一書房
――――　1977 『障害者解放と労働運動』，社会評論社
高橋 慎一 「何が暴力を振るわせるのか？――障害者介助と暴力の構造」，「生きている！殺すな」編集委員会編［2017:179-190］
多田 富雄　2017 『人間の復権――リハビリと医療』，藤原書店，多田富雄コレクション 3
立岩 真也　1990a 「「出て暮らす」生活」，安積他［1990:57-74 → 1995:57-74 → 2012:91-118］
――――　1990b 「はやく·ゆっくり――自立生活運動の生成と展開」，安積他［1990:165-

226 → 1995:165-226 → 2012:258-353]
——— 1990c 「接続の技法——介助する人をどこに置くか」, 安積他［1990:227-284］
——— 1995a 「私が決め、社会が支える、のを当事者が支える——介助システム論」, 安積他［1995:227-265 → 2012:354-413］
——— 1995b 「自立生活センターの挑戦」, 安積他［1995:267-321 → 2012:414-498］
——— 1997 『私的所有論』, 勁草書房
——— 1998 「一九七〇年」, 『現代思想』26-2（1998-2）:216-233 → 立岩［2000:87-118 → 2019g］
——— 2000 『弱くある自由へ——自己決定・介護・生死の技術』, 青土社
——— 2001 「高橋修——引けないな。引いたら、自分は何のために、一九八一年から」, 全国自立生活センター協議会編［2001:249-262］
——— 2007 「解説」, 横塚［2007:391-428 → 2009:427-461］
——— 2007-2017 「もらったものについて・1～17」, 『そよ風のように街に出よう』75:32-36～91:60-67
——— 2008 「学者は後衛に付く」, 『京都新聞』2008-1-30 夕刊 :2
——— 2009 「軸を速く直す——分配のために税を使う」, 立岩・橋口・村上［2009:11-218］
——— 2010a 「BI は行けているか？」, 立岩・齊藤［2010:11-188］
——— 2010b 「障害者運動・対・介護保険——2000～2003」, 『社会政策研究』10:166-186
——— 2010c 『人間の条件——そんなものない』、理論社、よりみちパン！セ
——— 2011a 「考えなくてもいくらでもすることはあるしたまには考えた方がよいこともある」, 河出書房新社編集部編［2011:106-120］
——— 2011b 「まともな逃亡生活を支援することを支持する」, 『別冊 Niche』3:61-70
——— 2011c 「後方から」, 『おそい・はやい・ひくい・たかい』62
——— 2011d 「もらったものについて・7」, 『そよ風のように街に出よう』81:38-44
——— 2012a 「後ろに付いて拾っていくこと＋すこし——震災と障害者病者関連・中間報告」, 『福祉社会学研究』9:81-96（福祉社会学会）
——— 2012b 「無償／有償」, 立岩・堀田［2012:95-173］
——— 2012c 「多様で複雑でもあるが基本は単純であること」, 安積他［2012:499-548］
——— 2012d 「共助・対・障害者——前世紀末からの約十五年」, 安積他［2012:549-603］
——— 2013a 「災厄に向う——本人たち・後方から」, シンポジウム「東日本大震災とマイノリティ——高齢者・障害者・外国人などに関して問わなければならないこと」, 主催：日本学術会議社会学委員会・社会学系コンソーシアム分科会／日本学術会議社会学委員会・震災再建分科会　共催：日本学術会議社会学委員会　於：日本学術会議大会議室
——— 2013b 『私的所有論　第２版』, 生活書院

――――　2013c　『造反有理――精神医療現代史へ』，青土社
――――　2015a　「再刊にあたって　解説」，横田［2015］→立岩編［2016］
――――　2015b　「田舎はなくなるまで田舎は生き延びる」，天田・渡辺編［2015:188-211］
――――　2015c　『精神病院体制の終わり――認知症の時代に』，青土社
――――　2015d　「横塚晃一――障害者は主張する」，吉見編［2015:257-283］
――――　2017　「解説　リハビリテーション専門家批判を継ぐ」，多田［269-287］→立岩［2018b］
――――　2018a　「重訪、なにそれ？――重度の肢体不自由者に関する講義」，NPO 法人ゆに［2018］
――――　2018b　『人間の条件――そんなものない　増補新版』，新曜社
――――　2018c　『不如意の身体――病障害とある社会』，青土社
――――　2018d　『病者障害者の戦後――生政治史点描』，青土社
――――　2019a　「ここから始めることができる」，葛城［2019:231-245］
――――　2019b　「ここから、ときに別のものを、受けとる」，西沢［2019:277-292］
――――　2019c　「解説：追悼・筋ジス病棟を出て暮らす――古込和宏さんのこと」，『季刊福祉労働]』163:128-129
――――　2019d　「「やまゆり園事件から３年　「生きる価値」の大切さ問う」，『朝日新聞』2019-7-20 朝刊
――――　2019e　「この時代を生きてきた一人ひとりのことを書いて残す」，栗川編［2019:382-385］
――――　2019f　「高橋修」，『現代思想』2019-8 ～ 9 →立岩［2019g］
――――　2019g　『弱くある自由へ――自己決定・介護・生死の技術　第２版』，青土社
立岩 真也・熊谷 晋一郎　2019　「「痛いのは困る」から問う障害と社会」（対談），『現代思想』47-9（2019-7）:221-229
立岩 真也・齊藤・拓　2010　『ベーシックインカム――分配する最小国家の可能性』，青土社
立岩 真也・杉原 素子・赤塚 光子・佐々木 葉子・田中 晃・名川 勝・林 裕信・三ツ木 任一　1998　『療護施設・グループホーム・一人暮し――脳性マヒ者の３つの暮し方』，放送大学三ツ木研究室
立岩 真也・堀田 義太郎　2012　『差異と平等――障害とケア／有償と無償』，青土社
立岩 真也・村上 潔　2011　『家族性分業論前哨』，生活書院
立岩 真也・村上 慎司・橋口 昌治　2009　『税を直す』，青土社
立岩 真也編　2014　『身体の現代・記録（準）――試作版：被差別統一戦線～被差別共闘／楠敏雄』，Kyoto Books
――――　2016　『青い芝・横塚晃一・横田弘：1970 年へ／から』，Kyoto Books
立岩 真也・小林 勇人 編　2005　『〈障害者自立支援法案〉関連資料』，〈分配と支援の未

来〉刊行委員会
立岩 真也・定藤 邦子 編　2005 『闘争と遡行・1――於：関西＋』，Kyoto Books
田中 啓一　2018　インタビュー　2018/01/31　聞き手：立岩真也，於：金沢市
田中 耕一郎　2005 『障害者運動と価値形成――日英の比較から』，現代書館
田中 総一郎・菅井 裕行・武山 裕一　2015 『重症児者の防災ハンドブック――3.11 を生きぬいた重い障がいのある子どもたち 増補版』，クリエイツかもがわ
田中 敏雄　2018 「障害者福祉の展開」，菅沼他編［2018:296-301］
中央防災会議防災対策実行会議 平成 30 年 7 月豪雨による水害・土砂災害からの避難に関するワーキンググループ　2018 『平成 30 年 7 月豪雨を踏まえた水害・土砂災害からの避難のあり方について（報告）』 http://www.bousai.go.jp/fusuigai/suigai_dosyaworking/pdf/honbun.pdf
中央防災会議防災対策実行会議 熊本地震を踏まえた応急対策・生活支援策検討ワーキンググループ　2016 『熊本地震を踏まえた応急対策・生活支援策の在り方について（報告書）』 http://www.bousai.go.jp/updates/h280414jishin/h28kumamoto/pdf/h281220hombun.pdf
津久井やまゆり園事件を考える集会　2017 「津久井やまゆり園の建替えに関する提言書」（20170515） http://www.arsvi.com/2010/20170515tyk.htm
辻 哲夫　2018 「一九八五年公的年金制度改革①」，菅沼他編［2018:246-255］
土屋 葉　2007a 「支援／介助はどのように問題化されてきたか――「福島県青い芝の会」の運動を中心として」，三井・鈴木編［2007:215-258］
――――　2007b 「福島県における障害者自立生活運動の生成と展開 (1)」――「福島県青い芝の会」創設期～発展期を中心に（1973 ～ 1978）」，『文学論叢』136:313-334
――――　2007- 「福島県青い芝の会年表 1973 ～」 http://www.arsvi.com/o/a01-07.htm
――――　2014 「東日本大震災における障害をもつ当事者による／への支援活動」，『東海社会学会年報』6:25-43
――――　2015 「東日本大震災と障害をもつ人の「生」」，天田・渡辺編［2015:44-63］
土屋 葉・岩永 理恵・井口 高志・田宮 遊子　2018 『被災経験の聴きとりから考える――東日本大震災後の日常生活と公的支援』，生活書院
坪野 剛史　2018 「一九八五年公的年金制度改革③」，菅沼他編［2018:267-271］
寺田 純一　2001 「「青い芝」と四三年」，全国自立生活センター協議会編［2001:196-204］
寺田 嘉子　1984 「自立への一つの道――東京都八王子自立ホーム」，仲村・板山編［1984:260-267］
天畠 大輔　2019 「『発話困難な重度身体障がい者』の新たな自己決定概念について――天畠大輔が『情報生産者』になる過程を通して」，立命館大学大学院先端総合学術研究科　208 年度博士論文
東京青い芝の会　1978 『『とうきょう青い芝』復刻版　1 ～ 34（1974 ～ 1978.9）』
――――　2000 『東京青い芝の会の 43 年のあゆみ――年表で振り返る活動の足跡 1957

年（昭和 32 年）～ 1999 年（平成 11 年）』
東京青い芝の会役員会　19771　「脳性マヒ者の行動の自由と交通機関をめぐる諸問題について」，『とうきょう青い芝』22:1-4
東京自治研究センター・DV 研究会 編　2007　『笑顔を取り戻した女たち――マイノリティー女性たちの DV 被害』，パド・ウィメンズ・オフィス
東北関東大震災障害者救援本部・いのちのことば社 編　2015　『そのとき、被災障害者は…――取り残された人々の 3.11』，いのちのことば社
殿村 久子　2011　「殿村久子　自立生活 30 周年を語るシリーズ」，『CIL くにたち援助為センター　機関紙』
――――　i2019　インタビュー　2019/01/14　聞き手：瀬山紀子・田中恵美子　於：郡山
冨永 美保　i2018　インタビュー　2018/11/29　聞き手：田中恵美子　於：郡山

■な～の
内閣府　2006　「避難時要援護者の避難支援ガイドライン」 http://www8.cao.go.jp/shougai/suishin/kaikaku/s_kaigi/k_32/pdf/ref1.pdf
内閣府（防災担当）　2016　『福祉避難所設置・運営に関するガイドライン』 http://www.bousai.go.jp/taisaku/hinanjo/pdf/1604hinanjo_hukushi_guideline.pdf
――――　2017　『避難行動要支援者の避難行動支援に関する事例集』 http://www.bousai.go.jp/taisaku/hisaisyagyousei/pdf/honbun.pdf
長瀬 修・川島 聡 編　2018　『障害者権利条約の実施――批准後の日本の課題』，信山社
中村 雅彦　2012　『あと少しの支援があれば――東日本大震災 障がい者の被災と避難の記録』，ジアース教育新社
仲村 優一　2002-2003　『仲村優一社会福祉著作集』，旬報社
仲村 優一・板山 賢治 編　1984　『自立生活への道――全身性障害者の挑戦』，全国社会福祉協議会
中西 正司　2014　『自立生活運動史――社会変革の戦略と戦術』，現代書館
中西 正司・上野 千鶴子　2003　『当事者主権』，岩波新書
中山 善人　2001　「僕自身が考えて、運動を組み立ててきたこの二八年間」，全国自立生活センター協議会編［2001:371-377］
――――　i2018　インタビュー　2018/09/26　聞き手：立岩真也　於：久留米市
永山 昌彦　i2018　インタビュー　2018/09/28　聞き手：立岩真也　於：宮崎市
西口 敏宏・辻田 素子　2016　『コミュニティー・キャピタル――中国・温州起業家ネットワークの繁栄と限界』，有斐閣
――――　2017a「コミュニティー・キャピタル序説――刷り込み、同一尺度の信頼、準紐帯の機能」，『組織科学』50-3:4-15
――――　2017b　『コミュニティー・キャピタル論』，光文社新書

西沢 いづみ　2019 『住民とともに歩んだ医療――京都・堀川病院の実践から』, 生活書院
似田貝 香門 編／柳田 邦男・黒田 裕子・大賀 重太郎・村井 雅清　2006 『ボランティアが社会を変える――支え合いの実践知』, 関西看護出版
新田 勲　1980 「東京青い芝の会の「年金一本化7万円要求」は真の生活保障たりうるか」,『全障連』13:14（19800927）
――――　2001 「障害者に生まれて幸福だったと自分を偽るな。本音で生きろ！」, 全国自立生活センター協議会編［2001:205-214］
――――　2012 『愛雪――ある全身性重度障害者のいのちの物語』, 第三書館
新田 勲・立岩 真也　2009 「立岩真也氏との対話」, 新田勲編［2009:124-148］『足文字は叫ぶ！――全身性障害のいのちの保障を』, 現代書館
新田 勲 編　2009 『足文字は叫ぶ！――全身性障害のいのちの保障を』, 現代書館
脳性マヒ者等全身性障害者問題研究会　1982 『脳性マヒ者等全身性障害者問題に関する報告』
野崎 泰伸　2012 「阪神淡路の時、そして兵庫県の障害者運動」,『障害学研究』8:
――――　2015 「阪神・淡路大震災での障害者支援が提起するもの」, 天田・渡辺編［2015:84-102］

■は～ほ

橋本 広芳　1982 「この三十年間をふり返って」, 芝草の会編［1982:28-39］
――――　1984 「地方における取り組み」, 仲村・板山編［1984:279-285］
――――　2010 「今までのあった事」, あいえるの会［2010:98-105］
――――　2016-2017 『広芳の小部屋』 20160630-20171105　文字化した頁：http://www.arsvi.com/2010/20160630hh.htm
――――　i2018 インタビュー　2018/11/29　＋：岡部聡・白石清春　聞き手：青木千帆子・田中恵美子・土屋葉　於：郡山・たいむ IL 事務所
林裕信・赤塚光子・佐々木葉子・田中晃・三ツ木任一・立岩真也　1995 「脳性まひ者の住まい方に関する研究　その２――身体障害者療育施設とグループホーム入居者の生活の質と満足度」, 日本社会福祉学会第 43 回全国大会　於：淑徳大学
原 一男　2002 「「さようなら CP」が問いかけたもの」（インタビュー）,『まねき猫通信』ぷくぷくの会、2002 年 12 月特集・映画と障害者：スクリーンの内と外）
坂野 久美　2018 「筋ジストロフィー患者が大学に行くということ――立命館大学の事例をめぐって」,『Core Ethics』14:223-235
樋口 恵子　2001 「日本の自立生活運動史」, 全国自立生活センター協議会編［2001:12-29］
ヒューマンケア協会　1992 『自立生活への鍵――ピア・カウンセリングの研究』, ヒューマンケア協会
――――　1996 『自立生活センターの誕生――ヒューマンケアの 10 年と八王子の当事者

活動』，ヒューマンケア協会
平井 誠一　2001 「相手にされなかった時代から現在の若者へ託す志!!」，全国自立生活センター協議会編［2001:289-296］
――――　i2017　インタビュー　2017/12/30　聞き手：立岩真也，於：富山市
廣田 伊蘇夫・暉峻 淑子 編　1987 『調査と人権』，現代書館
廣野 俊輔　2007 「「青い芝の会」の発足と初期の活動に関する検討――特に背景との関連に注目して」，『同志社社会福祉学』21:37-48
――――　2009 「1960 年代後半における『青い芝の会』の活動――実態と意義をめぐって」，『社会福祉学』49-4:104-116.
――――　2019- 「『とうきょう青い芝』」 http://www.arsvi.com/o/a01-13m.htm
深田 耕一郎　2013 『福祉と贈与――全身性障害者・新田勲と介護者たち』，生活書院
――――　2018 「荒木義昭・オーラルヒストリー――無免許運転 68,000 キロが意味するもの」，『障害学研究』13:259-286
福島県青い芝の会　1981 「福島県青い芝の会自主制作映画『しどろもどろ：反世界からのこだま』製作パンフレット」
福島県社会福祉協議会　2016 「第 24 回瓜生岩子賞　受賞者の横顔」，『はあとふるふくしま　ホットな情報誌』2016-12:11
福島県福祉事業協会　2019 「沿革」，福島県福祉事業協会ＨＰ
福永 年久　1989 「青い芝運動の歴史的総括と課題」，『全国障害者運動解放連絡会議第 14 回全国交流会報告書』:87-98
福永 年久・澤田 隆司　2001 「座談会――兵庫の「武者」たち大いに語る」，全国自立生活センター協議会編［2001:344-355］
藤野 好美・細田 重憲　2016 『3.11 東日本大震災と「災害弱者」――避難とケアの経験を共有するために』，生活書院
古井 正代　2011- 「震災と原発」http://cp-research.jp/?cat=3，『脳性まひ者の生活と健康を考える会――代表古井正代のホーム - ページ』http://cp-research.jp/
二見 妙子　2017 『インクルーシブ教育の源流――一九七〇年代の豊中市における原学級保障運動』，現代書館
古込 和宏　i2018　インタビュー　2018/01/30　聞き手：立岩真也，於：石川県金沢市 http://www.arsvi.com/2010/20180130fk2.htm
堀田 義太郎　2012a 「ケアと市場」，立岩・堀田［2012:175-205］
――――　2012b 「ケアの有償化論と格差・排除――分配パラダイム・制度主義の意義と限界」，立岩・堀田［2012:207-252］
堀 智久　2014 『障害学のアイデンティティ――日本における障害者運動の歴史から』，生活書院

■ま〜も
前田 拓也　2009　『介助現場の社会学――身体障害者の自立生活と介助者のリアリティ』，生活書院
牧口 一二　20010501　「時の流れに身をまかせ……なんてね」，全国自立生活センター協議会編［2001:297-305］
牧口 一二・新谷 知子・多比良 建夫　2001　『風の旅人』，解放出版社
増田 英明　2017　「人工呼吸器を装着した私の挑戦――障害学国際セミナー2017に参加して」，『研究の現場』，立命館大学生存学研究センター　http://www.ritsumei-arsvi.org/news/read/id/782
増田 洋介　2020　「（未定）」，刊行予定
三島 亜紀子　2007　『社会福祉学の「科学」性――ソーシャルワーカーは専門職か？』，勁草書房
三澤 了　2001　「同じ頚損仲間から、障害種別・国境を超えたDPIの運動へ」，全国自立生活センター協議会編［2001:215-224］
三井 絹子　2006　『抵抗の証　私は人形じゃない』，「三井絹子60年のあゆみ」編集委員会ライフステーションワンステップかたつむり，発売：千書房
三井 さよ・鈴木 智之 編　2007　『ケアとサポートの社会学』，法政大学出版局
三ツ木 任一　1991　「安積純子・岡原正幸・尾中文哉・立岩真也『生の技法――家と施設を出て暮らす障害者の社会学』」，『われら人間』56:32-33
三ツ木 任一 編　1988　『続自立生活への道――障害者福祉の新しい展開』，全国社会福祉協議会，仲村優一・板山賢治監修
――――　1997　『障害者福祉論』，放送大学教育振興会，放送大学教材
宮尾 修　1966　『あしあと』，しののめ発行所，しののめ叢書6
――――　1984　「市民活動への参加――ある障害者の奇妙なレポート」，仲村・板山編［1984:219-228］
――――　2012-　「老いのたわごと　1〜」，『うぇいぶニュース』68-，船橋障害者自立生活センター
宮尾 修 他　1995　『本の中の隣人――自立生活センターの創造と私たち』，船橋障害者自立生活センター
室津 茂美　1988　「グループホームの実践を通して――ふれあい生活の家」，三ツ木編［1988:57-75］
百瀬 優　2018　「山口新一郎――人物紹介③」，菅沼他編［2018:272］
百瀬 優・山田 篤裕　2018　「一九八五年公的年金制度改正・解題」，菅沼他編［2018:231-245］

■や〜よ
矢吹 文敏　i2009　「障害者運動とまちづくり運動の展開（1）――矢吹文敏氏（日本自立生

活センター）に聞く」，聞き手：高橋慎一 http://www.arsvi.com/2000/0908ts.htmv
――――　2014 『ねじれた輪ゴム――山形編』，生活福祉社
――――　2018 『下から目線――車いす視点から社会を斬る』，ウインかもがわ
山口新一郎追悼集刊行会 編　1986 『山口新一郎さん』，中央法規出版
山下 幸子　2004 「健常者として障害者介護にかかわるということ――1970 年代障害者解放運動における健全者思想を中心に」，『淑徳大学社会学部研究紀要』38
――――　2005 「障害者と健常者、その関係性をめぐる模索――1970 年代の障害者／健全者運動の軌跡から」，『障害学研究』1:213-38
――――　2008 『「健常」であることを見つめる――九七〇年代障害当事者／健全者運動から』，生活書院
山田 昭義　2001 「名古屋の「愛の実行運動（AINO JIKKO UNDO, AJU）」の軌跡」，全国自立生活センター協議会編［2001:49-56］
山之内 俊夫　i2018　インタビュー　2018/09/26　聞き手：立岩真也　於：宮崎市
山本 勝美　1987a 「される側にとって調査とは何か」，広田・暉峻編［1987:23-85］
――――　1987b 「心身障害者調査の歴史と反対運動」，広田・暉峻編［1987:124-147］
――――　1999 『共生へ』，岩波書店
――――　i2018a インタビュー　2018/11/17　聞き手：堀智久　於：浜松　http://www.arsvi.com/2010/20181117yk.htm
――――　i2018b インタビュー　2018/11/18　聞き手：立岩真也・堀智久　於：浜松　http://www.arsvi.com/2010/20181118yk.htm
ＮＰＯ法人ゆに　2018 『「当事者とつくる重度訪問介護研修」事業報告書』
ゆめ風基金　2013 『障害者市民防災提言集　東日本大災害編』，ゆめ風基金
横田 弘　1974 『炎群――障害者殺しの思想』，しののめ発行所，しののめ叢書 13
――――　1979 『障害者殺しの思想』，JCA 出版
――――　2001 「やっぱり障害者が生きていることは当たり前じゃない」，全国自立生活センター協議会編［2001:271-279］
――――　2004 『否定されるいのちからの問い――脳性マヒ者として生きて　横田弘対談集』，現代書館
――――　2015 『増補新装版　障害者殺しの思想』，現代書館
横田 弘・立岩 真也　2002a「対談１」→横田・立岩・臼井［2016:72-126］
――――　2002b 「対談２」→　2004 「差別に対する障害者の自己主張をめぐって」，横田［2004:5-33］
――――　2008 「対談３」→横田・立岩・臼井［2016:176-211］
横田 弘・立岩 真也・臼井 正樹　2016 『われらは愛と正義を否定する――脳性マヒ者 横田弘と「青い芝」』，生活書院
横田 弘・三澤了　2006 「障害者は当たり前に生きていってはいけないのかという、それ

だけですよ。」(対談),『DPI われら自身の声』22-2:6-15
横山 晃久　2001「不屈な障害者運動――新たな障害者運動を目指して」, 全国自立生活センター協議会編［2001:263-270］
i2018　インタビュー　2018　聞き手：小井戸恵子　於：東京都世田谷区
横山 晃久・尾上 浩二　i2018　インタビュー　2018/03/17　聞き手：立岩真也　於：福島県郡山市
横塚 晃一　1971「我々の手で小さな施設を」,『あゆみ』12:4-5（19710310）→横塚［1975:103-106］
――――　1975『母よ！殺すな』, すずさわ書店
――――　1977「障害者解放運動の現在的視点」,『全障連結成大会報告集』
――――　1981『母よ！殺すな　増補版』, すずさわ書店
――――　2007『母よ！殺すな　新版』, 生活書院
――――　2010『母よ！殺すな　新版第2版』, 生活書院
吉見 俊哉 編　2015『万博と沖縄返還――一九七〇前後』（ひとびとの精神史・5）, 岩波書店

■わ
若林 克彦　1986『軌跡――青い芝の会・ある脳性マヒ者運動のあゆみ』（脳性マヒ者の生活と労働）
――――　2001「「必ず日本の介護は問題になる」――三〇年前に俺たちが予想した通りになった」, 全国自立生活センター協議会編［2001:231-238］
渡辺 一史　2003『こんな夜更けにバナナかよ――筋ジス・鹿野靖明とボランティアたち』, 北海道新聞社→2013　文春文庫
渡辺 克典　2015「はじめに」, 天田・渡辺編［2015:11-20］
渡辺 啓二　1996「八王子における当事者活動の歴史」, ヒューマンケア協会［1996］
わたなべ さだみ（渡部 貞美）　2014『生きた・生かされた　残したい一コマ　地域に生きた証として…』,「生きる」編集部
――――　2017『失われし、いのちと心、そして自然！！』,「生きる」編集部
渡部 貞美・遠藤 美貴子・高橋 玉枝　i2018　インタビュー　2018/12/15　聞き手：瀬山紀子　於：船曳
渡邉 琢　2011『介助者たちは、どう生きていくのか――障害者の地域自立生活と介助という営み』, 生活書院
――――　2017「とまどいと苦難――相模原の事件の後に感じること」,「生きている！殺すな」編集委員会編［2017:191-201］→渡邉［2018:293-306］
――――　2018『障害者の傷、介助者の痛み』, 青土社

■雑誌

『生きる』（脳性マヒ者が地域で生きる会）

『碍－GUY』（全国障碍者自立生活確立連絡会）

『声』

『はなまるNEWS』4（オフィスIL・WORK・ILオープン記念号）

『福島県青い芝ニュース』（福島県青い芝の会）

『福島県青い芝の会事務局通信』（福島県青い芝の会）

『とうきょう青い芝』（東京青い芝の会）
→『とうきょう青い芝復刻版　第1号～第34号　1973年～1978年9月』

■映画・映像作品（発表年順）

『さようならCP』（1972）監督・撮影：原一男，制作：疾走プロダクション，82分，16ミリ

『カニは横に歩く』（1972）制作：「カニは横に歩く」制作実行委員会，1時間10分

『何色の世界』（1975）監督：河野秀忠，制作：障害者問題資料センターりぼん社，1時間12分

『ふたつの地平線』（1977）制作：障害者問題資料センターりぼん社，1時間22分

『しどろもどろ――反世界からのこだま』（1981）制作：福島県青い芝の会

『えんとこ』（1999）監督：伊勢真一，制作：映画「えんとこ」上映委員会，100分

『かがやく女たち』（2000）制作：障がい者自立生活支援センター福祉のまちづくりの会，28分，VHS

『こんちくしょう』（2007）製作総指揮：福永年久，監督・撮影：村上桂太郎，企画・制作：特定非営利活動法人障害者生活支援センター遊び雲『こんちくしょう』制作委員会

『福島からのメッセージ』（2011）撮影・編集：うららさとこ・瀬山紀子，製作：連連影展FAV，22分

『逃げ遅れる人々　東日本大震災と障害者』（2012）監督：飯田基晴，製作：東北関東大震災障害者救援本部，74分

『えんとこの歌　寝たきり歌人・遠藤滋』（2019）監督：伊勢真一，96分

人物索引（50音順）

■さ～そ

院、2004年)、『希望について』(青土社、2006年)『良い死』(筑摩書房、2008年)、『唯の生』(筑摩書房、2009年)、『人間の条件——そんなものない』(イースト・プレス、2010年、第2版新曜社、2018年)、『造反有理——精神医療現代史へ』(青土社、2013年)、『自閉症連続体の時代』(みすず書房、2014年)、『精神病院体制の終わり——認知症の時代に』(青土社、2015年)、『生死の語り行い・2』(Kyoto Books、2017年)、『不如意の身体——病障害とある社会』(青土社、2018年)、『病者障害者の戦後——生政治史点描』(青土社、2018年)など。

田中恵美子(たなか・えみこ)

1968年、東京都生まれ。専攻は障害学・社会福祉学。日本女子大学大学院人間社会研究科博士課程後期満期退学。博士(社会福祉学)。東京医科歯科大学歯学部口腔保健学科を経て現在東京家政大学人文学部教育福祉学科准教授。

著書に、『障害者の「自立生活」と生活の資源——多様で個別なその世界』(生活書院、2009年)、共著に、『人工呼吸器をつけますか?—— ALS・告知・選択』(メディカ出版、2004年)、『社会福祉への招待』(放送大学教育振興会、2016年)、『障害者権利条約の実施——批准後の日本の課題』(信山社、2018年)など。

土屋　葉(つちや・よう)

1973年生まれ。専攻は家族社会学。お茶の水女子大学大学院人間文化研究科修了。博士(社会科学)。現在、愛知大学文学部教授。

著書に、『障害者家族を生きる』(勁草書房、2002年)、共著に、『被災経験の聴きとりから考える——東日本大震災後の日常生活と公的支援』(生活書院、2018年)、論文に「家族と親密な関係——「フツーの家族は普通なのか」」(奥村隆編『はじまりの社会学——問いつづけるためのレッスン』(ミネルヴァ書房:37-55、2018年)など。障害学研究会中部部会の一員として編んだものに、『愛知の障害者運動——実践者たちが語る』(現代書館、2015年)がある。

著者紹介（50音順）

青木千帆子（あおき・ちほこ）

1976年生まれ。大阪大学大学院人間科学研究科博士後期課程修了、博士（人間科学）。現在、東京大学先端科学技術研究センター人間支援工学分野　特任研究員。

論文に、「電子書籍ビューアーのアクセシビリティ機能」（『情報管理』59(5):315-321、2016年）、「「学校でウンコをしたくなるたびに考えること」――合理的配慮を求める争いとつまずき」（『解放社会学研究』28:9-26、2015年）、「視覚障害者向け音声読み上げ機能の評価――電子書籍の普及を見据えて」（『情報通信学会誌』30(2):85-98、2012年）、「障害者の就労場面から見える労働観」（『解放社会学研究』25:9-25、2011年）など。

瀬山紀子（せやま・のりこ）

1974年生まれ。お茶の水女子大学人間文化研究科比較社会文化学専攻博士後期課程単位取得退学。東京大学大学院経済学研究科特任研究員を経て、2013年より淑徳大学非常勤講師（ジェンダー福祉論）、2009年より埼玉県男女共同参画推進センター事業コーディネータ。2014年、障害のある女性に対する複合差別をテーマにする論文で、国際女性の地位協会・赤松良子ユース賞を受賞。

共編著に、『障害者介助の現場から考える生活と労働――ささやかな「介助者学」のこころみ』（杉田俊介、渡邉琢、瀬山紀子編著、明石書店、2013年）、共著に、『障害者権利条約の実施――批准後の日本の課題』（長瀬修、川島聡編、信山社、2018年）、論文に、「障害のある女性たちとの関わりから」現代思想45(8)：166-170など。

立岩真也（たていわ・しんや）

1960年、佐渡島生まれ。専攻は社会学。東京大学大学院社会学研究科博士課程単位取得退学。千葉大学、信州大学医療技術短期大学部を経て現在立命館大学大学院先端総合学術研究科教授。

著書に、『私的所有論』（勁草書房、1997年、第2版生活書院、2013年）、『弱くある自由へ――自己決定・介護・生死の技術』（青土社、2000年）、『自由の平等――簡単で別な姿の世界』（岩波書店、2004年）、『ALS――不動の身体と息する機械』（医学書

本書のテキストデータを提供いたします

　本書をご購入いただいた方のうち、視覚障害、肢体不自由などの理由で書字へのアクセスが困難な方に本書のテキストデータを提供いたします。希望される方は、以下の方法にしたがってお申し込みください。

◎データの提供形式＝CD-R、フロッピーディスク、メールによるファイル添付(メールアドレスをお知らせください)。

◎データの提供形式・お名前・ご住所を明記した用紙、返信用封筒、下の引換券(コピー不可)および200円切手(メールによるファイル添付をご希望の場合不要)を同封のうえ弊社までお送りください。

◉本書内容の複製は点訳・音訳データなど視覚障害の方のための利用に限り認めます。内容の改変や流用、転載、その他営利を目的とした利用はお断りします。

◎あて先
〒160-0008
東京都新宿区四谷三栄町6-5 木原ビル303
生活書院編集部　テキストデータ係

キ・リ・ト・リ・線

【引換券】
往き還り繋ぐ

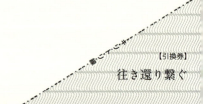

往き還り繋ぐ
――障害者運動 於＆発 福島の 50 年

発　行――――2019 年 9 月 10 日　初版第 1 刷発行
著　者――――青木 千帆子・瀬山 紀子・立岩 真也・田中 恵美子・土屋 葉
発行者――――髙橋　淳
発行所――――株式会社　生活書院
〒 160-0008
東京都新宿区四谷三栄町 6-5 木原ビル 303
ＴＥＬ 03-3226-1203
ＦＡＸ 03-3226-1204
振替 00170-0-649766
http://www.seikatsushoin.com
印刷・製本―― 株式会社シナノ

Printed in Japan

ISBN 978-4-86500-104-4

生の技法［第3版］――家と施設を出て暮らす障害者の社会学

安積純子、岡原正幸、尾中文哉、立岩真也　　文庫判並製　672頁　本体1200円

家や施設を出て地域で暮らす重度全身性障害者の「自立生活」。その生のありよう、制度や施策との関係、「介助」の見取り図などを描きだして、運動と理論形成に大きな影響を与え続けてきた記念碑的著作。旧版(増補改訂版)から17年を経て、新たに2つの章を加えた待望の第3版が文庫版で刊行！

被災経験の聴きとりから考える――東日本大震災後の日常生活と公的支援

土屋葉、岩永理恵、井口高志、田宮遊子　　A5判並製　264頁　本体2500円

障害のある人たち、介護を抱えた生活、母子世帯、中壮年ひとり暮らしの男性、生活保護受給世帯、単身の高齢女性たち…震災以前からあった脆弱性、「被災のその日」、そして「今の暮らし」のあり様を5年間にわたり丹念に聴きとる中から支援のあり方を考える､四人の研究者の「共同」の仕事の成果。

母よ！ 殺すな ――厳罰化に抗する新たな役割を担うために

横塚晃一著　立岩真也解説　　四六判上製　432頁　本体2500円

日本における障害者解放運動、自立生活運動の内実と方向性を大きく転換させた「青い芝の会」、その実践面・理論面の支柱だった脳性マヒ者、横塚晃一が残した不朽の名著。1981年すずさわ書店版を底本とし､未収録だった横塚の書き物や発言､映画『さようならＣＰ』シナリオ､追悼文、年表などを大幅に補遺、解説に立岩真也氏を迎え待望の復刊！

障害者の「自立生活」と生活の資源――多様で個別なその世界

田中恵美子　　A5判並製　443頁　本体3400円

「自立生活」を「強い障害者のもの」であり、自分、あるいは自分の周りにいる障害者とは関係がない生活だと思い込んでしまっている人たち、自分にはできやしない、あるいは自分の周りの障害者にはできやしないとあきらめてしまう人たち。様々な工夫ややりくり、苦労も含めた今の「自立生活」の多様性を示すことによって、そのあきらめの壁を取り払う。

支援　vol.1 ～ vol.9

「支援」編集委員会編　　本体各1500円

支援者･当事者･研究者がともに考え､領域を超えゆくことを目指す雑誌。vol.1= 特集「『個別ニーズ』を超えて､vol.2= 特集「『当事者』はどこにいる？」､vol.3= 特集「逃れがたきもの､『家族』」､vol.4= 特集「支援で食べていく」､vol.5= 特集「わけること、わけないこと」､vol.6=「その後の五年間」､vol.7= 特集「〈つながり〉にまよう、とまどう」､vol.8= 特集「どうこうしちゃえるもんなの？ 命」､vol.9= 特集「表現がかわる 表現がかえる」。